꿈해몽 대사전

김승호 저

도서출판 선영사

머리말

우리는 잠을 잘 때 누구나 꿈을 꾼다.

우리가 잠을 자면서 꾸는 꿈은 현실에서는 실현 불가능한, 한낱 몽상에 불과할 수도 있다. 실현 불가능한 꿈과 희망을 가지고 사는 사람을 몽상가라고 하는 것을 보면, 꿈에 대한 이런 선입견이 꼭 잘못된 것은 아닌 듯싶다.

우리는 현실에서 열렬히 바라는 소망이 꿈속에서 실현되는 것을 종종 경험한다. 꿈에서라도 자신의 소망이 이루어졌다면, 그 순간은 가장 행복한 순간일 것이다. 꿈속에서라도 그러하길 바라는 마음으로 하루하루를 살아간다면, 이러한 삶이야말로 진짜 신명 나는 삶이라고 할 수 있지 않을까.

그래서 대부분의 사람들은 자기의 꿈에서 어떤 정보나 지침을 이끌어 내려고 애를 쓰게 된다.

그것을 조리 있게 하는 사람도 있고, 그저 되는 대로 하는 사람도 있다. 사실 꿈을 대수롭지 않게 생각하는 사람들도 더러 있다. 그런 사람들은 다음날이면 거의 꿈을 기억하지도 못한다. 그러나 대개의 사람들은 자신들이 꾼 꿈에 들어 있는 정보에 대한 반응이 분명하여서 꿈을 알아두면 반드시 유익하다는 것을 믿는다.

물론 문제는 '꿈이란 도대체 무엇이며, 어떻게 파악해야 하는가?' 라는 점이다.

꿈은 자연 발생적인 것으로 여겨져서, 옛날 사람들은 꿈을 신으로부터 혹은 어떤 영혼으로부터 오는 메시지라고 생각했다. 어쩌면 그들의 생각이 맞을지도 모른다. 우리가 그것을 깨닫든 못하든 간에 우리 모두는 영혼을 가지고 있다.

꿈속의 풍경은 신비로 가득 차 있다고 해도 좋을 것이다. 꿈의 세계에서는 뜻하지 않는 장소에서 모르는 사람들과 생각지도 않던 일을 하고 있는 자신을 발견하기도 한다.

꿈은 낯선 거리·풍경·우주 공간은 물론, 태고의 세계로부터 미래의 세계, 어떤 영상이라도 비춰 낼 수 있는 것을 억눌려 있는 잠재 의식 속에서 육체가 잠듦에 따라 해방되며, 우주의 파동과 합류에 의하여 꾸게 된다. 꿈에 전생의 기억이 되살아난다고 하는 것도 이런 이유 때문이다. 다만 꿈이 있는 그대로의 영상을 비추어 준다고 할 수는 없다.

 언뜻 보기에는 의미가 없는 듯한 꿈에, 실은 미래의 운세나 여러 가지 정보가 감추어져 있으며, 더욱이 그것은 대단히 중요한 힌트인 경우가 많기 때문에 우리는 '꿈 해몽'을 바르게 해야만 한다.

 꿈을 해석할 때 중요한 점은, 좋은 꿈이라면 그 꿈을 소중히 해야 한다는 것이다. 그렇게 하면 행운의 꿈은 항상 당신을 따라다닐 것이다.

 반대로 나쁜 꿈일지라도 필요 이상으로 받아들이면 안 된다.

 어디까지나 인생에 대한 충고로 인식하고 일상 생활 가운데에서 나쁜 면을 개선해 가면 되는 것이다.

 꿈의 운세는 마음가짐 하나로 불운이 행운으로 변화해 가는 것이다. 그러므로 해몽에서 꾼 꿈을 판단하는 것도 물론 중요하지만, 좋은 꿈을 선택하여 좋은 운세만 받아 우리들의 인생을 살리는 일이야말로 가장 휼륭한 활용법이 되는 것이다.

꿈은 크게 나누어 다음 5가지 종류가 있다. 이것으로 당신이 꾼 꿈이 중대한 의미를 가지는지 판단할 수가 있다.

- ▶ 심몽(心夢) : 평소에 생각하고 있는 것이 비추어지는 꿈으로, 반복해서 꾸는 꿈이 이것에 해당된다.
- ▶ 정몽(正夢) : 이것은 본 일도 없고, 느낀 적도 없으며, 마음먹은 바도, 생각한 바도 없는데 갑자기 꿈에 뚜렷하게 나타나고, 깨어나서도 꿈의 전후 현상이 기억에 생생히 남아 있는 경우다. 또한 어떤 목적 및 사정을 위하여 극히 심려하고 있을 때 그것이 실현되거나 그에 대한 독특한 결과가 이루어지려는 경우에 나타난다.
- ▶ 허몽(虛夢) : 심신이 쇠퇴할 때 꾸는 기분 나쁜 꿈으로서, 우울한 꿈이 많다.

- ▶ 잡몽(雜夢) : 욕망에 관한 꿈으로서, 꿈 판단에는 그다지 의미가 없다.
- ▶ 영몽(靈夢) : 신화적·영적인 꿈. 선조가 나타나 경고하는 중대한 의미를 갖는 꿈으로, 일생에 한 번 꿀까말까 하는 꿈이다.

이것들 중에 해몽에서 중요하게 여겨지는 것은 심몽이다. 따라서 이 책에서는 심몽을 중심으로, 모든 사람들에게 타당하고 또 이해될 수 있는 일반적인 사항에 근거를 둔 꿈풀이를 했다.

이 책을 통하여 꿈을 판단하고 해석하는 기본적인 방법을 터득하게 되길 바란다.

— 저자 김승호

차 례

머리말 3

01 인물에 관한 꿈

주위 사람에 관한 꿈

부모님 23   남편 27   아내 30   부부, 자식 32
형제, 자매 33   가족, 친척 35   친구, 애인 38

신분·직업에 관한 꿈

강도, 도둑 44   거지, 장애우 47   경찰관, 간첩 49
군인 52   기자 55   노동자, 농민 56   선생님 58
손님 60   아기 60   연예인 67   유명 인사 71
임금, 대통령 75   의사, 간호사 80

신·종교·영적 존재에 관한 꿈

기독교, 카톨릭 82   불교 87   신령적인 존재 93
선녀, 천사 97

02 죽음에 관한 꿈

무덤, 관 99   시체 104   유령, 도깨비, 귀신 107
장례 111   제사 112   조상, 죽은 사람 113   죽음 120

03 신체에 관한 꿈

손, 팔 127   발, 다리 134   얼굴 137   머리 141
눈 144   코 146   입, 입술 150   치아 153   혀 156
귀 157   목, 어깨 160   항문, 엉덩이 163
눈썹, 털, 머리카락 165   피(血) 170   심장, 가슴 173
성기(性器) 175   전신(全身), 나체 179

04 행동에 관한 꿈

싸우거나 공격하는 꿈 185   맞거나 공격당하는 꿈 189
전쟁과 관련된 꿈 191   사람을 죽이는 꿈 193
걷는 꿈 197   달리거나 쫓기는 꿈 198
앉거나 서는 꿈 200   누워 있는 꿈 201
날거나 올라가는 꿈 202   내려오거나 떨어지는 꿈 205
큰절, 인사하는 꿈 207   손을 잡는 꿈 209
포옹하는 꿈 210   씻는 꿈 211   헤엄 치는 꿈 213
운동 경기 216   도박, 장기, 바둑 218   놀이 221
여행하는 꿈 224   김장하는 꿈 226
시험 보는 꿈 227   기타 행위의 꿈 230

05 이성에 관한 꿈

키스하는 꿈 233   성교하는 꿈 235   결혼하는 꿈 240

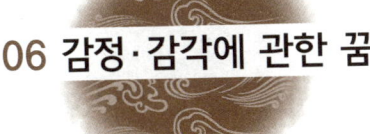

06 감정·감각에 관한 꿈

생각, 느낌 243   웃음 245   울음, 슬픔 247
소리 250   무늬 253   색깔 253

07 대·소변에 관한 꿈

대변 259   소변 264   화장실 266

08 예술에 관한 꿈

음악, 악기 269   미술 274   문학 278

09 음식에 관한 꿈

밥, 식사, 국수 279 　 떡이나 빵, 만두, 과자류 285
음료 288 　 술 289 　 담배 292 　 소금 294 　 맛 295

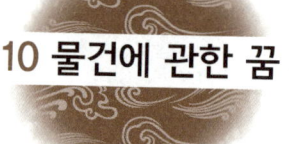

10 물건에 관한 꿈

생활용품

가구 297 　 거울 298 　 금고 300 　 돗자리 301
발, 병풍, 커튼 302 　 문패 304 　 바늘 305 　 실, 끈 307
선물 308 　 솥, 냄비 310 　 쟁반, 식기, 병 312 　 안경 315
약품 316 　 인형 318 　 의자, 소파 319 　 전화 321
지도 323 　 카메라, 사진 325 　 칼, 도끼 327
텔레비전, 라디오 330

귀금속

금은 보석 331   시계 335   반지 336   돈 337

책, 문서

책 341   편지 345   문서 347   도장 350

의류

옷 351   흰옷, 상복 359   빨래 360   모자 361
신발 364   장갑, 양말 368   단추, 혁대 369
수건, 헝겊 370

침구류

침대 372   이불, 담요 374

11 장소에 관한 꿈

궁궐, 기관

궁궐 377   성(城) 379   교도소 380
은행 381   학교, 교실 382   병원 385

집, 건물

집 안 386   집의 파손 388   집의 출입 389
빈집 390   이사, 새집 391   건축 392   건물 394

건축 구조물

기둥 395   담장, 벽 396   문, 창문 398
지붕 402   지하실, 창고 403   부엌 404

그 외의 장소

고향, 친정 406   논, 밭 407   시장, 가게 410
다리 412   길 415

12 교통 수단에 관한 꿈

기차 423   마차, 가마 426   배(船) 429
비행기, 우주선 436   오토바이, 자전거 440   자동차 441
버스, 택시 446   분뇨차, 대형차 448   교통 사고 449

13 동물·곤충에 관한 꿈

육상 동물

개 451   고양이 459   곰 463   기린 464
낙타 466   늑대 467   다람쥐 470   돼지 472
말 479   사슴 485   소 487   양 495
여우 497   원숭이, 너구리 499   쥐 504
토끼 509   코끼리 511   호랑이, 사자 513

조류

거위 521　　기러기, 갈매기 523　　공작새 525
까마귀 527　　까치 529　　꾀꼬리 530　　꿩 531
닭 533　　독수리, 매 538　　비둘기 542　　뻐꾸기 543
원앙새 544　　제비 546　　참새 547　　황새, 학 549
새의 알 552

파충류, 양서류

뱀, 구렁이 553　　악어 561　　거북, 자라 562
두꺼비, 개구리, 맹꽁이 564

수중 동물

물고기, 낚시 567　　금붕어 573　　붕어 574
고래 576　　상어 577　　갈치, 도미 579
꽁치, 광어, 고등어 580　　명태 580　　잉어 582
조기 584　　문어 585　　오징어 587　　미꾸라지 588
게 589　　조개 591

곤충, 벌레

개미 593   거미 595   구더기 597   나비, 나방 598
매미 600   곤충, 벌레 602   반딧불이 604   벌 605
송충이, 지렁이 608   이, 벼룩, 빈대 608   잠자리 609
지네, 누에, 딱정벌레 611   파리 614
거머리, 모기, 진딧물, 기타 616

상상의 동물

용(龍) 619   인어 628   봉황새 629

14 식물에 관한 꿈

나무

단풍나무 631   대나무 633   버드나무 635   뽕나무 636
사철나무 637   소나무 638   잣나무 640   정원수 641
참나무 641   고목 643   기타 643

과일

감 647　　　대추 649　　　딸기 650　　　모과 651
밤 652　　　배 654　　　복숭아 655　　　사과 656
앵두 658　　　포도 660　　　기타 661

곡식

벼, 쌀, 보리, 기타 664

채소

고구마, 감자 670　　　고추 671　　　배추 672
인삼, 산삼 674　　　호박, 오이, 수박 676　　　기타 677

꽃·꽃나무

개나리 678　　　국화 679　　　난초 681　　　동백꽃 682
매화 683　　　모란 685　　　목화 686　　　무궁화 687
물망초 687　　　민들레 689　　　박꽃 690　　　백합 691
선인장꽃 693　　　수선화 694　　　안개꽃 695
양귀비 696　　　연꽃 697　　　유채꽃 699　　　장미 700
제비꽃 701　　　진달래꽃 702　　　철쭉 703
카네이션 705　　　코스모스 706　　　튤립 707　　　할미꽃 708
해당화 709　　　해바라기 709　　　기타 710

15 천체·자연에 관한 꿈

천체

하늘 715   태양 720   달 725   별(星) 728

기상

구름 732   눈, 얼음 736   무지개 740
바람 742   비, 우박 746   천둥, 번개 751

불·물에 관한 꿈

불 754   연기 760   빛(光) 761   물 764

지형, 지물

산 768   숲 775   바다 778   강, 개천 783
호수 786   샘, 우물 788   폭포 793   흙 794
돌(石) 797   모래, 사막 802   동굴 805

·권말 부록·
로또 1등 당첨 비법
흉몽 퇴치법

로또 1등 당첨 비법

대박을 바라기 전에 잠깐만… 809
꿈과 숫자와의 연관성 810
로또 대박을 꿈꾸는 사람들의 유형과 실례들 812
역술인이 풀이한 로또 815
수리학자가 풀이한 로또 817
로또 당첨, 과연 '명당 자리' 있나? 825

흉몽 퇴치법

흉몽 퇴치법 827

꿈해몽
대사전

01 인물에 관한 꿈

주위 사람에 관한 꿈

● 부모님 ●

● **고향에 계신 부모님이나 돌아가신 부모님을 뵌 꿈**
이러쿵저러쿵 남의 구설수에 오르게 되거나 질병을 앓게 될 것을 예시하는 흉몽이다.

부모님

● **부모님한테서 아파트 열쇠를 건네받은 꿈**
갈구하고 있던 소망이 이루어지고, 머지않아 행운이 찾아올 것을 암시한다. 합격 또는 행운을 상징하는 길몽이다.

● **고향에 계신 부모님께 큰절을 올린 꿈**
직장 상사 또는 윗사람에게 부탁할 일이 생기거나, 입학 허가를 받게 될 징조다.

● **부모님의 산소를 찾아간 꿈**
현재 벌이고 있는 사업을 가까운 사람에게 부탁하면 좋은 일이 생길 징조다.

● **돌아가신 부모님이 돈이나 보물을 준 꿈**
조상의 도움으로 가정과 사업이 날로 번창한다는 암시다.

● **돌아가신 부모님이 다시 살아난 꿈**
타향에 나가 있던 가족이 돌아온다는 징조다.

● **부모님이 땅 위에 누워 있는 꿈**
집안에 우환이 생기거나 유행성 질환에 걸릴 징조다. 생각지도 않았던 사고가 일어날 수 있으므로 매사에 주의할 것.

● **부모님과 여행한 꿈**
먼 곳으로 떠날 징조다.

● **부모님이 어디론가 떠나는 꿈**
부모님이 질병에 시달릴 징조다.

● **부모님과 싸우다 웃은 꿈**
일가 친척과 집안에 좋은 일이 생길 징조다.

● **부모 형제가 모여서 즐겁게 놀았던 꿈**
만사가 형통하고 먼 곳에서부터 좋은 소식이 있을 징조다.

● 부모님과 다툰 꿈
집안에 불행한 일이 생긴다는 암시다. 특히 고부간의 갈등에 신경을 써야 한다.

● 부모님의 임종을 지켜본 꿈
뜻밖의 유산을 받거나 재물이 들어온다는 징조이니 길몽이다.

● 부모님께 칭찬받은 꿈
회사의 상사로부터 신임을 받거나 승진하게 되는 징조다.

● 편찮으신 부모님을 간호해 드린 꿈
그간 막혔던 일이 순순히 잘 풀리는 것을 암시하는 길몽이다.

● 어머니의 젖을 먹는 꿈
외부의 도움으로 금전적인 이득을 얻게 될 징조다.
예기치 않은 행운이 찾아올 것을 암시한다.

● 어머님에게 심한 꾸중을 들었던 꿈
자신의 부주의로 인해 다툼이 생기거나 신변에 위험이 따르게 될 징조다.

● 어머니를 부르는데 말이 나오지 않은 꿈
사업상 답답하고 억울한 일을 당할 암시다.

● **어머니가 자신의 목을 조르거나,
　　　　괴물로 변해서 자신을 괴롭힌 꿈**

어머니, 또는 어머니로 상징되는 것으로부터 정신적으로 자립하고자 하는 자신의 의지와, 이로 인하여 발생하는 어머니와 자신의 불편한 관계를 상징적으로 반영한 꿈이다.

● **어머니가 결혼하는 것을 본 꿈**

어머니가 사망하거나 중병에 걸리게 되고, 가족간에 뜻이 안 맞아 불화가 생길 징조다.

● **어머니를 불러도 대답이 없었던 꿈**

부탁했던 일이 이루어지지 않는 암시다.

● **자기의 어머니나 다른 사람의 어머니를 죽인 꿈**

현재의 환경을 버리고 새로운 세계로 뛰어들려는 자신의 심리적 상황을 암시한다. 혹은 새로운 환경에 뛰어들어야만 발전의 가능성이 열린다는 주의성 심몽이기도 하다.

● **어머니가 몇 명의 아이를 돌보고 있는 것을 본 꿈**

자신의 능력을 인정받지 못해 좌절감에 빠지게 될 징조다. 혹은 뜻밖의 구설수에 오르거나 사건에 휘말려들게 될 징조다.

● **어머니가 부엌에서 쌀을 씻는 것을 본 꿈**

집안에 화사한 변화가 오고, 손님들을 많이 초대하여 파티를 열게 되거나 새로운 일거리가 생겨 일이 바쁘게 될 징조다.

● **아버지가 커다란 말을 타고 집 안으로 들어오신 꿈**
물질적으로 풍요롭게 되어 집 안에 먹을 것이 풍부해질 징조다.

● **아버지를 만난 꿈**
집안에 경사가 있으며, 모든 일이 잘 풀려 나간다는 암시다.

●남편●

● **남편이 면도를 하는 꿈**
남편이 먼 곳으로 출장을 떠날 징조다.

남편

● **남편이 높은 곳에 서 있는 꿈**
남편이 지금의 위치에서 지위나 명예가 더 높아질 암시다.

● **남편의 얼굴이 검게 보인 꿈**
누군가에게 속 썩을 일이 생기거나 배신을 당할 암시이니 조심해야 한다.

● **남편이 높은 곳으로 열심히 올라가는 꿈**
남편의 사업이 날로 번창할 징조다.

● **남편이 술에 취해 슬피 우는 꿈**
가정에 우환이 생길 암시다.

● 남편이 화장실에 있는 꿈
남편이 하고 있는 일을 돕게 될 징조다.

● 여관에서 남편이 샤워하고 있는 꿈
남편이 아내의 사랑을 몹시 그리워하고 있다는 암시다.

● 남편이 두 얼굴로 보인 꿈
남편에게 두 마음이 있다는 징조다.

● 남편의 얼굴이 희미하게 보인 꿈
부부 사이에 애정이 식어가고 있다는 암시다.

● 남편이 물에 빠진 꿈
남편의 사업이 공경에 처할 징조다.

● 남편이 화를 내고 있는 꿈
행복한 가정에 불화가 생기거나, 지금 진행하고 있는 일이나 사업이 어려워질 암시다.

● 남편이 바람을 피운 꿈
남편에 대한 사랑이 식었다는 징조다.

● 남편에게 맞은 꿈
가정이 화목해지고, 남편의 애정이 더 두터워질 징조다.

● 남편을 구박한 꿈
부부 사이에 갈등이 생기거나 가정 불화가 일어날 암시이니 조심해야 한다.

● 남편이 병원에 입원한 꿈
남편 또는 가족이 질병에 걸릴 암시다.

● 강물에 빠진 남편을 구한 꿈
남편을 도와 가정을 일으킬 징조다.

● 남편이 아기를 업고 있는 꿈
가족이나 친척 사이가 더욱 가까워지고 화목해질 징조다.

● 남편을 입으로 물어뜯은 꿈
남편의 사업이 어려움에 처할 암시다.

● 남편을 불러도 아무 대답이 없었던 꿈
사소한 문제로 남편과 다투게 될 징조다.

● 전 남편과 여행을 떠난 꿈
남편이 사업상 먼 곳으로 출장을 떠날 암시다.

● 전 남편과 호텔에 함께 있었던 꿈
사소한 문제로 크게 부부 싸움을 하고 헤어질 수 있는 암시다.

● 전 남편이 화장실에서 나오는 꿈
사업상 어려운 문제가 쉽게 풀릴 암시다.

●아내●

아내

● 아내와 함께 다정히 앉아 있는 꿈
가정이 화목해지고, 많은 재물이 들어올 징조다.

● 아내를 꼭 껴안아 준 꿈
아내로 인해 가정의 평화와 행운이 찾아올 징조다.

● 아내와 함께 불고기를 먹은 꿈
뜻밖의 재물이 많이 들어올 징조다.

● 아내와 함께 죽었다가 살아난 꿈
곤경에 처했던 문제가 해결될 암시다.

● 아내가 신나게 웃는 꿈
뜻밖의 좋은 일이 있을 징조다.

● 아내와 싸우다 웃다 한 꿈
지금 하고 있는 일이 어려운 중에서도 좋은 일이 생길 징조다.

● 아내와 함께 술을 마신 꿈
부부간에 다툼이 생겨 이별할 암시이니 특별히 서로 조심해야 한다.

● 아내가 바가지를 긁던 꿈
사소한 다툼이나 성가신 일이 생길 징조다.

● 아내와 함께 길을 걷던 꿈
귀인의 도움으로 일이 성사될 징조다.

● 아내가 다른 사람에게 시집간 꿈
아내가 죽는 일이 생길 흉몽이니만큼 각별히 조심해야 한다.

● 아내와 함께 빗속을 걷던 꿈
고궁이나 유적지에 부부가 함께 여행할 암시다.

● 아내와 함께 비행기를 탄 꿈
직장에서 성공하거나 사업이 확장될 징조이다.

● 아내와 함께 쇼핑을 한 꿈
아내에게 선물을 주거나 받을 징조다.

● 아내와 서로 다른 길로 간 꿈
부부간에 서로 의견 다툼이 일어날 암시다.

● 아내와 손을 잡고 걸어간 꿈
아내와 사소한 일로 다툴 징조다.

● 아내와 함께 수영하다가 둘 중 한 사람이 빠져 죽은 꿈
가정에 행운이 찾아온다는 암시이니 길몽이다.

● 아내와 함께 풍선을 타고 날아간 꿈
사회 단체에서 파티에 초청해 올 기분 좋은 암시다.

● 아내와 함께 야유회나 운동회에 참석한 꿈
멋진 파티에 초대받을 암시다.

● 부부, 자식 ●

부부, 자식

● 부부가 머리를 서로 감겨주고 빗어 주는 꿈
가정이 화합하고 만사가 형통할 길몽이다.

● 부부가 서로 때리는 꿈
부부가 서로 화합하여 가정이 평화롭고 행복해질 징조다.

● 부부가 함께 샤워나 목욕하는 꿈
부부간에 불화가 생길 암시다.

● 부부가 서로 읍하고 절하는 꿈
헤어질 불길한 암시이니 서로가 언행을 조심해야 한다.

● 부부가 함께 비단 옷을 입고 있는 꿈
장차 귀한 아들을 얻을 징조다.

● 의견 대립으로 이혼한 전 배우자를 본 꿈
이성으로 비롯된 구설수가 있거나 마음이 불안하다는 암시다.

● 부부 중 한 사람은 웃는데 한 사람은 우는 꿈
부부가 이성 문제로 서로 다툴 암시다.

● 자식이 어릴 때의 모습으로 나타난 꿈
자식이 질병에 걸리거나, 자식으로 인해 근심 걱정이 생긴다.

● 어린 자식을 껴안아 준 꿈
집안에 우환이 생겨 파탄에 이른다는 암시이니 조심해야 한다.

● 형제, 자매 ●

● 동생이 죽는 꿈
그 동안 자신을 괴롭혔던 구설수가 사라질 징조다.

형제, 자매

● 형제 자매가 이사하는 꿈
꿈에 본 사람의 직업에 변동이 생길 암시다.

● 형제 자매가 서로 치고 받고 싸운 꿈
목돈이 들어올 것을 암시하는 길몽이다. 또는 직장에서 신임을 받아 좋은 자리로 옮기게 될 징조다.

● 멀리 떨어진 형제 자매가 찾아온 꿈
꿈속에 보인 형제 자매에게 좋지 않은 일이 생길 암시다.

● 형제가 서로 헤어진 꿈
구설수가 찾아올 것을 암시하는 꿈이다.

● 형제 자매가 모여 잔치를 벌이며
　　　　　　　　　　노래를 부르고 노는 꿈
집안이 화목해지고 즐거운 일이 생기며, 경사가 있을 암시다.

● 함께 걸어가던 형제나 자매가 갑자기 없어진 꿈
소망하던 일이 도중에 어긋나게 될 불길한 징조다. 특히 동업자나 협력업체 문제로 자신의 사업체까지 피해를 당할 수 있으므로 조심해야 한다. 또한, 친척들과 관련된 일로 말썽이 나타날 수도 있다.

● 형제 자매와 함께 여행을 다닌 꿈
친척의 도움으로 하는 일이 번창하고 순조로울 암시다.

● 형제 자매가 집 안에 둘러앉아
　　　　　　　사이좋게 이야기꽃을 피웠던 꿈

부모님께 어떤 안 좋은 일이 생기거나, 가족 중에 우환을 겪을 사람이 생길 징조다.

● 형제 자매가 함께 술을 마신 꿈

집안에 좋은 일이 생길 암시다.

● 형제나 자매가 결혼하는 꿈

꿈에 결혼을 한 당사자에게 어떤 안 좋은 일이 생길 수도 있고, 결혼하는 형제나 자매의 신상에 예기치 못한 일이 일어날 수도 있다.

● 형제 자매가 한자리에 모여 있는 꿈

재산 문제로 형제 자매가 서로 다툴 징조다.

● 형제 자매가 병원에서 퇴원하는 꿈

형제 자매가 벌인 사업이나 일 등이 번창할 징조다.

●가족, 친척●

● 가족이 모두 한 방에 모여 앉아 있는 꿈

정신적인 갈등을 겪거나 사업에 실패할 암시다.

가족, 친척

● 온 가족이 어느 한 곳으로 모이는 꿈
친척 사이에 구설수가 생기거나 고향에 걱정되는 일이 있을 징조다.

● 가족이 모두 모여 즐겁게 지내는 꿈
병을 앓게 되어 고생할 징조이니 건강에 신경을 써야 한다.

● 가까운 친척이 죽어서 수의를 입는 꿈
모든 일이 막힘없이 순조롭게 풀려나갈 징조다.

● 친척의 집이 불에 타고 있었던 꿈
가족 또는 친척 중에서 누군가가 횡재를 할 암시다.

● 친척의 집이 홍수에 떠내려 간 꿈
떠내려 간 집의 친척이 부자가 된다는 암시다.

● 먼 친척의 집에서 잠을 잔 꿈
사업이나 일 때문에 먼 곳으로 출장을 가게 될 징조다.

● 가까운 친척이 죽었다가 다시 살아난 꿈
사업상 어렵거나 금전 문제로 막혔던 일이 쉽게 풀리게 될 징조다.

● 먼 친척과 함께 쇼핑한 꿈
직장의 누군가로부터 선물을 받을 암시다.

● 먼 친척의 결혼식에 참석한 꿈
결혼식 또는 파티에 참석할 암시다.

● 멀리 떨어져 있는 친척과 성교한 꿈
집안이나 친척의 집안에 우환이 생길 암시다.

● 먼 곳에 있는 친척의 집이 사라진 꿈
직장의 동료가 갑자기 전출을 가게 될 암시다.

● 물에 빠진 친척을 구해 준 꿈
직장에서 기쁜 일이 생길 징조다.

● 먼 친척의 집에 갔다가 뱀을 본 꿈
나쁜 유혹에 빠질 암시이니 매사에 조심해야 한다.

● 멀리 떨어져 있는 친척의 임종을 지켜본 꿈
뜻밖의 유산을 받거나 재물이 들어올 길몽이다.

● 친척의 집을 방문했지만 아무도 없었던 꿈
부탁했던 일이 이루어지지 않을 징조다.

● 가까운 친척의 집을 방문했던 꿈
사업상의 필요로 협조자에게 도움을 요청해야 할 암시이며, 친척이 반갑게 맞아주었다면 단체나 관청에 부탁한 일이 성사된다.

● 가까운 친척의 집에서 신나게 노는 꿈
직장에서 회식을 하게 될 암시다.

● 사촌이 죽는 꿈
직장 동료가 직장을 떠나게 될 징조다.

● 사촌 동생이 울고 있는 꿈
가까운 사람에게 좋지 못하는 일이 생길 징조다.

● 가족과 친척이 한 곳에 모여 있는 꿈
가족과 친척 사이에 재산 문제나 유산 분배 등으로 다툴 암시다.

● 가족과 친척이 모여 즐겁게 노는 꿈
집안에 경사나 좋은 일이 생길 징조다.

●친구, 애인●

친구, 애인

● 친구나 애인과 말다툼을 한 꿈
지나친 참견이나 말다툼으로 인해 다른 사람과 가벼운 의견 충돌이 생길 징조다.

● 친구와 심하게 싸운 꿈
사업상의 동반자와 헤어지거나 관재 구설에 휘말릴 징조다.

● 친구와 싸우다가 그 친구가 죽은 꿈
동료에 의해 강력한 경쟁자가 제거될 징조다.

● 친구들과 함께 아름다운 강산을 구경한 꿈
친구나 애인과 함께 극장 등에서 명화를 감상하게 될 징조다. 여행·출장·관람·행운 등과 관련이 있다.

● 자신의 친한 친구가 갑자기 여우나 늑대로 변한 꿈
믿었던 친구나 애인이 변심하여 자신을 떠나가게 될 징조다. 싸움·배신·구설·사기·이용·소동 등을 암시하는 꿈이다.

● 친구와 함께 담배를 나누어 피운 꿈
공동으로 투자한 이익금을 서로 나누어 가질 일이 생기고, 한 공동체에서 협동 정신을 발휘하게 될 징조다.

● 절친한 친구와 싸우다가 다쳐 피를 흘리는 꿈
운수 대통할 암시이니 길몽이다.

● 친구가 약속 장소로 나오지 않아 화가 났던 꿈
하던 일이 도중에 중단되어 어려움을 겪게 될 징조다. 고통·실패·헛수고·해약 등을 암시한다.

● 절친한 친구로부터 배신을 당한 꿈
한 순간의 잘못으로 인해 절친한 친구를 잃게 되거나 배신당할 일이 생길 징조다.

● 친구가 죽었다가 다시 살아난 꿈
막혔던 사업이나 일이 잘 풀려나갈 암시다.

● 친구가 죽어서 슬프게 운 꿈
그 친구가 크게 성공할 징조다.

● 친구가 동료에게 얻어맞은 꿈
그들과 더욱 친해질 징조다.

● 친구와 함께 물고기를 잡은 꿈
공동으로 투자한 사업이 날로 발전하게 될 징조다.
낭만·여행·취미 생활 등과 관련이 있다.

● 친구의 애인과 결혼한 꿈
회사에서 동료와 시비나 갈등이 생길 징조다.

● 옛 친구와 도박을 한 꿈
동료나 친구를 도와줄 일이 생길 암시다.

● 문 밖에서 친구가 자신을 부른 꿈
기쁜 소식을 듣게 되거나 귀인을 만나게 될 징조다.
우편물·전화·정보·연락 등을 암시하는 꿈이다.

● 친구가 거지가 된 꿈
그 친구를 도와주게 될 암시다.

● 새 친구를 사귀는 꿈
잃어버린 물건을 찾거나 빌려준 돈을 받게 될 암시다.

● 친구나 애인한테 놀림을 당한 꿈
가까운 사람끼리 말다툼을 하게 되어 구설수에 오르게 될 징조다.

● 애인이 다른 사람과 함께 있는데도 질투하지 않는 꿈
애인과 사랑이 더욱 견고해지는 징조다.

● 분위기 있는 식당에서 애인과 함께 식사를 한 꿈
성적인 접촉을 소망하는 심리가 반영된 꿈으로, 평소의 성적인 욕망이 식사를 함께 하는 꿈으로 나타난 것이다.

● 애인과 싸운 꿈
애인과 사이가 더욱 가까워지는 징조다.

● 여자 친구나 애인으로부터 초대받아 집 안으로 들어가 보니 아무도 없었던 꿈
여자 친구나 애인에게 새로운 남자 친구가 생겼을 가능성이 크다.

● 애인과 전화 통화를 한 꿈
애인과 결혼을 하게 되거나 기쁜 일이 생길 징조다.

● 애인과 사진을 찍는 꿈
반가운 소식을 듣거나 결혼을 하게 될 암시다.

● 애인한테서 금은 보석을 받은 꿈

누군가로부터 선물이나 재물을 받게 되거나, 마음의 정표로 사랑하는 사람과 굳은 약속을 주고받을 일이 생길 징조다.

● 애인이 얼굴에 키스를 해 준 꿈

애인과 이성 문제로 이별할 암시다.

● 애인에게 연애 편지를 쓰거나
전화를 걸어 밀어를 속삭인 꿈

실제로 육체적인 교류를 갖고 싶다는 은밀한 소망이 반영된 것으로 풀이할 수 있다.

● 애인이 귀신처럼 보인 꿈

애인과 불화가 생길 징조다.

● 애인과 팔짱을 끼고 데이트한 꿈

낭만의 거리에서 두 남녀가 서로 진심 어린 사랑을 속삭이게 될 징조다.

● 애인을 다른 사람에게 빼앗긴 꿈

서로 사랑은 하지만 헤어질 암시다.

● 평소 자신이 짝사랑하던 사람이 연인으로 나타난 꿈

마음 속의 간절한 소망이 만들어 낸 하나의 영상일 뿐 예지몽으로 생각하기엔 좀 그렇다.

● 애인을 붙잡고 운 꿈

애인으로부터 나쁜 소식을 듣게 될 암시다.

● 애인과 함께 꽃밭 속으로 들어간 꿈

애인과 즐거운 합궁을 하게 될 징조다.
최고조의 사랑을 암시하는 꿈이다.

● 애인이 선물을 사달라고 조른 꿈

애인에게 어떤 부탁의 말을 듣게 될 암시다.

● 연인에게 이별을 선고받아 슬퍼한 꿈

만약 이 꿈이 예지몽이라면 실제로 연인을 잃게 될 징조이지만, 심적몽이라면 반대로 자신에게 다른 애인이 생겨서 연인을 잃는 꿈으로, 자신의 갈등을 합리화시키고 있다.

● 애인에게 화장품을 선물받거나 사준 꿈

청혼을 받게 되거나 애정 표현을 하게 될 암시다.

● 애인이 자기 방의 문턱에 앉아서 안을 들여다본 꿈

사귀는 사람이 자기와의 결혼 여부를 놓고 망설이고 있음을 나타낸다.

● 애인과 차를 마신 꿈

이성으로 인한 다툼이나 재난이 예상되는 징조다.

● 애인과 커피를 마신 꿈
즐거운 일이 생길 징조다.

● 애인과 술을 마신 꿈
애인과 헤어질 징조다.

● 애인과 단둘이서 식사한 꿈
결혼을 서둘러도 주위의 여건이 따라주지 않음을 암시한 꿈이다.

신분·직업에 관한 꿈

●강도, 도둑●

강도, 도둑

● 자신이 강도에게 피살되거나 상처를 입은 꿈
자기가 한 일이 다른 사람에 의해 평가받을 일이 생길 징조다.

● 강도나 괴한에게 쫓겨다닌 꿈
좋은 기회를 놓치고 좌절감에 빠져들 징조다.

● 강도가 집에 들어온 꿈
가산이 탕진되는 암시이므로 흉몽이다.

● 강도나 악한을 때려눕힌 꿈
골치 아프던 어려운 문제가 풀리게 될 징조다.

● 강도에게 결박당해 꼼짝할 수 없었던 꿈
사기를 당하거나 도둑을 맞아 큰 손해를 볼 징조다.

● 도둑의 칼에 찔려 피를 줄줄 흘린 꿈
생각지도 않게 횡재하게 되거나 좋은 일이 생길 징조다.

● 도둑과 함께 길을 걸어가는 꿈
만사 형통할 징조이므로 길몽이다.

● 도둑이 자기 옷을 훔쳐 간 꿈
그 동안 앓던 병마를 떨치고 새롭게 희망 찬 꿈을 펼칠 것을 예시하는 좋은 꿈이다.

● 자신이 도둑이 되어 복면을 한 채 남의 담을 넘은 꿈
계획한 일이 순조롭게 진행되어 큰 이익을 얻게 되고, 고위직으로 출세하게 될 징조다. 그러나 어떤 물건이나 돈을 훔치려다가 실패한 꿈은, 계획했던 일이 실패하여 당분간 곤란에 직면할 징조다.

● 자기 집에 도둑이 들어 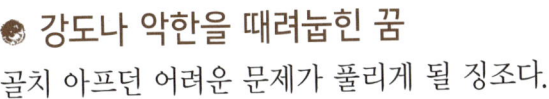 통장이나 골동품 등을 훔쳐간 꿈
꿈과는 반대로, 집안에 큰 경사가 생길 징조다. 수입이 크게 늘고, 사업에서 큰 이득을 보게 될 것을 암시한다. 도둑 맞은

돈이나 물건이 많을수록 들어오는 이익도 그만큼 크다.

● 여러 명의 악한에게 둘러싸여 시달린 꿈
만일 꿈을 꾼 사람이 처녀라면 여러 군데에서 혼담이 들어오지만, 썩 내키는 사람이 없을 징조다.

● 도둑이 자신의 물건을 훔쳐간 꿈
생각지도 않은 횡재를 하거나 배우자를 얻게 되어 귀여운 자녀를 얻게 될 징조다.

● 도둑한테서 어떤 물건을 받거나
　　　　　　　　도둑 맞은 물건을 되돌려 받은 꿈
빈곤·파탄·손실·장애 등을 겪게 될 징조다. 특히 도둑이 들었는데도 아무것도 잃은 것이 없다면 몹시 안 좋은 꿈이다.

● 도둑이 들어 창고 안의 곡식이나 재물을 털어 간 꿈
사업 실패 또는 재산 파탄 등의 안 좋은 일이 발생할 징조다.

● 도둑을 보고 공포에 떨었던 꿈
머지않아 어렵고 고달픈 일을 당하게 될 징조다.

● 도둑이 자기 집의 벽에 구멍을 뚫은 꿈
경사 등과 같은 집안의 문제가 세상에 알려지게 되고, 운수가 트일 징조다.

● 인상이 험악한 도둑이 건물에 들어와서
　　　　　　　　　　　　떡 버티고 있는 꿈
앞으로 좋지 않은 일이 가정에 생길 징조다.

● 자기가 훔친 물건을 다른 사람에게 건네준 꿈
피나는 노력에 의해 자기한테 돌아온 기회가 다른 사람에게로 넘어가게 되거나 하루아침에 물거품이 될 징조다.

● 자신이 도둑과 함께 행동한 꿈
기쁨을 다른 사람과 함께 나눌 일이 생길 징조다.

●거지, 장애우●

● 거지와 함께 걸었던 꿈
외로운 사람을 만나거나 개선이 필요한 일을 맡게 될 징조다.

거지, 장애우

● 아는 사람이 거지가 된 것을 본 꿈
신분이 몰락하거나 고독한 사람을 만나게 될 징조다.

● 온몸에 피로 범벅인 거지꼴의 사람을 본 꿈
현재 진행하고 있는 일이 난관에 부닥치고 침체 상태에 빠져서 자신감을 상실하게 될 징조다.

01 인물에 관한 꿈

● 꿈속에서 거지를 만나면
윗사람의 도움을 받아 자신의 소원이 이루어질 징조다.

● 자신이 거지가 되어 있는 꿈
지위의 하락, 고립, 신분의 몰락 등과 관계가 있으므로 매사에 신중을 기해야 한다.

● 거지에게 돈이나 음식을 준 꿈
평소 마음 속에 품고 있던 근심 걱정이 모두 사라지게 될 징조다.

● 나환자가 자기 집에 찾아와서 구걸한 꿈
전도사나 선교사·선전원 등의 방문을 받게 될 징조다.

● 장애우의 몸에서 빛이 난 꿈
병이 점점 더 악화되어 갈 징조다. 그러나 만일 그 빛이 황금색이었다면 어떤 좋은 일이 일어날 징조다.

● 자기가 장애우가 된 꿈
꿈과는 반대로, 만사가 형통할 징조다.

●경찰관, 간첩●

● 경찰들이 자기 집을 둘러싼 꿈
자신이 누군가에게 청탁했던 일이 성사되기 바로 직전에 위험한 일에 부딪칠 징조다.

경찰관, 간첩

● 경찰관이 범인을 쫓는 것을 본 꿈
계획을 철저하게 세워서 일사불란하게 목표 달성을 위해 맡은 바 업무 수행을 하게 될 징조다.

● 경찰서에서 보낸 호출장을 받은 꿈
당첨이나 취직·체포·입원 등의 통지서가 날아들 징조다.

● 경찰관이 범인에게 총을 쏘는 것을 본 꿈
그 동안 어려웠던 문제들이 한 순간에 풀어지게 될 징조다.

● 경찰관이 자기 집 안으로 들어온 꿈
집안에 우환·싸움·소송 등이 발생할 징조다.

● 경찰관이 사고 현장으로 긴급 출동한 것을 본 꿈
일사불란하게 혼신을 기울여야 할 어떤 일이 생길 징조다.

● 경찰관에게 신분증을 내보인 꿈
자신의 신분을 남 앞에서 자랑할 만한 좋은 일이 생길 징조다.

● 경찰관한테서 밥을 얻어먹은 꿈
감옥에 갇히게 되거나 질병에 걸릴 징조다.

● 경찰관과 싸운 꿈
청탁한 일이 성사되기 어렵다는 암시다.

● 길거리에 경찰관이 서 있는 것을 본 꿈
출장 또는 여행하는 도중에 어떠한 장애가 생기거나 교통 사고가 발생할 징조다.

● 경찰관이 된 꿈
다른 사람의 일에 너무 많이 간섭하고 있다는 경고성 암시다.

● 경찰관이 되어 범인을 잡은 꿈
사업 문제나 돈 문제를 해결해 줄 사람이 나타날 징조다.

● 자신이 수갑을 찬 채 경찰관한테 연행되어 가는 꿈
이 꿈은 질병·죽음·취직, 일의 성사 등의 뜻이 암시되어 있다. 따라서 자신의 현재 상황에 따라 달리 해석해야 한다.

● 경찰관이 갑자기 저승사자로 변한 꿈
심한 질병이나 커다란 사고가 발생하여 위험에 처할 징조다.

● 사복 경찰관이 자신의 집 안 곳곳을 수색한 꿈
누군가로부터 자신이 여러 가지 질문을 받게 되거나 신문·방송 기자의 인터뷰에 응하게 될 일이 있을 징조다.

● **경찰관이 서류에 자신의 도장을 받아 간 꿈**
가정이나 직장 내에 안 좋은 일이 일어날 징조다. 만일 보증을 섰다면 점검해 볼 필요가 있다.

● **자신을 향한 경찰관의 총부리에 몹시 불안해 했던 꿈**
심히 불안하고 공포에 떨 상황이 일어날 징조로서 흉몽이다.

● **자신이 살인을 저질러 경찰관에게 쫓겨다닌 꿈**
이런 꿈을 꾸면 시험 등에서 합격할 확률이 적다. 무슨 안 좋은 일이 일어날 흉몽이다.

● **간첩을 경찰서에 신고한 꿈**
자신의 판매 거래처를 구하게 되고, 많은 사람과 접촉할 일이 생길 징조다.

● **자신이 간첩이 되어서 적지를 살핀 꿈**
학문 연구, 사업체 물색, 고적 탐방 등과 같은 일을 하게 될 징조다.

● **자신이 간첩을 잡은 꿈**
암거래하는 물건을 취급하게 되거나 부동산 등과 같은 것을 중개할 일이 있을 징조다.

●군인●

군인

● 소수의 아군이 수많은 적군을 섬멸한 꿈
어렵다고 생각하던 목적을 달성하고 소원 성취하게 될 징조다.

● 적을 차례로 총살한 꿈
사업이 침체 상태로부터 벗어나게 될 징조다.

● 자신을 향해 누군가가 권총을 겨누고 있는 꿈
현재의 권태로운 생활로부터 벗어나고 싶은 자신의 심정을 나타낸다. 그런데 만일 꿈속에서 자신이 권총에 맞았다면 지금의 상태에서 벗어나 아주 쾌적한 생활이 찾아올 징조다.

● 군대에 입대한 꿈
새로운 사업이나 일을 시작할 징조다.

● 자신이 장교가 된 꿈
학생의 경우엔 회장이 되고, 일반인의 경우엔 어떤 세력을 얻게 되거나 한 단체의 장이나 간부가 될 징조다.

● 군인들이 행진하는 꿈
국가적인 전략과 전술 등이 완벽하게 수행되고 있음을 암시하고 있다.

● 군인이 전사자의 유골을 가지고 온 꿈
세인들의 주목을 받을 만한 일을 하게 될 징조다.

● 군인의 계급장이 유난히 반짝거려 보인 꿈
큰 업적과 공적 사항으로 일 계급 특진하거나 상장 및 훈장을 받게 될 징조다.

● 자신이 군인처럼 완전 무장을 한 꿈
자신이 주도권을 잡고 어떤 단체를 이끌어가게 될 징조다.

● 아군이 적군에게 공격받는 꿈
새로 시작한 사업이나 일이 실패하게 된다는 징조다.

● 아군과 적군 간에 전투가 벌어진 꿈
라이벌 회사끼리 시장성과 소비자 확보에 경쟁을 벌이게 되거나, 어떤 이권 문제로 인해 치열한 싸움을 하게 될 징조다.

● 자기의 어깨에 장교 계급장을 달았던 꿈
어떤 기관으로부터 상장·훈장을 받을 일이 생기거나, 진급 또는 명예가 주어질 징조다.

● 장교에게 경례한 꿈
수많은 사람들을 거느린 우두머리격인 사람을 만나게 될 암시다.

● 고위 장교로부터 훈장을 받은 꿈
자신이 한 일에 대해 다른 사람으로부터 칭찬을 받고, 자신에게 명예가 주어질 좋은 징조다.

● 군인과 경찰관이 서로 싸움을 하는 꿈
어떠한 업무나 일거리 등으로 인하여 언쟁이 발생하거나, 눈 뜨고는 볼 수 없는 어떤 이상한 꼴을 보게 될 징조다.

● 자신이 적군에게 쫓기는 꿈
질병에 걸리거나, 계획한 일을 성사시키지 못하게 될 징조다.

● 군복을 입고 적진을 향해 걸어간 꿈
사업·일거리·작품 등이 어려운 절차를 밟게 될 징조다.

● 장군한테서 금은 보화를 받은 꿈
훌륭한 실력자를 만나게 되어 도움을 받고, 하는 일이 순조롭게 풀릴 징조다.

● 장군이 말을 타고 집 안으로 들어온 꿈
집안에 경사가 생기고, 귀한 손님이 찾아올 징조다.

● 자신의 군인 모자를 잃어버린 꿈
직장 등에서 강등이나 면직을 당하게 될 안 좋은 징조다.

● 꿈속의 자신이 군인인데, 자기의 무기를 잃어버린 꿈
동업자 또는 일에 대한 방법과 추진력을 잃게 될 징조다.

● 기자 ●

● 신문 기자가 자신을 찾아온 꿈
자신의 신변에 관해 문의하거나 간섭할 사람이 찾아올 징조다.

기자

● 수많은 기자들로부터 인터뷰 요청을 받은 꿈
군중이 모인 곳에서 새로운 자료를 발표할 일이 있거나 중대한 회의를 갖게 될 징조다.

● 기자한테서 어떤 문서를 받은 꿈
기쁜 소식과 정보를 받아, 지금 하고 있는 일을 효율적으로 쉽게 처리하게 될 징조다.

● 기자와 인터뷰한 꿈
자신의 일거수일투족을 다른 사람에 의해 체크당하게 되거나, 행적이나 업적 등을 다른 사람에게 설명할 일이 생긴다.

● 기자가 자신의 사진을 찍어 가거나 녹음해 간 꿈
다른 사람한테 자유를 구속받게 될 일이 생길 징조다.

● 노동자, 농민 ●

노동자, 농민

● 자신이 노동자가 되어 막일을 한 꿈

힘든 일로 인해 심신이 허약해질 징조다. 어떠한 고통이나 괴로움 등이 따를 것을 암시하는 꿈이다.

● 자신이 노동자가 되어
　　　　　공사판에서 땀 흘려 열심히 일한 꿈

가정이 화목해지고, 자신의 건강도 좋아졌음을 암시하는 꿈이다.

● 집안에서 일하던 일꾼들이 뿔뿔이 흩어진 꿈

한 조직체가 단합하지 못하고 해산하게 될 징조다. 이별·분규·배신 등을 암시하는 꿈이다.

● 길거리를 지나다가 일꾼을 만나
　　　　　　　　　　자기 집으로 데려온 꿈

우연한 일로 사람을 만나게 되어 자신의 식솔로 삼게 될 징조다. 귀인·새 식구·만남 등을 상징하는 꿈이다.

● 일꾼들이 쌀가마니를 짊어지고
　　　　　　　　　　자기 집으로 들어온 꿈

재물과 돈이 생기고 먹을 것이 풍부하게 생길 징조다. 재복이나 횡재, 운수 대통 등을 상징하는 길몽이다.

● **자신이 여러 명의 노동자와 함께 어떠한 일을 한 꿈**
여러 사람이 협동체를 만들거나 동업하게 될 것을 암시하는 꿈이다.

● **창고 안에다 농부가 쌀가마니를 차곡차곡 쌓는 꿈**
부자가 될 징조다. 행운·횡재·재물 복·운수 대통 등을 상징하는 길몽이다.

● **농부가 밭에다가 씨앗을 뿌리는 것을 본 꿈**
생산 및 식품업에다 투자하게 될 일이 생길 징조다.

● **농부가 잘 익은 곡식을 거두어들이는 꿈**
노력의 대가로 좋은 사업 성과를 올리게 될 징조다. 재물과 돈이 들어올 것을 암시하는 길몽이다.

● **농부한테 싱싱한 풋고추를 받은 꿈**
부인과 새댁이 임신을 하여 옥동자를 낳을 징조다.

● **농부가 밭갈이를 하는 것을 본 꿈**
생각지도 않던 많은 일거리가 생겨서 눈코 뜰 새 없이 바빠지게 될 징조다.

●선생님●

● 존경하는 옛 스승님을 본 꿈
자신에게 은혜를 베풀어 줄 협조자가 생길 징조다.

● 초등학교 때의 스승님을 본 꿈
자신하고 있는 사업이나 일에 지혜로운 협력자를 얻게 될 징조다.

● 평소에 존경하지 않았던 선생님을 꿈에 보면
윗사람으로부터 책망을 듣게 되거나 자신에게 어떠한 좋지 않은 일이 생기게 될 징조다.

● 선생님이 쓴 칠판 글씨가 또렷하게 잘 보인 꿈
학생은 두뇌가 계발되어, 학업 성적이 올라가게 될 징조다.

● 교수님의 뒤를 따라다닌 꿈
모범적 행동으로 사회에 봉사할 일이 생길 징조다.

● 선생님의 얼굴이 환하게 밝아 보인 꿈
윗사람이나 귀인을 만나 도움을 받게 될 징조다. 기쁜 소식, 만남·즐거움 등을 암시한다.

● 선생님한테서 귀한 책을 선물로 받은 꿈
어떤 공적을 거두어 상장이나 훈장을 받고 명성을 떨치게 될 징조다. 실제로 선물을 받을 수도 있다.

● 자신이 학생을 통솔한 꿈
많은 사람들이 자신의 의견에 따르거나 자기의 연구 과제를 발표하게 될 징조다.

● 옛날 은사님이 천천히 자기에게 다가오는 꿈
지금 추진하고 있는 사업이나 일이 잘 풀리지 않아 어려움을 겪게 될 징조다.

● 선생님의 말씀이 전혀 생각나지 않았던 꿈
귀한 진리를 잃어버리게 될 징조다. 잡념이나 헛된 망상을 버리라는 꿈의 교훈이다.

● 선생님과 함께 탁자에 둘러앉아 토론을 한 꿈
어떤 문제와 대안에 대해 숙의할 일이 생길 징조다.
현역 군인의 꿈속에 교감 선생님이 나타나면 사단장이나 부사단장·대대장 등과 접촉할 일이 생길 징조다.

● 선생님의 집에 찾아간 꿈
존경할 만한 훌륭한 지도자를 만나 협조와 지도를 받고 많은 것을 깨닫게 될 징조다.

● 학원 강사로부터 꾸중을 들었던 꿈
구설·시비·싸움·망신 등의 불운이 닥칠 징조다. 따라서 특히 언행에 주의를 기울이는 것이 좋다.

● 손님 ●

● 손님들과 함께 빙 둘러앉아서 심각한 이야기를 나눈 꿈
집안이나 직장의 일이 잘 풀리지 않고 복잡하게 얽혀 들어갈 징조다.

● 먼 곳에서 손님이 찾아온 꿈
술과 음식이 생길 징조다.

● 평소에 미워하던 사람이 자기 집에 찾아온 꿈
집안 식구에게 질병이 찾아오게 될 흉몽이다.

● 아기 ●

● 갓난아이한테 우유를 먹인 꿈
어떠한 사업에 자본을 투자하게 되거나, 연구 사업 등에 종사하게 될 징조다.

● 아기를 업어 주었던 꿈
몹시 힘들고 귀찮은 일을 맡아서 수행하게 될 징조다.

● 어떤 신적인 존재가 아이를 데려다 준 꿈
태몽일 경우, 장차 학문적인 업적을 남길 아이가 태어날 징조다.

● 자신이 아이를 업거나 짐을 짊어지고 길을 가는 꿈
자신이 하는 일에 고통이 따르게 될 징조다.

● 아기가 우는 것을 달래 준 꿈
마음이 초조하고 불안한 고민스런 일이 발생할 징조다.

● 어린 여자 아기의 이가 새로 난 것을 본 꿈
평소에 소원하던 것이 이루어질 징조다.

● 아이가 엄지손가락을 빨고 있는 꿈
집안에 우환이 생기거나 부모님에게 불행이 닥칠 징조다.

● 선녀가 아이를 안아다 준 꿈
사업, 신상품 개발, 무역 수출 등의 분야에서 일할 아이를 잉태하게 될 징조다.

● 임신부가 기형아를 낳은 꿈
실제로, 임신부는 기형아를 낳거나 사산을 하게 될 수도 있다.

● 현실의 어떤 어른이 꿈속에서는 어린아이로 보였던 꿈
상대방의 학식이나 교양·능력·인격 등에 있어서 자기보다 훨씬 미숙하다고 판단할 일이 생길 징조다.

● 꿈속에서 학생이 되어 어른과 어울렸던 꿈
모든 면에서 자신보다 뛰어난 사람과 접촉할 일이 생길 징조다.

● 아이가 죽는 것을 본 꿈
그 동안 자신을 괴롭히던 구설수가 사라질 징조다.

● 갓난아이를 죽인 꿈
근심과 걱정이 깨끗이 해소될 징조다.

● 갓난아이가 치마 속으로 들어온 꿈
태몽으로, 귀한 자손이 태어날 징조다.

● 갓난아이를 안아 준 꿈
어떤 정신적인 일로 인해 고민하게 될 징조다.

● 갓난아이를 귀여워한 꿈
친구나 동업자가 의견 충돌로 다툼이 생길 암시다.

● 아이를 안은 사람이 문 밖에서 방 안을 들여다본 꿈
그 사람이 자기 집안 일에 관해서 상담을 하러 찾아오거나, 그로 인해 불쾌한 기분을 느끼게 될 징조다.

● 아이가 편지를 가지고 온 꿈
송사나 시비가 있을 징조다.

● 갓난아이가 책을 가지고 놀며 말했던 꿈
장차 태어날 아이가 성장하여 학문과 관계된 일에 종사하게 될 징조다.

● 갓난아이를 안고 하늘로 올라간 꿈
현재 벌인 사업이 망하거나 질병으로 고통받을 징조다.

● 갓난아이의 알몸을 쓰다듬었던 꿈
어떤 기분 나쁜 일을 당하게 되거나 자위 행위를 하게 될 일이 생길 징조다.

● 갓난아이가 무지개를 타고 있는 꿈
직장에서 승진하거나 사업이 번창해질 징조다.

● 어떤 여자가 갓난아이를 안거나 업고 자기를 따라온 꿈
누군가가 자신에게 하찮은 일로 시비를 걸어와 말다툼을 하게 될 일이 있을 징조다.

● 자기 옆에 있던 어린아이가 갑자기 사라진 꿈
그 동안의 근심 걱정이 머지않아 사라지게 될 징조다.

● 갓난아이의 똥을 주무른 꿈
마음이 편안해지고 재물이 따라붙을 길몽이다.

● 갓난아이가 귀엽게 웃는 꿈
하는 일마다 별탈 없이 순조롭게 풀려나갈 암시다.

● 갓 낳은 아이가 걸어다닌 꿈
어떤 작품이 출판되자마자 세상에 널리 보급되게 될 징조다.

● 갓난아이의 똥이나 오줌이
　　　　　　　　옷에 묻어서 기분이 나빴던 꿈
다른 사람한테서 기분 나쁜 소리를 듣거나 창피를 당하게 될 일이 생길 징조다.

● 여자 아기가 어른처럼 행동한 꿈
잘난 척하다가 망신당할 암시니 겸손하게 행동해야 한다.

● 자신이 여자 아이를 안았던 꿈
생각지도 않았던 구설수가 따라붙어 괴로움을 당하게 될 징조다.

● 갓난아이에게 젖을 먹인 꿈
새로운 사업이나 일에 투자할 암시다.

● 어린아이가 깔깔대고 웃어 댄 꿈
여러 사람 앞에서 실수 등을 하게 되어 조소와 놀림을 당하게 될 징조다.

● 어린아이가 자신의 성기를 만지는 꿈
사업상의 목적을 달성하는 암시이니 길몽이다.

● 누군가가 갓난아이를 때리는 것을 본 꿈
현재 진행하고 있는 일을 좀더 변화성 있게 연구하라는 꿈의 가르침이다.

● 자신이 아이를 낳거나 남이 낳는 것을 본 꿈
일거리·재물·작품 등을 얻게 될 징조다.

● 갓난아이의 시체가 관 속에 들어 있는 것을 본 꿈
자기가 하고 있는 일이 남에게 인정을 받게 될 징조다.

● 여러 명의 갓난아이가 한 군데에 모여 있는 것을 본 꿈
성욕을 주체할 수 없을 때 이런 꿈을 꿀 수 있다. 그리고 일거리가 많이 생겨서 바빠지게 될 징조이기도 하다. 평소에 일거리가 없는 사람에게는 반가운 일이지만, 바빴던 사람에게 있어서는 기뻐할 일만도 아니다. 일거리에 파묻혀 고생하게 된다는 뜻이 내포되어 있기 때문이다.

● 어린아이가 피를 흘리는 꿈
좋은 일이 생길 암시이니 길몽이다.

● 어른이 어린아이로 보인 꿈
무슨 일을 하든지 상대방의 행동을 자기와 비교하여 판단할

일이 생길 징조다.

● **어린아이에게 목마를 태워준 꿈**
새로운 사업이나 일을 시작하고, 원하던 것을 이루는 꿈이다.

● **아는 친지로부터 아기를 받은 꿈**
다른 사람의 고민거리나 누명을 자신이 떠맡게 될 징조다. 구설·누명·우환 등을 암시하는 불길한 꿈이다.

● **갓난아이의 똥을 주무르면서도 기분이 좋았던 꿈**
사업이나 어떤 일로 인해 돈이 생길 징조다.

● **쌍둥이를 낳았는데, 한 아이는 잘생기고 한 아이는 못생긴 꿈**
두 가지 일이나 작품 생산에 있어서 우열이 생길 징조다.

● **얼굴이 검은 아이를 본 꿈**
모두가 싫어하는 일을 떠맡게 될 징조다.

● **얼굴이 검은 아이를 데리고 다닌 꿈**
힘겨운 일거리로 인해 고통을 겪게 될 징조다. 이처럼 검은색은 대체적으로 좋지 않은 꿈이다.

● 연예인 ●

● 텔레비전에서 유명한 탤런트를 본 꿈
친구나 애인을 만나 영화나 연극을 보면서 즐거운 시간을 보내게 될 징조다.

연예인

● 자기가 연예인이 된 꿈
나쁜 소문에 시달리거나 신변이 외로워질 징조다.

● 연예인이 자기 집에 온 꿈
귀한 손님이 찾아올 것을 암시하며, 그 손님으로부터 기쁜 소식을 전해 듣게 될 징조다.

● 연예인에게 꽃다발을 준 꿈
자신의 사업 또는 일에서 능력을 발휘할 기회가 생기거나, 벼락 출세를 할 징조다.

● 연예인이 자신을 놀리며 마구 웃어 댄 꿈
사람들 앞에서 자신이 망신이나 놀림을 당하게 될 징조다. 불길·불쾌·시비·구설수·싸움·소송·중단·실패·사고·사기·협박 등과 관련이 있다.

● 인기 연예인의 팬클럽에 가입한 꿈
유명 연예인의 공연을 관람할 징조다.

● 연예인이 되어 무대에서 춤추고 노래한 꿈
어떤 작품 회의를 갖거나 마음먹은 대로 소원 성취하게 될 징조다.

● 인기 연예인과 데이트를 한 꿈
지금 사귀고 있는 연인과 서로 마음이 다른 곳에 있어 이별할 징조다.

● 인기 연예인과 싸운 꿈
직장 동료나 애인과 다툴 징조다.

● 인기 연예인과 섹스를 한 꿈
최고의 명예를 얻거나 상을 받게 될 징조다.

● 외국 배우와 연예인이 함께 공연하는 것을 구경한 꿈
실제로 문화 공간에서 연극이나 영화 감상 등을 하게 될 징조다.

● 인기 가수와 데이트를 한 꿈
근무 중인 직장이 자매 회사를 두거나 같은 계열 회사로 이동하게 될 징조다.

● 자신이 유명한 가수가 되어
　　　　　　　산꼭대기에서 노래를 부른 꿈
마음먹은 대로 소원 성취하게 될 징조다. 시험 합격·입학·당선·승진·자격 취득·승리·성공·행운 등을 암시한다.

● 유명한 가수를 만나 기뻐한 꿈

귀인을 만나 도움을 받게 될 징조다. 상봉이나 희소식 등을 암시하는 길몽이다.

● 유명한 가수가 되어 무대에 섰던 꿈

좋지 못한 소문에 시달려 아무리 변명해도 통하지 않을 암시다.

● 톱 가수가 노래 부르는 것을 본 꿈

마음먹은 일들이 잘 풀리게 되어 하루종일 기분이 상쾌해질 징조다. 또는 실제로 예술의 전당이나 극장 등과 같은 문화 공간에서 영화 감상 등을 하게 될 수도 있다.

● 인기 배우의 의상을 받은 꿈

서쪽 방향의 귀인의 도움으로 어렵고 힘들었던 문제를 해결할 징조다.

● 배우가 용으로 변해 하늘로 올라간 꿈

운수가 대통하고 소원 성취하게 될 징조다.

● 최고의 여배우와 키스를 한 꿈

훌륭한 지도자를 만나게 될 징조다.

● 개그맨이 펼치는 코미디를 구경한 꿈

실제로 문화 공간에서 영화 관람이나 연극 등을 관람하게 될 수도 있으나, 구설수·조롱·불쾌 등을 암시하는 흉몽일 수도 있다.

● 인기 코미디언이 죽은 꿈
슬픈 소식이 있을 징조다.

● 창문 너머로 유명한 배우나 탤런트의 얼굴이 보인 꿈
어떤 장소에서 사람을 만나 인연을 맺고 오래도록 깊은 유대를 갖게 될 징조. 상봉, 또는 기쁜 소식이 있을 것을 암시하는 꿈이다.

● 자신이 인기 모델이 된 꿈
시장에서 쇼핑할 암시다.

● 텔레비전이나 무대에서 부르는
　　　　　　　　가수의 노랫소리가 들리지 않은 꿈
뜻밖에 사고를 당하게 되어 소식이 중단되고 마음이 답답해질 징조다.

● 인기 연예인에게 사인해 달라고 조른 꿈
자신의 능력으로 감당하지 못할 일을 맡아 고생할 암시다.

● 무용수가 화려한 무대에서 춤추는 것을 구경한 꿈
어떤 회의나 파티 등에 참석하여 사람들과 어울려 즐거운 시간을 보내게 될 징조다.

● 인기 연예인으로부터 꽃다발을 받은 꿈
직장 동료로부터 축하받을 일이 생길 징조다.

● 연예인한테 금은 보석을 받은 꿈

집안에 경사가 생기고, 재물과 돈이 들어올 징조다. 횡재·선물·행운 등이 찾아올 것을 암시하는 꿈이다.

● 영화 배우가 말을 타고 자기 집 안으로 들어오는 꿈

귀한 손님이 자기 집에 찾아오거나 무척 보고 싶었던 사람을 만나게 될 징조다.

● 유명 인사 ●

● 정치인이 하나님을 찾는 꿈

통치자에게 건의를 하거나 백성의 여론을 조사할 일이 생길 징조다.

유명 인사

● 유명한 정치인에게 음식을 대접한 꿈

사업 문제, 또는 취직을 부탁해 이루어질 징조다.

● 유명한 정치인이 자신의 집을 방문한 꿈

생각지도 못한 일로 명예와 재물을 얻을 암시이니 길몽이다.

● 훌륭한 정치가의 연설을 경청한 꿈

자기가 국가나 시민사회 속에서 충성을 다하게 되거나, 동창회 등의 모임에서 자신이 스타가 될 징조다.

● 국회의원 당선 통지서를 받은 꿈
단체 또는 직장에서 임원으로 선출될 징조다.

● 국회의원의 양복에서 금배지가 떨어지는 것을 본 꿈
직업을 잃고 실직자가 될 징조다. 퇴직·파면·면직 등의 불운이 닥칠 것을 암시한다.

● 국회의원이 지역 구민과 만나서 회의를 가졌던 꿈
어떤 회의나 모임에서 사회 단체와 조직의 이익을 위해 토의할 일이 생길 징조다.

● 국회의원이 늑대로 변한 꿈
고위층에 있는 사람이 국민과의 약속을 지키지 않고 지능적인 사기꾼으로 변하는 것을 보게 될 징조다.

● 검사의 준엄한 논고를 지켜 본 꿈
자신이 하고 있는 일에 대해 심한 불안감을 느끼거나 양심의 가책을 받고 있다는 증거이다. 또한 생각지도 않은 인재(人災)로 인해 어려움을 당하게 될 징조다.

● 국회의원을 만난 꿈
스승이나 윗사람·귀인 등을 만나 도움을 받게 될 징조다.

● 국회의원에 당선된 꿈
자신이 소속된 단체의 장이 되거나, 어떤 단체에 가입할 징조다.

● 국회의원 후보가 연설을 하다가 갑자기 쓰러진 꿈
부풀었던 꿈이 산산조각으로 깨어지게 될 징조다.

● 국회의원과 함께 관공서로 들어간 꿈
윗사람의 도움을 받아 어려운 일을 해결하게 될 징조다.

● 유명한 정치가와 함께 동행한 꿈
확실한 실력자를 만나 도움을 받고, 새로운 기틀을 마련하게 될 징조다.

● 장관의 직위가 새겨진 명패나 임명장을 본 꿈
자신이 가지고 있는 능력이나 재능을 최대한 발휘하여 세력을 잡을 징조다.

● 정부 고관에게 술을 대접한 꿈
유명 인사나 어떤 회사의 간부 사원에게 취직을 청탁하게 될 징조다.

● 자신이 장관으로 행세한 꿈
지금 하고 있는 사업이나 일이 뜻대로 이루어질 암시다.

● 판사로부터 자신이 사형 언도를 받은 꿈
자기가 소원하던 일이 뜻대로 성취될 징조다.

● 재판장이 사람들로 발 디딜 틈 없이 꽉 들어찼던 꿈
어떤 단체에서 주최하는 연설을 듣게 되거나 작품 평가 등을 받을 일이 생길 징조다.

● 재판관이나 변호사에게 자기의 신변에 관해 이야기한 꿈
누군가에게 자신의 일에 대해 서로 의논하게 될 일이 생길 징조다.

● 판사한테 사건 관계 기록 서류 뭉치를 받은 꿈
뜻밖에 일거리가 많이 생겨서 바쁘게 되거나 좋은 일이 일어날 징조다. 이런 때 계약을 하면 좋다.

● 판사 앞에 서 있는데 갑자기 반짝이는 별이 나타난 꿈
소송에서 명판사를 만나 승소하게 되거나, 어떤 공헌이나 업적 등으로 인해 상장 또는 훈장을 받게 될 징조다.

● 판사 앞에 있는 재판 기록이 전혀 안 보이거나 재판 기록이 분실된 꿈
실제로 재판에서 패소하게 되거나 재판 일자가 무기한 연기될 징조다. 실패·분실·실수·구설 등을 암시한다.

● 자신이 판검사가 된 꿈
입신 출세하여 성공하게 될 징조다. 승리·성공·승진·합격·당선 등을 암시하는 꿈이다.

● 검사가 자신에게 형량을 구형한 꿈
타인과의 어떤 정신적 관계나 물질적 관계로 인해 피해를 보게 될 징조다.

● 여러 나라의 각료들과 만찬회 석상에서 음식을 먹은 꿈
저명 인사나 사회 단체에서 주최하는 파티나 세미나 등에 초대받을 일이 생길 징조다.

● 검사와 악수를 한 꿈
실제로 기소 중지되어 자유의 몸이 되거나, 그 동안 사이가 안 좋았던 어떤 거래처와 화해를 하게 될 징조다.

● 변호사가 갑자기 여우로 변하면서 청산 유수처럼 말을 잘 하는 꿈
철석같이 믿었던 사람으로부터 이용을 당하게 되거나 지능적 꼬임에 넘어가게 될 징조다.

●임금, 대통령●

● 임금의 의관이 단정하지 못한 꿈
집안 어른의 인격과 신분에 이상이 생기거나 사회 지도층의 부정부패 등으로 인해 사회의 질서가 문란해질 징조다.

임금, 대통령

● 임금이나 대통령이 베푼 만찬회에 초대를 받은 꿈
권위 있는 사람이 베푸는 일이나 회담 등에 참석하게 될 징조다.

● 임금이 자신에게 직접 주는 술을 먹은 꿈
어떤 중책을 맡게 되거나 명예와 권리가 주어질 징조다.

● 자신이 대통령한테 표창을 받는 꿈
자신에게 어떤 단체로부터 명예와 권리가 주어질 징조다.

● 대통령이 자기 집에 오겠다고 약속한 꿈
자신에게 최고로 명예스러운 일이나 권리가 주어질 징조다.

● 대통령한테 증서를 받은 꿈
승진하게 되거나 상장 및 훈장을 받게 될 징조다. 입학·합격·당선·자격 취득·결재·취직·성취 등을 암시한다.

● 대통령이 따라 준 술을 마신 꿈
자신이 중요한 직책을 맡게 되거나, 어떤 명예로운 일이나 신분 상승이 있을 징조다.

● 자신이 대통령이 된 꿈
어떤 기관의 지도자가 되거나, 명예나 권세가 주어질 징조다.

● 대통령과 나란히 서서 걸어간 꿈
가장 존경할 만한 사람과 그 동안 생각해 왔던 사업에 대해 동업 또는 의논할 일이 생길 징조다.

● 대통령과 악수한 꿈
실력자를 만나서 큰 뜻을 성취하게 되거나, 큰 재물이나 돈이 생길 징조다.

● 대통령이 방 안에 앉아 있었던 꿈
집안에 명예스럽고 경사스런 일이 생기거나, 슬하에 좋은 서광이 비칠 징조다.

● 대통령과 함께 이야기를 나눈 꿈
확실한 실력자의 도움을 받아 직업적 스타가 될 징조다.

● 옷을 화려하게 차려입은 대통령을 본 꿈
어떤 은혜로운 일이나 권위적인 일 등으로 명예를 얻게 될 징조다.

● 거실로 대통령을 따라들어간 꿈
하고 있는 일이 성사되거나 진급·권세 등의 일이 성사될 징조다.

● 자신이 영부인이 되어 대통령을 따라간 꿈
남편의 일을 도와 주거나 어느 사업체에 취업하게 될 징조다.

● 대통령의 국장 행렬을 구경한 꿈
생애 최고의 명예로운 일과 부딪치게 될 징조다.

● 대통령이 수행원과 함께 자기 집을 방문한 꿈
어떤 단체나 기관으로부터 막중한 책임을 맡게 될 징조다.

● 직장인의 꿈에 다른 나라의 대통령과
　　　　　　　　　　　비행기를 함께 타고 가면
다른 회사의 사장이나 간부에 의해 자신이 스카웃될 일이 생길 징조다.

● 대통령이 자신의 이름을 호명한 꿈
시험에 합격하거나 국회의원 등에 당선될 징조다.

● 대통령에게 음식을 대접한 꿈
자신이 평소에 존경하던 사람에게 일거리를 부탁하거나 청원할 일이 생길 징조다.

● 군중과 함께 열렬히 대통령을 환영한 꿈
국가 시책에 호응하게 될 일이 생길 징조다.

● 대통령으로부터 지명을 받고
　　　　　　자신이 수상이 되어 내각을 조직한 꿈
자신이 어떤 조직체에서 주도권을 잡게 될 징조다.

● 텔레비전에서 대통령을 본 꿈
자기 집에 귀인의 방문이 있을 징조다.

● 대통령과 함께 숲길을 걸은 꿈
지위나 신분이 높은 사람과 일할 기회가 있을 징조다.

● 대통령과 함께 대통령 방으로 따라간 꿈
추진하고 있는 사업이나 일이 뜻대로 이루어질 징조다.

● 대통령에게 인사한 꿈
권력을 가진 정부의 인사에게 무엇인가 청탁할 일이 생길 암시다.

● 대통령에게 칭찬받은 꿈
윗사람이나 직장의 상사로부터 신임을 얻고 승진도 하게 될 징조다.

● 대통령으로부터 명함을 받은 꿈
자기 분야에서 최고의 명예와 권력을 얻게 될 징조다.

● 평소 존경하는 대통령과 함께 비행기를 탄 꿈
정부 기관에 들어가 막강한 권력을 잡게 될 암시다.

● 고위 관리나 대통령이 사망한 꿈
자기가 다니는 직장에서 명예와 부를 얻을 암시다.

● 대통령과 시국에 관한 이야기를 나눈 꿈

자신이 하고 있는 사업이나 일이 국가 시책과 맞아떨어져 크나큰 이익을 볼 징조다.

● 대통령을 자신이 암살한 꿈

최고의 명예와 권위를 획득할 징조다.

● 대통령이 자신의 집을 방문한 꿈

정부 기관이나 단체에서 중요한 직책을 맡게 될 징조다.

●의사, 간호사●

의사, 간호사

● 의사한테 수술을 받은 꿈

실제로 수술받을 일이 생기거나, 어떤 단체나 조직체에서 조직 개편을 하게 될 징조다.

● 의사가 자신에게 화를 내거나 어떤 경고를 해 준 꿈

여기서 의사는 아버지를 상징한다. 최근에 아버지와 어떤 대립이 있었거나, 아버지가 몹시 싫어하는 어떠한 행동을 함으로써 자신이 불안하게 생각하고 있음을 나타낸다.

● 의사가 직접 집으로 왕진 온 꿈

확실한 실력자를 만나 협조와 도움을 받고, 하고 있는 일에 새로운 발전이 있게 될 징조다.

● 의사로부터 X-레이 촬영을 받은 꿈
어떤 일이나 사실이 백일하에 드러나게 될 일이 생길 징조다.

● 의사가 몸 속에 내시경을 넣어 내장을 검사한 꿈
어떤 일을 전문가에게 맡겨서 효율성 있게 처리하게 될 징조다.

● 자신이 의사한테 진찰을 받은 꿈
어떤 새로운 자료나 발명품을 전문기관에 의뢰하게 될 징조다.

● 의사나 약사를 만난 꿈
자신이 소망했던 일이 뜻대로 이루어지지 않을 징조다.

● 의사가 시체를 만지는 것을 본 꿈
귀인을 만나 물질적 도움을 받고 사업이 날로 번창해질 징조다.

● 의사가 처방해 준 약을 먹은 꿈
추진하고 있는 사업이나 일을 동업자에게 의지하게 될 징조다.

● 의사한테 주사를 맞거나 침구사한테 침을 맞은 꿈
실제 어떤 질병으로 인해 병원 또는 한의원에 찾아갈 일이 생기거나, 상급 회사로부터 하청받을 일이 생길 징조다.

● 자신이 간호사로부터 간호를 받은 꿈
연인이나 친구의 도움을 받게 되고 새로운 변화를 맞게 될 징조다.

● 간호사한테 약을 받은 꿈

친한 사람으로부터 정성이 담긴 선물을 받게 될 징조다. 돈·재물·선물·계약·횡재 등을 상징하는 길몽이다.

신·종교·영적 존재에 관한 꿈

●기독교, 카톨릭●

기독교, 카톨릭

● 하나님께 정성 들여 절하고 빌었던 꿈

하나님께 바라던 소원이 이루어진다는 예시일 수 있다.

● 하나님의 계시를 받았던 꿈

성직자라면 진리를 깨우치게 되고, 일반인이라면 그 계시에 의해 현실과 부합될 수 있다.

● 하늘에 올라가서 보좌에 앉아 있는 하나님을 만난 꿈

사회적으로 권위가 있는 사람을 만나게 되고, 진리의 서적을 읽게 될 징조다.

● 어려움에 처해 있을 때 하나님을 찾는 꿈

자기의 양심을 남에게 호소하거나 협조자에게 도움을 요청

할 일이 있을 징조다.

● 하나님에게 기도하는 꿈
카톨릭 신자의 경우, 신부에게 고해 성사할 일이 있을 징조다. 그리고 일반인의 경우 진리·양심 등에 호소하여 각성하게 되고, 어떤 협조자의 도움을 받게 될 것을 암시한다.

● 하늘에서 하나님의 음성이 들린 꿈
사회적으로 풍기 문란이나 부정 부패를 고발할 일이 생길 징조다.

● 동네 밖에서 교회를 바라본 꿈
남녀 사이에 좋은 일이 생길 암시이니 길몽이다.

● 천당이라고 생각되는 곳을 구경한 꿈
큰 관청 또는 기업에 취직이 되거나, 평소의 소원이 순조롭게 이루어질 징조다.

● 하나님이 구름을 타고 내려온 것을 본 꿈
학자·기관장·위인·책 등에 의해 심리적인 영향을 받게 될 징조다.

● 십자가가 점차 커지면서 온 대지를 덮어 버린 꿈
새로운 진리나 법규 등이 생겨, 그것으로 인해 자신이 큰 타격을 받게 될 징조다.

● 자신이 강단에 서서 설교하는 꿈
자신에게 큰 권세가 주어지거나 자신의 뜻을 강력하게 주장할 일이 발생할 징조다.

● 화려한 옷을 입은 예수님을 우러러본 꿈
사회적으로는 지도자가 나타나고, 개인적으로는 사회 발전을 위해 중요한 서적을 출판하게 될 징조다.

● 예수님이 자신에게 영세물을 입에 넣어 주는 꿈
입학·취직·출세·당선 등과 같은 좋은 일이 일어날 징조다.

● 동네 교회가 무너진 꿈
종교 문제로 시달림을 받게 될 징조다.

● 교회에서 예수님이 나타난 것을 본 꿈
훌륭한 성직자나 진리를 탐구하는 사람을 만나게 될 징조다.

● 교회에서 기도를 하는데 목소리가 나오지 않은 꿈
부탁한 일이 이루어지기 어렵다는 징조다.

● 걸어가는 예수님의 뒷모습을 본 꿈
자기의 청원이 이루어지며 명예로운 일이 성취될 징조다.

● 자신의 설교 때문에 많은 사람이 죽거나 잠든 꿈
자기의 사상을 믿고 인정해 주는 사람이 많아질 징조다.

● 교회에서 교인이 추방당하는 꿈
교인들과 다툴 일이 생기거나 나쁜 소문에 시달릴 일이 생길 징조다.

● 신도에게 설교하거나 성경을 읽어 준 꿈
자신의 작품을 발표하거나 남을 설득할 일이 생길 징조다.

● 하늘에 올라가서 천당을 구경한 꿈
성지 또는 아름다운 곳을 가게 되거나, 관청에 가게 되어도 성가대·목사·신자 들과 관계할 일이 있을 징조다.

● 큰 성당을 본 꿈
주위의 많은 사람들로부터 도움을 받을 암시이니 길몽이다.

● 성모 마리아 앞에서 기도한 꿈
다른 사람의 도움으로 자기가 소원했던 일이 이루어질 징조다.

● 성모 마리아 상을 본 꿈
현실에서 고대하던 꿈이 이루어질 징조다.

● 성모 마리아가 자신에게 가까이 다가오거나 품에 안긴 꿈
훌륭한 지도자 또는 권력자 밑에서 일을 하게 되거나, 평소의 소원이 순조롭게 이루어질 징조다.

● 성모 마리아 상에서 빛이 발산되는 꿈
신앙의 깨달음을 얻거나 위대한 업적을 보게 될 징조다.

● 동네 교회에서 합창 소리를 들은 꿈
교회에 새로 나가게 되거나 부흥회에 참석할 징조다.

● 교회에서 울리는 종소리를 들은 꿈
자기의 진심에 대해 널리 알리거나 어떤 기쁜 소식을 남에게 전할 일이 생길 징조다.

● 큰 교회가 불에 탄 꿈
동네 교회가 크게 번창할 징조다.

● 자신이 수녀원에 들어간 꿈
학교·회사·교도소 등에 갈 일이 생기고, 자기의 작품이나 일거리가 당국으로부터 심사를 받게 될 징조다.

● 유명한 목사와 함께 걸어간 꿈
어떤 지도자 또는 학자와 같이 덕망 있는 사람과 접하게 되거나, 감명 깊은 책을 읽게 될 징조다.

● 교황을 본 꿈
사업에 크게 성공하여 최고의 자리에 오를 징조다.

● 추기경이 자신에게로 와서
　　　　　손을 잡아주며 축복 기도를 해 준 꿈
자신이 추진하고 있는 일에 동업자 또는 협력자가 나타나 일이 잘 풀려나갈 징조다.

● 추기경을 본 꿈
가까운 시일 내에 귀인의 도움으로 모든 일이 이루어진다.

● 추기경이 사람들 앞에서
　　　　　어떤 축복 기도를 올리는 것을 본 꿈
어떤 요직에 오르게 되거나, 직장인은 중요한 직책을 맡게 되고, 윗사람으로부터 인정을 받게 될 징조다.

● 불교 ●

● 절에 있는 약수를 마신 꿈
장차 결혼할 훌륭한 배우자를 만날 징조다.

불교

● 절에서 물을 먹거나 목욕을 한 꿈
학교·기관·회사 등에서 취직이나 입학 및 소원이 성취될 징조다.

● 절을 새로 짓고 부처님을 모시는 꿈
만사 형통할 암시이니 길몽이 틀림없다.

● 법회에 들어가서 경을 읽는 꿈
정신적 지도자나 나라에 공헌할 귀한 아들을 출산하게 될 징조다.

● 불상이나 불탑을 세우는 꿈
장차 운수가 대통하여 하는 일들이 순조롭게 이루어지고, 가정이 화목해질 징조다.

● 오래 된 성이나 절에 들어간 꿈
학문 연구에 몰두하거나 입학·취직이 이루어질 징조다.

● 자신이 불단에 올라가 있거나 성직자가 오르는 단상에 서 있는 꿈
갑작스러운 사고나 창피를 당하게 되고, 재산상의 손해가 날 징조다.

● 불상에게 절을 하는 꿈
힘이 있는 사람에게 청원할 일이 생기고, 그 소원이 성취된다.

● 부처님을 찾아 절에 들어간 꿈
현실에서 신의 가호를 받게 되고, 특히 자손에게 좋은 일이 있을 징조다.

● 절에 부처님과 스님이 없는 꿈
고독한 신세가 되거나 패가 망신할 흉몽이다.

● 불당에 부처님이 없는 꿈
가족 중에 누군가가 죽어 크게 슬퍼할 암시이니 흉몽이다.

● 절에서 어떤 물건을 얻은 꿈
그 물건의 상징 의미와 함께, 어떤 기관이나 단체에서 귀한 신분이 될 아이를 낳게 될 징조다.

● 절에서 복숭아를 주운 꿈
귀인의 도움으로 부귀 영화를 누릴 징조다.

● 법당 안에 있는 불상이 눈을 부릅뜨고 있는 것을 본 꿈
태몽이라면, 태어날 아이가 장차 커서 경찰관이나 군인으로 성공하게 될 징조다.

● 부처님과 어떤 사람이 이야기를 나누는 것을 본 꿈
대길한 꿈이므로 장차 복록을 누릴 징조다.

● 불상 좌우에 늘어서 있는 많은 여래상을 본 꿈
어떤 집단이나 단체의 리더를 중심으로 서로 협력해 나갈 일이 생길 징조다.

● 불전에 향을 사르며 예배하는 꿈
하는 일마다 덕이 쌓일 암시이니 길몽이다.

● 석가모니의 피라고 생각되는 것을 마신 꿈
위대한 인물을 만나 그에게서 정신적인 감화를 받게 될 징조다.

● 움직이는 부처님을 향해 절을 한 꿈
큰 재물이나 자신에게 매우 소중한 것을 얻을 징조다.

● 누군가로부터 금불상을 얻은 꿈
감동적인 책을 읽게 되거나 사회에 기여할 수 있는 일에 종사하게 될 징조다. 그리고 태몽일 경우에는 훌륭한 성직자나 진리를 탐구할 인재가 태어날 것을 암시한다.

● 스님이 주문을 외우면서 자기 집 안으로 들어온 꿈
가족 중에 질환으로 고생할 사람이 생기거나 뜻밖의 우환이 생길 징조다.

● 불상을 얻은 꿈
운수가 트여 행운이 따르고 재물이 크게 모이며, 공무원이나 회사원은 지위가 오를 징조다.

● 법당 밖으로 스님의 목탁 소리가 울려나온 꿈
세상에 소문이 나거나 감동을 줄 만한 어떤 일이 생길 징조다.

● 스님이 사람들을 모아놓고 경문을 가르친 꿈
죽음에 대한 근심이 있을 징조이니 흉몽이다.

● 스님이 경전을 읽고 있거나
　　　　　　목사가 설교하는 것을 보고 있는 꿈
집안에 근심이 생기거나 재물을 잃게 될 징조다.

● 스님이 목탁을 두드리면서
　　　　　　미친 사람을 위해 주문을 외우는 꿈
부하 직원의 실수로 인해 자신이 곤란한 지경에 빠지게 될 징조다.

● 문전에서 스님이 꽹과리를 친 꿈
가문에 명예로움을 안겨다 줄 인물이 태어날 징조다.

● 스님이 옥반에 어사화를 담아 준 꿈
사회 기관이나 학원 등에서 자신이 인정을 받게 될 징조다.

● 스님이 옥반에 꽃을 담아 준 꿈
어떤 기관이나 학교에서 자신을 인정해 줄 징조다.

● 자신이 높은 스님이 되어 있는 꿈
모든 병고가 사라질 징조다.

● 비구니가 검은 개를 데리고 자기 집 마당에 들어와서
　　　　　　　　　　　　빙글빙글 돌고 있는 꿈
승려나 비구니가 집 안에 들어오는 꿈은 대개가 흉몽이다. 검은 개를 데리고 나타났다는 건 자기 아랫사람 중에서 자신을 배반할 사람이 나타날 징조다.

● 노승에게 불경 책을 받은 꿈

타인으로부터 자신의 능력을 인정받게 되거나 출세할 수 있는 길이 열리게 될 징조다.

● 스님에게 잡곡을 시주한 꿈

학문을 깊이 있게 연구하지 못한다거나 자신의 작품이 심사 과정에서 탈락하게 될 징조다.

● 스님이 문전에서 목탁을 두드리며 염불하는 꿈

태몽일 경우, 장차 태어날 아이가 학자가 되고, 꽹과리를 두드리며 염불하면 무관으로 출세하게 될 징조다.

● 연로하고 박식한 고승이 참선하고 있는 것을 본 꿈

연로하고 박식한 고승은 지적인 능력, 높은 덕, 정신적 후원자를 상징한다. 따라서 운세가 호전되어 행운이 따르게 될 징조다.

● 스님을 만난 꿈

윗사람으로부터 생각지도 않았던 은혜를 입거나 큰 도움을 받게 될 징조다. 도승이라고 칭하는 스님을 보면 남자는 자식을 얻고, 여성은 소망이 이루어질 것을 예시한다.

● 파계승과 함께 어울린 꿈

믿을 수 없는 청부업자, 또는 부랑아 등과 관계하게 될 징조다.

● 스님이 독경하는 것을 본 꿈
병을 얻거나 걱정할 일이 발생할 흉몽이다.

● 꿈속에서 원효대사를 본 꿈
진리 탐구자나 위대한 지도자와 관계할 일이 생긴다.

●신령적인 존재●

● 작두 위에서 춤추는 무당을 본 꿈
신상의 위험에 처해 있음을 자신이 모르고 있음을 암시한 꿈이다.

신령적인 존재

● 무당집에 가서 푸닥거리를 한 꿈
신문이나 잡지 등에 자기의 글이 실리게 될 징조다.

● 아름다운 무당과 결혼한 꿈
어려운 상황에서 벗어날 징조다.

● 칼로 무당을 죽인 꿈
다른 사람에게 계획했던 일이 알려질 징조다.

● 물에 빠진 무당을 구해 준 꿈
곤경에 처한 사람을 위해 일할 징조다.

● 동네 무당이 죽은 꿈
정신적인 압박에서 해방될 징조다.

● 굿판에서 춤추는 무당을 본 꿈
정신적인 고통에 시달릴 암시다.

● 신과 대화하는 꿈
영몽(靈夢)이다. 이때 신으로부터 듣는 얘기는 모두가 당신의 진로나 생활 자세, 그리고 미래에 대한 경고 일색일 것이다. 신이 무슨 말을 어떻게 했느냐에 따라 의미는 가지각색이 되며, 당신이 앞으로 어떻게 해야 하느냐도 달라지겠지만, 어쨌든 신의 보호가 있는 것만은 틀림없다고 하겠다.

● 깊은 산중에서 신령적인 존재가 내려오는 꿈
위대한 학자나 협조자·기관장 등을 만나게 될 징조다.

● 신령 앞에서 자신의 소원을 말한 꿈
평소의 소원이 이루어지고 뜻밖의 재물이 생길 징조다.

● 신령이 주는 약을 받아 먹은 꿈
일반인은 소원이 성취되고, 환자의 경우 치료 방법이 새로 발견되어 병이 완치될 징조다.

● 신령적인 존재와 악수하면서 무엇을 주고받는 꿈
명문교에 입학하게 되거나 논문이 통과되는 등 좋은 일이 생길 징조다.

● 우상이나 신 앞에 재물을 바친 꿈
어떤 권력자나 능력 있는 사람에게 청탁할 일이 생길 징조다.

● 지팡이를 든 백발의 신령이
　　　　　　　자신을 어디론가 데려간 꿈
고위직에 있거나 우연히 알게 된 사람으로부터 큰 도움을 받아서 입신 양명하게 될 징조다.

● 신령으로부터 계시를 받은 꿈
그 계시대로 행하면 반드시 좋은 결과가 나타날 것이다.

● 산신령이 동자를 데리고 나타난 꿈
학자로 명성을 떨칠 아이를 출산하게 될 태몽이다.

● 신령을 섬겼던 꿈
신의 가호를 받아 어려운 일이 쉽게 성취되고, 기타 모든 일에 전망이 있을 징조다.

● 신령적인 존재가 나타나
　　　　　　　구두를 주면서 신어보라고 한 꿈
소송 문제로 속을 썩은 사람이라면 장차 순조롭게 해결될 징조다. 이런 때 직업상의 변동이나 환경의 변화를 도모하면 좋은 결과를 얻을 수 있다.

● 산에서 신령적인 존재나
　　　　　호랑이 등의 큰 짐승을 만난 꿈
어떠한 단체에서 지위가 높아지며, 좋은 직책을 맡게 될 징조다.

● 신령이 주는 음식을 먹은 꿈
세상 사람들이 존경하는 사람으로부터 일거리를 맡게 될 징조다.

● 신령적인 존재가 문서를 가져다 준 꿈
이것이 태몽이라면, 학문 연구를 하는 후계자를 얻게 될 징조다.

● 신령에게 재물이나 돈을 바친 꿈
청탁한 일이 순조롭게 이루어질 징조다.

● 산신이나 성인으로부터 친필로 쓴 종이를 받은 꿈
깊은 학문과 진리를 탐구하게 되고, 상장·훈장을 받게 될 징조다. 합격·임명장과 관련이 있는 길몽이다.

● 신으로부터 길을 안내받은 꿈
훌륭한 지도자를 만나게 되어 일이 순조롭게 진행될 징조다.

●선녀, 천사●

● 깊은 산중에서 천사 같은 아름다운 여인을 만나 안내받은 꿈

자신이 귀인의 도움을 받아서 출세하게 될 징조다.

선녀, 천사

● 천사가 춤을 추면서 나팔을 분 꿈

주위의 사람들로부터 축하받을 일이 생길 징조다.

● 천사가 자기를 하나님 곁으로 데려간 꿈

어떤 기관에 고위 관리로 취직하게 될 징조로, 아주 좋은 꿈이다.

● 꽃에서 천사가 나온 꿈

지금 하고 있는 사업이나 일이 크게 성공한다.

● 중병 환자나 노인이 천사의 뒤를 따라간 꿈

현실에서의 중병 환자나 노인이 죽을 것을 암시하는 불길한 꿈이다.

● 하늘의 천사가 웃은 꿈

친구로부터 기쁜 소식을 듣게 될 암시다.

● 천사가 슬프게 운 꿈

친구의 집안에 우환이 생길 징조다.

● 천사에게 청혼한 꿈

사회적 신분이 고귀해질 징조다.

● 천사가 무대에서 나팔 부는 것을 본 꿈

관직에 오르거나, 교회 성가대가 찬양하는 것을 보게 될 징조다.

● 선녀가 춤을 추고 있는 것을 본 꿈

자기의 상급자로부터 면박당하게 될 징조다.

● 자신이 선녀가 된 꿈

자신이 관계된 단체 중에서 최고의 명예와 지위를 얻게 될 징조다.

● 깊은 산중에서 선녀를 만난 꿈

생각지도 않았던 귀인을 만나 도움을 받게 될 징조다. 그리고 어떤 문화 공간에서 사람을 만나 인연을 맺게 될 징조이기도 하다.

● 선녀와 성관계를 하는 꿈

바라고 있던 욕망과 소망이 성취될 좋은 징조다.

● 선녀가 알몸으로 오색 무지개를 타고 내려오는 것을 본 꿈

훌륭하고 멋진 예술 작품을 창작하여 새로운 문화의 장을 열고 많은 사람들 앞에서 첫선을 보일 징조다.

02 죽음에 관한 꿈

● 무덤, 관 ●

● **무덤 위에 나무가 서 있는 꿈**
어느 기관의 도움을 받아 업적을 남기거나, 자신의 신분이 차츰차츰 상승하게 될 징조다.

무덤, 관

● **관 속에 있는 자식이나 조카의 시체를 본 꿈**
심혈을 기울여 완성시킨 일이나 작품을 세상에 공개함으로써 크게 만족하고 기뻐하게 될 징조다.

● **관 곽이 당상에 있는 꿈**
사업이나 일이 막힘없이 풀릴 길몽이다.

● **관이 수면 위로 떠오르는 것을 본 꿈**
장차 재물이나 돈이 생길 징조다.

● **자신이 관 속에 누워 있거나 관에 들어간 꿈**
자기 신변에 좋지 않은 일이 일어날 징조다.

● 무덤에서 관이 스스로 나오는 꿈
크게 길할 징조다.

● 무덤이 갈라지거나 그 안에 관이 있는 것을 본 꿈
어떤 궁금증 또는 비밀 등이 풀리게 되거나, 재산운이 대통하여 많은 재물을 얻게 될 징조다.

● 관 속에 있던 시체가 마당에 놓여 있는 꿈
어떤 일이 성사되어 재물을 얻게 되거나, 훗날 막대한 재물을 얻게 될 징조다.

● 시체가 들어 있다고 생각되는 관을
집 안으로 들여온 꿈
벼슬과 재물을 얻을 징조다.

● 당사자나 타인이 산 채로 관 속에 들어가 있는 꿈
누군가와 소송할 일이 발생할 징조다.

● 관 뚜껑을 열고
그 안에 들어 있는 시체와 이야기를 한 꿈
신변에 좋지 않은 일이 생길 징조다.

● 무덤이 아주 크고 높아 보인 꿈
하는 일마다 이익이 생기고, 만사가 형통하게 될 것을 암시하는 길몽이다.

● 무덤의 한 곳에서 빨간 피가 철철 흐르는 것을 본 꿈
은행 융자 등을 통해 금전적인 도움을 받게 되거나, 종교 등의 힘으로 정신적인 안정감을 얻게 될 징조다.

● 무덤의 둘레가 유난히 길다고 생각된 꿈
배경이 든든한 사람을 만나서 사업상의 일을 의논하게 될 징조다.

● 유난히 봉긋한 무덤을 본 꿈
사회적인 유명 인사나 손꼽히는 사업가와 인적 관계를 맺게 되어 자신의 위치가 올라가게 될 징조다.

● 무덤 위에 밝은 햇살이 비친 꿈
매우 상서로운 꿈으로서, 사업을 시작하게 되거나 혼담이 성사되고, 직장인은 진급을 하게 될 징조다.

● 무덤 옆에 아담한 정자가 있는 것을 봤는데, 그것이 태몽인 꿈
명성을 온 세상에 퍼뜨릴 유명인이 태어나게 될 징조다.

● 무덤에 붙은 불이 꺼지지 않고 자꾸 번지기만 한 꿈
자기가 행한 일들이 다른 사람들에게 소문이 나게 되며, 그 소문으로 인해 많은 협조자가 줄을 잇게 될 징조다.

● 무덤에 불이 활활 타오르는 것을 본 꿈
사업이 현저히 번창하게 될 징조다.

● 무덤 위에 나무가 우거진 것을 본 꿈
운이 차츰 트일 좋은 징조다.

● 무덤 위에 난 나무가 부러져 있는 꿈
형제 자매 중 다치는 사람이 있음을 암시하니 흉몽이다.

● 무덤에서 사람의 손이 나와 자신을 향해 손짓한 꿈
빚쟁이에게 빚 독촉을 받아 심하게 시달릴 징조다.

● 오래 된 무덤 옆에 집을 짓거나
　　　　　　　　　　　선조의 묘자리를 잡은 꿈
회사에서 전근 발령을 받게 되거나 오래 된 집으로 이사할 일이 생길 징조다.

● 무덤 앞에 들이 넓고 밝은 꿈
사업이나 일이 번창할 징조이니 길몽이다.

● 무덤 위에 꽃이 피어 있는 꿈
만사 대길할 꿈으로서 장차 부귀를 누리는 징조다. 또는 귀한 자식을 두게 될 태몽이기도 하다.

● 무덤 앞에 서 있는 망주석을 본 꿈
사업상 자신이 직접 거래하지 못하고 중개인을 대신 내세워야 할 일이 생길 징조다.

● 무덤 위에 구름이 뭉게뭉게 피어나는 꿈

만사 대길할 꿈으로서 장차 운이 훤하게 트일 징조다.

● 무덤 속에서 어떤 물건을 꺼낸 꿈

새로운 상식 또는 지식을 습득하거나, 재물 혹은 유산을 상속받게 될 징조다.

● 묘자리를 선정한 꿈

생활에 안정이 되는 일을 찾게 되고, 많은 재물을 얻을 수 있는 일거리를 맡게 될 징조다.

● 분묘를 새로 만든 꿈

집안의 우환이 사라지고, 근심 걱정이 없어질 징조다.

● 무덤이 반쪽으로 갈라진 꿈

시험에 합격하거나 취직을 하게 되며, 잘 풀리지 않던 일이 시원하게 풀릴 징조다.

● 무덤 속에서 밝은 빛이 새어나온 꿈

금은 보화 등과 같은 재물이 생기거나 자신의 명예와 관계되는 일을 성취하게 될 징조다.

● 시체 ●

시체

● 심하게 썩은 시체 냄새를 맡은 꿈

사람들의 입에 오르내릴 만큼 많은 재물을 얻게 될 징조다.

● 구더기가 우글거리는 시체를 본 꿈

사업이 획기적인 성과를 얻어 많은 사람들을 감동시키거나, 큰돈을 벌게 될 징조다.

● 마루 밑에서 해골을 파낸 꿈

상장·특허권·졸업장·학위증 등을 받게 될 징조다.

● 시체를 염하거나 목욕시킨 꿈

앞으로 재물운이 틔어서 큰돈을 벌게 될 징조다.

● 시체가 다시 살아난 꿈

다 되어 가던 일이 수포로 돌아가게 될 징조다.

● 관 뚜껑이 열려 그 속의 시체가 보인 꿈

자신이 마무리한 일이 세상에 공개될 징조다.

● 차에 시체를 싣고 달린 꿈

오랫동안 재운이 트이게 되고, 입신 출세하게 될 징조다.

● 관 속의 시체가 뼈만 보인 꿈

어떤 작품이나 일이 당국에 의해 골자만 소개될 징조다.

● 시체를 대충대충 매장한 꿈

자기와 관련된 모든 일을 남에게 밝히기를 꺼려하며 혼자만의 비밀로 해둘 일이 생길 징조다.

● 물에 불린 듯이 시체가 커지면서 자기를 쫓아온 꿈

빚 때문에 정신적으로 고통을 당하거나 경제적으로 생활고에 시달리게 될 징조다.

● 자신이 죽인 시체를 땅에 파묻어 버린 꿈

어떤 일을 깨끗이 마무리하거나 비밀에 부칠 일이 생길 징조다.

● 시체를 밖에 내다 버린 꿈

사업이 번창해지고, 자신이 한 말에 의해 많은 사람들이 감명을 받게 될 징조다.

● 시체 썩은 물이 냇물처럼 흘러내린 꿈

큰돈을 벌거나 작품을 읽고 사상적 감화를 받게 될 징조다.

● 왕래가 잦은 길에 시체를 내놓은 꿈

남이 성취한 일을 자기가 한 양 떠들어 댈 일이 생길 징조다.

● 시체에서 피가 나와 목욕탕 욕조에 가득 고인 꿈

자기가 발표한 의견 또는 작품이 다른 사람들에게 깊은 감명을 주거나, 자신으로 인해 획기적인 일이 일어나게 될 징조다.

● 홑이불로 시체를 덮어씌운 꿈
성취한 일이나 재물이 오랫동안 보존될 징조다.

● 시체가 관 뚜껑을 열고 살아서 나온 꿈
뜻밖의 반가운 손님이 찾아올 징조다.

● 시체가 없는 빈 관을 들고 있는 꿈
부부간에 이혼이라는 말이 오가는 다툼이 있거나, 사기를 당해 큰 손해를 입게 될 징조다.

● 슬피 울면서 시체에게 절을 한 꿈
부모 등으로부터 유산을 상속받을 일이 생길 징조다.

● 시체를 묘지에 묻는 꿈
사회 사업에 참여하여 얼마간의 돈을 기부할 일이 생길 징조다.

● 시체를 피해 도망간 꿈
재물이 들어올 기회가 있으나 성사되지 않으며, 매사에 좋은 결과를 얻지 못하게 될 징조다.

● 자기가 시체를 들고 집 안으로 들어온 꿈
작품이나 일이 잘 성사되어 재물이 생길 징조다.

● 시체가 정확한 발음으로 말을 한 꿈
현상 공모에 응모한 작품이 입상했다는 소식을 듣게 될 징조다.

● 시체에서 소지품을 빼앗아 간 꿈
일을 성취하고 나서 물질적인 소득을 얻게 될 징조다.

● 시체가 몇 십 배로 커지면서 방 안에 가득 찼던 꿈
앞으로 큰 부자가 되거나 사업이 크게 번창하게 될 징조다.

● 시체를 화장시킨 꿈
적은 자본으로 성공해서 큰 사업을 경영하게 될 길몽이다.

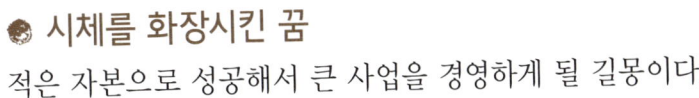
●유령, 도깨비, 귀신●

● 유령이 공중을 날며 자신의 머리채를 잡았던 꿈
정신병·두통 등과 같이 머리와 연관된 병을 얻게 될 징조다.

유령, 도깨비, 귀신

● 유령에게 이끌려 산 속으로 들어간 꿈
입학·취직이 되거나, 중대한 문제에 직면하게 될 징조다.

● 유령이나 귀신에게 붙잡힌 꿈
괴질에 걸려 오랫동안 고생하는 수가 있으므로 건강에 유의하라는 신호이다.

● 산발한 여자 유령의 곡성을 듣거나
　　　　　　　　　유령이 달려들었던 꿈
만일 유령을 피해 무사히 도망을 쳤다면, 나쁜 일이 생기다

가 요행히 면하게 될 것을 암시한다.

● 유령이 춤추는 꿈

몸이 다치는 등 좋지 않은 일이 생기거나 누구와 싸울 일이 생길 징조다.

● 유령이나 귀신·도깨비·악마 등과 싸워서 이기거나 졌던 꿈

꿈에서 싸움에 이겼다면 현실에서도 난관을 이겨낼 수 있지만, 이기지 못했거나 졌다면 당분간 어려운 상태가 계속될 징조다.

● 들에서 도깨비에게 몽둥이로 맞은 꿈

벌이는 사업이나 일마다 성공하여 엄청나게 많은 재물을 모으게 될 징조다.

● 도깨비가 쌀섬을 지고 자기 집 안으로 들어온 꿈

재운이 틔어 재물과 돈이 들어와서 집안이 물질적 풍요를 누리게 될 징조이므로 길몽이다.

● 야산에서 도깨비에게 싹싹 빈 꿈

하고 있는 사업이나 일이 위기에 처해질 암시다.

● 허깨비가 보인 꿈

심신이 불안하고 잡념과 망상이 떠올라, 하는 일마다 실패를 거듭하게 될 징조다.

● 집 안으로 도깨비가 쫓아오거나 노려본 꿈
능력 밖의 일로 시달림을 받거나, 채권자 또는 불량한 사람에게 고통을 받을 징조다.

● 도깨비가 금은 보화를 가지고 나타난 꿈
신의 도움으로 졸지에 일확 천금을 손에 거머쥐게 될 징조다. 횡재·재물·돈·행운 등이 따른다.

● 두 도깨비가 서로 싸우는 것을 본 꿈
집안에 우환이 생기거나 사업이 어려워질 징조다.

● 큰 도깨비를 놀린 꿈
장사에 뛰어난 수완을 발휘하여 큰 돈과 재물을 모을 암시이므로 길몽이다.

● 지옥에 떨어지거나 지옥에서 여러 귀신들로부터 시달림을 받은 꿈
명예나 인기가 급속도로 상승할 징조다.

● 총각귀신이 벌거벗고 나타난 꿈
집안에 우환과 질병이 생기고, 물질적·정신적으로 고통을 받게 될 징조다.

● 동자귀신이 나타나 웃었던 꿈
남하고 말다툼이 생기고 구설에 오르내리게 될 징조다.

● 붉은색 망토를 입은 귀신이 춤추는 것을 본 꿈
불량배들로부터 봉변을 당하거나 망신을 당하게 될 징조다.

● 목매어 죽은 귀신이 나타난 꿈
하루 종일 가슴이 답답하고 숨막히는 일이 생기며, 생각지도 않은 누명을 쓰게 될 징조다.

● 물귀신이 나타나 자기를 끌어안은 꿈
이런 꿈을 꾸었을 땐 바닷가나 물가에 가지 않는 것이 좋다. 익사의 위험이 있기 때문이다. 그리고 남의 잘못된 일로 구속 등의 불운이 닥칠 징조이기도 하다.

● 귀신이 주는 약을 받아서 먹은 꿈
재물에 이권을 얻으며, 입학이나 취직이 이루어질 징조다.

● 여우귀신이 나타나 자기를 유혹한 꿈
주색에 빠져 사경을 헤매게 되거나 고질병에 걸릴 징조다.

● 귀신과 싸워서 이긴 꿈
이기면 길하지만, 만일 진다면 흉하다. 그리고 또 승부가 나지 않는다면, 건강해지고 명이 길어질 징조다.

● 귀신에게 얻어맞은 꿈
신상에 좋지 못한 일이 일어날 암시이니 흉몽이다.

● **몽둥이로 귀신을 때려잡은 꿈**
평소에 하던 일이 잘 풀리고 정신적 고민거리가 해소될 징조다.

●장례●

● **장례에 대한 꿈**
혼담이 빨리 성사되고, 재물운이 따르며, 매사가 순탄해짐을 암시하는 길몽이다. 또한 백골이나 해골 등을 보는 것도 이익이 있을 것임을 암시하므로 길몽이다.

장례

● **상여가 나가는데 만장이 펄럭이고 조객이 많았던 꿈**
일마다 거듭 실패하게 되지만, 머지않아 기관의 협조를 받아 세상 사람들이 놀랄 만한 일을 성사해 명성을 얻게 될 징조다. 그리고 태몽이라면 사회에 명성을 떨칠 훌륭한 인물이 태어날 징조다.

● **다른 사람을 조문하는 꿈**
태몽이라면 귀한 아들을 얻을 꿈이다.

● **자신의 집에 초상이 나서 곡성이 들리거나 상여가 있는 꿈**
소원이나 사업이 성취되어 큰 소문이 날 징조다.

● 친척이나 친지의 장례식에 참석한 꿈
부유한 집안의 사람과 결혼해 뜻밖의 재산이 생길 징조다.

● 장의차가 대문 안으로 들어와 있는 꿈
재정상 어떤 기관에 상의할 일이 생길 징조다.

● 장의차가 달리는 것을 본 꿈
일이 순조롭게 잘 진행되거나, 사업체나 집을 옮기게 될 징조다.

● 초상집에 조의금을 낸 꿈
자기의 사업과 관계된 기관에 청탁할 일이 생길 징조다.

● 국가나 사회적인 장례식에서 군중이 울고 있는 꿈
국가 또는 사회의 질서나 행정이 새로워질 징조다.

● 제사 ●

제사

● 제삿상에 자신이 직접 술을 따라 올린 꿈
개인의 힘으로는 도저히 해결할 수 없는 일을 정부나 단체 등의 도움을 받아 해결하게 될 징조다.

● 국장 행렬을 본 꿈
생애 최고의 명예로운 일이 자신이나 주위 사람에게 일어날 징조다.

● 신이나 우상 앞에 사죄하는 꿈
권세가나 유명인에게 어떤 일을 청원해서 받아들여지게 될 징조다.

● 군중이 시제를 지내는 꿈
정부나 권력층에 단체의 건의나 협조를 요청할 일이 생길 징조다.

● 제사를 지내다가 자기가 퇴주를 한 꿈
어느 기관에 부탁한 일이 마무리되거나, 아니면 취소되는 등 확실한 결말을 보게 될 징조다.

● 식구들이 모여서 조상에게 제사를 지낸 꿈
집안에 불화가 없어지고, 화목하고 편안하게 지낼 징조다.

● 조상의 묘에 성묘를 한 꿈
자기를 도와주려는 사람이나 평소 가깝게 지내던 사람에게 부탁할 일이 생길 징조다.

●조상, 죽은 사람●

● 돌아가신 할아버지가 자기 집 암소를 내다 파는 꿈
누이나 딸이 시집을 가거나, 일하는 사람이 나가거나, 현재 살고 있는 집이 팔릴 징조다.

조상, 죽은 사람

● 돌아가신 할아버지를 본 꿈
뜻밖의 반가운 소식을 듣게 될 암시다.

● 돌아가신 할머니와 할아버지를 본 꿈
어려웠던 사업이나 일이 잘 풀려나갈 징조다.

● 돌아가신 할아버지가 물에 빠진 꿈
하고 있는 사업이나 일이 어려움에 처할 암시다.

● 돌아가신 할아버지가 물에 빠진 것을 구한 꿈
어려운 입장에 처한 가정과 가문을 크게 일으켜 세울 길몽이다.

● 돌아가신 할아버지가
  자신의 머리를 다정히 쓰다듬어 준 꿈
근무하고 있는 직장에서 축하받을 일이 생길 암시다.

● 돌아가신 할아버지가 들에서 곡식을 거두어들인 꿈
사업이 번창하고, 경제적으로 풍요로워지는 징조다.

● 돌아가신 할아버지가 노래를 부른 꿈
축하받을 일이 생기거나, 가족 중 경사가 있을 징조다.

● 돌아가신 할아버지가 말을 끌고 집으로 들어온 꿈
식구가 늘거나 집안에 좋은 일이 생길 암시다.

● 돌아가신 할아버지가 화장을 하는 꿈
낡은 집을 수리하게 될 징조다.

● 돌아가신 할아버지가 슬프게 우는 꿈
가족 중에 우환이 생기거나 가까운 사람과 이별할 징조다.

● 돌아가신 할아버지가 자신에게 일을 시킨 꿈
수험생은 시험에 합격하고, 구직자는 취직이 될 암시다.

● 돌아가신 할아버지가 소를 몰고 집으로 들어온 꿈
집안이 번창하고 많은 재물이 들어올 징조다.

● 돌아가신 할아버지가 소를 몰아서 밭이나 논을 가는 꿈
지금 하고 있는 일에 변동이 있거나, 새로운 일을 시작하게 될 암시다.

● 돌아가신 할아버지가 고위 관직에 오른 꿈
집안이 번창하거나 경사가 생길 징조다.

● 돌아가신 할아버지가 유명 인사가 되어 있는 꿈
사회에서 명망 있는 사람의 방문이 있을 암시다.

● 도둑인 줄 알고 잡았는데 돌아가신 할아버지인 꿈
곤경에 빠져 있던 일이 비로소 해결될 암시다.

● 돌아가신 할아버지가 자손의 몸을 쓰다듬어 준 꿈
가족 중 우환이 생기거나 자식이 질병에 걸릴 징조다.

● 돌아가신 할아버지의 묘에서 잠을 잔 꿈
낡은 헌집에서 좋은 새집으로 이사를 하게 될 암시다.

● 돌아가신 할아버지의 묘에
　　　　　　　　　풀이 무성하게 자라 있는 꿈
사업이 크게 번창할 징조다.

● 돌아가신 할아버지가 묘에서 나온 꿈
조상의 산소에 벌초나 성묘를 하라는 암시다.

● 돌아가신 할아버지가 공부하라고 꾸짖는 꿈
시험 준비생은 시험에서 떨어질 암시이며, 공부를 잘 한다고 칭찬한 꿈이면 시험에 합격한다.

● 돌아가신 할아버지가 사용하던 밥그릇을 얻는 꿈
뜻밖의 유산을 상속받게 될 징조다.

● 돌아가신 할아버지가 천당으로 들어간 꿈
지금 경영하고 있는 사업이나 일에 행운이 찾아올 암시다.

● 돌아가신 할아버지의 모습이 희미하게 보였던 꿈
계획하고 있는 일이 성사될 듯하다가 이루어지지 않게 된다는 징조다.

● 돌아가신 할아버지나 조상의 묘가 있는 곳에
　　　　　　　　　　　　　무지개가 뜬 꿈
주변 사람의 협조로 집안에 좋은 일이 있을 징조다.

● 다른 사람이 나타나 자기가 바로
　　　　　　　　돌아가신 할아버지라고 우긴 꿈
엉뚱한 일로 인해 구설수에 오르내릴 징조다.

● 돌아가신 할아버지의 묘에 비가 많이 내린 꿈
사업이 크게 번창한다는 암시이니 길몽이다.

● 할아버지의 묘에 풀을 아무리 베어도 끝이 없었던 꿈
추진하고 있는 사업이나 일이 크게 확장되며, 재물이 많이 들어올 징조다.

● 돌아가신 할아버지가 말을 타고 달리는 꿈
사업이나 집안이 크게 번창하지만, 달리는 말에서 떨어지면 갑자기 순조롭던 일이 막히는 암시다.

● 돌아가신 할아버지의 묘를 찾지 못한 꿈
취직이나 시험에서 낙방하는 암시다.

● 돌아가신 할아버지가 무슨 말인가를 일러준 꿈
회사 또는 단체 등에서 자신의 주장을 굽히지 않고 관철시킨다는 암시다.

● 생시에 가문을 크게 일으킨,
　　　　　　　　돌아가신 할아버지를 본 꿈
사업이나 가운이 크게 흥하거나 명사의 도움을 받지만, 가문을 망하게 한 할아버지를 보았다면 사업이나 가운이 기울고 해를 끼칠 사람이 찾아올 암시다.

● 돌아가신 할아버지가 또다시 죽은 꿈
과거의 사업을 인연으로 하여 많은 재물이 들어올 징조다.

● 돌아가신 할아버지의 묘를 찾아간 꿈
사업상 가까운 사람에게 부탁을 하면 어려운 일이 해결될 암시다.

● 돌아가신 할아버지의 위폐 앞에서 운 꿈
하고 있는 사업이나 일에 행운이 찾아올 징조다.

● 돌아가신 할아버지의 장례식을 또 치른 꿈
기울어져 가던 집안이 차츰차츰 풀려나가기 시작하는 징조다.

● 조상이 집에 왔다가 사라진 꿈
사업상의 일에 협조하는 자가 나타났다가 사라지게 될 징조다.

● 조상의 누군가가 자기의 머리를 쓰다듬어 준 꿈
우환이 생기고, 병에 들거나 어떤 위험에 직면하게 될 징조다.

● 돌아가신 조상에게 음식을 대접한 꿈
횡재수가 생기고, 취직·입학·진급 등이 이루어질 징조다.

● 부모 조상 중의 누군가가 갓난아이를 업고 걸어가는 꿈
윗사람 또는 직장 상사 등이 병들거나, 사업상 고통을 당하게 될 징조다.

● 조상 중의 누군가가
　　　　　몸을 쓰다듬으며 불쌍하다고 운 꿈
병들거나 큰 위험에 빠지게 될 징조다.

● 조상이 슬퍼한 꿈
호주나 직장 상사에게 불행한 일이 닥치게 되고, 그로 인해 자신도 영향을 받게 될 징조다.

● 조상이 집을 나간 꿈
사업이 곤란해지거나 살림이 궁색해질 징조다.

● 조상들의 묘가 즐비하게 있었던 꿈
지금 벌이고 있는 사업에 많은 사람들의 도움을 받게 될 암시다.

● 조상이 몹시 슬퍼한 꿈
호주나 직장 상사에게 불행이 닥치고, 그로 인해 자기도 영향을 받게 될 징조다.

● 조상·가족·친척·친구 중에서
　　평소에 자기에게 이롭게 해 준 인물이 등장하는 꿈
실제로 자기에게 협조적인 어떤 사람이 나타날 징조다.

● 신령이나 조상 등이 자기를 사랑해 준 꿈
은인이나 협조자 등에게 큰 도움을 받게 될 징조다.

●죽음●

● **억울하게 죽은 사람이 나타난 꿈**

이는 자기를 괴롭히는 심적 고통이나 병마를 상징한다. 따라서 머지않아 심적 고통이나 병에 시달리게 될 징조다.

● **죽은 사람을 따라서 강이나 바다를 건넌 꿈**

죽음을 암시하는 흉몽이다. 죽은 사람과 함께 다리를 완전히 건너거나, 배를 타고 항구를 나가거나, 문을 나가거나 출국하는 꿈 역시 마찬가지로 해석된다. 죽음이 아니면 몹쓸 병에 걸릴 징조다.

● **자기가 죽은 사람의 영혼이라는 생각이 들었던 꿈**

물질적인 만족감을 얻지는 못하지만, 정신적으로 큰 만족감을 맛볼 일을 처리하게 될 징조다.

● **죽은 사람이 자신을 보며 웃거나 말을 한 꿈**

웃으면 중병이 낫고, 말을 하면 사업이 번창하게 될 징조다.

● **가문을 이롭게 했던 조상이 대문 안으로 들어온 꿈**

가운이 탁 트일 징조다.

● **결혼하지 않은 여자가 죽은 남자와 동침하는 꿈**

오가던 혼담이 깨지거나 정인과의 이별수를 암시하는 꿈이다.

● **생전에 자기에게 잘 대해 준 누님을 본 꿈**

어떤 협조자를 만나게 되어 사업이나 일이 순조롭게 풀릴 징조다.

● 죽은 사람으로 인해 몹시 괴로운 꿈

자신이 소속된 단체에서 실력 발휘를 못 하고 절망 상태에 놓이거나 만족감을 느끼지 못할 징조다.

● 죽은 사람을 자신이 꼭 끌어안고 있었던 꿈

대단한 길몽으로, 죽은 사람이 부패하여서 흉할수록 자기에게 들어오는 행운은 더욱 크다. 소원이 성취되고 현재의 상황이 발전적으로 진전될 길몽이다.

● 죽은 사람이 웃는 꿈

큰 병이 낫고, 모든 일이 풀려나갈 길몽이다.

● 죽은 사람이 다시 살아난 꿈

성공 직전까지 간 일이 한 순간에 수포로 돌아가게 되고, 발전하던 사업도 제자리로 돌아올 것을 암시하는 꿈이다.

● 죽은 사람이 스스로 죽었다고 말하는 꿈

장수를 할 암시이므로 길몽이다.

● 죽은 사람이 나타나 자신에게 어떤 주의나 경고를 한 꿈

이것은 대부분 예지몽으로, 꿈속의 주의나 경고 사항을 늘 염두에 두고 주의해야 한다.

● 자신이 죽어가는 꿈

집안에 경사가 있고, 만사가 순조로울 징조다.

● 죽은 사람을 목욕시킨 꿈

만사가 형통하고 재수가 있는 꿈이다.

● 죽은 사람의 몸에서 총검을 빼앗은 꿈

계획한 일이 원만히 진행되지만, 다른 곳에서 좋지 않은 일이 발생하게 될 징조다.

● 남자가 죽은 여자와 동침한 꿈

귀부인의 연모를 받게 될 징조다.

● 죽은 사람이 자기를 안아 준 꿈

크게 길하다. 그러나 죽은 사람을 자신이 안고 울면 집안이나 일신에 어떤 좋지 않은 일이 일어날 흉몽이다.

● 죽은 사람이 집에 돌아오는 꿈

소식이 없었던 가족과 재회할 징조이니 길몽이다.

● 죽은 사람과 음식을 나눠 먹은 꿈

하는 일마다 순조롭게 풀리고, 만사가 형통할 징조이므로 이만한 길몽도 드물다.

● 자신이 죽은 꿈

귀인의 도움이나 이끌어줌이 있고, 건강하여 장수하며 부유해질 꿈이다. 또 미혼녀나 미망인은 자기가 마음먹은 사람과 결혼할 길몽이다.

● 문 밖에서 죽은 아내가 마주보고 있었던 꿈
어떤 일을 시작하는 데 집안의 반대로 일이 뜻대로 성사되지 않을 징조다.

● 죽은 딸이 싫고 마귀라고 생각되었던 꿈
미운 사람, 방해자, 또는 병마 등이 찾아올 징조로 흉몽이다.

● 가족이나 가까운 친척이 사망하여 슬피 울었던 꿈
정성을 들였던 일을 되돌아보거나, 어떤 예술 작품을 감상할 기회가 찾아올 징조다.

● 사람이나 짐승 등과 같이 움직이는 생명체가 죽은 꿈
평소에 자신이 없었던 일이나 꺼려했던 일들이 잘 해결될 징조다.

● 남의 집에 초상 난 것을 본 꿈
꿈속에서 본 초상 난 사람의 집에 잔치가 있거나, 사업상 크게 소문날 일이 생길 징조다.

● 가족이 죽었는데도 기분이 전혀 동요되지 않았던 꿈
획기적인 일이 일어났는데도 당연한 것처럼 행세해서 남들로부터 손가락질을 받게 될 징조다.

● 확실하지는 않지만 막연히 누군가가 죽었다는 생각이 드는 꿈
자신과 연결돼 있는 어떤 일이 이루어지게 될 징조다.

● 자신의 목을 메어 죽는 꿈

몸의 나쁜 기운이나 병마가 물러가는 징조다.

● 짐승을 죽여서 먹은 꿈

큰 세력을 얻게 되거나, 자신의 협력자를 얻어 도움을 받게 될 징조다.

● 아무런 고통도 느끼지 않은 상태에서 안락사한 꿈

심사 기관에 제출한 서류나 출품한 작품 등이 좋은 결과를 얻을 징조다.

● 낯선 사람을 죽여서 먹은 꿈

소원 성취의 행운을 암시하는 꿈이다. 또는 적극적인 변신을 시도함으로써 사업상이나 건강상의 이득을 보게 될 징조이기도 한 길몽이다.

● 자신이 잘 알지도 못하는 사람의 죽음에 대해 슬퍼했던 꿈

장차 자신에게 행운과 기쁨이 찾아오게 될 징조다. 건강에 대한 자신감을 상징하기도 한다.

● 죽은 사람이 똑바로 서 있는 꿈

집안에 우환이나 실물수가 있을 암시이니 흉몽이다.

● 죽은 사람의 소지품이나 유서 등이 자신에게 배달된 꿈

대중 매체를 타고 자신이 이름을 떨치게 될 징조다.

● 혼사를 앞두고 집안에 초상이 나는 꿈을 꾸면
결혼식이 연기되거나 집안의 대사를 연기하게 될 일이 생길 징조다.

● 죽은 지 오래 된 고인의 유품이나 유서 등이 자기에게 배달된 꿈
자신이 TV·라디오 등에 출연하여 매스컴을 타게 될 징조다.

● 병원에서 수술 도중에 죽은 꿈
물건 혹은 부동산 매매가 이루어지는 등 기분 좋은 소식을 접하게 될 징조다.

● 막연하게 누가 죽게 될 것이라는 생각을 가졌던 꿈
전혀 기대하지 않았던 일이 이루어지고, 미궁에 빠졌던 일의 실마리가 풀리게 될 징조다.

● 부모 형제가 죽은 꿈
꿈속에서 죽었던 부모 형제가 장수할 징조이고, 자신 역시 길한 꿈이다.

● 부모님이 강도나 흉악범에게 무참히 살해당한 꿈
가정적으로 화목과 번창을 누리게 될 징조다. 예지몽이라면 부모님에게 경사가 생길 징조이고, 상징몽이라면 권위적이고 엄한 부모님과의 관계를 청산하고 싶다는 소망이 담겨 있는 꿈이다.

● 집안에 초상이 난 꿈

직장이나 자기와 관련된 사업장에서 평소 소원했던 문제가 이루어질 징조다.

● 자신의 부모님을 살해한 꿈

장차 밝은 희망이 찾아올 징조다. 사춘기라면 부모님으로부터 벗어나고 싶다는 간절한 마음이 있을 때 이런 꿈을 꾼다.

● 자신이 사람을 죽인 꿈

크게 길하고 부귀를 얻게 될 징조다.

● 자신이 누군가에게 무참히 살해당하는 꿈

꿈과는 반대로 자신의 명이 길어질 징조다.

● 사형 선고를 받고 죽는 꿈

갑자기 운수 대통하여 출세를 하거나 병이 낫게 될 징조다.

● 폭발물이 터져서 죽은 꿈

어떤 새롭고 창의적인 일이 성사되어 기뻐하게 될 징조다.

● 돌로 짐승을 쳐서 죽인 꿈

여러 방면으로 권력을 행사하여 자신이 이루고자 했던 목적을 달성시키게 될 징조다.

03 신체에 관한 꿈

● 손, 팔 ●

● **지붕 위에 올라가서 손으로 달을 딴 꿈**
생산·문화 사업 등에 투자하여 많은 돈을 벌거나, 훌륭한 문예 작품을 창작하여 상장·훈장을 받게 될 것을 암시하는 길몽이다.

손, 팔

● **다른 사람에게 V자를 그려 보인 꿈**
글자 그대로 승리를 암시하는 꿈이다. 어떤 경쟁에서 승리를 거둘 좋은 징조다.

● **더러워져 있던 손을 본 꿈**
가까운 사람이 지금 어려운 처지에 놓여 있음을 암시한 꿈이다.

● **손이 작아진 꿈**
자기가 데리고 있는 종업원에게 사기당할 일이 생길 징조다.

● **열 손가락 모두를 사용하여 어떤 일을 한 꿈**
많은 사람이 모여 협동할 일이 생길 징조다.

● 손을 물에 씻은 꿈
어디론가 떠나고 싶은 마음이 생겨 떠나게 될 징조다.

● 주먹을 불끈 쥐어 보인 꿈
굳은 각오와 새로운 뜻을 품게 될 징조다. 소원 성취·희망·약속 등과 관련이 있다.

● 열 손가락 모두에 금반지가 끼여 있는 꿈
집안에 경사가 생기고, 모든 형제 자매가 축복을 받게 될 징조다. 돈·재물·횡재·기쁨·소원 성취 등을 암시한다.

● 손가락이 여러 개 솟아나는 꿈
새로운 친구한테 도움을 받게 되거나 자신의 앞에 새로운 세계가 펼쳐질 징조다.

● 상대의 의자를 손으로 만지작거린 꿈
머지않아 상대방의 직위를 물려받게 될 일이 생길 징조다.

● 다른 사람이 자신의 의자를 손으로 만지작거리는 꿈
누군가가 자신의 자리를 노리는 사람이 있음을 암시한다.

● 손이 묶여 있던 꿈
형제 자매나 친구의 일로 구설수에 오를 징조다.

● 손목이 꽉 묶여 있던 꿈
진퇴 양난에 빠질 암시이니 악몽이다.

● 엄지손가락이 부러지는 꿈
직장에서 파면을 당하거나 지금까지 하던 일이 수포로 돌아가게 될 징조다.

● 손등이나 손바닥 전체에 털이 난 꿈
근심 걱정할 일이 생길 징조다.

● 칼이나 가위 등으로 두 손가락이 싹둑 잘리는 꿈
형제 또는 동업자·친구 등을 잃게 될 징조다.

● 손가락이 새로 나왔다고 생각된 꿈
새로운 친구나 협력자가 생기고, 또는 새로운 사업에 착수할 징조다.

● 손목을 뽑았다가 다시 맞추는 꿈
협력자나 좌우익, 또는 일의 방도 등이 이탈되었다가 다시 회복될 징조다.

● 손이 아름답고 강해진 꿈
하고 있는 장사가 번창하여 큰 이익을 남기거나 부하로부터 존경받을 징조다.

● 손으로 물건을 훔치는 것을 본 꿈
자신의 물건 또는 권리 등을 도둑 맞거나, 함정에 빠지게 될 징조이므로 흉몽이다.

● 남자가 어머니와 손을 잡고 걸어가는 꿈
만사가 순리대로 잘 풀려나갈 징조다.

● 아름다운 꽃다발을 손에 쥐고 있는 꿈
공적을 세워 훈장을 받게 되거나 경사가 생길 징조다.

● 그릇에 담긴 물을 손으로 휘젓는 꿈
형제 자매에게 돈이나 재물을 얻어 쓰게 될 징조다.

● 악수할 때 손을 흔드는 꿈
부귀·명예·기쁨 등을 암시하니 길몽이다.

● 잘린 손을 줍거나 상대방의 손을 잘라 가진 꿈
자신이 직접 작품을 만들거나 타인의 작품을 얻게 될 징조다.

● 오른손을 사용한다는 생각이 강한 꿈
정의롭고 옳은 일, 정당한 일을 하게 될 징조다.

● 왼손을 사용한다는 생각이 강한 꿈
불의에 가담하게 되거나, 또는 직접 불의를 저지르게 된다.

● 악수할 때 상대방의 손이 차가워서
　　　　　　　　　섬뜩한 느낌을 받은 꿈
현재 추진 중인 사업이나 일이 힘에 겨워 고통스러움을 암시하는 꿈이다.

● 악수할 때 상대방의 손이 따뜻한 느낌을 받은 꿈
모든 일이 잘 풀려나가고, 앞으로의 일도 순탄함을 암시하는 꿈이다.

● 의자에 앉아서 자기의 손을 보는 꿈
자신의 중요한 물건을 잃어버리거나 모함당할 일이 일어날 징조다.

● 손으로 푸른 옥을 만지작거리는 꿈
뜻밖의 횡재수로 인해 일확 천금을 거머쥐게 될 징조. 돈·재물·행사·경사 등과 관계가 있다.

● 손가락이 점점 작아지는 꿈
질병에 걸려 재산과 재물이 줄어들게 될 징조다. 실패·우환이 생길 흉몽이다.

● 위급한 사람의 손을 잡아 구해 준 꿈
구설수에 휘말릴 암시다.

● 손바닥을 앞으로 펼치는 꿈
무엇인가를 직접 시도할 일이 생길 징조다. 주식에 손을 댄다는 의미도 있다.

● 검은 손이 문패를 떼어 가지고 간 꿈
친척이 흩어지게 될 암시이니 흉몽이다.

● 손톱을 깎거나 다듬었던 꿈
이제 한가한 나날을 정리하고 열심히 일하라는 가르침을 암시하는 꿈이다.

● 손톱이 길게 자란 것을 본 꿈
이익이 상승하는 꿈이다. 그러나 손을 움직이기조차 힘들 만큼 손톱이 너무 길다든가 흉한 모양이었다면 자신의 탐욕으로 인해 큰 손해를 입게 될 징조다.

● 손목이 빨개지거나 시꺼멓게 변하는 꿈
빨개지면 질병이 생기고, 시꺼멓게 되면 사고로 인해 팔을 못쓰게 될 징조다.

● 누군가와 손을 잡고 걷는 꿈
누군가에 의해 재물을 잃을 징조다.

● 물건을 훔쳐가다가 흘리는 손을 본 꿈
계획했던 사업이나 일이 실패를 겪게 될 징조다.

● 손목이 잘려 나가는 꿈
계·기능·단체·협조 세력 등이 붕괴될 징조다.

● 왼팔이 부러지는 꿈
어머니의 자매에게 불행이 닥칠 징조다.

● 두 팔 모두가 부러진 꿈
큰 병을 얻거나 감옥에 갇히게 될 징조다.

● 오른팔이 부러지는 꿈
부모·형제·자손·근친에게 어떠한 불행이 닥칠 징조다. 팔이 부러지는 꿈은 자신을 비롯해 부모·형제에게 좋지 않은 흉몽이다.

● 팔이 아름답고 건장해 보이는 꿈
사업이 번창하여 재물이 모여들게 될 징조다.

● 팔뚝이 점점 커지는 꿈
많은 사람들을 거느리게 될 징조다. 승진·변동·일거리 등과 관계가 있는 꿈이다.

● 한 사람에게 여러 개의 팔이 달린 것을 본 꿈
수많은 부하를 거느린 사람을 만나게 될 징조다.

● 발, 다리 ●

● 맑은 물로 발을 깨끗이 씻는 꿈
잘못된 과거를 청산하고 새로운 삶을 살게 될 징조다.

● 발을 물에 담그고 있었던 꿈
곤경에 처해 있던 일에서 벗어날 암시다.

● 발이 더러워진 꿈
그 동안 막혔던 일들이 서서히 풀려나갈 징조다.

● 상대방의 발길에 걷어차인 꿈
세인들로부터 멸시와 천대를 받아 처량한 신세가 될 것을 예시한다.

● 손발에 상처가 나는 꿈
손가락이 절단되면 친구를 잃게 되고, 무릎을 다치면 영업이 부진할 징조다.

● 여자의 엄지발가락 뼈가 좌우로 툭 튀어나온 꿈
부부 사이가 안 좋거나 인덕이 없어 구설수에 오르게 될 징조다.

● 손발에 화상을 입는 꿈
계약·인연·기념할 일 등이 생길 징조다.

● 발을 까부는 꿈

들어온 복을 차게 될 것을 암시한다. 사서 고생을 하게 될 징조이므로 생시에도 이런 버릇이 있다면 빨리 고쳐야 한다.

● 발과 종아리가 붓는 꿈

외출·출장·여행 등을 못 떠나게 될 징조다. 질병·우환·불길한 일 등이 생길 흉몽이다.

● 발로 많은 돈을 밟고 서 있는 꿈

가난을 딛고 일어나 부를 이루게 되어 희망 찬 삶을 살게 될 징조이므로 길몽이다.

● 두 발을 허공에 대고 자전거 타기를 한 꿈

지금 자신이 현실에 집착하지 못하고 있다는 징조다.

● 발목이 부러지는 꿈

어떠한 사고 등으로 인해 출장이나 여행을 가지 못하게 되고, 일을 하다가 중단하게 될 징조다.

● 유부녀가 허벅지에 총알을 맞은 꿈

임신을 하게 될 징조다.

● 허벅지에 총알이 박히는 꿈

상대방의 세력에 굴복하게 되거나, 경쟁자에게 패배를 당하게 되어 그의 뜻에 따르게 될 징조다. 그러나 학생이 허벅지에 총알을 맞으면 각종 시험에서 합격하게 되고, 처녀가 이런 꿈을 꾸면 혼담이 순조롭게 이루어질 길몽이다.

● 부상을 입었던 무릎이 완쾌되어 걸을 수 있는 꿈
갑자기 운이 열려 재물을 얻어 부자가 될 징조다.

● 무릎이 아파서 걸음을 걷지 못하는 꿈
직업이나 의지할 곳을 잃게 된다.

● 발에서 피고름이 나는 꿈
하고 있는 일이 번창하게 될 징조다. 다리에 상처가 나거나 피가 나는 꿈도 마찬가지이다.

● 의족을 하고 걸어다닌 꿈
자신의 일을 도와줄 사람이 나타날 징조다. 교통 사고를 당하거나 불행이 닥칠 것을 예시하기도 한다.

● 다리가 무거워서 잘 걷지 못하는 꿈
자기 자신이나, 직계 가족에게 병이 생기거나 매사가 순조롭지 못할 나쁜 징조다.

● 한쪽 다리에 상처가 나서 통증을 느끼는 꿈
의지하는 사람이나, 자손에게 좋지 않은 일이 생기거나 자신의 업적이 어떤 평가를 받게 될 징조다.

● **발바닥에서 피가 나는 꿈**
누군가에 의해 재물을 잃게 될 징조다.

● 얼굴 ●

● **남의 얼굴을 물끄러미 바라본 꿈**
이는 당신이 남을 부러워하고 있다는 증거이다. 당신의 열등감을 나타내는 꿈으로, 좀더 자신감을 가져야 하겠다. 그러나 반대로, 남이 당신의 얼굴을 빤히 들여다보았다면, 다른 경쟁자보다 당신이 한 걸음 앞서 가고 있다는 증거이다.

얼굴

● **자신이 밝은 얼굴 모습으로 사람들 앞에 서 있는 꿈**
정신이나 건강 면에서 모두 양호한 상태를 나타낸다. 운세가 상승기에 접어들어 매사에 의욕이 넘치고 명예를 얻게 될 징조다.

● **얼굴이 누렇게 뜨거나 부어오른 꿈**
한 순간의 실수로 인해 대중 앞에서 망신을 당하게 될 징조다. 구설수나 질병을 암시하는 불길한 꿈이다.

● **자기의 얼굴을 비롯한 주위 사람의 얼굴이 모두 검게 보인 꿈**
평소에 가까이 지내고 싶지 않던 사람과 만나게 되거나 거래 등을 하게 될 징조다.

● 자신의 얼굴에 종기가 난 꿈

자신의 행동이나 일이 남의 입에 오르내려 구설수에 휘말릴 징조다.

● 얼굴이 벌겋게 달아오른 꿈

유행성 질환이나 질병에 걸릴 징조다. 발병·수술·망신 등을 암시하는 불길한 꿈이다.

● 얼굴에 복면한 사람을 만난 꿈

신분을 감춰 주어야 할 사람이 생기거나, 신분을 모르는 사람으로부터 폭언이나 폭행 등의 피해를 당하게 될 징조다.

● 누군가의 얼굴에 흉터가 많이 나 있어서 걱정했던 꿈

꿈속에서 나타난 그 인물의 신상에 액운이나 질환이 생길 가능성이 높다. 만일 꿈속의 인물이 아내라면, 아내의 신상에 복잡한 문제가 생겼거나 건강이 안 좋음을 나타낸다.

● 자신의 볼이 유난히 크고 붉게 보인 꿈

이성 교제가 원만히 이루어질 징조다.

● 자신의 얼굴이 용의 두상으로 변한 꿈

입신 출세하고 만인의 대표가 되어 혼과 정신을 창출해 내게 될 징조다. 승진이나 성공을 암시하는 길몽이다.

● 세수나 목욕을 한 꿈

승진을 하게 되거나 걱정거리가 없어짐을 의미한다.

● 얼굴에 주사를 맞은 꿈

직장이나 집안 일에 어떠한 변화가 생길 징조다.

● 거울에 비친 자신의 얼굴이 검게 보인 꿈

평소에 탐탁지 않게 여기던 사람과 거래할 일이 생길 징조다.

● 얼굴이 창백하고 해쓱하게 보인 꿈

걱정거리가 생겨 고통을 받게 될 징조다. 실패나 사고를 암시하는 불길한 꿈이다.

● 상대방의 얼굴이 몹시 사납게 느낀 꿈

일의 성사가 어렵게 되고, 다른 사람에 대해 적의를 갖게 될 징조다.

● 정신이 아찔할 정도로 얼굴을 강하게 부딪힌 꿈

누군가와 대립돼 있던 감정이 풀리거나 상대방과 서로 합의할 일이 생길 징조다.

● 상대방의 얼굴이 늑대로 변한 꿈

흉악하고 음탕한 짓을 하는 사람을 보게 될 징조다. 누군가에게 봉변을 당하거나, 믿었던 사람으로부터 배신당하게 될 것을 암시하는 불길한 꿈이다.

● 상대방의 얼굴이 호랑이 얼굴로 변한 꿈

확실한 실력자를 만나게 되어 도움을 받고, 자신이 하는 일에 대해 자신감을 얻게 될 좋은 징조다.

☻ 상대방의 얼굴이 해골로 변해 자기에게 달려든 꿈
뜻밖에 집안에 질병·사고·위험 등이 닥치게 될 흉몽이다.

☻ 상대방의 얼굴이 괴물로 변한 꿈
평소에 친하게 지냈던 사람으로부터 배신을 당하게 되거나, 누군가로부터 낯뜨거운 봉변을 당하게 될 징조다.

☻ 자신의 얼굴이 쥐의 두상으로 변한 꿈
사고(思考)는 치밀하고 영리하나 언행은 매우 경솔하고 마음이 조급한 게 쥐의 특성이다. 따라서 이런 꿈을 꾸면 매사에 실수를 저질러 망신살이 뻗칠 징조이니 조심하라는 메시지가 숨겨져 있다.

☻ 손수건으로 얼굴을 가린 꿈
생각지도 않은 재앙으로 인해 어려움을 겪게 될 징조다. 실수나 관재 등을 암시하는 불길한 꿈이다.

☻ 얼굴 전체를 붕대로 싸맨 것을 본 꿈
사기를 당하거나 불의의 사고를 당하게 될 징조다.

☻ 얼굴 부위를 치료하거나 수술한 꿈
주위에 있는 물건을 옮길 일이 생길 징조다. 또한 기자들에게 자신의 신상이나 사업에 대해 질문 공세를 받을 일이 생길 징조이기도 하다.

☻ 자신의 얼굴이 거울에 또렷하게 비친 꿈
생각지도 않았던 사람을 만나게 되거나 소식을 듣게 될 징조다.

● **자신의 얼굴이 시퍼렇게 멍들어 있는 꿈**
어떤 재앙으로 인해 정신적 고통을 받게 될 징조다. 우환이나 시달림 등을 암시하는 불길한 꿈이다.

● **얼굴과 얼굴이 겹쳐 보인 꿈**
서로 다른 상표가 붙어 있는 선물을 받게 되거나 집안의 가구 등을 옮기게 될 징조다.

● 머리 ●

● **다른 사람들과 머리를 맞대고 누워 있는 꿈**
여러 사람과 함께 정신적인 일에 협의할 일이 생길 징조다.

머리

● **적장의 잘린 머리를 본 꿈**
모든 일이 순조롭게 이루어져 명예와 권세를 얻을 징조다.

● **자신의 머리가 용이나 호랑이, 사자의 머리로 변한 꿈**
자신이 어느 단체의 우두머리가 될 징조다.

● **자신이 맹수의 머리를 잘라서 가진 꿈**
현재 크게 벌여 놓은 일이 성사되거나 권리와 명예를 한꺼번에 얻게 될 징조다.

● 동물의 머리가 한 군데에 여러 개 붙어 있는 꿈
한 단체에서 의견이 각기 달라 여러 개로 파가 갈라지게 될 징조다.

● 목 하나에 두 개의 머리가 달려 있는 꿈
앞으로 크게 출세하여 세력과 부를 동시에 얻을 길몽이다.

● 심한 두통을 앓는 꿈
관직에 있는 사람은 승진을 하게 되고, 일반인은 만사가 순조롭게 진행될 징조다.

● 머리 위에서 천장이 와르르 무너져 내린 꿈
윗사람으로부터 박해를 받게 되거나 상부에 환란이 생길 징조다.

● 누군가에게 머리를 얻어맞은 꿈
다니는 직장에서 해고당하거나 추진하던 사업이 막힐 징조다.

● 남에게 머리를 조아린 꿈
누군가에게 복종할 일이 생길 징조다.

● 상대방이 자신에게 머리를 조아린 꿈
자신이 주장하는 바를 다른 사람들이 인정해 주게 될 징조다.

● 머리에 뿔이 난 사람을 본 꿈
위험한 일이 생길 징조다.

● 머리에 뿔 하나가 돋는 것을 본 꿈
칼에 찔려 중상을 입을 징조이니 흉몽이다.

● 자기의 머리에 두 개의 혹이나 뿔이 나 있는 꿈
타인과 다툴 일이 생기거나 자신의 신변에 기분 나쁜 일이 생길 징조다.

● 잘린 머리를 천장에 매단 꿈
곧바로 처리해야 할 급한 일이 생길 것을 암시하는 꿈이다.

● 자신의 머리가 없었던 꿈
직장에서 좌천되거나 지위가 추락할 암시다.

● 자신의 뒤통수를 본 꿈
자신의 이력 등 주위와의 관계를 되돌아볼 일이 생길 징조다.

● 다른 사람의 뒤통수를 본 꿈
다른 사람이 자기의 뜻을 잘 들어주며 복종하게 될 징조다.

● 사람의 머리나 동물의 머리가 자꾸 자기를 뒤따라온 꿈
정신적으로 해결해야 할 문제나 어떤 골치 아픈 일이 생길 징조다.

●눈●

● 눈빛이 초롱초롱한 사람을 만난 꿈
사랑하는 사람이 생기거나, 대단히 영민하고 능력 있는 사람을 만나게 될 징조다.

● 눈빛이 게슴츠레한 사람을 본 꿈
애인 또는 친구가 자신을 떠나거나, 소견이 좁은 사람과 사귀게 될 징조다.

● 상대방의 눈길이 매정하게 느껴진 꿈
상대방에게 냉대를 받거나 냉혹한 일을 당하게 될 징조다.

● 상대방의 눈길이 부드럽게 느껴진 꿈
자신에게 은혜를 베풀어 줄 고마운 사람을 만나게 되거나, 자신의 마음에 안정감을 심어 주는 책을 읽게 될 징조다.

● 눈이 찌부러져 있는 꿈
자식이 집을 떠나거나 부자간에 뜻이 맞지 않을 징조다.

● 눈에 들어간 티를 빼낸 꿈
청탁했던 일이 잘 해결되어 사업이 번창하게 될 징조다.

● 애꾸눈을 가지고 있는 사람을 본 꿈
균형이 안 잡힌 일에 부딪치게 되거나 편파적인 사람을 만나게 될 징조다.

● 상대방의 눈이 삐뚤어진 것을 본 꿈
그 상대방의 사업이나 일이 쇠퇴해져 자신에게 이익이 생길 징조다.

● 꿈속에서 자신이 봉사였는데, 갑자기 눈을 번쩍 뜬 꿈
새로운 문화와 예술에 눈을 떠서 이를 아름답게 창조하거나, 그 동안 막혔던 운세가 한꺼번에 트이게 되어 모든 일이 순탄하게 풀릴 좋은 징조다.

● 눈이 짓물러져 있는 것을 본 꿈
거래에서 큰 손해를 볼 징조다.

● 눈병을 앓은 꿈
사업이 잘 안 풀려서 고통을 받거나 집안에 좋지 않은 근심거리가 생길 징조다.

● 갑자기 자신의 눈알이 쏙 빠진 꿈
운세가 급하강하여 지독한 고생을 하게 될 흉몽이다.

● 갑자기 소경이 되어 눈앞이 캄캄한 꿈
매사가 잘 풀리지 않아서 살 길이 막막하며, 어둡고 답답한 일만 터져 절망에 빠지게 될 징조다. 실패·사고·우환 등을 암시하는 흉몽이다.

● 시력이 좋지 않아서 먼 곳을 바라볼 수 없었던 꿈
기대한 일에서 실망을 맛보게 될 징조다.

● 눈에서 광채를 발하여 천 리를 볼 수 있었던 꿈
선견지명이 있어 사업에서 많은 이득을 보게 될 징조다.

● 눈이 선명해지고 똑똑히 잘 보이는 꿈
추진 중인 사업이나 일이 분명히 성공하고, 좋은 직장을 구할 수 있는 암시이니 길몽이다.

● 상대방이 자신에게 눈짓으로 말한 꿈
금지된 일을 하게 될 징조다.

● 코 ●

● 코를 치료받거나 수술한 꿈
현재 진행하고 있는 일에 대해 해당 기관으로부터 간섭을 받게 될 징조다.

● 코를 다친 꿈
남과 코피 터지게 다툴 일이 생기거나 누군가로부터 중상 모략에 빠질 위험이 있을 징조다.

● 갑자기 코가 없어져 버린 꿈
그 동안 힘들게 쌓아올렸던 명예나 권세 등이 한꺼번에 실추될 징조다.

● 자신의 코가 커진 꿈
자존심으로 인해 주변 사람들과 불화에 휘말릴 징조다.

● 콧등에 흉터가 있는 꿈
재산상 손해를 보게 되거나 현재 진행하고 있는 일이 실패할 징조다. 재물 파손이나 불행 등이 닥칠 것을 예시하는 흉몽이다.

● 콧등에 큰 사마귀가 있는 꿈
새로운 사업이나 일, 또 직장에서 어떤 계기가 마련될 징조다.

● 콧등에 여러 개의 뼈마디가 있어 보이는 꿈
거듭되는 실수로 인해 패가 망신하게 될 징조다. 또한 결혼을 여러 번 하게 된다거나 복잡한 남녀 관계로 인해 세상 사람들의 구설수에 오르내릴 징조이기도 하다.

● 코가 주먹만하게 큰 사람을 본 꿈
사업체의 운영상 문제와 직장 생활 등과 관련된 꿈이다.

● 코에서 코피가 뚝뚝 떨어지는 꿈
하는 일이 잘 되어 돈이 굴러 들어올 징조다.

● 자기의 코에 빨간 점이 있는 꿈
어떤 일에 성공하여 다른 사람으로부터 존경을 받게 될 징조다.

● 코끝이 유난히 뾰족하고 작게 보인 꿈
매사에 경솔하여 하는 일마다 사고를 저지르게 될 징조이므로 품행을 단정하게 해야 한다.

● 코가 유난히 푸르거나 까맣게 보인 꿈
질병·죽음·실패·사고 등의 불운을 암시하는 흉몽이다.

● 코가 유난히 커서 콧구멍이 훤하게 들여다보인 꿈
겉보기와는 달리 속 빈 강정처럼 실속 없는 생활을 하고 있다는 암시의 꿈이다.

● 부인이 코를 다친 꿈
남에게 속거나 명예를 잃을 징조다.

● 코에 염증이 생겨 고생한 꿈
아무리 재물을 모으려고 해도 모이지 않을 징조다.

● 코가 유난히 낮거나 작은 사람을 본 꿈
사회적으로 지위가 낮거나 천박한 사람을 만나게 될 징조다.

● 코가 유난히 큰 사람을 보면
여러 면으로 풍족한 사람과 만날 일이 생길 징조다.

● 코가 두 개 생긴 꿈

송사로 고통을 당하거나 다툴 일이 생길 징조다.

● 상대방의 코가 뻣뻣하게 보인 꿈

고집 불통을 만나게 되어 말이 통하지 않아 울화통이 터질 징조다.

● 코가 썩어 떨어져 나간 꿈

재물의 손실이 생기거나 주거에 대해 심한 고생이 있을 징조이니 미리 대비하라는 경고성 꿈이다.

● 코가 좌우로 비뚤어진 꿈

하는 일마다 꼬이게 되어 어려움을 겪게 될 징조다.

● 코가 막혀 냄새를 맡을 수 없었던 꿈

미혼 여성의 경우에 연인이 바람을 피우고, 사업가의 경우에는 고용인이 부정을 저지를 징조다.

● 콧물이 자꾸 흘러나온 꿈

주위 사람들에 의해 귀찮은 일이 자꾸 생겨 괴로움을 당할 징조다.

● 갑자기 코가 길게 늘어난 꿈

한 단체의 우두머리가 되어 권리를 행사하거나 존경을 받게 될 징조다.

● 병원 의사 앞에서 자주 코를 푼 꿈

관공서 등에 갈 일이 생기거나, 수사관·기자 등과 같은 사람 앞에서 자신의 생각을 밝힐 일이 있을 징조다.

● 콧날이 높아진 꿈

재물이 흩어질 흉몽이다.

●입, 입술●

입, 입술

● 입 안에 독벌레가 들어 있는 꿈

유행성 질병에 걸리거나 몸이 허약해질 징조다. 구설수·수술·사고·질병 등과 관련이 있는 흉몽이다.

● 입이 막혀서 말을 못 하고 음식도 못 먹었던 꿈

여자는 구설이 있고, 남자는 위독한 병에 걸리게 될 징조다.

● 입에 상처가 났던 꿈

구설수로 인해 패가 망신할 징조다.

● 입이 갑자기 커진 사람을 본 꿈

사업체나 공장을 확장할 일이 있을 징조다.

● 입으로 강물을 모두 들이마신 꿈
큰일을 성취할 수 있음을 알리는 길몽이다.

● 입으로 물건을 삼킨 꿈
과도한 욕심으로 인해 손해를 보게 될 징조다.

● 상대방의 입이 비뚤어지거나 입술이 얇은 것을 본 꿈
꿈속의 바로 그 사람이 온 동네를 다니면서 자기의 흉을 보게 될 일이 생길 징조다.

● 여러 가지 물건을 입에 넣고 꿀꺽 삼켰던 꿈
회사나 집 안에 집기나 가재 도구 등을 들여놓게 될 징조다.

● 입으로 음식을 맛있게 먹은 꿈
어떤 일을 맡아 책임을 지고 하거나, 일에 대해 연구·분석할 암시다.

● 입에서 음식을 토해낸 꿈
무엇인가 새롭게 고쳐 추진해야 할 일이 생길 징조다.

● 몹시 입이 큰 사람을 만난 꿈
갑부나 유명 인사를 만나게 될 징조다.

● 입이 유난히 크게 돋보인 꿈
취직이나 승진을 하고, 사업가는 재산이 부쩍 늘어날 징조다.

● 입 안에 털이 무럭무럭 자라나는 꿈
재수가 대통하고 장차 풍요로움을 누릴 징조다.

● 입 안에서 벌레가 밖으로 기어나오는 꿈
재난이 서서히 물러가고 행복이 찾아올 징조다.

● 음식을 씹던 자기 입이 갑자기 얼굴만하게 커진 꿈
재물운이 상승될 징조다. 또한 허풍이나 수다 등을 삼가라는 뜻으로도 해석된다.

● 입 안에 침이 가득 고여 있던 꿈
사업 자금이 원활하게 돌아간다는 암시다.

● 입 안에 쓰레기 등과 같이 지저분한 것을 물고 있었던 꿈
질병·우환·수술 등의 불운이 닥칠 징조다.

● 입술에 심한 경련이 일어나면서 바르르 떨린 꿈
지나친 수다로 인해 주위 사람들로부터 비난을 듣게 될 징조다. 수다를 삼가라는 경고성 예지몽이다.

●치아●

● 아랫니가 모두 빠진 꿈
형제 자매 간에 무슨 변고가 생기거나, 집안에 안 좋은 일이 일어날 징조다.

치아

● 치아가 일부만 빠진 꿈
자신이 하고 있는 일의 일부분에 어떠한 변화가 생길 징조다.

● 윗니와 아랫니가 모두 빠진 꿈
조직이나 사업 등을 새롭게 재구성하게 될 징조다.

● 앓던 이가 빠져 버린 꿈
중병을 앓고 있던 사람이 사망하거나, 근심 걱정이 해소되고, 저질 고용인이 실직하게 될 징조다.

● 썩은 이가 빠진 꿈
상대방의 도움으로 어려움을 극복하게 될 징조다.

● 자신의 치아가 검고 누렇게 변한 꿈
집안이나 직장 등에 심상치 않은 일이 발생할 징조다.

● 다른 사람의 치아가 빠져 피가 나는 꿈
퇴직·거세·죽음·일의 성취 등과 관련이 있는 꿈이다.

● **치아를 뽑아서 허전했던 꿈**
세상에서 외로움을 맛보게 될 징조다.

● **위의 앞니가 유난히 반짝거려 보인 꿈**
부모님에게 경사가 일어날 징조다. 승진이나 합격·당선·취득·재물 등과 관련 있는 길몽이다.

● **치아가 흔들린 꿈**
사업체나 조직, 그리고 단체 등의 기반이 흔들리거나, 자신의 신분에 위험이 뒤따른다는 암시다.

● **어린아이의 치아가 새로 돋아나는 것을 본 꿈**
사업이 번창하게 되거나 소원이 성취되고, 새로운 식구가 늘어나게 될 징조다.

● **앓고 있던 치아가 낫는 꿈**
오랜 근심 걱정이 사라질 징조다.

● **앞니 한 개가 툭 삐져 나온 꿈**
부모님께 불효하거나 가정 풍파로 인해 외롭게 타향살이를 하게 될 징조다.

● **상대방의 치아가 안으로 굽어 있었던 꿈**
어떤 사소한 일로 인해 누군가가 자신에게 원한을 갖게 될 징조다.

● 어금니가 빠졌는데 피가 나지 않은 꿈
부모상을 당하게 될 징조다.

● 빠진 치아 대신 의치를 해 넣은 꿈
생각지도 않았던 사람과 만나서 친분을 맺게 될 징조다.

● 금니를 해 넣은 꿈
새로운 단체와 조직을 구성하여 일사불란하게 업무를 수행하게 될 징조다. 또한 집안 식구 중의 누군가가 금배지를 달고 입신 출세하게 될 것을 암시하기도 한다.

● 위의 앞니 한 개가 빠진 꿈
윗사람 가운데 한 명이 죽게 될 징조다. 아랫니는 아랫사람, 어금니는 친척, 덧니는 사위나 양자와 관계가 있다.

● 위의 앞니 두 개가 빠진 꿈
부모님이 둘 다 돌아가실 흉몽이며, 소송 등의 불운이 닥칠 것을 예시하기도 한다.

● 앞니가 부러진 꿈
집안에 우환이 생기거나, 하는 일마다 꼬여서 어려움을 겪게 될 징조다.

● 사랑니가 솟아나는 꿈
집안에 막냇자식이 생기게 되거나 새 식구를 맞이하게 될 징조다.

● 의치를 해 넣은 꿈
양자나 의형제, 그리고 직원 등과 인연을 맺게 될 암시다.

● 의치가 반짝거린 꿈
능력 있는 직원을 얻거나 훌륭한 사람과 관계하게 될 징조다.

● 의치가 빠진 꿈
사업가는 동업자가 떠나가고, 직장인은 동료가 떠나갈 징조다.

●혀●

혀

● 입 안의 혀가 잘라진 꿈
명예·권세·지위·재물 등을 잃을 징조로 흉몽이다.

● 여자의 음부에 혀가 달린 것을 본 꿈
다른 사람 앞에서 자기의 주장을 펼쳤다가 다시 철회할 일이 생길 징조다.

● 여자의 음부 속을 혀가 들락날락하는 꿈
지위·신분·학력, 또는 본심을 위장한 사람과 만나게 될 징조다.

● 자신의 혀에 혓바늘이 돋은 꿈
어떤 일과 정보가 중단되어 일손을 놓게 되고 걱정하게 될 징조다.

● 혀에 털이 나 있는 꿈
자신의 지위나 위치 등이 변함없음을 암시하는 꿈이다.

● 혀가 두 개인 사람을 본 꿈
거짓말을 밥 먹듯이 하는 사람이나 수다쟁이와 사귀게 될 징조의 꿈이다.

● 혀 끝이 갈라진 사람을 본 꿈
이념 또는 이권으로 인한 대립이 있을 징조다.

● 혀를 날름대며 남을 약올린 꿈
입방아를 찧어 대며 남을 흉보다가 오히려 자신이 수다쟁이로 몰려 망신당하게 될 징조다.

● 상대방이 혀꼬부라진 소리를 한 꿈
하루 종일 주변인으로부터 농담이나 놀림을 당하게 될 징조다. 희롱·조소·거짓 등을 암시하는 불길한 꿈이다.

● 귀 ●

● 귀·입·턱이 매우 잘생겼다고 생각한 꿈
당대에 보기 드문 훌륭한 인물로 교육계의 수호신이 되어 인류 사회의 문명과 정신 문화의 발달사에 커다란 업적을 남기게 될 징조의 대길몽이다.

귀

● 귀문에 검은 사마귀나 흰 사마귀가 나 있었던 꿈

검은 사마귀는 귀머거리가 되고, 흰 사마귀는 반귀머거리가 될 징조다. 소식 불통·실패·불운 등과 관계가 있다.

● 남의 귀를 싹둑 잘라 버린 꿈

평소 가깝게 지내는 사람과 싸우게 되어 손해를 입게 될 징조다.

● 귓밥이 두툼하고 잘생겼다고 생각한 꿈

입신 출세하여 만인을 대표할 지도자가 될 징조다. 승진·명예 등을 암시하는 길몽이다.

● 당나귀 귀가 자신에게 난 꿈

집안의 몰락하여 거지 신세를 면치 못할 징조이니 흉몽이다.

● 사람의 귀가 짐승의 귀처럼 보인 꿈

꿈속에서 보았던 사람으로부터 모함을 당하게 되거나 손해를 입게 될 징조다.

● 상대방이 자기의 귀에 상처를 입힌 꿈

평소에 자신이 신임하던 사람으로부터 배신당하게 될 징조다.

● 여러 개의 귀를 갖고 있는 사람을 보거나 귀를 씻었던 꿈

좋은 친구나 충실한 부하를 얻게 될 징조다.

● 귀가 아팠던 꿈
듣고 싶지 않은 소식이나 기분 나쁜 이야기를 듣게 될 징조다.

● 귀가 빈약하게 보인 꿈
행동이 가볍고 조급하며 매사에 실수가 많아서 구설을 듣게 되거나, 잔병이 많고 천박하여 단명하게 될 징조다. 실수·실패·경솔·불합격·질병 등의 불운과 관련 있는 꿈이다.

● 귀가 크고 아름답게 보인 꿈
부탁한 일이 선선히 승낙을 받게 될 징조다. 지위가 상승하고 부자가 될 길몽이다.

● 상대방의 귀가 탐스럽게 보인 꿈
돈 많은 사람이 자신에게 호의를 갖고 접근해 올 징조다.

● 귀가 잘 들리지 않은 꿈
건강하므로 몸에 병이 없다는 것을 암시한다.

● 자신이 귀머거리가 된 꿈
기다리던 소식이 두절되고, 누군가에게 전하려 했던 소식도 실패로 끝나게 될 징조다.

● 귓속에서 어떤 소리가 들리는 꿈
정보가 새고 있다는 암시다.

● 귀가 갈기갈기 찢어진 사람을 본 꿈

꿈속에서 보았던 사람에 의해 물질적·정신적으로 큰 피해를 입게 될 징조다.

● 청각 장애인과 서로 대화를 나눈 꿈

답답하고 불편한 일이 생길 징조다.

●목, 어깨●

목, 어깨

● 목에 걸린 것을 뱉어내지 못한 꿈

뇌물을 받아 양심의 가책을 느끼게 되거나 말썽이 생길 징조다. 또 다른 사람에게 부탁했던 일이 잘 이루어지지 않을 것을 예시하기도 한다.

● 목이 점점 길게 늘어나는 꿈

운수가 좋아질 징조다. 반대로, 목이 점점 짧아지는 꿈은 운이 쇠약해질 징조다.

● 목이 별안간 길고 굵어진 꿈

행운이 찾아오고 재물이 생길 징조다.

● 다른 사람의 목을 쳐서 죽인 꿈

시험을 보는 학생이 이 꿈을 꾸었다면 성적이 향상되거나 수석으로 합격하게 되고, 일을 할 경우에는 상부 기관에 영향을 미쳐서 일을 성사시키거나 성공하게 된다.

● **상대방의 목을 때린 꿈**
부정을 저지른 사람에게 죄상을 추궁하게 될 일이 생길 징조다.

● **목이 움츠러들고 더러워지는 꿈**
운이 쇠약해져 몹시 곤궁해질 징조다.

● **목의 때를 깨끗이 씻어낸 꿈**
그 동안 억울하게 덮어쓰고 있던 누명이 벗겨지게 될 징조다.

● **자신의 목에 검은 사마귀가 나 있는 꿈**
많은 사람들의 구설에 오르거나, 망신을 당하게 될 징조이므로 매사에 조심하라는 경고성 꿈이다.

● **자신의 목을 치장하는 꿈**
장사가 번창하여 크나큰 이익을 얻게 될 징조다.

● **목에다 잔뜩 힘을 준 꿈**
대중 앞에서 과시하게 될 일이 생길 징조다.

● **목을 송곳으로 찔린 꿈**
편도선이나 독감 등에 걸려서 고생하게 될 징조다.

● 산꼭대기에서 소리 높여 고함을 지른 꿈
마음먹은 대로 일이 순탄하게 풀릴 징조다.

● 자기 목에 다른 사람이 팔을 감는 꿈
직장 상사 또는 상대방에게 사사건건 트집을 잡히게 되거나 문책을 당하게 될 징조다.

● 목구멍에 가시가 걸렸거나 다른 이물질이 걸린 꿈
사업상 경쟁자나 방해자로 인해 정신적인 고통을 심하게 받을 징조다.

● 목구멍에 끼인 가래를 뱉어낸 꿈
그 동안 어떤 장애로 인해 가로막혀 있던 일이 순탄하게 풀려 오랜 숙원이 이루어질 징조다.

● 상대방에게 자신의 목덜미를 잡힌 꿈
남에게 굴복이나 시달림을 당하게 되고, 자신의 죄에 대해 심문받을 일이 생길 징조다. 노예·실패·구속·복종 등을 암시하는 흉몽이다.

● 목에 흉터가 생긴 꿈
기대가 무너지면서 어려움을 겪게 될 징조다. 진행하고 있는 일에 중단과 실패가 따를 것을 암시하는 꿈이다.

● 목에 새끼줄이 감긴 꿈
운이 좋아지고 재물도 많이 생길 징조다.

● 목이 자꾸 조여드는 꿈
잠자리가 편하지 않아도 이런 꿈을 꾸게 되지만, 누군가의 방해로 인해 사업이 중지될 것을 예시하는 꿈이다. 성적 욕망에 대한 죄책감이나 두려움 등을 나타내기도 한다.

● 자기의 어깨가 더욱 넓었으면 하는 꿈
운수 대통하고 입신 출세하며, 머지않아 자기를 사랑하는 연인이 나타날 징조다.

● 누군가가 자신의 목에 목마를 탄 꿈
다른 사람에 의해 간섭받을 일이 생길 징조다. 반대로, 자기가 남의 목에 올라탔다면, 자신의 지위가 향상되어 다른 사람들로부터 추대받게 될 것을 암시한다.

● 누군가에게 목덜미를 잡히는 꿈
남에게 자유를 구속받게 되거나, 자신의 잘못을 관계 기관에서 심문받게 될 암시다.

● 항문, 엉덩이 ●

● 항문에서 황금 덩어리가 쏟아진 꿈
생산 및 식품업에 투자하여 사업 성과를 올려서 많은 돈을 벌게 될 징조다.

항문, 엉덩이

● 여자의 엉덩이를 들여다본 꿈
생각지도 않았던 어떤 좋지 않은 일을 당하게 될 징조다.

● 항문에 귀중품을 감춘 꿈
귀중품을 몰래 뒤로 빼돌릴 일이 생길 징조다.

● 항문에 금은 보화가 가득 담겨 있는 꿈
의학이나 과학을 연구하여 신물질이나 영약을 발견하여 인류 사회에 크게 이바지하게 될 징조다. 발굴이나 진리 탐구 등을 암시하는 길몽이다.

● 자신의 엉덩이를 치한이 애무한 꿈
실제로 치한으로부터 성폭행을 당하게 될 것을 암시하는 꿈이다. 망신·모욕·도둑 등을 암시하는 흉몽이므로 몸조심을 하는 것이 좋다.

● 자신의 항문 주위가 불결했던 꿈
가는 곳마다 골치 아픈 일이 생길 징조다. 불쾌감이나 질병 등과 관계 있는 흉몽이다.

● 항문의 밑이 빠져 고통스러웠던 꿈
산업 정보 또는 특수한 기밀이 밖으로 새어나가서 조직과 사업에 막대한 손실을 입힐 나쁜 징조다. 실제로 항문에 관한 질병이 생겨 고통을 받을 수도 있다.

● 항문 속에 몰래 금은 보화를 숨겼던 꿈

창고에다 물건 또는 물품 등을 오래도록 보관하게 될 일이 생길 징조의 꿈이다.

● 항문에 치질이나 치루가 있었던 꿈

전염성 질병에 걸려 고생하게 될 징조다. 암·소화 불량·수술·유행성 질환·불쾌 등과 관련이 있는 흉몽이다.

● 눈썹, 털, 머리카락 ●

● 자신의 눈썹이 길게 자란 꿈

금전적인 이익을 얻게 되고, 연애에 성공하게 될 징조다.

눈썹, 털, 머리카락

● 평소보다 눈썹이 길고 커진 꿈

명예를 얻어 만인의 존경을 받게 되고, 연인을 얻게 되며, 재물이 쌓일 길몽이다. 하지만 눈썹이 작아지면 그 반대다.

● 자신의 눈썹이 유난히 희었던 꿈

단체나 일·직장 등에서 지도자가 될 것을 암시한다.

● 눈썹이 빠지는 꿈

병마에 시달릴 징조다.

● 속눈썹이 나서 길어진 꿈
몸이 건강해지고 장수할 징조다.

● 몸에 털이 난 사람을 본 꿈
솔직하지 않은 거래상을 만나서 그와 싸울 일이 생길 징조다.

● 몸의 털을 깎는 꿈
가까운 사람 중에 누군가가 죽게 되거나 다른 사람으로부터 망신을 당하게 될 징조다.

● 뱃속에 들어 있는 털을 끄집어 낸 꿈
객지에 나가 있던 친척이나 가까운 사람이 갑자기 돌아오게 될 암시의 꿈이다.

● 여자의 음부에 털이 수북하게 나 있는 것을 본 꿈
순간이나마 운세가 사납고, 하는 일마다 꼬여서 고통을 받게 되며, 팔자가 사나워 시집살이를 하게 될 징조다.

● 눈가에 털이 많이 난 사람을 본 꿈
허풍쟁이와 함께 동업을 하게 될 징조다.

● 자기의 몸에 털이 많이 나 있었던 꿈
단체의 우두머리로 추대받을 일이 생기거나 많은 사람들로부터 도움을 받게 될 징조다.

● **손등에 털이 곱게 나 있는 꿈**
아름다운 예술 작품을 창작하여 천금을 거머쥐게 될 징조다.
저술·장신·수예·요리·기술 등을 상징하는 길몽이다.

● **가발을 쓰거나 턱에 수염을 달았던 꿈**
가까운 사람에게 협조를 구할 일이 생길 징조다.

● **손등이나 종아리에 털이 나 있는 사람을 본 꿈**
수단꾼과 관계하여 손해 볼 일이 생길 징조다.

● **앞 머리털이 눈썹과 나란했던 꿈**
직장을 구하게 될 징조다.

● **빠졌던 머리털이 다시 솟아난 꿈**
가정에 괴변이 일어날 흉몽이다.

● **앉은키가 유난히 크고 수염이 긴 거인을 본 꿈**
실력 있고 덕망 있는 학자나 정치가 또는 매우 위엄찬 교양인을 만나게 될 징조다.

● **수염과 머리카락이 온통 하얗게 보인 꿈**
자신에게 근심이 있음을 예시하는 꿈이다.

● **면도나 이발을 한 꿈**
속시원한 일이 생기거나 매사가 만족스럽게 풀릴 징조다.

● 긴 머리 처녀나 총각을 본 꿈
무슨 일에나 솔선 수범하는 협력자를 만나게 될 징조다.

● 머리카락이 빠지는 꿈
집안에 우환이 생길 징조이며, 흰 머리카락이 빠지면 자손에게 근심이 있다.

● 자신의 머리를 감거나 깔끔하게 빗은 꿈
골치 아픈 일이 순조롭게 해결되고, 멀리에서 반가운 손님이 찾아올 징조다.

● 다른 사람이 머리를 감거나 깔끔하게 빗는 것을 본 꿈
스스로 자해하거나 누군가가 자신이 잘못되는 것을 좋아하는 일을 당하게 될 징조다.

● 자신의 머리카락이 검어지거나 희어지는 꿈
머리카락이 검어지면 부귀를 얻게 될 징조고, 하얗게 되는 꿈은 장수할 징조다.

● 기름을 발라 머리에서 윤기가 난 꿈
자신의 모습이 남에게 돋보이게 되고 바라던 일이 순조롭게 이루어질 징조다.

● 머리를 삭발한 사내아이를 본 꿈
하루 종일 기분 잡치는 일만 생기고 하는 일마다 꼬여서 어

려움을 겪게 될 징조다. 시비·불길·싸움 등을 암시하는 흉몽이다.

● **머리를 삭발한 여자를 보면**
자신이 믿고 의지해 오던 사람과 헤어지게 될 징조다.

● **머리를 빗는데 비듬이나 이가 떨어졌던 꿈**
그 동안 떠나지 않던 골칫거리가 해소되고, 미궁에 빠졌던 일이 순조롭게 풀릴 징조다.

● **머리털이 앞으로 늘어져 얼굴 전체를 가린 꿈**
관청의 부름을 받거나 소송 사건이 발생할 징조다.

● **머리카락을 양쪽으로 가른 꿈(가리마를 타는 꿈)**
새로운 근심거리가 생기거나, 자신 또는 가족에게 질병이 생길 징조다.

● **머리카락이 엉켜서 빗질하기가 어려웠던 꿈**
예상하지도 않았던 걱정거리가 생기고, 하는 일마다 꼬여서 잘 풀리지 않을 징조다.

● **머리카락이 입 안에 가득 차 있던 꿈**
집안에 환자가 생겨 근심 걱정이 있을 징조다.

● **타인에 의해 강제로 머리를 깎인 꿈**
배우자나 자녀 가운데 해를 당하게 될 징조다.

●피(血)●

피(血)

● 손이나 발에서 계속하여 피가 흘러나온 꿈
장차 재수가 대통할 길몽이다.

● 타인의 몸에서 피가 나는 것을 보고 도망쳤던 꿈
앞으로 횡재가 찾아오지만 놓치게 될 징조다.

● 여자가 월경을 한 꿈
사업이나 일을 새로 시작한다고는 하지만, 남녀가 의견 대립으로 서로 다투게 될 징조다.

● 초경의 피를 본 꿈
꿈을 꾼 여자가 곧 초경을 한다는 암시다.

● 월경의 피가 맑았던 꿈
사업이나 일이 쉽게 풀릴 징조다.

● 월경의 피가 탁했던 꿈
사업이나 일이 어려움에 처할 징조다.

● 월경이 너무 많고 맑았던 꿈
사업이나 일이 크게 번창할 징조다.

● 걸레에 월경 피가 묻은 꿈
좋은 일이 생길 암시다.

● 생리대가 없어 난처했던 꿈
하기 싫은 일로 인해 곤경에 빠진다.

● 항문에서 피가 흘러나온 꿈
사업상 커다란 손실을 입게 될 징조다.

● 칼에 베었는데도 몸에서 피가 나지 않은 꿈
운수가 몹시 악화됨을 의미하므로, 만일 신규 사업을 구상했다면 당분간 보류하는 것이 좋다.

● 칼에 찔려 피가 흐른 꿈
술과 음식과 돈이 생길 길몽이다.

● 상대방을 칼로 찔렀는데도 몸에서 피가 나지 않은 꿈
마음먹은 대로 일이 성사되긴 하지만, 왠지 마음이 개운치 않을 징조다.

● 코피를 줄줄 흘린 꿈
재물이나 많은 돈이 들어올 좋은 징조다.

● 온몸에 피가 범벅되어 죽어 있는 사람을 본 꿈
사회적으로나 집안 일로 막대한 재물을 취급하게 될 징조다.

● 붉은 피를 한 사발 마셨던 꿈

이 꿈은 생명력을 보충받는다는 것을 상징하므로 길몽이다. 허약자는 건강을 되찾게 되고, 사업자는 자금줄이 생겨 자금을 공급받게 될 징조다.

● 자신의 옷에 피가 조금 묻어 있었던 꿈

누명 쓸 일이 생기거나 오해받을 일이 생길 징조다.

● 사람이 피를 많이 흘리며 죽은 꿈

금고 속에 많은 돈을 쌓아두거나, 사업이 크게 번창해 큰돈을 취급하게 될 징조다.

● 침상에 피가 묻어 있는 것을 본 꿈

자신의 애인이나 배우자가 다른 사람과 함께 통정하고 있음을 알려주는 꿈이다.

● 자신이 다쳐서 몸에서 피가 줄줄 흘러나온 꿈

모든 재난이 사라지고 앞으로 좋은 일이 생길 징조다. 생각지도 않은 돈이나 재물이 들어올 길몽이다.

● 자신의 몸에서 피나 피고름이 난 꿈

질병으로 고생하거나 재물이 나갈 징조다.

● 몸에서 한 방울씩 피가 솟아나오는 꿈

들어오는 돈이 답답할 정도로 적을 징조다.

● 코피가 터져서 얼굴이 온통 피로 범벅된 꿈
재물의 손실을 크게 입을 징조다.

● 뱃속에 피가 고여서 불룩해진 꿈
장차 많은 재물을 모으게 될 징조다.

● 상대방의 몸이 더러운 피로 범벅된 꿈
꿈속의 그 사람이 갑자기 죽을 수도 있다.

● 몸에 묻은 피를 닦아 내거나 피 묻은 옷을 세탁한 꿈
다 되어 가던 일이 수포로 돌아가게 될 징조다.

● 피가 모두 빠져나가
　　　　　　　몸에 한 방울도 안 남았다고 생각한 꿈
경제적으로 큰 손실을 입게 되어 모든 재산을 날려 버릴 흉몽이다.

●심장, 가슴●

● 여자가 가슴을 풀어헤친 꿈
가까운 사람 중에 누군가가 위험에 처하게 되고, 그 위험에 대처할 수 있도록 자신이 도와줄 일이 생길 징조다.

심장, 가슴

● 낯선 여자가 자기 가슴을 칼로 찌른 꿈

여기서 낯선 여자란 간호원을 상징한다. 따라서 자기가 병에 걸려 병원에서 수술할 일이 생길 징조다.

● 상대방의 가슴을 칼로 찌른 꿈

경쟁자의 사업체나 자기가 하는 일의 핵심부에 충격을 가해 이득을 얻게 될 징조다.

● 가슴이 답답했던 꿈

모든 일이 자꾸 늦어지며, 구설수에 말려 망신을 당할 징조다.

● 가슴에다 태양을 안은 꿈

대단한 인물이 될 것을 암시하는 대길몽이다. 과학자는 연구 발명하여 황금상을 타게 되고, 사업가는 새로운 상품을 개발하여 국제시장을 점유하게 되며, 선남선녀는 달콤한 사랑의 꽃을 피워 아름다운 결실을 맺게 될 길몽 중의 길몽이다.

● 자신의 앞가슴에 훈장을 달았던 꿈

남 앞에서 자신의 실력을 과시할 수 있는 기회가 주어질 징조다.

● 상대방의 가슴이 점점 좁아졌던 꿈

상대방이 마음이 좁아 자신의 깊은 뜻을 헤아려 주지 못하여 가슴 칠 일이 있음을 암시한다. 또한 어른이 어린아이 같은 짓만 골라서 하는 것을 구경하게 될 일이 생길 징조이기도 하다.

● 어떤 괴한이 자신의 가슴팍에 올라앉아
　　　　　　　　　　　　몹시 괴로웠던 꿈

부부나 형제 간에 좋지 않은 일이 일어날 징조다. 자신의 기관지에 이상이 있을 수도 있다.

● 성기(性器) ●

● 남자의 성기가 몹시 커 보인 꿈

힘차고 일사불란하게 자신의 업무를 수행하게 될 징조다.

성기(性器)

● 남자가 여자의 성기를 만지며 애무한 꿈

다른 사람과 함께 동업을 하게 되거나, 남의 물건을 감정할 일이 생길 징조다.

● 잠깐 졸았는데 성기가 발기한 꿈

열심히 일을 했지만 결과가 좋지 못할 징조다.

● 자신의 남근이 용의 머리 모양으로 변한 꿈

넘치는 힘과 정신력으로 일약 스타가 될 것을 예시한다.

● 자신의 남근이 포경이었던 꿈

자신이 보수적인 사상을 버리지 못하고 케케묵은 옛것만 고집하고 있음을 나타내는 꿈이다.

● 남근의 귀두에 예쁜 꽃고리를 한 꿈
선남선녀가 아늑한 곳을 찾아 달콤한 사랑을 나누게 될 징조다. 합궁이나 즐거움을 암시하는 꿈이다.

● 이성이 자신에게 성기를 내보여 준 꿈
사업상 누군가로부터 유혹받을 일이 생기거나 자신의 실력을 다른 사람에게 과시할 일이 생길 징조다.

● 여자가 남성의 성기를 만지작거리는 꿈
가까운 사람한테서 정신적인 괴롭힘을 당할 징조다.

● 자신의 성기를 보며 상대방이 칭찬해 준 꿈
발표된 작품에 감동할 일이 생길 징조다.

● 남근의 귀두에 파란 옥구슬이 매달린 꿈
정도(正道)를 걸으면 운수가 대통하고, 정도를 걷지 않으면 패가 망신하게 됨을 알리는 꿈이다. 뭇 여성과 달콤한 사랑을 하게 될 것을 예시하기도 한다. 성병에 주의할 것.

● 남근이 점점 작아지는 꿈
집안의 재물과 돈이 밖으로 새어 나가게 되어 경제적인 어려움을 겪게 될 징조다.

● 남근이 발기되지 않아 몹시 초조해 한 꿈
사업에 대한 의욕 상실이나 패배 등이 있을 징조다.

● 남자가 여자의 성기를 달고 있는 꿈
현재 벌이고 있는 사업이 좋은 결과를 얻게 될 징조다.

● 자신의 성기가 점점 불어난 꿈
진행 중인 일들이 어떠한 장애물에 부딪혀 중단되고 많은 어려움을 겪게 될 징조다. 실패·불운을 암시하는 흉몽이다.

● 여자가 남성의 성기 둘을 놓고서 비교한 꿈
하고 있는 일에 삼각 관계가 형성되어 쉽게 단안을 내리지 못하게 될 징조다.

● 치한이 여성의 성기를 강제로 만진 꿈
여러 사람 앞에서 망신당할 일이 생길 징조다. 구설에 시달리거나 불운이 생길 징조다.

● 처음 보는 여자한테 자신의 남근을 떼인 꿈
자신의 바람기가 동하여 외출이 잦게 될 징조다. 재물과 돈을 떼일 수도 있으니 매사에 신중할 것.

● 성기가 뽑히거나 잘린 꿈
사업 실패나 자존심의 상실 등을 예시하는 꿈이다.

● 여자의 성기가 좌우 짝짝이로 보인 꿈
결혼한 사람이라면, 부인 말고 또 다른 자신의 이상적인 애인을 두게 될 징조다.

● **다른 사람의 성기와 자신의 성기를 비교한 꿈**
남의 일과 비교할 일이 생길 징조다.

● **여성의 성기가 유난히 아름답다고 생각한 꿈**
총각의 경우 귀엽고 사랑스런 여인을 얻게 되고, 숙녀의 경우 욕된 일을 당하게 되며, 숫처녀의 경우 처녀막을 잃게 될 징조다.

● **여성의 성기에서 금은 보화가 마구 쏟아져 나온 꿈**
많은 재물과 돈이 생기거나 여자로 인해 도움을 받게 될 징조다.

● **청룡이 여성의 성기 속으로 들어간 꿈**
부인과 새댁은 임신을 하여 훌륭한 자식을 낳게 될 징조다. 아늑한 곳에서 남녀가 서로 달콤한 사랑의 꿈을 꾸게 될 것을 예시하기도 한다.

● **남이 자신의 성기를 볼까 봐 걱정한 꿈**
자신이 행한 일에 대해 심한 부끄러움을 느끼거나 의기 소침할 일이 생길 징조다.

● **여성의 성기가 배꼽 위에 붙어 있었던 꿈**
천박한 행동으로 인하여 남의 눈총을 사게 될 징조다.

● **여성의 성기에 붉은 꽃이 피어난 꿈**
여자가 이러한 꿈을 꾸었을 때는 첫 월경을 의미한다. 합궁·임신 등을 암시하는 꿈이다. 또한 아름다운 예술 작품을 창작하여 출품하게 될 것을 예시하는 꿈이기도 하다.

●전신(全身), 나체●

● 살찐 모습이 강조되어 나타난 꿈

이 꿈은 당신의 인간 관계가 넓어진다는 것을 암시한다. 인간 관계가 넓어지면 당연히 여러 가지의 가능성도 그만큼 확대되어 간다. 인간 관계가 넓어지면서 행운을 얻게 된다는 좋은 암시이다.

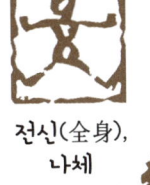

전신(全身), 나체

● 야윈 모습이 강조되어 나타난 꿈

이 꿈은 위와 반대로 당신의 교제 범위가 좁아짐을 암시한다. 그런만큼 운도 약해지고 친구도 떠나가게 된다. 그러나 다른 사람의 살이 빠진 꿈일 경우에는 좋은 꿈이다. 자기 업무 면에 충실하여 성공하게 된다는 신호이기 때문이다. 그러나 늘 살이 쪄서 고민하는 사람이 이 꿈을 꾸었다면 단지 소망에 지나지 않는다.

● 자신의 온몸에서 진땀이 흐른 꿈

다른 사람으로 인해 자신에게 좋지 않은 일이 발생할 징조다.

● 몸에서 빛을 내뿜는 꿈

앓고 있는 병이 더 심해진다는 징조지만, 벼락 출세를 할 수 있는 암시도 가지고 있다.

● 땅 속으로 자신의 몸이 빠져든 꿈

자신이나 주변 사람에게 안 좋은 일이 일어날 징조다.

● 몸에 날개가 돋는 꿈
만사가 형통하고 재물이 들어올 길몽이다.

● 땅 속으로 자신의 몸이 빠져든 꿈
자신이나 주변 사람에게 안 좋은 일이 일어날 징조다.

● 온몸에서 피고름이 흐른 꿈
매사가 순조롭게 풀리고 행운이 따를 징조다.

● 자신의 몸에서 은은하게 빛이 나는 꿈
자신이나 주변 사람에게 안 좋은 일이 일어날 징조다.

● 땅을 파고 몸을 묻는 꿈
재산이 불어나게 되고 저축이 많아질 징조다.

● 몸이 지저분한 느낌을 받은 꿈
스트레스에 시달리고 있다는 암시다.

● 나체가 된 자신의 몸을 가리려고 애쓴 꿈
남이 알아서는 안 될 어떤 비밀스런 일을 하게 될 징조다.

● 진흙으로 몸이 더러워진 꿈
만사가 갖춰져 있지 않아 곤란한 입장이 될 징조다.

● 화가나 사진작가 앞에서 자기가 나체 모델이 된 꿈
철학가에게 자신의 운명에 대해 상담할 일이 생길 징조다.

● 옷을 벗었는데도 전혀 부끄럽다는 생각이 들지 않은 꿈
자신과 관계된 모든 일을 만인에게 공개할 일이 있을 징조다.

● 자신의 나신을 가리지 못해서 당황해 했던 꿈
자기의 신분이나 사업에 협조할 동조자나 대책 등이 없어서 쩔쩔매게 될 징조다.

● 자신의 나체를 부끄럽게 생각한 꿈
자신의 개인적인 비밀이 드러나지 않기를 바라거나 그 일로 인해 창피당할 징조다.

● 자신의 하반신을 드러낸 꿈
비밀을 누설함으로써 지금까지 쌓아올렸던 명예나 부가 한꺼번에 무너지게 될 징조다. 생각지도 않았던 일로 인해 창피를 당하게 될 것을 예시하는 꿈이다.

● 거울 앞에 서서 옷을 모두 벗어 버린 꿈
몹시 기다리던 사람을 만나게 되지만, 그로부터 신세 한탄을 듣게 될 징조다.

● 남 앞에서 옷을 벗은 채로 대소변을 봐도
　　　　　　　　　　　전혀 부끄럽지 않은 꿈
자기만 알고 있던 좋지 않은 비밀을 누군가에게 털어놓게 되어 가슴이 후련해질 징조다.

● 자신의 벌거벗은 모습에 자신이 매혹된 꿈
자신의 신분이 상승하거나, 배우자·형제 등에 의해서 귀한 대접을 받게 될 징조다.

● 나체로 길바닥에 누워 있는 꿈
대명 천지에서 개망신당할 일이 있을 징조다. 망신살·실패·구설수 등을 암시하는 흉몽이다.

● 벌거벗은 채로 맑은 시냇가를
　　　　　　　　　맘껏 뛰어다니며 놀았던 꿈
만사가 뜻대로 이루어져 온종일 기분이 상쾌하고 시원한 날을 보내게 될 징조다.

● 몸에서 벌레가 기어나온 꿈
귀한 관직이나 직책을 얻게 될 징조다.

● 하반신을 벗고 일을 한 꿈
아랫사람으로부터 협조를 못 받을 징조다.

● 상반신을 벗고 일을 한 꿈
윗사람으로부터 협조를 못 받을 징조다.

● 맑은 물 속에 벌거벗고 들어가서 헤엄을 친 꿈

그 동안 막혔던 일들이 한 순간에 풀려서 밝고 희망찬 미래가 열리게 될 징조다. 마음먹었던 일이 순조롭게 풀려 소원 성취하게 될 징조다.

● 속옷만 입고 일을 한 꿈

자신이 고독해지거나 신분 보장이 결여될 징조다.

● 흰옷을 입고 있었던 꿈

남의 중상 모략에 빠질 징조다.

● 나체 쇼를 구경한 꿈

싸우는 사람을 직·간접으로 보게 될 징조다.

● 벌거벗고 성교한 꿈

상대방에게 모든 사실을 솔직히 털어놓고 공개적으로 추진할 일이 생길 징조다.

● 벌거벗은 몸으로 고향에 내려간 꿈

하는 일마다 꼬여서 되지 않고, 모든 사람들이 자신의 곁을 떠나 버리게 되어 심한 고독감에 빠지게 될 징조다.

● 목욕하려고 옷을 벗은 꿈

무슨 일이든지 정직하게 행해서 감출 것이 없을 징조다.

04 행동에 관한 꿈

●싸우거나 공격하는 꿈●

● **상대방이 자신에게 눈을 부라리며 호통을 친 꿈**
생각지도 않은 구설수에 말려들어 망신을 당하게 되거나 불량배로부터 시달림을 당하게 될 징조다.

싸우거나 공격하는 꿈

● **서로 때리고 싸운 꿈**
인덕이 있고, 재물을 얻게 될 징조다.

● **누군가를 공격하려고 하는데 몸이 전혀 말을 듣지 않은 꿈**
철저한 계획을 세우고 나서 일을 추진해도 실패하게 되고, 도저히 헤어날 방도를 못 찾게 될 징조다.

● **돌로 상대방을 때린 꿈**
상대방에게 바른말을 하게 되거나 자기 주장을 강력히 내세울 일이 있을 징조다.

● 무조건 호통만을 쳐댔던 꿈
쌓인 감정을 폭발시킬 일이 있으며, 대인 관계에서 상대방을 제압하여 승리감에 도취될 징조다.

● 두 사람이 서로 싸울 태세를 하는 꿈
서로 언쟁을 하거나 싸울 일이 생길 징조다.

● 주도 면밀하게 계획을 세워 상대방을 공격하는 꿈
일을 진행시키는 데 있어서 노력한 만큼의 대가가 돌아오고, 이성과의 사이도 원활한 상태를 유지하게 될 징조다.

● 지팡이로 다른 사람을 때린 꿈
하고 있는 일에 압력을 받게 되거나 그 일로 인해 시비가 생길 징조다.

● 서로 다른 두 마리의 짐승이 싸우는 것을 본 꿈
서로 다른 두 개의 세력이 단합하게 되거나, 자기와 원수처럼 지내던 사람과 화해하게 될 징조다.

● 혼자서 방어하거나 공격하는 꿈
홀로 일을 처리하게 되어 심한 외로움을 느끼게 될 징조다.

● 자기가 동물을 마구 때린 꿈
상대방의 일에 대해 비판이나 충고할 일이 생길 징조다.

● **자신이 상대방의 가슴을 때린 꿈**
꿈속에서 나타났던 사람에게 경고할 일이 생기거나, 그 사람이 나쁜 일을 저질러서 제재를 가해야 할 일이 생길 징조다.

● **다른 사람을 주먹으로 때린 꿈**
가정이 화목하고, 부부의 금실이 좋아질 징조다. 미혼자라면 연애에 승리할 꿈이다.

● **다른 사람을 향해 활을 쏜 꿈**
자신이 먼 길을 가게 될 징조다.

● **상대방의 얼굴에 침을 뱉은 꿈**
자신이 다른 사람에게 피해를 입힐 징조다.

● **상대방을 무자비하게 공격한 꿈**
추궁당하던 일이 별 어려움 없이 해결될 징조다.

● **창으로 상대방을 찌른 채 뽑지 않은 꿈**
어떤 일을 성취시키는 데 많은 어려움을 겪게 될 징조다.

● **남에게 명령하는 꿈**
구설수에 오르게 될 징조다.

● **남에게 욕설을 퍼부은 꿈**
대길할 꿈이며, 지금 자신이 어려움을 무릅쓰고 하고 있는 일이 순조롭게 이루어질 징조다.

● 남에게 아무 이유도 없이 매맞은 꿈
스스로 힘이 강해질 징조다.

● 첩이나 여자에게 얻어맞거나 그들을 자기가 때린 꿈
흉몽이다. 매사에 신중하고 조심하라는 꿈의 가르침이다.

● 여자들이 서로 때리는 것을 본 꿈
몸에 병이 생길 징조다.

● 생사를 걸고 싸운 꿈
자신의 일에 대해 불만이 쌓이거나 시빗거리가 생길 징조이니 매사에 긍정적인 시각으로 대처해야 한다.

● 다른 사람과 서로 꾸짖는 꿈
명이 길어질 징조다.

● 다른 사람과 말싸움을 한 꿈
애인과 이별하고 가까운 사람과 헤어지게 될 징조다.

● 형제가 서로 때리는 꿈
벌여 놓았던 모든 일들이 성취될 징조다.

● 악한을 처치한 꿈
그 동안 가슴 깊숙이 묻어두었던 계획이나, 어렵게 느꼈던 문제가 해결될 징조다.

● **아무리 호통을 쳐도 상대방이 꼼짝도 하지 않는 꿈**
과감하게 자기 주장을 내세우며 잘못된 점을 수정할 일이 생길 징조다.

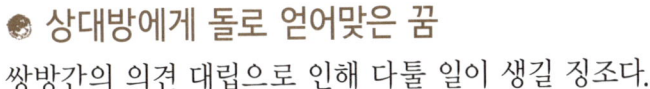

● **상대방과 말다툼 끝에 상대방을 때린 꿈**
재물에 손실이 있을 징조다.

● **상대방과 말다툼 끝에 상대방에게 맞는 꿈**
모든 일이 유리하고, 또 재물이 생길 징조다.

맞거나 공격당하는 꿈

● **상대방에게 돌로 얻어맞은 꿈**
쌍방간의 의견 대립으로 인해 다툴 일이 생길 징조다.

● **어떤 여자로부터 자신의 가슴을 칼로 찔린 꿈**
늑막염 등과 같은 병에 걸려 수술을 받게 될 징조다.

● **커다란 짐승이 자기를 물고 놓아주지 않은 꿈**
직장이나 권력 등을 얻어 오래도록 보직하게 될 징조다.

● 남이 자신에게 활을 쏜 꿈
먼 곳에서 사람이 찾아올 징조다.

● 서로 칼로 맞찔러 피가 흐른 꿈
모든 일이 길할 징조다.

● 상처가 날 정도로 두들겨 맞은 꿈
자신이 하고 있는 일에 대해 세상 사람들로부터 심한 비난을 당하게 될 징조다.

● 악한에게 자기가 살해를 당하거나
　　　　　　　　　신체적으로 피해를 입은 꿈
자기 작품이나 일의 결과에 대해 다른 사람으로부터 평가를 받게 될 징조다.

● 남에게 매를 맞아 피를 흘린 꿈
정신적·물질적으로 손해를 보게 될 징조다.

● 남에게 실컷 얻어맞은 꿈
다른 사람으로부터 호평이나 공격·비난 등을 받게 되고, 힘이 좋아지고 심장이 튼튼해질 징조다.

● 여러 사람한테서 몰매를 맞은 꿈
자신이 많은 사람으로부터 평가받게 될 징조이며, 결과는 대체적으로 만족스럽다.

● 악한이 자신의 목을 조르는 꿈
집안 식구나 일가 친척들에게 어떤 좋지 않은 일이 닥쳐 불행하게 될 징조다.

● 다른 사람이 자신에게 화를 내는 꿈
부모나 상사로부터 꾸지람을 듣게 될 징조다.

●전쟁과 관련된 꿈●

● 적기와 아군기가 공중전을 벌인 꿈
타인에 의해 방해가 되는 여건을 물리치게 될 징조다.

● 적기의 폭격을 피하기 위해 도망친 꿈
자기가 출품한 작품이 탈락하게 될 징조다.

전쟁과
관련된 꿈

● 적기를 격추시킨 꿈
어떤 협조 기관 등에 의해 자기 사업이나 소원이 어려움 없이 성취될 징조다.

● 싸움이나 경쟁·전쟁 등에서 승리한 꿈
하는 일을 성공적으로 마무리하게 되고, 그 일로 인해 소원 충족 등을 체험하게 될 징조다.

● 자신이 직접 선전 포고문을 읽는 꿈

일을 추진하기 위해 자신이 성명서를 발표하거나 계획서를 공개하게 될 징조다.

● 싸움터에서 적을 죽이거나 자신이 적에게 죽임을 당한 꿈

자기의 노력을 인정받거나 어려운 난관을 슬기롭게 극복하고, 일의 성과를 보게 될 징조다.

● 전쟁에서 폭탄을 맞거나 포로가 된 꿈

누군가에게 부탁한 일이나 작품이 소원대로 성취될 징조다.

● 누군가가 자신에게 총구를 겨누고 있어서 벌벌 떨고 있었던 꿈

불안·질병·고통 등으로 인해 진행하고 있는 일이 잘 풀리지 않을 징조다.

● 전쟁이 일어나서 군대가 행진하며 이동하는 꿈

계획한 일을 뜻대로 순조롭게 추진하게 되거나 사업 성과가 좋게 나타날 징조다.

● 전쟁에서 패하는 꿈

계획 중이거나 지금 하고 있는 일에 실패하게 될 징조다.

● 창을 들고 적을 찌르기 위해 겨냥한 꿈

어떤 일을 서로 협동하여 성사시키게 될 징조다.

● 싸움터에서 상처를 입은 꿈

매사에 적극적이어서 자신이 다른 사람들로부터 추앙을 받게 될 징조다.

● 기관총을 쏘아 적을 사살한 꿈

어떤 기관을 통해 자기의 소원을 충족시키게 될 징조다.

● 자기에게 누군가가 공중에서 총을 겨냥하고 있는 꿈

데모가 일어나거나 어떤 단체에서 직책을 맡게 될 징조다.

● 전쟁이 일어나서 피난을 간 꿈

기관에 청탁한 일이 이루어지지 않을 징조다.

● 전쟁이 점점 격렬해진 꿈

격렬하면 격렬할수록, 자신이 하고 있는 일이 더욱 복잡해지게 될 징조다.

● 군대가 주둔한 막사나 사령부를 본 꿈

관공서나 기타 단체 기관과 접촉할 일이 생길 징조다.

● 사람을 죽이는 꿈 ●

● 남에게 죽임을 당하는 꿈

하는 일마다 잘 이루어지고 운수가 대통할 징조다.

사람을 죽이는 꿈

● 누군가에게 피살당한 꿈
자신이 처리해야 할 일이 다른 사람에 의해 이루어질 징조다.

● 죽은 사람과 함께 음식을 먹은 꿈
큰 복이 들어올 암시이니 길몽이다.

● 무고한 사람을 죽인 꿈
마음의 갈등이나 불안 없이 일이 성취되며, 옷에 피가 묻으면 재물을 얻게 될 징조다.

● 두 사람을 한칼에 베어 죽인 꿈
한 가지 방법으로 두 가지 일을 성사시키게 될 징조다.

● 사람을 무자비하게 죽인 꿈
현실에서 하고자 하는 일이나 사건을 통쾌하게 처리하거나 성취하게 될 징조다.

● 죽은 사람 때문에 매우 괴로워한 꿈
하고 있는 일이 절망적이거나 만족을 얻지 못하며, 소속된 단체에서 실력을 발휘하지 못해 안타까운 입장에 있는 암시다.

● 자기가 살인 현장을 목격한 꿈
자기와 직·간접으로 연결된 일들이 모두 성취될 징조다.

● 자신이 다른 사람의 목을 칼로 벤 꿈
지금 벌이고 있는 사업이나 일에서 장애가 없어질 징조다.

● 목을 매달아 자살하는 꿈
운수가 트이게 되고, 앓고 있던 병이 나을 징조다.

● 친척의 목이 잘린 꿈
목이 잘린 그 친척에게 기쁜 일이 있어, 그로 인한 혜택이 자신에게도 돌아올 암시다.

● 사람을 죽였는데 다시 살아나서 도망친 꿈
해결되었다고 생각했던 문제에 이상이 생겨 처음부터 다시 시작해야 하는 번거로움이 생길 징조다.

● 자신을 해치려는 적을 죽인 꿈
처리하기 힘든 일에 방해자까지 나타나지만, 결국 그 일을 무난히 성사시키게 된다.

● 자기가 탄 차가 사람을 치여 죽인 꿈
자신의 사업체나 직장이 자신으로 인해 크게 번창하게 될 징조다.

● 자기와 가깝게 지내던 사람을 무자비하게 죽인 꿈
어떤 일이나 사건을 맡아도 속시원하게 처리해 낼 징조다.

● 목이 잘렸는데도 살아 있던 꿈
진행하고 있던 사업이 성공하고, 기쁜 일이 많이 생길 징조다.

● 살생을 하고 나서 심히 양심의 가책을 받은 꿈
열심히 일했음에도 불구하고 뒤가 깨끗하지 못해 사람들로부터 비난받을 일이 생기게 될 징조다.

● 총 한 방을 쏘아서 두 사람을 한꺼번에 죽인 꿈
한 가지 방법에 의해 두 가지의 일이 동시에 성취될 징조다.

● 사람을 죽이고 정당 방위를 주장한 꿈
열심히 노력해서 어떤 목표를 달성하게 되지만, 그 성과에 대해 다른 사람으로부터 인정을 받지 못할 징조다.

● 살인자를 잡기 위해 헤맸던 꿈
자신을 여러 모로 도왔던 사람을 대접하거나 사례하게 될 징조다.

● 칼로써 자살하는 꿈
조그만 노력으로 큰 이익이 생기거나 재물이 들어올 징조다.

● 독약을 마시고 자살하는 꿈
어떠한 일을 처리할 때, 과학적인 방법으로 기발한 성과를 이루게 될 징조다.

● 사람이나 동물 등과 같은 생명체를 죽인 꿈
어떤 일을 완벽하게 처리하게 될 징조다.

●걷는 꿈●

● **걸음을 빨리 걷는 꿈**
운수가 열리고 하는 일마다 잘 될 징조다.

걷는 꿈

● **넓게 트인 깨끗한 길을 걸어간 꿈**
매사에 있어서 막힘이 없고 심신이 편안해질 징조다.

● **환자가 보통 사람처럼 잘 걸어다니는 것을 본 꿈**
고전을 면치 못하던 사업이 잘 진행될 징조다.

● **정처 없이 걸어간 꿈**
앓고 있는 환자는 병상 생활을 오래 하게 되며, 사업가는 사업에 전혀 진전이 없게 될 징조다.

● **산이나 들을 산책한 꿈**
현재 진행하는 일에 변화가 생기고 운세에 기복이 생길 징조다.

● **동행해야 할 사람과 따로따로 떨어져서 걸어간 꿈**
함께 일하고 있는 동업자나 직원 등과 결별하게 될 징조다.

● **잘 포장된 도로를 편안한 마음으로 걸어간 꿈**
하고 있는 일이 잘 진행되고 운세가 좋을 징조다.

● **출발점으로 다시 돌아오는 꿈**
되돌아온 만큼 한동안 사업이나 운세가 하향을 타게 될 징조다.

● 집이나 고향을 향해 걸어간 꿈

벌여 놓았던 일이 종결되거나 더 이상 할 일이 없어지게 될 징조다.

● 장소를 가리지 않고 여기저기 싸돌아다닌 꿈

연구 등 어렵고 복잡한 일에 관심을 갖고 몰두하게 될 징조다.

● 달리거나 쫓기는 꿈 ●

달리거나 쫓기는 꿈

● 전진도 후진도 하지 않고
　　　　　제자리에서 껑충껑충 뛰는 꿈

직장에서 승진 등의 일로 자리 변동이 생기게 될 징조다.

● 악한에게 쫓기는 꿈

계획했던 일이나 기회 등이 사라지고, 자책감·미련·실패 등을 겪게 될 징조다.

● 악한이 도망가는 꿈

계획했던 일이 수포로 돌아가거나 좋은 기회를 놓쳐 좌절감에 빠질 징조다.

● 죄수가 감옥을 탈출한 것을 본 꿈

집안에 기쁜 일이 생기며, 환자라면 그 동안 앓던 질병으로부터 해방될 징조다.

● 아무리 달리려고 해도 마음만 조급할 뿐
　　　　　　　　　발걸음이 떨어지지 않은 꿈

여러 사람 앞에서 망신당할 일이 생길 징조다. 또 상급 기관에 부탁했던 일이 잘 이루어지지 않아 애를 태우게 될 것을 예시하기도 한다.

● 누군가가 자꾸 자신의 뒤를 따라오는 꿈

자신이 하고 있는 일에 헌신적으로 봉사하며 따라줄 사람을 만나게 될 징조다.

● 상대방이 무서워 뒷걸음질을 치거나 도망친 꿈

어떤 일에 대해 불안감을 느끼고 있기 때문에 꾸는 꿈으로, 결국 그 일로 인해 커다란 패배감을 맛보게 될 징조다.

● 사람을 죽이고 경찰에게 쫓기는 꿈

심리적으로 불안할 때 이러한 꿈을 꿀 수 있으며, 또한 시험에 불합격될 징조이기도 하다.

● 분명히 사람을 죽였는데 그가 죽지 않고
　　　　　　　　　　　자기를 뒤쫓아온 꿈

마무리됐다고 생각했던 일에 하자가 생겨 물질적·정신적으로 손해를 입게 된다.

●앉거나 서는 꿈●

앉거나
서는 꿈

● 의자에 다소곳이 앉아 있는 꿈

경제적으로 도움이 될 만한 일거리가 생기거나 원했던 회사에 취직을 하게 될 징조다.

● 여러 사람이 나란히 의자에 앉아 있는 꿈

여러 사람이 함께 힘을 합쳐야 할 일이 생기고, 많은 사람들이 모여서 회의 또는 상의할 일이 생길 징조다.

● 앉지도 서지도 않은 엉거주춤한 자세로 있는 꿈

자신에게 불리한 일이 닥치게 되지만, 그렇다고 빠져나갈 구멍도 없게 될 징조다.

● 넓은 광장에 홀로 서 있는 꿈

여행과 같은 먼 길을 혼자 가게 될 징조다.

● 아무 곳에나 앉아 있는 꿈

하던 일이 중단되거나 다른 곳으로 직장을 옮기게 될 징조다.

● 낭떠러지에 서 있는 꿈

이 꿈에는 당신의 긴박한 심리가 그대로 나타나고 있다. 만일 당신이 중대한 일을 앞두고 결단을 내려야 한다면 피하지 말고 대담하게 부딪쳐야 한다. 그렇다고 해서 무조건 앞으로 나아간다면 장차 위험한 일을 당하게 될 수도 있다. 신중하면서도 대담한 결단이 요구되는 시기이다.

●누워 있는 꿈●

● 아무 곳에나 엎드려 있는 꿈
경쟁자에게 패하게 되며, 누군가의 감언 이설에 속아 넘어갈 징조다.

누워 있는 꿈

● 반듯하게 누워 있는데, 발치에 누군가가 앉아 있는 꿈
자신의 일에 방해하는 사람이 많아서 어려움을 겪게 될 징조다.

● 누워서 잠을 자고 있는 꿈
당신이 꽤 지친 상태에 놓여 있음을 알리는 꿈이다. 운세가 멈추고 있는 상태이므로 무엇보다도 지금은 휴식이 필요하다.

● 누군가와 함께 나란히 누워 있는 꿈
사업에 동업자가 끼어들게 되며, 세월이 지나면 좋은 성과가 나타날 징조다.

● 누군가가 자기의 머리에 다리를 올려놓고 누워 있는 꿈
어떤 일을 하든 자기의 경쟁자에게 패배하게 될 징조다.

● 이불을 덮고 누워 있는 꿈
진행 중인 일이 중단되거나 질병에 걸리게 될 징조다.

● 반듯하게 누워 시간 감각을 잃어버린 꿈
오랫동안 직업을 잃게 되거나, 환자의 경우엔 치유 기간이 길어지게 될 징조다.

● 누워서 잠자고 있는 사람을 본 꿈
활발하게 진행되던 일이 침체 상태에 빠지게 될 징조다.

● 누군가의 무릎을 베고 누워 있는 꿈
상대방이 자기의 부탁을 들어주며, 누군가에게 자신의 모든 걸 의지하게 될 징조다.

●날거나 올라가는 꿈●

날거나 올라가는 꿈

● 자기가 공중에 떠 있거나 공중을 날았던 꿈
세상 사람들에게 널리 과시하거나 광고할 일이 생길 징조다.

● 공중을 날아서 어려운 순간을 모면한 꿈
어려운 난관을 회피하게 되거나 일이 성취 단계에서 좌절될 징조다.

● 연인과 함께 공중을 난 꿈
애정에 관한 꿈일 경우에는 혼담이 성사되고, 일거리를 상징할 경우에는 그 진행이 순조롭게 진행될 징조다.

● 먼 곳으로 날아가는 사람을 본 꿈
계속해서 일이 잘 진행될 징조다. 또는 가까운 사람과의 이별이나 누군가의 사망을 암시하기도 한다.

● 공중을 날아서 나무에 올라간 꿈
이성과의 사랑, 승급·승진 등이 쉽게 이루어질 징조다.

● 자신의 몸에 날개가 돋아나 공중을 날아다닌 꿈
관직을 얻을 암시이며, 미혼자는 결혼하게 될 길몽이다.

● 자신이 구름을 타고 하늘로 올라간 꿈
길조이지만 위험성이 내포되어 있으므로 매사에 조심해야 한다는 암시의 꿈이다.

● 끝없이 날아간 꿈
계획했던 일의 결과가 늦게 나타나거나 가까운 사람과 헤어질 징조다.

● 자신이 하늘로 날아올라간 꿈
장차 자신이 부귀로워질 징조다.

● 건물 아래위 층을 날아다닌 꿈
모든 일들이 순조롭게 풀려나갈 징조다.

● 위로 올라갈수록 계단을 오르기가 편해지는 꿈
시간이 갈수록 일의 진도나 진급이 더욱 수월해질 징조다.

● 계단을 오르내린 꿈
증권을 샀을 경우, 시세가 오르락내리락할 것을 예시한다.

● 큰 나무에 올라간 꿈

지위가 더욱 높아지고 출세하게 될 징조다.

● 까마득하게 보이는 돌계단을 올라간 꿈

평소에 자기가 쌓았던 업적이 발표되어 상부로부터 표창장 등을 받게 될 징조다.

● 하늘로 올라가는 꿈

당신의 운세는 대길운으로 접어들었다. 순조로운 인생을 살아가게 될 징조이니만큼 더욱 노력해야 한다.

● 학생이 담장 위에 올라간 꿈

시험에 응시했으면 합격을 하게 되고, 일반인에게는 좋은 소식이 들려올 징조다.

● 낮은 곳에서 높은 곳으로 올라간 꿈

사회적 지위나 위치, 생활 형편 등이 향상될 징조다.

● 지하에서 지상으로 올라가는 꿈

사회적 이목을 끌게 될 징조다.

● 장대를 고정시키고 그 위로 기어올라간 꿈

권력층의 사람에게 매달려 도움을 청하게 될 징조다.

● 홀로 옥상이나 지붕에 오른 꿈

은퇴를 하거나 외로운 처지에 놓이게 될 것을 예시한다.

● 사다리가 공중에 뻗어 있는 꿈
치명적인 병에 걸리게 되거나 허망한 계획을 세우게 될 징조다.

● 사다리를 타고 오르는 꿈
출세할 징조며, 진급 또는 진학하게 될 징조다.

● 사다리를 벽에 세운 꿈
상급 학교에 진학할 징조다.

● 산에서 사람이 소리를 지르며 하늘로 올라가는 꿈
어떤 사람이 험한 산에서 조난을 당했다는 기사를 읽게 될 징조다.

● 사다리를 올라갔다가 내려오지 못한 꿈
직장을 옮기려던 계획이 수포로 돌아가거나 진행 중이던 일이 중단될 징조다.

● 내려오거나 떨어지는 꿈 ●

● 계단을 내려온 꿈
진행 중이던 일이 역행하거나 위법적인 일을 저지르게 될 징조다.

내려오거나
떨어지는 꿈

● 꿈에 일곱 계단을 내려왔다면
7년 동안 사업이 부진하게 되거나 불행을 겪게 될 징조다.

● 계단에서 구르거나 미끄러진 꿈
진급·소망·진학 등에서 낙오하게 될 징조다.

● 계단에서 넘어져 아래로 굴러 떨어진 꿈
여러 사람들과의 경쟁에서 뒤떨어지게 되고 사업의 진전이 없을 징조다.

● 높은 건물에서 뛰어내렸는데 누군가에 의해 구조된 꿈
취직이 되거나 여러 사람들로부터 존경받게 될 징조다.

● 높은 곳에서 떨어져 상처를 입은 꿈
자신에게 커다란 타격이나 손실을 입힐 중대한 실수를 하게 될 징조다.

● 낭떠러지에서 떨어지는 꿈
현재 겪고 있는 최악의 상황이 새로운 상황으로 변하게 될 징조다. 낭떠러지는 운수의 경계선이다. 이처럼 최악의 상황에서 변화가 일어나게 된 것은 당신의 생활 자세나 마음가짐이 조금씩 변화되어 왔기 때문이다.

● 높은 곳에서 아래로 떨어진 꿈
어렵게 얻었던 명예가 졸지에 땅에 떨어지거나 일신상에 커다란 변화가 생길 징조다.

● 높은 곳에서 떨어져 머리가 깨어져 죽는 꿈
어려운 사업이 점점 풀리기 시작하고 새로운 사업 계획을 세우게 될 징조다.

● 높은 곳에서 떨어지다가 놀라 꿈에서 깨어나면
사랑하던 사람과 헤어지거나 희망이 사라지고, 질병 등 신체적인 고통을 받게 될 징조다.

● 큰절, 인사하는 꿈 ●

● 집안 어른에게 큰절을 한 꿈
정부 기관이나 단체로부터 상을 받거나 부탁할 일이 생길 징조다.

큰절,
인사하는 꿈

● 자기 조상에게 절한 꿈
소청할 일이 크지 않으면 많게 될 징조다.

● 귀한 사람에게 절하고 만나는 꿈
복과 덕이 생길 징조다.

● 자신이 절을 받는 꿈
상대방이 자신에게 순순히 복종하거나, 자신의 청을 순순히 들어줄 암시의 꿈이다.

● 중환자가 큰절을 받은 꿈
병세가 더욱 악화되거나 운명의 날이 멀지 않았음을 암시한다.

● 절을 하는데 상대방이 외면해 버린 꿈
청탁한 일이 무산되고 다른 사람으로부터는 전혀 도움을 받지 못할 징조다.

● 죽은 사람에게 절한 꿈
계획했던 사업이나 일이 잘 되어 성과를 얻을 징조다.

● 손윗사람이 자기에게 절을 한 꿈
자기보다 높은 지위에 있는 사람이 어떤 일을 자기에게 부탁해 올 징조다.

● 신이나 옛 성인에게 절을 한 꿈
권력자의 힘을 빌려 소원을 달성할 수 있음을 의미한다.

● 몇 번이고 계속 절한 꿈
누군가에게 큰 부탁을 해야 할 일이 생길 징조다.

● 꿈속에서 답례하는 상대방을 보면
그 상대방에게 청탁하거나 보상받을 일이 무산될 징조다.

● 꿈속에서 국기에 대한 경례, 혹은 장교에 대해 경례를 하면
충성심을 나타낼 일이 생길 징조다.

● 누군가에게 공손히 절을 한 꿈
꿈속의 사람에게 부탁할 일이 생기며, 그 일이 좋은 결과를 가져오게 될 징조다.

● 절에 가서 절을 하고 노래를 부른 꿈
지금 추진하고 있는 사업이나 일에 세상 사람들의 시선이 집중될 징조다.

● 상대방에게 절을 하고 그가 답례하는 것을 본 꿈
누군가에게 부탁했던 일이 이루어지지 않을 징조다.

● 누군가에게 잘못했다고 사과한 꿈
온종일 불만스러운 일만 일어나게 되어 지치게 될 징조다.

●손을 잡는 꿈●

● 대통령과 악수한 꿈
존경하는 인물과의 계약이나 약속이 이루어지고, 명예도 따르게 될 징조다.

손을 잡는 꿈

● 거인 두 명이 서로 악수하는 것을 본 꿈
사회 단체나 국가가 하나로 통합될 징조다.

● 악수하면서 손을 마구 흔들어 댄 꿈
상대방과의 협력·결합·결연에 문제가 발생하거나, 흔드는 횟수만큼 일이 생기게 된다.

● 다른 사람이 자신의 손을 잡아 끌어 준 꿈
상대의 협력으로 어려움을 극복하게 될 징조다.

● 급함에 처해 있는 사람의 손을 잡아 구해 준 꿈
다른 사람의 실수에 대해 자신이 대신 책임을 지게 될 일이 생길 징조다.

● 상대의 손을 두 손으로 감싸 잡은 꿈
형제·애인·사제로부터 도움을 받게 될 징조다.

● 손을 마주 잡고 걸은 꿈
상대와의 어떤 사업이나 결혼 등이 잘 진행될 징조다.

● 안에 있는 사람의 손을 잡아 끌어내는 꿈
상대방에게 일을 강제로 떠맡길 일이 생길 징조다.

●포옹하는 꿈●

포옹하는 꿈

● 푸른 거목을 가슴으로 안았던 꿈
확실한 실력자를 만나게 되어 도움을 받고 입신 출세하게 될 징조다. 횡재를 암시하기도 하는 길몽이다.

● **남녀간에 포옹한 꿈**
생각지도 못한 힘들고 어려운 일이 생겨 고민하게 될 징조다.

● **어떤 물건을 두 팔로 꼭 안은 꿈**
어떤 업무나 작업의 책임자로 발탁될 징조다.

● **남에게 안긴 꿈**
누군가에게 구애를 하거나 자비를 구하게 될 징조다.

● **갓 태어난 아이를 품에 안은 꿈**
자기 능력으로는 해결할 수 없는 일을 맡고 고민하게 될 징조다.

● **동성간에 열렬히 포옹한 꿈**
여러 사람이 토론을 하여 의견 일치를 보게 될 징조다.

● **누군가가 자기를 안아 준 꿈**
이성에게 청혼을 하게 되거나 신(神)에게 기원할 일이 생길 징조다.

●씻는 꿈●

● **사람이 목욕하는 것을 본 꿈**
질병이 없어지게 될 징조다.

씻는 꿈

● 배(腹)를 씻은 꿈

모든 재앙이 사라진다. 단, 입이나 발만 씻는 꿈은 관직에서 물러나게 될 징조다.

● 몸을 씻었는데 더욱 지저분해진 꿈

노력한 만큼의 성과를 얻지 못할 징조다.

● 공중 목욕탕이나 온천 등에서 여러 사람과 함께 목욕한 꿈

신앙이나 면학 등에 몰두하게 될 징조다.

● 손발을 물로 씻는 꿈

병이 회복되고 근심이 해소되며, 미혼자는 결혼이 성사될 징조다.

● 무엇인가를 씻는 꿈

씻고 있는 것이 깨끗해졌다면 운세가 상승하겠지만, 아무리 씻어도 더러움이 가시지 않는다면 운세가 하강할 징조다. 적어도 며칠 간은 불행한 나날이 계속될 것을 암시한다.

● 흙탕물에서 목욕한 꿈

몸에 질병이 생길 징조다.

● 뜨거운 물로 몸을 씻은 꿈

여러 사람한테서 사랑·은혜·도움을 받게 되거나, 시험에 합격하게 될 징조다.

● 우물물을 마시거나 그 물로 손발을 씻은 꿈

걱정이 해소되고, 입학·취직·결혼·당선 등의 일로 좋은 소식을 듣게 되거나 승진할 징조다.

● 양치질을 한 꿈

공직자라면 관직에서 물러날 암시다.

● 헤엄 치는 꿈 ●

● 동물이 헤엄 치는 것을 본 꿈

정부 기관의 도움이나 개입으로 자신의 사업이 나날이 발전할 징조다.

헤엄 치는 꿈

● 수면이 잔잔한 곳에서 자유롭게 헤엄을 친 꿈

모든 일이 어려움 없이 순조롭게 해결될 징조다.

● 넓은 바다에서 수영을 한 꿈

대기업에 취직을 하게 되거나, 외국으로 유학 또는 출장을 가게 될 징조다.

● 강에서 수영한 꿈

주변의 많은 사람들로부터 도움을 받게 될 징조다.

● 열심히 수영을 하려 하지만 앞으로 나가지 않는 꿈
하고 있는 일이 순조롭게 진행되지 않아서 불만만 잔뜩 쌓이게 될 징조다.

● 물살이 센 강에서 허우적거리며 수영을 한 꿈
남의 간사한 꼬임에 빠지게 되거나 병에 걸릴 징조다.

● 수영복도 안 입고 알몸으로 수영을 한 꿈
모든 일에 있어 타인의 간섭을 안 받고 자유롭게 될 징조다.

● 옷을 입은 채 수영을 한 꿈
자신의 직권을 이용하여 남에게 억지를 부릴 일이 생기지만, 스스로 잘못을 뉘우치고 후회하게 될 징조다.

● 땅 속에 들어가서 헤엄을 친 꿈
무엇인가 부정한 일을 저지르게 될 징조다.

● 해수욕장에서 수영을 한 꿈
유망한 직업을 구하게 되거나 결혼이 성사될 징조다.

● 항해 도중에 배가 파손되어 헤엄을 치다가 구조된 꿈
파혼이나 실직, 또는 파산 직전에 호전되어 자기의 위치를 되찾게 될 징조다.

● 물에 빠져서 허우적거리는 사람을 구해 낸 꿈
'물에 빠진 사람 건져 주었더니 내 보따리 내놓으라고 한다'

라는 속담이 있듯이, 열심히 일한 만큼 보람을 못 느끼게 될 징조다.

● **넓은 강을 헤엄 쳐서 건넌 꿈**
직장에서 진급을 하거나 원고 모집 등에서 입상을 하게 될 징조다.

● **지하 동굴 속에서 헤엄 친 꿈**
나쁜 사람의 유혹을 받거나 꼬임에 빠질 징조다.

● **많은 사람과 함께 수영을 한 꿈**
다른 사람과 함께 동업이나 경쟁, 또는 동거 생활을 하게 될 것을 암시하는 꿈이다.

● **물에 빠진 사람을 붙잡고 헤엄 치는 꿈**
일을 성취하려고 노력하지만 심한 고통을 받게 될 징조다.

● **길을 걸어가다가 갑자기 물 속에 들어가서 수영을 하는 꿈**
어떤 직장에서 임시로 일해 달라는 부탁을 받게 될 징조다.

● **인적이 드문 곳에서 자유롭게 수영하는 꿈**
만족스러운 신앙 생활이나 직장 생활, 또는 행복한 결혼 생활을 하게 될 징조다.

●운동 경기●

운동 경기

● 요트 경기를 하는 꿈
학업·시험·연구·경쟁 등에서 승부를 겨룰 일과 관계 있다.

● 공을 서로 주고받는 꿈
어떤 시빗거리로 인해 상대방과 마음이 엇갈리게 될 징조다.

● 자신이 찬 공이 경기장 밖으로 날아가 버린 꿈
자신의 능력을 발휘하여 성공하거나, 어떤 일로 공로를 인정받아 치하받게 될 징조다.

● 릴레이 경주에서 남이 넘겨준 바통을 받아 쥐는 꿈
사업이나 단체의 일을 인수받아 잘 운영해 나갈 징조다.

● 마라톤 경기에서 꼴찌를 한 꿈
꼴찌는 뒤따라오는 사람이 없으니 마음이 편하다. 따라서 자기를 따라잡으려고 경쟁하는 사람이 없으니 사업상으로 보아 안전하며, 일이 순리대로 풀릴 징조다.

● 마라톤 경기에서 일등을 한 꿈
사업이나 진급에 행운이 따를 징조다. 자기의 동기나 친구들 가운데 가장 먼저 성공하게 될 좋은 징조다.

● 운동 경기에서 선두로 나선 꿈
사업이나 자신의 계획이 실패하기 쉽고, 마음이 불안하다.

● 경기장에서 체조 경기를 한 꿈
자신의 사업이나 학문적 발표 등에 크게 호응해 줄 사람이 생기게 될 징조다.

● 야구 경기장에서 자기 편 선수가 홈런을 친 꿈
하는 일마다 순조롭게 풀릴 징조다.

● 메달·우승컵·상금을 갖게 되거나, 승리가를 부른 꿈
어려운 난관을 극복하고, 소원이나 계획을 이루게 될 징조다.

● 달리기 등과 같이 빠른 운동이나 오락을 하는 꿈
급히 서둘러서 처리해야 할 일이 생기거나, 초조하고 고통스러운 일이 뒤따르게 될 징조다.

● 다른 사람과 함께 검도나 펜싱을 한 꿈
다른 사람과 말다툼을 하거나 몸싸움이 있을 징조다.

● 경기장의 관중석이 텅 비어 있는 꿈
어떤 문제를 스스로 판단하여 순탄하게 해결할 징조다.

● 높이뛰기를 한 꿈
소원했던 일이 이루어지거나 승진을 하게 되며, 만사 형통하게 될 징조다.

● 자신이 골을 넣어 승리하는 꿈
사업에서 성공을 하게 되거나, 논쟁 등에서는 자신의 의견에

따라서 결론을 맺게 될 징조다.

● **우승하여 많은 사람 앞에서 자기가 상을 받는 꿈**
명성이 있는 회사에 취직 또는 전근을 하게 되고, 장래가 밝아올 징조다.

● **우리 나라 선수가 국제 경기에서 우승한 꿈**
작품 응모에 당선이 되거나 사업의 주도권을 잡게 될 징조다.

● **사람들이 자신의 구령 소리에 맞추어 체조를 하는 꿈**
많은 사람들의 협조를 받아 자신의 지도력을 발휘하게 될 징조다.

● **경기장의 관중석에 관중이 꽉 차 있는 꿈**
진행 중인 자신의 일이 다른 사람에 의해 방해를 받게 되거나 난관에 부딪치게 될 징조다.

●도박, 장기, 바둑●

도박, 장기, 바둑

● **국수급에 있는 사람과 바둑을 두어서 자기가 이긴 꿈**
최고의 명예나 권리를 얻게 될 것을 예시한다.

● **바둑이나 장기를 두는 것을 본 꿈**
어떤 세력 다툼이나 국제 정세의 변화를 보게 될 징조다.

● 바둑을 두는데, 자신이 흰 돌을 잡은 꿈
자기의 경쟁자를 쉽게 공략할 수 있음을 예시하는 꿈이다.

● 자신은 흰 돌이고 상대방은 검은 돌인데,
　　　　　　　　자신이 검은 돌을 하나씩 따낸 꿈
자신의 주도하에 상대방과의 갈등 관계를 점차적으로 풀어 나가게 될 징조다.

● 신선과 함께 바둑이나 장기를 둔 꿈
학문이나 사업상에 있어서 시비를 가릴 일이 생길 징조다.

● 안방에서 장기를 둔 꿈
국내 전쟁이나 파병 전쟁이 있음을 알리는 꿈이다.

● 자기와 비슷한 또래와 장기를 둔 꿈
자기와 비슷한 처지에 있는 사람과 사업상의 승부를 겨루게 될 징조다.

● 건넌방에서 장기를 둔 꿈
외국에서 전쟁이 일어날 것을 예시한다.

● 장기를 두는데 옆사람이 자꾸 훈수한 꿈
자신의 일에 대해 감 놔라 대추 놔라 하고 참견하거나 방해하는 사람이 나타날 징조다.

● 아이와 장기를 두다가
　　　　　　엉뚱하게도 아이의 나이를 헤아린 꿈
벅차고 힘든 일거리를 받거나 남의 간섭을 받게 될 징조다.

● 노인들이 몰려와서 화투를 치자고 한 꿈
어떤 기관에 청탁했던 일이 해결되지 않고 질질 끌게 될 징조다.

● 노름판에서 큰돈을 딴 꿈
자기가 노력한 대가로 큰일이나 재물을 얻게 될 징조다.

● 화투가 방 안 여기저기에 흩어져 있는 꿈
펼쳐 놓은 일을 끝내지 못하고 갈등을 느끼게 될 징조다.

● 상대방과 함께 화투를 친 꿈
어떤 단체에서 시비가 생겨 옥신각신할 일이 있을 징조다.

● 노름 도구를 이용하여 돈을 잃거나 딴 꿈
꿈의 결과를 보면, 현재 진행하고 있는 일의 흥망 성쇠를 가름할 수 있다. 만일 돈을 땄다면 흥하게 되고, 잃었다면 재물의 손실 등이 있을 것을 예시한다.

● 화투장으로 패를 뗀 꿈
계획한 일을 성사시키기 위해 심사 숙고할 일이 생길 징조다.

● 화투를 치려다가 옆으로 밀어 놓은 꿈
남이 부탁한 서류를 뒤로 미루게 될 징조다.

● 놀이 ●

● 보물찾기 놀이에서 보물을 찾지 못한 꿈

하는 일이 점점 기울어지고, 취직·진급·시험·당선 등에서 탈락하게 될 징조다.

놀이

● 누군가에게 마구 장난을 쳐 댄 꿈

누군가에게 장난을 치는 꿈은 대수롭지 않은 마음의 미혹으로부터 실수나 불화를 일으키게 될 것을 암시한다. 따라서 공부나 일을 할 때 절대 한눈을 팔아서는 안 된다. 반대로, 누군가가 당신에게 장난을 걸어오는 꿈은, 당신이 매사에 일을 잘 진행시키고 있고, 남을 꿰뚫어 볼 수 있는 안목을 가지고 있음을 알려준다.

● 외줄타기를 하다가 떨어져서 죽는 것을 본 꿈

힘들고 어려운 일이 어떤 기관을 통해 수월하게 이루어질 징조다.

● 날아오는 빈 병을 방망이 등으로 깨뜨리는 꿈

야구 선수가 이런 꿈을 꾸면, 야구 경기에서 통쾌한 홈런을 날리게 될 징조다.

● 한가하게 놀고 있는 꿈

이 꿈은 자신을 억압하는 곳에서 해방되고 싶다는 마음의 발로이며, 현실적으로 그것이 가능하다는 것을 의미한다. 그러나 마음 편하게 놀지 않고 단순히 야단법석만 떨어대는 꿈은 그저 스트레스를 발산하는 것에 지나지 않으므로 현실 생활에 있어서 주의가 필요하다. 좀더 정신을 바싹 차릴 것을 경고하는 꿈이라고 할 수 있다.

● 보물찾기하는 꿈
머지않아 당신이 재물을 얻게 될 것을 암시하는 행운의 꿈이다. 꿈속에서 발견한 보물과 같은 것을 얻게 될 것을 예시한다.

● 딱지치기나 공기놀이 등과 같은 장난감놀이를 한 꿈
어린아이의 경우 학업 성적과 관계가 있고, 어른의 경우 사업 성공 여부와 관계가 있다. 그 게임에서 이겼다면 학업 성적의 향상 또는 사업의 성공을 의미하고, 만일 게임에서 졌다면 반대의 의미로 해석된다.

● 여러 개의 작은 돌을 가지고 놀았던 꿈
태몽으로, 여러 명의 아들을 얻게 될 것을 예시한다.

● 자신이 술래가 되어서 숨어 있는 사람들을 찾아다닌 꿈
시험이나 무엇인가를 잊어버린 일로 인해 심적인 고통을 겪게 될 징조다.

● 윷이나 주사위를 던져 점수를 딴 꿈
윷이나 주사위를 던져서 나온 숫자나 점수와 비슷한 성적·석차 등을 받게 될 징조다.

● 허공에서 불안한 기분으로 그네를 탄 꿈

당신의 불안한 마음 상태를 반영한 꿈이며, 조심할 일이나 불길한 일이 일어날 징조다.

● 그네나 시소를 탄 꿈

소송 사건에 관계되어 있다면 일승 일패를 암시한다.

● 놀이동산에서 혼자 놀고 있던 꿈

매사를 자기 스스로 해결해야 한다는 암시다.

● 놀이동산에서 길을 잃고 헤맨 꿈

직업을 선택하지 못하였거나, 상인은 업종을 찾지 못해 갈등할 징조다.

● 놀이동산에서 신나게 놀았던 꿈

귀인의 도움을 받아 사업이 크게 번창할 징조다.

● 놀이 기구를 타고 신나게 놀았던 꿈

만사 형통하고, 기쁜 일이 생길 암시다.

● 놀이 기구에서 떨어진 꿈

달콤한 유혹에 빠지거나 넘어가, 하고 있는 사업이나 일이 실패하게 될 징조다.

● 유원지에 놀러간 꿈

사업상 대인 관계가 넓어짐을 암시한다.

● 전자오락실에 간 꿈
사업이나 일이 달콤한 유혹에 넘어가 실패할 징조다.

● 공원에서 회전목마를 보거나 탄 꿈
가정이 지금은 안정을 찾지 못했지만 조금만 참고 있으면 행복해질 암시다.

● 색주가에 가서 유흥을 즐긴 꿈
치통이나 두통 등을 앓을 징조다.

● 썰매를 신나게 탄 꿈
크게 벌였던 사업이나 일이 순조롭게 뻗어나갈 징조다.

● 신나게 놀다가 누군가에게 잔소리를 들은 꿈
사업이나 일이 잘 풀려나가다가 친구의 방해로 막힐 징조다.

● 종이 비행기를 날린 꿈
허황된 생각과 계획으로 사업을 벌인다는 경고성 꿈이다.

●여행하는 꿈●

● 미지의 장소를 여행한 꿈
심리상 강한 호기심이 자신에게 있음을 알리는 꿈이다.

● 이름 난 명소를 찾아 구경 다닌 꿈
뜻밖에 생각지도 않은 사업체가 생기거나 배우자가 나타날 징조다.

● 세계적으로 유명한 산 위에서 돌아다닌 꿈
어떤 유명 단체나 기업에서 자신의 능력을 과시하게 될 징조다.

● 애인과 함께 차로 드라이브를 한 꿈
혼담이 순조롭게 진행되거나 사업상 남과 의논할 일이 생길 징조다.

● 학우들과 함께 수학 여행을 한 꿈
여러 사람들이 힘을 합쳐 해야 할 일에 종사하게 될 징조다.

● 여행지에서 상대방의 말소리가 잘 들리지 않는 꿈
자기 앞에 펼쳐질 미지의 세계에 대해 불안이나 공포감을 느끼고 있다는 증거이다.

● 항구나 포구에 들어오는 꿈
수많은 사람들로부터 존경을 받을 징조다.

● 명산·고적을 유람한 꿈
한동안 못 보던 친구를 만나게 되거나 반가운 고향 소식을 듣게 될 징조다.

● 관광 버스로 여행을 다닌 꿈
단체로 여행 또는 관광·견학을 가게 될 징조다.

● 기차 여행을 한 꿈
직장 생활, 단체 생활, 공동 사업, 계 모임, 문예 작품의 연재 등이 순조롭게 진행될 징조다.

● 차를 타고 여기저기 유람을 다닌 꿈
직장 등에서 승진을 하게 될 좋은 징조다.

● 여행 중에 길가에 앉아서 휴식을 취한 꿈
순조롭게 진행되던 일에 문제가 생겨 중도에서 포기하게 되거나 진행하던 일을 오랫동안 보류하게 될 징조다.

● 김장하는 꿈 ●

김장하는 꿈

● 큰 장독 여러 개가 뒤집혀 있는 것을 본 꿈
산모의 건강이 좋지 않고, 태아가 유산될 징조다.

● 다양한 크기의 간장독에 간장이 가득 찬 꿈
여러 사업을 벌이거나 형제간의 재산 차이를 나타낸다.

● 김장거리를 수북이 쌓아 놓은 꿈
막대한 재물이나 자료 등을 얻게 될 징조다.

●시험 보는 꿈●

● **자기의 수험 번호와 이름이 합격자 난에 적혀 있는 꿈**
꿈속에서와 마찬가지로 시험에 무난히 합격하게 되거나, 입사 시험 또는 자격 시험 등에도 당당히 붙게 될 징조다.

시험 보는 꿈

● **시험 장소에 늦게 도착하여 시험을 포기한 꿈**
무슨 일을 하든 남에게 인정받지 못할 징조다.

● **시험 기간에 지각한 꿈**
시험 점수가 미달되어 시험에 떨어질 징조다.

● **자신과 전혀 관계가 없는 것에 대한 시험을 보는 꿈**
현재 진행하고 있거나 계획한 일이 쉽게 이루어지고, 취직운도 트일 징조다.

● **시험 문제가 어려워서 쩔쩔맨 꿈**
해결하기 힘든 문제로 인해 고통을 받게 될 징조다.

● **시험 답안지가 망가진 꿈**
그 어떤 시험이라도 모조리 떨어질 징조다.

● **시험 감독관 앞에서 답안지를 작성한 꿈**
신원 조회를 받거나 불신 검문을 받을 일이 생길 징조다.

● 시험 답안지를 잘못 작성해서 애를 태운 꿈
취직 시험이나 시험에 합격하는 등 원하는 일이 모두 이루어질 징조다.

● 시험 감독관에게 답안지를 제출한 꿈
직장을 옮기거나 전근을 가게 될 징조다.

● 시험 답안지가 구겨지거나 더럽혀진 꿈
시험에서 낙방할 징조다.

● 연필이나 볼펜이 없어서 답안지 작성을 못한 꿈
입학 시험이나 취업 시험 등에서 불합격할 징조다.

● 시험 문제가 대단히 어렵다고 느낀 꿈
자신의 능력으로는 도저히 해결하지 못한 일에 부딪칠 징조다.

● 합격자 발표 난에서 자신의 이름이 유난히 돋보인 꿈
시험에서 수석으로 합격할 징조다.

● 시험에 떨어진 사실을 다른 사람이 알아 버린 꿈
시험에 수석으로 합격하거나 출품한 작품이 당선될 길몽이다.

● 시험에 떨어진 것을 확인하고
  집으로 돌아오다가 깨어 버린 꿈
시험을 치렀을 경우, 수석을 하게 되거나 우수한 성적으로 합

격하게 될 징조다.

● 시험에 떨어졌는데도 담담했던 꿈
시험에 간신히 합격할 징조다.

● 구술 시험을 본 꿈
사업상의 일 등으로 인해 논쟁을 벌일 일이 생길 징조다.

● 합격자 명단에서 자신의 이름이 크게 보인 꿈
좋은 성적으로 합격할 징조다.

● 시험에 떨어져서 슬펐다거나
　　　　　　　　많은 사람들로부터 질책을 받은 꿈
무슨 일이든 순탄하게 진행되며, 시험 칠 일이 있으면 무난히 합격하게 될 징조다.

● 입사 시험에서 일등으로 합격한 꿈
가정에서 축하받을 일이 생길 징조다.

● 불합격된 사실을 알고 집으로 온 꿈
시험에 떨어지거나, 사업 또는 일이 풀리지 않아 의욕을 상실하게 될 징조다.

● 시험 때문에 몹시 괴로워한 꿈
꼬여 있는 일을 풀기 위해 노력하지만, 그럴수록 일이 자꾸만 꼬여 가게 될 것을 암시한다.

●기타 행위의 꿈●

● 이상형의 사람과 이야기를 주고받은 꿈

당신 앞에 꿈속의 인물과 비슷한 인물이 나타나게 된다. 꿈속의 이상형 인물이란, 당신을 초월하는 당신의 지도신이나 수호신일 수도 있다. 여하튼 당신이 그와 같은 큰 존재에 의해 보호받게 될 것을 암시하는 꿈이다.

● 자신의 몸을 더럽힌 꿈

이는 자신의 오점이나 실패를 의미한다. 많이 더럽혀진 꿈이라면 커다란 실패를, 적게 더럽혀졌다면 작게 실패할 것을 암시한다.

● 군중 앞에서 자기의 의사를 발표하는 꿈

당신의 강압적인 성격이나 거만한 태도로 인해 주위 사람들로부터 반감을 사고 있음을 당신에게 알려주는 꿈이다. 이런 때는 자기의 마음 속에 자리 잡고 있는 생각을 고쳐먹고 신중한 태도를 취해야 한다. 주위 사람들과 협력하지 않으면 진행하고 있는 일이 제대로 성사되지 않음을 경고하는 꿈이다.

● 사람과 다른 물체가 부딪히는 꿈

정신적 또는 물질적인 사업의 방도나 일을 쌍방이 서로 합의를 보게 될 징조다.

● 이별에 관한 꿈
자기 자신과 결별하게 되고 점점 더 성숙해져 가고 있음을 나타내는 꿈이다. 인생에 대해 어느 정도 깨달아 갈 때 꾸기 쉬운 꿈이다. 이제부터 풍요로운 인생을 출발할 것이라는 좋은 암시다.

● 빙판에서 미끄러져 넘어진 꿈
추진하는 일이나 소원이 이루어지지 않거나, 시험·지위·신분·연애 등에서 실패하게 되고, 신경통 등의 질병을 앓게 될 징조다.

● 꿈속에서 유난히 허둥대면
현실에서 무엇인가를 잊고 있다는 것을 경고하는 꿈이다. 잠재 의식 중에 그것이 내포되어 있기 때문에 꾸는 꿈으로, 당신의 의식에 그것을 기억시켜 주고 있는 것이다.

● 누군가를 안내한 꿈
 자신이 다른 사람의 도움을 받아 여러 가지 현실 문제를 해결해 가게 될 것을 암시하는 꿈이다. 이때 자기를 도와주는 사람은 자기보다 손윗사람이거나 지위가 높은 사람이다. 그러나 반대로, 자신이 다른 사람으로부터 안내를 받는 꿈은 인생을 자기 스스로 개척하라는 것을 암시한다.

05 이성에 관한 꿈

● 키스하는 꿈 ●

● **오랫동안 길게 키스를 한 꿈**
누구를 만나든지 간에 그에 대한 모든 것을 정확히 알게 될 징조다.

키스하는 꿈

● **가볍게 키스를 한 꿈**
상대방을 모욕하게 되거나 억압하게 될 징조다.

● **인사 형식의 간단한 키스를 한 꿈**
상대방에게 맹세하거나 복종할 일이 생길 징조다.

● **키스를 막무가내로 한 꿈**
언쟁이니 시비, 또는 경쟁해야 할 일이 생길 징조다.

● **키스를 하는데 흥분되어 성기가 팽창한 꿈**
상대방의 능력이나 정열에 눌려 자신의 능력을 제대로 발휘하지 못하게 될 징조다.

● **키스를 정성 들여서 한 꿈**

지금 진행하고 있는 사업이나 일이 마무리될 징조다.

● **매우 섹시하고 선이 아름다운 입술에 키스하는 꿈**

천생 연분을 만나게 될 것을 암시하는 길몽이다. 미혼 남녀에게 있어선 매우 유쾌한 꿈이라 할 수 있다.

● **연인의 얼굴에 키스를 해 준 꿈**

이성 문제로 인해 애인과 헤어질 징조다.

● **연인과의 키스가 즐거웠던 꿈**

기쁜 소식을 듣게 되거나 좋은 일이 많이 생길 징조다.

● **키스를 했는데 몹시 불만스러웠던 꿈**

승부를 겨룰 일이 있으면 자신이 패하게 되며, 누군가의 감언이설에 속아넘어가게 될 징조다.

● **인기 연예인과 키스를 한 꿈**

좋은 일이 생길 징조다.

● **저명한 사람과 키스를 한 꿈**

명예가 따르고, 일이나 사업의 결과가 매우 만족스럽고 좋게 될 징조의 꿈이다.

● 과거의 연인과 키스를 한 꿈

남녀 간에 이성 문제로 시비가 생길 징조다.

● 처음 만난 흰 얼굴의 남자와 키스를 한 꿈

처음 보는 책을 읽고 만족해 할 징조다.

●성교하는 꿈●

● 애인과 성교한 꿈

충돌이나 오해, 재물 손실 등의 불상사를 당하게 될 징조다.

성교하는 꿈

● 여자가 전혀 모르는 남성과 성교한 꿈

가족의 일로 기쁨을 누리게 될 징조다.

● 여자의 항문에다가 성교를 한 꿈

자기가 믿고 의지하던 사람과 상의할 일이 생기거나 계약할 일이 생길 징조다.

● 먼 곳에 산다고 생각되는 이성과 성교를 한 꿈

외교적인 문제나 일에 자신이 직접 개입하게 될 징조다.

● 남의 유부녀와 아무런 죄책감 없이 성교를 한 꿈

남의 일에 간섭하여 눈총을 받기는 하지만 금전적으로 큰 이익을 보게 될 징조다.

● **과거에 사랑했던 사람과 재회하여 성교를 한 꿈**
미결 상태의 묵은 일, 또는 포기했던 일을 재시도하게 될 징조다.

● **선남 선녀가 키스를 하고 성교하는 꿈**
기다리던 일이 이루어지며 계약이 성립될 징조다.

● **두 사람과 성교를 한 꿈**
한 번에 두 가지 일을 성취시키고, 실업자의 경우, 여러 곳으로부터 취직 알선이 들어올 징조다.

● **실오라기 하나 걸치지 않고 알몸으로 성교를 한 꿈**
사업 등의 일로 감추어야 할 일이 생기지 않을 징조다. 즉, 하늘 우러러 한 점의 부끄러움이 없는 생활을 하게 될 것을 의미하며, 자신감이 넘치고 있음을 은연중에 보여주고 있는 꿈이기도 하다.

● **연회를 베풀며 성교를 한 꿈**
운수가 대통한 암시이니 길몽이다.

● **어린아이와 성교를 한 꿈**
불완전한 일을 맡게 되거나 저속한 사람과 동업할 일이 생길 것을 암시하는 꿈이다.

● 남의 부인을 애무한 꿈
자신이 소망한 일이 이루어지고, 행운이 찾아올 징조다.

● 성교를 하다가 중단한 꿈
모든 계획과 일이 제대로 되어가지 않고, 문제가 발생하여 중도에서 그치게 될 징조다.

● 처녀와 성교한 꿈
무엇인가를 새롭게 개척하게 될 징조다.

● 늙은 여성과 성교를 한 꿈
오랫동안 보류되어 왔던 일이 성사될 징조다.

● 남자 둘이 한 여성과 성관계를 한 꿈
삼각 관계로 인해 남녀간의 사랑이 산산조각나게 되거나 궁핍한 생활, 경제 등으로 인해 불운이 닥치게 될 징조다.

● 호텔에서 성교를 한 꿈
자신이 계획했던 일 중에 한 가지가 성공할 암시다.

● 혼전의 애인 또는 헤어진 아내와 성교를 한 꿈
오랫동안 질질 끌어오던 일이나 다시 시작한 일이 성취될 징조다.

● 여자가 남자 위로 올라가 성교한 꿈
부부지간에 서로 이성과 이상이 안 맞아 수시로 말다툼을 하게 되거나, 별거 또는 이혼을 하게 될 징조다.

● 사람들 앞에서 거리낌없이 성교를 한 꿈
많은 사람이 관심을 갖고 있는 일을 성사시키게 될 징조다.

● 부처나 예수 등 성인이나 신과 성교한 꿈
신앙적인 일에 몰두하게 되거나 그 방면의 학문에 심취하게 될 징조다.

● 인기 연예인과 키스하고 성교를 한 꿈
생애 최고라 할 수 있는 명예로운 일에 관계하게 될 징조다.

● 부부간에 성교를 한 꿈
사업상의 계약이 성립되거나 집안 일이 순조롭게 진행될 징조다.

● 친척과 성교를 하는 꿈
이야기조차 나누기도 힘들었던 사람과 친숙해질 징조다.

● 성교시에 최고의 만족감을 느낀 꿈
대인 관계·직업·경영 등에서 일이 만족스럽게 이루어질 징조다.

● 오르가즘을 강하게 느낀 꿈
물질적으로 큰 손해를 당해 정신적으로 고통받을 일이 생길 징조다.

● 창녀라고 생각되는 여자와 성교를 한 꿈

하나의 일에 여러 사람이 관여하게 되거나 술상에서 의논할 일이 생기고, 자기가 하고자 하는 일에 많은 사람들의 참견이 뒤따르게 될 징조의 꿈이다.

● 정액을 휴지나 수건으로 닦아낸 꿈

계약서를 쓰게 될 징조다.

● 강간에 성공하여 흡족해 한 꿈

주어진 일을 강행하여 성취시키기는 하지만, 별로 만족감을 얻지 못하고 마음의 고통을 받게 될 징조다.

● 두 사람 이상의 처녀와 함께 차례로 성교한 꿈

처녀작 혹은 새로운 일감을 차례로 성사시키게 될 징조다.

● 다수의 여성과 순서대로 성교한 꿈

자신의 전공 분야와 관계 없는 일거리가 생길 징조다.

● 다른 사람이 성교하는 것을 몰래 훔쳐본 꿈

다른 사람의 일에 감 놔라 배 놔라 참견을 하다가 창피를 당하게 될 징조다.

● 모르는 남성과 여성이 성교를 한 꿈

남편이나 자식, 또는 본인의 일이 성취되어 기쁨을 얻게 될 징조다.

● 성교 도중에 다른 사람이 나타나서 방해를 한 꿈
하는 일마다 훼방꾼이 생기고, 계약 상태도 해약이 될 징조다.

● 미수에 그친 성교, 또는 성교가 불만족스러웠던 꿈
계획했던 일이 좌절되어 실망하거나 불쾌한 일과 접하게 될 징조다.

● 성교시에 상대방의 성기가 독특하게 보인 꿈
무엇인가 독특한 일을 하게 될 징조다.

● 성교하는 꿈을 꾸다가 실제로 사정해 버리면
심한 운동을 하다가 다칠 징조다.

●결혼하는 꿈●

결혼하는 꿈

● 피부가 검은 남자와 결혼한 꿈
여자로서 명예와 부를 얻을 징조이다.

● 선녀를 만나 결혼한 꿈
좋은 사람을 만나거나 서류상 계약이 순조롭게 성사될 징조다.

● 미남과 결혼한 꿈
집안에 경사가 있고, 모든 일에 만족하며, 건강도 좋아질 징조다. 이는 미인과 결혼한 꿈도 마찬가지로 길몽이다.

● **결혼 선물을 주고받은 꿈**
계약서 등의 증서를 꾸밀 일이 생길 징조다.

● **웨딩드레스를 입고 결혼식장에 들어선 꿈**
집안에 혼사가 들어와 약혼이나 결혼을 하게 되고, 입학·계약 등이 성립될 징조다.

● **노란색이나 황금색 옷을 입는 꿈**
생각지도 않던 행운의 여신이 찾아올 대길몽이다.

● **결혼식장에 서 있는 자신의 모습이 거울에 비친 꿈**
이 꿈을 유부녀가 꾸었다면, 결혼 전에 사랑했던 사람을 우연히 만나게 될 징조다.

● **신랑과 신부가 맞절을 하는 꿈**
상대방이 자기의 일을 망쳐 놓았음을 의미하며, 하는 일마다 꼬이고 뜻대로 되는 일이 없을 징조다.

● **한 장소에서 합동 결혼식을 하는 걸 본 꿈**
진지한 회담에 참석하게 되고, 그 회담이 몇 시간에 걸쳐 이루어질 징조다.

● **결혼 잔치에서 술잔이 여기저기 나뒹굴고 있는 꿈**
근심 걱정거리가 많아질 징조다.

● 자신의 결혼식에서 배우자가 바뀌어 버린 꿈
계약할 일이 생기면 자신에게 유리한 조건이 생길 징조다.

● 결혼식장에 입장했는데 상대방이나 하객이 없었던 꿈
취직을 하게 되거나 새로 시작해야 할 일 등이 생길 징조다.

● 예식장이 온통 화환으로 장식된 꿈
단체나 집단에서 자신의 성실함을 인정받게 될 징조다.

06 감정·감각에 관한 꿈

●생각, 느낌●

● **자기가 어떤 큰 문제를 저질렀다는 생각이 드는 꿈**
많은 사람이 생각지도 못한 일을 자신이 해내거나 세상 사람들이 깜짝 놀랄 만한 큰 사건을 터뜨리게 될 징조다.

생각, 느낌

● **화가 치밀어올라서 소리를 지르고 싶었던 꿈**
친구의 도움으로 인해 소원이 이루어지고, 경쟁자를 물리치고, 단체에서 장이 될 징조다.

● **자신의 어떤 일에 대하여 아주 고통스럽게 생각한 꿈**
하는 일마다 장애물이 생겨서 방해를 받게 되거나 어려움에 직면하게 될 징조다.

● **상대방과 함께 반기고 기뻐한 꿈**
실제로 그 상대방과 교제하는 데 기쁜 일을 체험할 암시다.

● **까닭없이 몹시 기뻐한 꿈**
현실로도 아주 기쁜 일이 일어날 것을 예시한다.

● 무엇이 성스럽다고 생각되는 꿈

덕망 있는 사람과 인연을 맺게 되거나 유익한 책을 읽게 될 징조다.

● 상대방의 언행으로 인해 불쾌해진 꿈

상대방으로 인해 불쾌한 일을 당하게 될 징조다.

● 어떤 물건을 보고 새것이라고 느낀 꿈

새로운 일이나 창조적인 일을 하게 될 징조다.

● 상대방이 심히 불쌍하게 생각되어 위로한 꿈

소원 또는 사업·청탁 등이 이루어지기 힘든 상태에 놓이게 되거나, 상대방의 휘하에 들어가게 되며, 근심 걱정이 생길 징조다.

● 다른 사람의 좋은 점을 보고 부러워한 꿈

자신의 경쟁자, 질투하고 있던 사람에게 심한 패배감을 느끼게 되거나, 주위 사람과 다툴 일이 생길 징조다.

● 남에게 모욕을 당한 느낌이 드는 꿈

어떤 재수 좋은 일이 일어날 징조다.

● 몹시 배가 고프다거나 무엇이 아깝다고 생각한 꿈

무엇인가 항상 부족하고 허전하다는 느낌을 갖게 될 일이 생길 징조다.

● 섹시한 이성을 보고서도 전혀 욕정이 생기지 않은 꿈
어떤 사람에 대해 무관심하게 될 징조다.

● 상대방의 말을 듣고 불쾌한 기분이 든 꿈
싫어하는 사람을 만나 불만이 생길 징조다.

● 상대방을 속여야겠다고 생각한 꿈
거짓된 일로 상대방을 유혹할 일이 생길 징조다.

● 시간에 늦었다고 생각한 꿈
어떠한 일이 목표에 도달하지 못함을 암시한다.

●웃음●

● 상대방의 눈웃음에 자신의 마음이 설렌 꿈
상대방의 모략에 빠지게 될 징조다.

웃음

● 자신이 타인에게 미소를 지어 보이는 꿈
자신의 기쁨을 남에게 자랑할 일이 생길 징조다.

● 다른 사람이 통쾌하게 웃는 꿈
원하는 일이 최대한 이루어지고 근심 걱정이 해소되어, 기세가 크게 일어나 남을 복종시킬 징조다.

● 알 수 없는 야릇한 웃음소리를 들은 꿈
자신이 타인의 비웃음을 사거나 병고에 시달리게 될 징조다.

● 웃음소리가 허공에서 울린 것을 들은 꿈
주위 사람들에 의해 심한 불쾌감을 느끼게 될 암시다.

● 청중과 함께 웃는 꿈
사소한 일로 인해 상대방과 다툴 일이 있을 징조다.

● 여러 사람들이 떠들썩하게 웃었던 꿈
여러 사람들의 비웃음을 사게 될 징조다.

● 자신이 통쾌하게 웃은 꿈
근심 걱정이 해소되거나 소원이 이루어지고, 남이 자신에게 복종하게 될 징조다.

● 상대방이 미소 짓는 것을 본 꿈
실제의 그 사람에게 불쾌감을 느끼게 될 징조다.

● 두 사람이 서로 마주 보고 빙그레 웃었던 꿈
상대방과 다투거나 다른 사람으로부터 냉대를 받게 될 징조다.

● 상대방과 함께 활짝 웃은 꿈
자신의 이야기를 잘 들어주는 친구를 만나게 될 징조다.

●울음, 슬픔●

● 너무도 기뻐서 울음이 나온 꿈
기쁨·만족·신비감 등을 경험하게 될 징조다.

울음, 슬픔

● 상대방이 울고 있다고 생각되는 꿈
상대방에 대한 의혹을 가지게 되고, 우환이나 신병·불행 등을 경험하게 될 징조다.

● 부모가 돌아가셔서 대성 통곡을 한 꿈
정신적인 안정과 재물을 얻고, 계획한 사업이나 일을 착수하게 될 징조다.

● 상대방이 엉엉 소리 내어 운 꿈
상대방에게 압도를 당하거나 불행한 일이 일어날 징조다.

● 자신이 여러 사람들과 함께 운 꿈
경사스러운 일이 생길 징조이므로 길몽이다. 그러나 여자가 이 꿈을 꾸면 억울한 말을 듣게 된다.

● 혼자서 슬프게 흐느껴 운 꿈
자신의 소원이 이루어져서 더없이 기쁘긴 하지만, 다른 사람에게 알리고 싶지 않은 자신의 심리 상태가 나타나 있는 꿈이다.

● 죄를 뉘우치고 눈물을 흘린 꿈

자신이 이룩한 업적이나 사업·행적 등에서 좋은 반응을 얻게 될 좋은 징조다.

● 그치지 않고 계속해서 운 꿈

음식과 술 대접을 받을 징조다.

● 시원스럽게 울지 못한 꿈

섭섭하거나 답답한 어떤 일이 생길 징조다.

● 서로 마주 보고 운 꿈

사소한 일로 시비를 벌이거나 서로 다툴 일이 생길 징조다.

● 큰 소리로 시원스럽게 운 꿈

기쁘고 만족스러운 일이 일어날 징조다.

● 먼 곳으로부터 사람이 찾아와서 운 꿈

집에 누워 있는 환자인 가족이 죽을 수 있는 흉몽이니, 치유에 온힘을 기울이고 정성껏 기도하라는 경고성 꿈이다.

● 남과 함께 통곡한 꿈

축하할 일이 생길 징조다. 그러나 혼자 통곡하여 울었다면 술과 음식이 생길 징조다.

● 울고 있는 어린아이를 달랜 꿈
어떤 일을 수습하지 못하고 고통을 당하게 될 징조다.

● 상대방이 노래를 부르거나 흐느껴 운 꿈
제삼자로부터 희롱을 당하거나 해를 입게 될 징조이니 몸과 마음을 항시 단정하게 가져야 한다.

● 시체 앞에서 다른 사람들과 함께 통곡한 꿈
유산이나 재물로 다툴 일이 생길 징조다.

● 가족이 죽어 크게 울어 댄 꿈
일이 성사되거나 유산을 상속받게 될 징조다.

● 신세 타령을 하고 슬퍼한 꿈
자신이 처해 있는 현실에 대해 불만을 갖게 될 징조다.

● 조상이 울고 있는 것을 본 꿈
집안에 우환이 생기며, 특히 호주가 불행해질 암시다.

● 모르는 여자가 흐느껴 우는 꿈
자신의 주변에 좋지 않은 일이 일어날 징조다.

● 많은 사람들이 통곡을 한 꿈
여러 사람의 시비에 휘말리게 되어 자신에게 불쾌한 일이 일어날 징조다.

● **국가 또는 사회적인 장례식에서 온 국민이 운 꿈**
헌법을 비롯해 사회 질서가 새로워질 징조다.

● **상대방이나 배우자가 못생겨서 슬퍼한 꿈**
상대방의 대접에 불만을 품게 될 징조다.

● **울음을 그쳤다가 다시 울기를 반복한 꿈**
울음 횟수만큼의 기쁜 일이 일어나게 된다.

●소리●

소리

● **상대방이 고함을 지르는 꿈**
누군가로부터 공갈과 협박을 받아 시달림을 당하게 될 징조다.

● **북이나 종소리가 크게 들린 꿈**
관직에서 승진하게 될 징조다.

● **공중에서 큰 소리가 나는 것을 들은 꿈**
국가에 좋지 않은 일이 발생할 징조다.

● 종소리가 아름답게 울려퍼진 꿈

기쁨이 찾아온다는 좋은 암시이다. 연애·인기·일·건강 등 어느 것이나 운수가 상승 중이어서 당신은 앞으로 더없는 행복감으로 가득 차게 될 것이다.

● 종이 저절로 울린 꿈

먼 곳에서 소식이 오게 될 징조다.

● 먼 곳으로부터 총소리나 짐승, 사람 소리가 들려오는 꿈

먼 곳의 소식을 듣게 되고, 오랜 시간이 지난 후에 어떤 사건이나 소식의 진상이 밝혀지게 될 징조다.

● 비명이나 신음 소리를 듣고 애처롭게 생각한 꿈

상대방으로 인해 기분 상할 일이 생길 징조다.

● 작고 가냘픈 소리를 들은 꿈

어떤 소식을 듣게 되거나 남과 다투게 되며, 비밀스러운 일이 발생했다가 없어지게 될 징조다.

● 누군가가 당신을 향하여 큰 소리로 외친 꿈

꿈속에서 어떠한 외침 소리를 들었다면, 그것은 당신에게 주는 어떠한 경고라고 생각할 필요가 있다. 사고·질병·싸움·불운한 일 등이 일어날 징조이므로 건강에 주의하고 매사에 주의를 기울여야 할 것이다.

● 자명종 소리를 들은 꿈

작품이나 계몽 사업 등으로 명예를 얻게 될 징조다.

● 상대방의 소리만 들리는 꿈

상대방의 소식을 듣게 되거나 명령에 복종할 일이 생길 징조다.

● 기선이 뱃고동을 울리며 항구에 들어오는 꿈

일의 성사를 위해 좋은 아이디어를 내게 될 징조다.

● 폭포·파도·바람·소나기 소리 등을 들은 꿈

전도 사업, 작품의 선전, 치하·감탄·격찬·작품 홍보 등과 관계가 있는 꿈이다.

● 사이렌 소리가 요란하게 들린 꿈

생명에 위험이 다가오고 있다는 암시이다. 어떤 사건이나 사고 등에 휘말리게 될 징조이므로 행동을 신중하게 해야 한다. 사고가 일어날 가능성이 있는 곳에는 당분간 나가지 않는 것이 좋을 것 같다.

● 누군가로부터 자신의 이름이 불리는 꿈

당신이 유명해질 징조다. 어떤 이유인지는 몰라도 어쨌든 당신이 바라는 형태로 그것이 실현될 것이다. 그러나 당신이 남의 이름을 부르는 꿈은 좋지 않다. 당신의 행운이 다른 사람에게로 옮겨갈 것을 암시하기 때문이다.

● 무늬 ●

● 체크 무늬가 강조된 꿈

이 꿈은 혼란스런 상황을 나타낸다. 일이 곤란한 지경에 빠져서 수습할 수 없게 끝없이 확대되어 가는 그런 상태를 가리킨다. 당신은 지금 머리가 혼란한 상태다. 따라서 이런 시기는 과감히 휴가를 갖고 심신을 안정시킬 필요가 있다.

무늬

● 줄무늬가 강조된 꿈

생기 발랄함을 의미하는 좋은 암시이다. 특히 건강 면에서 운수가 상승하고 있으므로 무슨 일이든 생동감 있게 성장을 지속시킬 수 있을 것 같다.

● 물방울 무늬가 강조된 꿈

당신은 지금 애정에 굶주려 쓸쓸해 하고 있는 것 같다. 꿈속에서의 물방울 무늬는 쓸쓸함이나 고독감을 상징하기 때문이다.

● 색깔 ●

● 흰색이 강조된 꿈

꿈속에서의 흰색은 기본적으로 소박·엄격·순결·처녀성·쇄신·항의·신천지·결백·산뜻함을 의미한다. 아름다운 의미를 갖고 있지만 보답받지 못하는 현실이 강조된다. 예컨대, 연애

색깔

를 동경하면서도 소심하여 이를 행동에 옮기지 못하고 있는 것이다.

● 은색이 강조된 꿈

은색은 마음의 만족감을 나타낸다. 교양이나 지성에 대한 자신이 넘치고, 운세도 스스로 끌어당길 수 있는 그런 사람이 꿀 수 있는 꿈이다.

● 녹색이 강조된 꿈

꿈속에서의 녹색은 생명력·시기·질투·나약·애착·초창기·유아기·성장, 풍요로운 정신 생활 등을 암시한다. 특히 애정 면에 있어서는 단계를 거쳐 깊어져 가는 그런 타입이다. 대체적으로 행운을 예고하는 꿈이라고 할 수 있다.

● 전체적으로 밝게 빛나고
  기분 좋게 느껴지는 색상을 본 꿈

연애운이나 건강운, 또는 성공운 등이 순조롭게 상승하고 있음을 알리는 꿈이다. 색상이 선명할수록 좋은 암시이며, 영적으로도 고차원적인 꿈이다. 그리고 이로써 전세에 대한 단서나 근거를 간파할 수도 있다.

● 꿈 전체가 어둡거나 희미하게 느껴진 꿈

이는 좋지 못한 암시이다. 연애운·건강운·인기운·성공운 등의 하강을 나타내고 있다. 여러 가지 면에서 주의해야 할 시기이다.

● 금색이 강조된 꿈

금색은 미지의 능력을 암시한다. 이 꿈의 경우 계시가 많이 내려지는 것이 특징이다. 신으로부터 특별한 능력을 받게 될 때 꾸는 꿈으로, 인생에서 한 번 있을까 말까 할 정도로 좀처럼 꾸기 힘든 꿈이다.

● 붉은색이 강조된 꿈

꿈속에서의 붉은색은 정열을 상징한다. 당신이 꿈속에서 붉은 옷을 입었다거나 붉은 꽃이 강조되어 보였다면, 당신이 정열가임을 나타내거나, 또는 지금이야말로 정열적인 행동이 필요한 시기임을 암시한다.

기본적으로 붉은색에 관한 꿈은 정열·충성심·연정·공격심·정조관·난폭함 등을 상징한다. 그리고 붉은 글씨는 휴식이나 거세, 또는 단체에서 당신이 제외될 것을 의미하며, 붉은 옷은 신분의 귀함이나 모함·흥분·싸움·상해·사망을 상징한다.

● 검은색이 강조된 꿈

꿈속에서의 검은색은 암담·무의미·불쾌·불길·음탕·죽음·자비·부도덕·강함·권력이나 더럽혀진 마음을 상징한다. 운수가 강하기 때문에 스스로의 힘으로 사랑이나 권력을 손에 넣을 수 있는 매력도 갖추고 있다. 그러나 완전히 검은색이 아니라 거무스름한 색이라면 고통이나 슬픔 쪽이 강조되므로 주의해야만 한다.

● 파란색이 강조된 꿈

꿈속에서의 파란색은 지성을 상징하며, 침착한 성격이나 지

성적인 인생관을 가진 사람이 자주 꾸는 꿈이다.
꿈속의 연인이 푸른 셔츠를 입고 있었다면, 연인 관계가 아니라 친구 관계에 더 가까운 것임을 암시하고 있다. 이 꿈은 기본적으로 초년·정력·젊음·방랑·투명·상쾌·명랑·신선미·박애주의 등을 상징한다.

● 감색이 강조된 꿈

꿈속에서의 감색은 의무감이나 이성, 또는 논리적 사고 등을 상징한다. 당신이 완수해야만 할 일이 있으니 사명을 잊지 말라는 꿈의 예시이다. 그런 대로 사업운은 있지만, 심신이 지쳐 있어서 좀 쉬고 싶다든가, 긴장감을 잃은 시기에 꾸어지는 꿈이다.

● 노란색이 강조된 꿈

꿈속에서의 노란색은 응석이나 자기 주장, 버릇 없음을 나타낸다. 당신이 꿈속에서 노란색 옷을 입고 있었다면 남의 눈에 띄고 싶어하는 당신의 마음을 반영한 꿈이다. 만일 상대 이성이 노란색 옷을 입고 있었다면, 그 사람에게 응석 부리고 싶은 마음이 당신에게 있다는 신호이다.
노란색은 기본적으로 사랑·존경·성숙·애정·애착·인기 등을 상징한다. 누런색을 띤 동물은 정상적인 사람의 동일시이고, 누런색의 과일은 성숙된 일이나 오래 된 일 등을 나타낸다.

● 보라색이 강조된 꿈

꿈속에서의 보라색은 겸손·아늑함·존경·수줍음·선동, 그리고 고귀한 마음, 도도함, 이상 등을 상징한다. 당신에게는 무슨 일에 있어서나 높은 이상을 따름으로써 대인 관계가 원만하지 못할 것 같다.
대인 관계에 좀더 신경을 기울이라는 꿈의 암시이다.

● 분홍색이 강조된 꿈
꿈속에서의 분홍색은 연애·명예·기쁨·애착·부귀·공로·선동·호강 등을 상징하며, 고향이나 의뢰심을 나타낸다.
이 꿈은 남에게 의지하고 싶다거나 응석 부리고 싶다는 어린 감정이 특징이다. 다행스럽게도 당신은 그런 당신을 감싸 줄 수 있는 상대를 만나게 될 것이다.

● 회색이 강조된 꿈
꿈속에서의 회색은 무력감·권태감 등을 상징한다. 지금 당신은 성공운·연애운·건강운·인기운 등이 하강하거나, 또는 정체되어 있는 것을 나타낸다. 또한 사업장, 어떤 기관이나 단체, 신문 잡지의 지면, 사건의 현장 등을 나타낸다.

07 대·소변에 관한 꿈

● 대변 ●

● **마당·화장실·방 안 등에 쌓인 대변을 뒤적인 꿈**
사업에 필요한 자본을 많이 확보하게 될 징조다.

대변

● **심한 대변 냄새로 인해 숨을 쉴 수 없었던 꿈**
좋은 일로 인해 주위에 크게 소문날 징조다.

● **수북이 쌓인 대변을 삽으로 옮긴 꿈**
여러 방면으로 상당한 자본을 취급하게 될 징조다.

● **대지에 대변이 가득 차 있던 꿈**
부귀 공명하고 큰 재물을 얻게 될 암시이니 대길몽이다.

● **대변을 말려서 걸어놓은 꿈**
남에게 자기의 일을 자랑할 일이 생기거나 관청에 소청할 일이 생길 징조다.

● 자기가 배설한 대변이 수북이 쌓여 있는 꿈
여러 방면으로 사업이 점차적으로 번창하게 될 징조다.

● 큰길에서 대변을 본 꿈
뜻밖의 큰 재물이 생기며, 사업에도 성공할 길몽이다.

● 수북이 쌓인 대변을 손으로 주무른 꿈
막대한 재물을 마음대로 움직일 일이 생길 징조다.

● 대변을 보기 위해 화장실에 갔으나 변비로 인해 배설되지 않고, 남의 대변이 여기저기 지저분하게 널려 발 디딜 틈이 없었던 꿈
이루고자 하는 일이 마음먹은 대로 잘 이루어지지 않을 징조다.

● 대소변을 보려고 여기저기 화장실을 찾아다녔지만 사람들이 있거나 개가 지키고 있어서 끝내 해결하지 못했던 꿈
원하던 일이 어떠한 장애로 인해 좌절되며, 매사에 막힘이 많아서 되는 일이 별로 없고, 심리적으로도 불안·초조해질 징조다.

● 대변의 냄새를 맡았는데 역겹다고 생각한 꿈
역겨운 다른 사람의 행동을 보게 될 징조다.

● 황금색 대변 벼락을 맞은 꿈
출세길이 활짝 열리며, 소원하던 일이 이루어질 징조다.

● 대변이나 소변 벼락을 맞은 꿈
널리 소문날 만큼 크게 횡재할 징조다.

● 대변이 끝없이 솟아나온 꿈
진행하고 있는 사업이나 일에 투자액이 계속 늘어날 징조다.

● 똥물이 흐르는 것을 본 꿈
남에게 사기를 당하거나 재물을 잃게 될 징조다.

● 자기 대변에 피가 섞여 나온 꿈
하고 있는 사업이나 일에 장애가 생길 징조다.

● 솥 밑에 대변이 있는 것을 본 꿈
신변에 구설수가 따를 징조다.

● 이불 위에 대변을 본 꿈
생각지도 않은 큰 횡재수가 생겨 재물이 들어올 징조다.

● 검푸르거나 여러 가지 잡색 대변을 본 꿈
이때의 대변은 재물이나 돈이 아닌, 다양성 있는 작품을 의미한다. 따라서 그러한 작품을 접하게 될 징조다.

● 자신이나 타인이 배설한 대변이 자기 몸에 지저분하게 묻은 꿈
부채로 인해 고통을 받게 되거나, 남에게 모욕이나 창피를

당하게 될 징조다.

● **자기가 본 대변을 뒤집어쓴 꿈**
좋은 소식이 들려오거나 사업이 성공하며, 소원하는 일이 이루어질 길몽이다.

● **자기 집 변기에 대변이 넘치는 것을 본 꿈**
재수 대통할 길몽이다.

● **대변을 나무 위에서 본 꿈**
하고 있는 사업에서 자금 회전이 잘되지 않을 징조다.

● **대변을 짊어지고 자기 집으로 들어온 꿈**
재물이나 돈이 생기고, 큰 부자가 될 징조다.

● **자기가 본 대변을 먹은 꿈**
큰 행운이 찾아오거나 큰 재물이 들어올 암시이니 길몽이다.

● **색깔이 탁하고 묽은 소량의 지저분한 대변을 만진 꿈**
기분이 불쾌해지고, 근심 걱정이 생기며, 모든 일에 불만을 느끼게 될 징조다.

● **대변을 그릇이나 항아리에 담은 꿈**
남에게 창피를 당하여 체면이 깎이게 될 징조다.

● 시원하게 대변을 본 꿈

근심 걱정이 사라질 암시이다. 그러나 대변을 보지 못했거나 시원하지 못했다면 하는 일마다 막힐 꿈이다.

● 대변을 밟거나 대변 색깔이 검었던 꿈

생각지도 않았던 재수 없는 일이 일어나는 등, 어쨌든 하루 종일 안 좋은 일이 생길 징조다.

● 대변을 밭이나 고랑에 뿌린 꿈

자기 주장을 내세우거나, 하고 있는 일 또는 사업을 확장하지 않으면 사업상 투자할 일이 생길 징조다.

● 대변을 거름으로 뿌린 꿈

사업이나 장사가 처음에는 초라해도 앞으로 크게 발전할 징조다.

● 자기 집의 화장실에서 누군가가 대변을 치워 간 꿈

근심 걱정이 해소될 징조이지만, 때로는 재물을 잃게 될 징조이기도 하다.

● 음식상 옆에 파란 똥이 있었던 꿈

빚 보증을 섰던 일에 사고가 생겨 빚을 걸머지게 되거나 창피 당할 일이 생길 징조다.

● 자기 배우자가 대변 보는 것을 지켜 본 꿈

자기 배우자에게 생각지도 않았던 돈이 들어올 것을 암시하는 길몽이다.

● 어린아이가 누런 대변을 만지는 꿈
여러 가지 일로 돈이 생길 징조다.

● 꿈속에 분뇨차를 본 꿈
직장 공금이나 공과금 등을 납부할 꿈이다.

● 화장지를 푸는 꿈
근심 걱정이 해소되고, 건강이 좋아질 징조다.

● 소변 ●

소변

● 자기 집 화장실에서 소변을 본 꿈
집안 일이나 직장 일과 관계되며, 야외에서 보았다면 사업상 타 기관에서 소원 성취를 이룰 꿈이다.

● 자기가 눈 소변이 큰 강을 이루거나 한 마을을 뒤덮은 꿈
자기에게 큰 권력이 주어지거나, 자기 사상을 남에게 강력히 주장하게 될 일이 생길 징조다.

● 성교를 하고 나서 소변을 본 꿈
어떤 일이 성사되고 나서, 또다시 두 번째로 소원 성취가 있음을 예시한다.

● 남이 소변 보는 것을 본 꿈
남의 소원이 성취되거나 작품이 발표되는 것을 보게 될 징조다.

● 소변이 가득한 구덩이나 비료통에 소변을 본 꿈
작가는 어떤 잡지사에 작품을 투고하게 되고, 사업가는 사업 성과가 좋게 될 징조다.

● 소변 배설시에 자신의 성기가 돋보이고, 소변이 시원스럽게 나온 꿈
자신의 소원이 크게 이루어져서 널리 소문이 나게 될 징조다.

● 시원하게 소변을 본 꿈
계획했던 일이 시원하게 해결될 징조다.

● 소변이 잘 나오지 않아 힘들어했던 꿈
매사가 원만하게 이루어지지 못하고 소원의 충족도 어려울 징조다. 또, 실제로 잠을 자고 있는 동안 소변이 마려워서 이러한 꿈을 꾸는 경우도 많다.

● 남이 보고 있어서 소변을 누지 못하거나 찔끔거렸던 꿈
무슨 일이든 자기의 소원이 만족하게 충족되지 못할 징조다.

● 세면실·개천 등에서 소변을 본 꿈
신문·잡지 등에서 자신과 관련된 기사를 읽게 되거나, 자신의 소문을 듣게 될 징조다.

● 밤중에 자기 집 화장실에서 소변을 본 꿈
가정과 친척이 서로 화목해질 징조다.

● 소변을 보기 위해 화장실에 들어가다가 잠이 깬 꿈
어떤 일에 관여는 하지만, 자신의 소원이 뜻대로 될지 어떨지에 대해서는 암시하지 않는다.

● 소변을 보다가 실제로 싼 꿈
너무 욕심을 부리다가 그만 망신을 당할 징조다.

● 여자가 소변 보고 있는 모습을 몰래 구경한 꿈
경쟁자에게 뒤떨어지게 되거나, 자신의 경쟁자가 크게 성공한 것을 보고 패배 의식에 사로잡혀 괴로워할 일이 생길 징조다.

●화장실●

화장실

● 자신이 화장실에 빠졌던 꿈
머지않아 큰 횡재수가 생길 징조다.

● 자기 집 화장실에서 소변을 본 꿈
집안 일이나 직장 일과 관계되며, 야외에서 보았다면 사업상 타 기관에서 소원 성취를 이룰 꿈이다.

● 화장실에서 빠져 나오지 못하고 허우적거린 꿈

신분이나 명예의 몰락이 찾아올 것을 예시한다. 흉몽 중의 흉몽이니만큼 만사 조심, 또 조심해야 한다.

● 화장실에서 옷을 더럽힌 꿈

만사가 길하고 명예와 재물이 생길 길몽이다.

● 화장실에 귀중품을 빠뜨린 꿈

재물 등을 잃게 될 징조다.

● 화장실에서 소변을 본 꿈

사업상 원하는 것이 이루어질 징조다.

● 음식점의 화장실에 들어간 꿈

이 꿈은 외박을 상징한다. 유흥업소에서 일하는 사람이나 창녀를 찾게 될 징조다.

● 화장실에 빠졌다가 올라온 꿈

만사 형통하며 재수가 좋을 징조다.

● 대소변 볼 장소를 찾았지만
　　　　　　마땅한 곳이 없어 들어가지 못한 꿈

자기가 원하던 일이 뜻대로 이루어지지 않을 징조다.

07 대·소변에 관한 꿈　267

08 예술에 관한 꿈

●음악, 악기●

● **합창단의 합창을 듣고 있었던 꿈**
어떤 단체로부터 압력이나 선전 등을 받고 마음 속에 혼란과 동요가 생길 징조다.

음악, 악기

● **음악에 도취되어 감격한 꿈**
정신적으로 타인에게 도움을 받거나 선전 광고에 매혹될 일이 생길 징조다.

● **아름다운 멜로디를 들은 꿈**
당신의 정신이 신성한 상태가 되어 있는 증거이거나, 그러한 상태를 맞게 될 것을 암시하는 꿈이다. 물론, 행운의 꿈으로 영감이 솟아나는 꿈이다.

● **낮은 언덕 밑에서 노래를 부른 꿈**
부모님에게 안 좋은 일이 생길 징조다.

● 다른 사람의 노랫소리를 들었던 꿈

타인이 자신에게 무엇을 호소하거나, 자신의 주장이 남에게 불쾌감을 주게 될 징조다.

● 노랫소리가 끊이지 않고 계속해서 들린 꿈

연속적으로 어떤 소문이나 작품이 세상에 널리 알려질 징조다.

● 큰 목소리로 발성 연습을 한 꿈

노래방이나 야유회에서 노래 부를 일이 생길 징조다.

● 상대방이 흥겹게 노래 부르며 춤추는 것을 본 꿈

상대방이 신문·잡지 등을 통해 자신의 주장을 공박할 일이 생기게 될 징조다.

● 반주에 맞춰 노래를 부른 꿈

자신이 어떤 단체의 주도권을 잡고 이끌어 나가게 될 징조다.

● 상쾌한 기분으로 산에서 노래한 꿈

다른 사람들에게 자기를 과시할 일이 생기거나 권력과 명예를 얻을 징조다.

● 남의 노래에 맞추어 북치고 장단을 친 꿈

남으로부터 놀림받을 일이 있거나 대변자 역할을 하게 될 징조다.

● 노래 가사를 잊어 먹어서
　　　　　노래를 부르다 말고 중단한 꿈
선전이나 청원 등이 방해를 받아 이루어지지 않게 될 징조다.

● 합창단에 들어가 노래를 부른 꿈
공동 성명·단체·모임 등에 가입하게 될 징조다.

● 가냘프고 구슬픈 노래를 들은 꿈
사소한 일로 남과 말다툼을 하거나, 어떤 좋지 못한 소문을 듣게 될 징조다.

● 자기 혼자서 노래를 부른 꿈
자기 주장을 강하게 펼쳐서 다른 사람에게 영향을 미칠 징조다.

● 악기를 잘 연주하지 못해서 짜증이 나는 꿈
남성이 이런 꿈을 꾸었다면 자신감 상실 또는 여성에 대한 주눅을 나타내고, 여성이라면 자신의 성적인 매력에 대해 불안감이 내포되어 있음을 말한다.

● 작곡을 한 꿈
계획했던 사업이나 일을 세밀하고도 꼼꼼하게 챙길 징조다.

● 자신이 악기를 연주한 꿈
어떤 일을 통해서 자신이 기대한 만큼의 목적을 달성하게 될 징조다.

● 연주를 하다가 악기의 줄이 끊어진 꿈
지금 하고 있는 사업이나 일이 중도에서 문제가 발생하여 고통을 받을 징조다.

● 피아노 소리가 멀리 울려퍼진 꿈
자신이 소망했던 일이 충족되고 명성을 얻게 될 징조다.

● 피아노 건반을 두드려서 소리가 난 꿈
배우자나 완고한 사람의 마음을 움직여 반응을 얻게 될 징조다.

● 피아노나 오르간의 건반을 잘 쳤거나
                      기분 좋게 악기를 연주한 꿈
육체 관계에 대한 쾌감을 상징한다. 혹은 생활의 활기, 즐거움을 상징하기도 한다.

● 바이올린을 연주한 꿈
그 동안 쌓아올린 덕으로 복을 받게 될 길몽이다.

● 피리를 분 꿈
상대방의 마음을 움직이게 하고, 남을 부추겨서 소문을 내게 될 것을 암시한다.

● 피리를 불고 장구를 친 꿈
기쁜 일이 많아지고 대길할 징조다.

● **피리를 불면서 북을 친 꿈**
평소에 가지고 있던 근심 걱정거리가 사라질 징조다.

● **어떤 사람이 자기에게 피리를 준 꿈**
자기가 어떠한 일로 명성을 떨치게 될 징조다.

● **자신이 나팔을 분 꿈**
다른 사람을 통해 명예와 권세를 얻게 될 징조다.

● **거문고 소리를 들은 꿈**
예술 작품 홍보를 활발하게 할 징조다.

● **다른 사람이 기타나 가야금 등을 연주하는 것을 본 꿈**
사랑에 호소하거나 자기 선전, 종교적 전도를 해 올 징조다.

● **꽹과리를 치며 스님이 시주하는 꿈**
광고를 대대적으로 해야 할 일이 생길 징조다.

● **무당이 꽹과리를 치면서 굿을 한 꿈**
언론사·출판사에서 폭넓은 광고를 하게 될 징조다.

● **연주를 하던 도중에 악기가 부숴져 버린 꿈**
하고 있던 일이 중도에 실패하거나 연인과 헤어지게 될 징조다.

● 자기가 현악기를 가지고 있었던 꿈
애인을 만나거나 협력자의 도움을 받게 될 징조다.

●미술●

미술

● 그림을 열심히 그린 꿈
다른 사람의 내면을 관찰할 기회가 있거나 자신의 운명을 되돌아보게 될 징조다.

● 여러 종류의 그림이 담겨 있는 앨범을 본 꿈
어떠한 사건에 연루되거나 누군가를 추적할 일이 생길 징조다.

● 그림을 구한 꿈
학문에 관계된 것들이나 고상한 물건을 구하게 될 암시다.

● 화려한 그림을 얻은 꿈
큰 재물이 생기게 될 징조다.

● 소포로 그림을 배달받은 꿈
청탁했거나 부탁했던 일이 잘 진행되고 있다는 징조다.

● 다른 사람이 그림을 보내온 꿈
청첩장·편지·서적·경고장 등을 받게 될 징조다.

● **그림을 잘못 그린 꿈**
직장인이라면 여러 가지 조건이 열악한 곳으로 발령을 받게 될 징조다.

● **그림이 생각했던 대로 잘 안 그려진 꿈**
계획이나 소원했던 일이 자기 뜻대로 이루어지지 않을 징조다.

● **새로 그림 액자를 샀거나 구한 꿈**
뜻밖에 운수가 대통해 출세를 하거나, 지금까지 앓고 있던 병이 낫게 될 징조이니 길몽이다.

● **그림 도구가 없어서 쩔쩔맸던 꿈**
윗사람의 명령에 따라서 움직일 수밖에 없게 된다.

● **남의 그림을 감상한 꿈**
남의 연애 편지·청원서·신용장 등을 읽고 검토할 일이 생기게 될 징조다.

● **우편이나 인편 등을 통해 그림을 전해 받은 꿈**
연애 편지나 경고장 등을 받게 될 징조다.

● **추상화를 그린 꿈**
어떤 계획을 추진해 나갈 징조다. 또한 자신의 성실함을 인정받거나 금은 보화가 들어올 징조이기도 하다.

● 풍경화를 그린 꿈

누군가가 개인적인 일을 따져 묻거나, 자기 소원이나 혼담 등을 결정할 일이 생길 징조다.

● 인물화를 그린 꿈

계획서 또는 성명서를 발표하고 계획했던 사업을 추진하게 될 징조다.

● 상상화를 그린 꿈

전혀 예상치 못했던 어떤 일을 경험하게 될 징조다.

● 누드화를 그린 꿈

출품한 작품이 입상하게 되거나 제출했던 서류가 인정을 받게 될 징조다.

● 풍경화를 감상한 꿈

그 그림의 내용에서 자기의 소원이나 계획한 일을 알 수 있다.

● 나쁜 그림을 감상한 꿈

불량배들로부터 폭행을 당할 수 있다는 암시이니 조심하라는 경고성 꿈이다.

● 누드화를 보고 성충동을 일으킨 꿈

남의 신상 문제를 보게 되거나, 남의 작품을 보고 나서 마음이 불쾌해질 징조다.

● 화려하고 멋진 그림을 산 꿈

명예를 얻거나, 서적·학위증·상장 등을 받게 될 징조다.

● 다른 사람이 누드 모델을 그리는 것을 본 꿈

상대방에 대한 심리 변화나 신상 문제에 대해 알고 싶어할 일이 생길 징조다.

● 원앙 문양의 그림을 감상한 꿈

복잡한 사업 또는 문제에서 벗어나, 정신적인 수양을 해야 일이 생길 징조다.

● 춘화도를 감상한 꿈

상대방의 생각이나 말에 순순히 따르게 되거나, 그의 아랫사람이 될 암시다.

● 누군가가 자기의 흰옷에다가 붓글씨를 쓴 꿈

어떤 권리나 책임을 남에게 넘겨줄 일이 생길 징조다.

● 꽃을 그린 꿈

사랑스런 여인을 만나 그녀의 신상 문제를 알아야 할 일이 생기게 될 징조다.

● 문학 ●

문학

● 그림책을 한 장씩 들추어보는 꿈

어떤 사건을 추적하게 되거나, 도서 목록·이력서·프로그램·영화 등을 보게 되거나 어떤 사건의 전말을 예견하게 될 징조다.

● 자기의 일기나 수기를 읽은 꿈

자신이 살아온 과거에 대해 깊이 반성할 일이 생길 징조다.

● 애인에게 시를 읽어 준 꿈

자신의 사랑을 애인에게 확인시켜 주는 기회를 갖게 될 징조다.

● 글짓기한 원고를 감독관에게 낸 꿈

신원 조회를 받게 되거나, 세력가 또는 윗사람에게 협조를 구하게 될 징조다.

● 글씨를 쓰거나 작문을 한 꿈

자신의 모든 치부까지 남에게 보여 줄 일이 생길 징조다.

09 음식에 관한 꿈

● 밥, 식사, 국수 ●

● 밥상에 밥은 없고 반찬만 즐비한 꿈

무슨 일이든 제대로 하지 못하고 수박 겉핥기 식으로 대충대충 처리하게 될 징조다.

밥, 식사, 국수

● 상대방은 쌀밥을 먹고 자기는 잡곡밥을 먹은 꿈

똑같은 일을 하고도 상대방보다 자기 자신은 대가를 적게 받을 것을 암시한다.

● 밥맛이 없거나 식사를 중단한 꿈

주어진 책임을 완수하지 못할 징조다.

● 밥을 많이 먹은 꿈

앞으로 재물을 많이 모으게 되어 부자가 될 징조다.

● 밥솥의 밥을 혼자 다 먹은 꿈

평소 자신의 소원을 충족시킬 일과 관계되는 꿈이다.

● 빼앗길까 봐 혼자 숨어서 음식을 먹은 꿈
어떤 일을 혼자서 해결해야 할 일이 생길 징조다.

● 상대방과 나란히 앉아 식사를 한 꿈
다른 사람과 의견의 일치가 이루어지며, 결혼·사업·계약 등이 성사될 징조다.

● 먹은 음식을 토해 내는 꿈
임신부는 유산할 우려가 있고, 일시적인 실수로 인해 명예와 이익을 모두 잃을 아이를 출산하게 될 징조다.

● 사랑하는 사람과 중국집에서 음식을 먹은 꿈
혼담에 어떠한 문제가 생기거나 사업상 불이익이 생기게 될 징조다.

● 배에서 음식을 먹은 꿈
문제 해결을 위해 그 방법을 찾기 위해 고심하게 될 징조다.

● 썩어서 심한 냄새가 나는 음식을 먹은 꿈
어떤 일을 하든 간에 결과가 좋지 않아서 심한 불쾌감을 경험하게 될 징조다.

● 상한 음식을 얻거나 먹은 꿈
태아가 유산되거나 몸이 허약한 자녀를 출산하게 될 징조다.

● 귀인과 함께 식사를 한 꿈

자신이 하고 있는 사업에 자본을 대주는 사람이 생기게 될 암시이니 길몽이다.

● 평소에 존경하는 사람과 함께 식사를 한 꿈

매사가 잘 풀리게 되어 앞날이 밝아올 징조다.

● 다른 사람이 좋은 음식을 준 꿈

좋은 일거리가 주어질 징조다.

● 입이 열리지 않아 음식을 먹지 못한 꿈

약한 사람에게 피해를 당할 암시다.

● 음식을 꼭꼭 씹어 먹은 꿈

계획서나 일 등을 잘 마무리하여 어떤 일을 마음먹은 대로 성취하게 될 징조다.

● 밥을 절구에 넣고 찧은 꿈

아내가 갑자기 세상을 떠날 암시이니 흉몽이다.

● 죽은 사람과 함께 식사를 한 꿈

모든 일이 순조롭게 풀릴 징조다.

● 음식을 먹고 만족감을 느낀 꿈

성욕·식욕·물욕·지배욕 등에 있어서 만족하게 될 징조다.

● 야외에서 음식을 먹은 꿈
한동안 공개적인 일을 하거나 외근을 하게 될 징조다.

● 음식을 쟁반에 가득 차려 윗사람을 대접한 꿈
취직·입학 등 소원하던 일이 원만히 이루어질 징조다.

● 예쁘고 큰 그릇에 음식을 담아서 먹은 꿈
상당한 재물이 들어올 암시다.

● 어두운 곳에서 식사를 한 꿈
혼자서만 알고 있어야 하는 비밀스러운 일이 생기거나 생소한 일을 책임 지게 될 징조다.

● 음식에 조미료를 많이 넣은 꿈
집안에 좋지 못할 일이 생길 징조다.

● 음식을 만드는 데 설탕을 넣은 꿈
작품을 만들거나 일을 해도 좋은 기분으로 하며, 그 일의 결과에 대해 많은 사람들이 감탄을 하게 될 징조다.

● 찌개에 고춧가루를 넣어 먹은 꿈
재물이 들어올 징조다.

● 음식을 먹으려는데, 갑자기 그 음식이
　　　　　　　　　황금색 대변으로 변한 꿈
어떤 일이 아직 끝나지도 않았는데 재물이나 돈이 생기게 될 징조이므로 길몽이다.

● 음식점을 찾아서 여기저기 기웃거린 꿈
성교 해소 장소나 취직할 곳을 찾지 못할 징조다.

● 남보다 크고 화려한 그릇에 담겨진 음식을 먹은 꿈
직책·권한 등이 남보다 우위가 될 것임을 암시한다.

● 뚝배기 속에서 찌개가 보글보글 끓고 있는 꿈
입사 시험 또는 입학 시험에 합격할 징조다.

● 음식물을 여러 사람들과 함께 나누어 먹은 꿈
여러 사람들이 협력하여 처리할 일이 생길 징조다.

● 진수 성찬으로 차려진 음식상을 받은 꿈
자신이 제시한 의견이나 아이디어 등이 다른 사람으로부터 좋은 평판을 얻게 될 징조다.

● 음식을 씹지 않고 그냥 마신 꿈
일거리·재물 등을 얻게 되며, 저축할 일이 생길 징조다.

● 음식물을 꼭꼭 씹어먹었는데 그것이 태몽이라면

임신 중에 유산이 되거나, 아이가 정상적으로 태어나기가 어려울 징조다.

● 음식물을 먹은 후 포만감을 느낀 꿈

사업이나 시험 등이 생각했던 대로 이루어질 징조다.

● 음식을 날로 먹은 꿈

경험이나 지식이 없는 일을 처리해야 할 환경에 처하게 될 징조다.

● 후식으로 나온 음식을 그냥 보고만 있었던 꿈

자신이 지금 추진하고 있는 사업이나 일에 방해물 또는 장애물이 생길 징조다.

● 음식점을 아무리 찾아 헤매도 끝내 못 찾은 꿈

현재 다니고 있는 회사에서 실직하여 또다시 남에게 취직을 부탁하게 될 징조다.

● 자장면이나 국수·라면 등을 먹은 꿈

위장병이나 이질·설사·감기·오한·두통 등에 걸려 복통을 호소하게 될 징조다.

● 냉면을 맛있게 먹은 꿈

무척이나 걱정스러웠던 일이 잘 해결될 징조다.

● 떡이나 빵, 만두, 과자류 ●

● 상대방에게 떡을 나누어 준 꿈
어떤 소식이나, 도서·지식 등을 남에게 전해 줄 일이 생길 징조다.

떡이나 빵,
만두, 과자류

● 빵이나 떡을 사 먹은 꿈
중간업자 또는 중매쟁이에 의해 사업이나 혼인이 성사될 징조다.

● 빵에 잼이나 크림을 발라 먹은 꿈
어떤 일을 훌륭하게 다듬어 마무리하게 될 징조다.

● 빵이나 떡을 불에 구워 먹은 꿈
약속한 일 등이 수포로 돌아갈 징조다.

● 찐빵을 먹지 않고 바라보기만한 꿈
만사가 순순히 풀려나갈 징조다.

● 큰 시루에 가득 담긴 떡을 혼자서 다 먹어치운 꿈
모든 면에서 부족함이 없고, 세상에 이름을 떨치게 될 아이를 낳게 될 징조다.

● 떡을 주운 꿈
기쁜 일이 생길 징조이며, 고용인은 출세할 꿈이다.

● 빵이나 떡을 먹고 체한 꿈
급체나 복통으로 고생하게 될 징조다.

● 딱딱한 빵을 먹은 꿈
생활이 어렵게 되거나 어떤 난관이 닥칠 징조다.

● 떡을 먹은 꿈
재물을 얻게 되거나 그와 관계된 일거리를 받게 될 징조다.

● 떡을 굽는 꿈
의논할 일이나 계약 등이 깨질 징조다.

● 만두를 보고도 먹지 않는 꿈
집안에 경사가 생길 징조다.

● 만두를 먹는 꿈
구설수가 사라지고 길할 징조다.

● 김이 모락모락 나는 만두를 바라보기만한 꿈
재수가 좋아지고, 좋은 일이 생길 징조다.

● 과자를 먹은 꿈
자신의 소원을 충족시키게 될 징조다.

● 갖가지의 과자가 그릇에 가득 담겨 있는 꿈
좋은 일거리를 맡게 되거나 진행 중인 혼담이 성사될 징조이므로 길몽이다.

● 과일이나 과자 등을 바라보기만 하고 먹지 않은 꿈
남이 하고 있는 일에 참여하고 싶지만 여건이 안 맞아 그저 바라보기만 할 징조다.

● 얼음과자를 애인과 함께 사 먹은 꿈
잘 이루어지지 않던 혼담이 성사될 징조다.

● 껌을 씹었던 꿈
구강염이나 치통 등으로 고생하게 될 징조다. 집안에 질병이나 우환이 생기고 부부간에 갈등이 생길 징조다.

● 큰 사탕을 먹는 꿈
그 동안 불안했던 마음이 안정될 징조다.

● 사탕이나 캬라멜을 먹은 꿈
회충이 생기거나 당뇨병으로 갈증이 생기고, 피로로 기진맥진하게 될 징조다.

● 음료 ●

● 우유를 마신 꿈
정신적·물질적인 일에 대해 책임을 지게 되며, 일이 잘 진행될 징조다.

● 젖을 먹는 꿈
이익이 생기고 크게 길할 징조다.

● 꿀이나 엿을 먹은 꿈
흉할 징조며, 모든 일이 뜻대로 안 될 가능성이 높다.

● 모유를 먹은 꿈
모든 일이 순리대로 잘 풀려나갈 징조다.

● 과일 주스를 마신 꿈
꿈속에서의 과일 주스는 건강 증진과 생명력 향상을 암시한다. 앞으로 생동감 넘치는 나날이 계속될 것 같다. 그러나 주스를 흘리는 꿈을 꾸었다면 정신적 스트레스를 암시한다. 이런 꿈을 꾸었다면 당신은 당분간 정신적 스트레스에서 벗어나기 힘들 것 같다.

● 다방에서 차를 마신 꿈
누군가에게 부탁을 받거나 부탁할 일이 생길 징조다.

● 감주를 마신 꿈

친구나 친척 간에 다툼이 생기고, 구설수가 오래 계속될 징조다.

● 물을 많이 마신 꿈

길하고 부하게 될 징조다.

● 식혜를 마시는 꿈

어려운 난관을 지혜롭게 극복해 나갈 징조다.

● 커피를 마신 꿈

커피를 마시는 꿈은 자극을 바라고 있다는 마음의 발로이다. 더욱이 약간 강한 자극, 신선함을 바라고 있다고 여겨진다. 커피를 맛있게 마신 꿈이라면 당신이 스트레스를 극복하고 있음을 가르쳐 준다. 그러나 커피를 흘린 꿈이라면 스트레스로부터 벗어날 수 없다는 신호가 된다.

●술●

● 선원이 항구에 있는 술집에서 술을 마신 꿈을 꾸면

남에게 꾸중을 듣거나 사기당할 일이 생길 징조다.

술

● 남이 따라 주는 술을 자기가 받아 마신 꿈

교활한 계교에 빠지게 되거나, 누구의 부탁을 들어주고 나서 정신적으로 시달리게 될 것을 암시한다.

● 자신이 권하는 술잔을 상대방이 받아 마신 꿈
상대방이 자신에게 복종하거나, 자신의 청을 군말 없이 잘 들어주게 될 징조다.

● 술에 취해 쓰러진 사람을 본 꿈
맡은 일을 감당할 수 없거나, 누군가에게 정신적으로 크게 감화받을 일이 생길 징조다.

● 술을 마시면서 신나게 놀았던 꿈
병을 얻거나 남과 논쟁을 벌이는 일이 있을 징조다. 또 크게 후회할 일이 있을 징조이므로 매사에 신중을 기해야 한다.

● 남에게 술을 따라 준 꿈
좋지 않은 일로 많은 사람의 입에 오르내리게 되거나 여자에게 모욕을 당할 징조다. 그러나 남에게 초청을 받아서 술을 먹는 꿈은 장수를 누릴 것을 암시한다.

● 술에 취하여 추태를 부린 꿈
생각지도 않는 언쟁이 일어날 징조다.

● 술에 취해서 길 위에 누운 꿈
신임했던 사람이 배신을 하거나 다른 사람의 계약에 말려들게 될 징조다. 남과 다투면 고통이 따른다.

● 술에 취해 몸을 제대로 가눌 수 없었던 꿈

유행성 병에 걸리게 되거나, 경쟁자의 꼬임에 빠져 그 잡념에서 벗어나기가 어려울 징조다.

● 많은 사람들과 연회석에서 술을 마시며 대화하는 꿈

뜻하지 않은 사람과 인연이 닿게 되며, 생활이 점점 윤택해져서 부귀를 누리게 될 징조다.

● 시장에서 아는 사람을 만나 술을 마신 꿈

올바른 행동가짐으로 인해 많은 사람들로부터 칭송을 받을 일이 생길 징조다.

● 잔칫집에서 술에 취해 쓰러진 꿈

계획한 일이 뜻대로 되지 않고, 연인과 다툴 일이 있거나 걱정거리가 생길 징조다. 건강이 나빠질 것을 암시하는 꿈이기도 하므로 자신의 건강에 각별히 신경을 써야 한다.

● 시장에서 술을 마시며 놀았던 꿈

모든 일이 잘 풀리며, 특히 사업이 번창할 꿈이다. 그러나 경솔한 행동은 금물. 실패하기 쉬우므로 항상 몸과 마음을 바르게 하고 올바르게 처신해야 할 것이다.

● 술에 취해 우물이나 구덩이에 빠진 꿈

자신을 미워할 사람이 나타나거나 모함하는 사람이 나타날 징조다. 머지않아 재판을 받을 일이 있을지도 모른다.

● 술에 취해 남과 다투는 꿈
중병에 걸릴 암시이니 손발을 깨끗이 씻고 몸을 단정하게 하여 질병에 대처할 마음의 준비가 필요한 꿈이다.

● 술과 누룩의 꿈
손님을 접대할 일이 생길 암시다.

● 술을 담그는 꿈
길할 징조이지만, 간사한 사람이 이 꿈을 꾸면 자신의 나쁜 일이 탄로난다.

●담배●

담배

● 담배 가게에서 담배를 산 꿈
새로운 일을 시작하게 되거나, 새로운 사업 또는 새로운 직장을 구하게 될 징조다.

● 버린 담배 꽁초에서 불이 난 꿈
고민하고 있던 일이 순조롭게 성사될 징조다.

● 길에서 담배 꽁초를 주워 피운 꿈
취직 또는 사업 자금을 부탁했던 일이 이루어지지 않을 징조다.

● 상대방이 주는 담배를 피우지 않고 가지고만 있는 꿈
새로운 직책을 맡게 되거나 다른 일거리가 생기게 될 징조다.

● 방 안에서 담뱃불에 덴 꿈
집안에 우환이 생길 징조다.

● 재떨이를 얻은 꿈
이것이 태몽이라면, 카운슬러나 경리 등에 관계된 직업을 가질 자손을 얻게 될 징조다.

● 담배가 물에 젖은 꿈
가족 중 어느 한 사람이 눈물을 흘릴 일이 생길 징조다.

● 여러 종류의 담배를 피운 꿈
많은 재물을 얻게 될 징조다.

● 담배에 불이 붙지 않은 꿈
노력을 하고 있지만 일이 잘 되지 않아 정신적인 고통을 겪을 징조다.

● 담배를 남에게 건네준 꿈
상대방의 소원을 충족시켜 줄 일이 생길 징조다.

● 담배를 거꾸로 문 꿈
사업이나 일이 계획대로 되지 않고 방심을 하다가 재물을 잃

을 암시다.

● 담뱃대를 새로 산 꿈
직장이 알선되거나 사업을 시작하게 될 징조다.

● 상아 파이프를 가진 꿈
명예와 지위 등이 상승할 징조다.

● 상대방이 주는 담배를 피운 꿈
건강이나 재물을 잃게 될 징조다.

● 혼자 쓸쓸하게 담배를 피운 꿈
친구나 애인과 이별할 징조다.

● 긴 담배를 피운 꿈
스스로 모든 일을 처리해 나가야 될 암시다.

●소금●

소금

● 소금을 얻은 꿈
집안에 우환이 생길 징조다.

● 소금을 핥는 꿈
길하고 장수할 징조다.

● 소금을 수레에 가득 싣고 집 안으로 온 꿈
뜻밖의 횡재수가 따를 징조다.

● 소금이 들판에 산더미처럼 쌓인 것을 본 꿈
감히 상상할 수 없었던 큰 사업을 벌이게 되며, 자금 사정이 원활하지 않아 부채를 짊어지게 될 징조다.

●맛●

● 음식이 달다고 느껴진 꿈
즐거운 사건이 당신을 기다리고 있거나 즐거운 일을 바라고 있는 당신의 심리를 반영하고 있는 꿈이다. 어쨌든 타인에게 의존하기 쉬운 당신의 심리 상태를 꿈이 지적하고 있는 것이다.

맛

● 음식을 먹었는데 유난히 짜다고 생각한 꿈
꿈속에서 먹은 음식이 유난히 짜게 느껴졌다면, 당신이 무엇인가 새로운 일을 시작하게 될 징조다.

● 음식이 유난히 시다고 느낀 꿈
꿈속에서 먹은 음식이 유난히 시게 느껴졌다면 당신 주위에 있는 심술쟁이를 주의해야 한다. 당신이 하는 일을 그가 방해할 징조가 보이기 때문이다. 그리고 당신이 만일 결혼을 했다면 부부 싸움이나 고부간의 갈등 등이 있을 징조다.

● **고추나 겨자와 같이 유난히 매운 맛을 느낀 꿈**
꿈속에서 고추나 겨자와 같이 톡 쏘는 매운 맛을 느꼈다면, 인생이란 결코 달콤하지만은 않다는 사실을 당신에게 알리는 사건이 찾아오게 될 징조다.

10 물건에 관한 꿈

생활용품

●가구●

● **가구나 집 안에 페인트를 칠한 꿈**
간판을 바꾸거나 사업 변경이 있을 징조다.

● **진열장 속에 많은 물건이 진열된 것을 본 꿈**
백과 사전 또는 잡학 사전 등을 보거나 연구하게 될 징조다.

가구

● **호화러운 책상이나 장롱이 방 안에 가득한 꿈**
형편이 풀려 생활에 여유가 있게 되고, 뜻하지 않게 자신을 돕는 관계 기관이나 귀인을 만나게 되며, 지위와 신분이 높아지고 주위로부터 선망의 대상이 될 징조다.

● **집 안에서 가구를 밖으로 내가는 꿈**
머지않아 집안의 가까운 사람이 죽거나 중병에 걸려 병원에 입원할 징조다.

● 가구의 위치를 바꾸거나 돌려놓는 꿈

임신한 산모는 유산을 하게 될 우려가 있으므로 매사에 몸조심을 하라는 암시다.

● 장롱의 문을 열어놓은 꿈

개업을 하거나 문물의 개방 등을 암시한다.

● 장롱의 문을 닫는 꿈

보관하거나 저장하는 등의 일을 암시한다.

● 장롱에서 이불이나 물건을 넣어두는 꿈

기관 또는 사업장에 자신의 업적이나 재물 등을 보존할 일이 생길 징조다.

● 장롱에서 이불이나 물건을 꺼내는 꿈

명예·권세·일거리 등에 좋은 일이 일어날 징조다.

● 거울 ●

● 거울을 마주 대하는 꿈

머지않아 기쁜 일이 있을 징조이며, 거울이 흐리다면 가슴과 배의 병이 나거나 남의 시기를 받고, 또한 사기를 당하여 손해를 볼 꿈이다.

● 거울을 보면서 화장을 한 꿈

자기 자신은 물론 다른 사람의 마음까지도 움직이게 할 일이 생길 징조다.

● 거울에 다른 사람이 비치는 꿈

부인에게 불길한 징조다.

● 경대를 새로 사서 들고 오는 꿈

스승으로서 존경을 받게 될 길몽이다.

● 거울 속에 아무것도 비쳐지는 것이 없는 꿈

먼 곳에서 반가운 소식이 올 징조다.

● 거울이 저절로 비치는 꿈

먼 곳에서 손님이 올 암시다.

● 거울이 떨어지거나 저절로 깨진 꿈

가깝게 지내던 사람과 멀어지게 될 징조다.

● 거울이 깨지는 소리를 들은 꿈

모든 매사가 순조로울 길몽이지만, 깨지는 꿈은 부부가 이혼할 악몽이다.

● 거울을 선물받은 꿈

이것이 태몽이라면 지식이 많고 또한 사교술에 능한 자손을 얻게 될 징조다.

● **거울 면이 밝거나 어두운 꿈**

밝은 꿈은 이름을 떨칠 길몽이지만 어두운 꿈은 남에게 음해를 받을 흉몽이다.

●금고●

금고

● **집 안의 금고 다이얼을 돌리는 꿈**

부모에게 돈을 부탁할 일이 생길 징조다.

● **금고를 본 꿈**

다른 사람의 도움을 받게 될 징조다.

● **금고가 열려 있는 꿈**

물질적으로는 재산이 늘어나고, 정신적으로는 학문에의 정진이나 연구 등을 통해서 진리를 깨닫게 될 징조다.

● **보석이나 금화를 금고에 넣었던 꿈**

어느 기관에 재산을 위탁하거나, 생계 대책 또는 미래 보장이 마련될 징조다.

● **금고를 집 안에 들여온 꿈**

자신의 사업에 자본을 대 줄 사람을 만나게 될 징조다. 꿈속에 금고가 보이는 것은 대체적으로 금융 기관·학교·기업주·전주 등을 상징하고 있다.

● **자신이 금고를 열면**
열망하던 일이 이루어질 징조다.

● **금고를 잠그는 꿈**
자금줄의 동결, 사업 중지, 청탁 불능 등의 일이 생길 징조이므로 악몽이다.

●돗자리●

● **돗자리를 깔고 놀았던 꿈**
사랑하는 사람을 다시 한 번 확인하고 싶다든지, 섹스하고 싶은 마음을 나타낸다.

돗자리

● **새 돗자리를 들여온 꿈**
좋은 여성을 만나 행복한 삶을 누리게 될 징조다.

● **방바닥에 있는 자리를 새로 깔았던 꿈**
새로운 일을 벌이거나, 많은 손님과 함께 잔치나 모임을 가질 일이 있을 징조다.

● **돗자리를 짜거나 엮은 꿈**
단체·결사·조직·결혼 등의 일이 이루어질 징조다.

● **바깥에서 여러 개의 자리를 펴고 음식을 먹은 꿈**
여러 차례의 회담이나 사업 문의 등이 있을 징조다.

●발, 병풍, 커튼●

발, 병풍, 커튼

● **모기장 안에 누워 있는 꿈**
자신을 완벽하게 보호하며 어떠한 일을 기다리게 될 징조다.

● **모기장을 바꾸어 쓰는 꿈**
협력자나 귀인의 도움으로 만사가 형통할 길몽이다.

● **방문에 걸린 발을 떼어낸 꿈**
며느리·양부·양자·의형제 등과 인연을 끊게 될 징조다.

● **발을 새로 사들인 꿈**
좋은 친구나 귀인을 만나게 되고, 얌전하고 올바른 여성을 아내로 맞아들이게 될 징조다.

● **병풍이 스스로 바로 서는 꿈**
타인의 도움이 있으며, 스스로의 덕으로써 주위 사람들의 사랑과 협력을 얻을 암시다.

● 병풍이 둥글게 둘러쳐 있는 꿈
가까운 친척이나 주위 사람이 큰 병을 얻게 될 것을 암시해 주는 꿈이다. 만일 병풍이 포개진 것을 보았다면, 사업을 하면 많은 돈이 들어올 것을 예시하는 꿈이다.

● 병풍을 접는 꿈
건강을 유지하고 장수할 징조다.

● 커튼을 새로 만들거나 바꾸어 달았던 꿈
좋은 결혼 상대를 만나 장차 결혼하게 될 징조다.

● 창문을 커튼으로 가리는 꿈
자신이 원하는 일이나 직책에 좋지 못한 일이 생기게 될 징조다.

● 핑크빛 나는 커튼을 침실에 치는 꿈
애인과의 사랑이 깊어지거나 결혼 생활에 있어서 만족감을 느끼고 있다는 증거이다.

● 커튼을 떼어 내는 꿈
추진하고 있는 사업이나 일이 다른 사람에 의해 이루어지게 된다.

● 커튼이 크고 길게 늘어져 있었던 꿈
가까운 시일 내에 손님을 초청하여 음식 접대할 일이 있을 징조다.

● 극장의 막이 내려지는 꿈
일의 끝이나 절망을 의미하며, 죽음이 다가왔음을 예시한다.

● 커튼이 쭉 찢어졌거나 낡아 보였던 꿈
자신의 배우자에게 안 좋은 일이 일어날 징조다. 또 커튼이 지저분하게 여기저기 흩어져 있었다면, 처자에게 질병이 생기거나 부상당할 우려가 있다.

● 사랑하는 사람이 자기 방 창문에 커튼을 친 꿈
장애물로 인해 자신의 마음을 상대에게 전할 수 없게 될 징조다.

●문패●

문패

● 검은 손이 문패를 떼어 가는 꿈
문패 주인의 집안이 졸지에 몰락하게 되거나 그 당사자가 죽을 수도 있는 흉몽이다.

● 문패를 자기가 떼거나 상대방이 떼어 주는 꿈
직권·명성·인기 등이 급속히 몰락하게 될 징조다.

● 손으로 문패를 옮겨 달았던 꿈
지위·권세·직책의 변경이 있을 징조다.

● 집집마다 문패를 대문에 달아 준 꿈
창작물·사상 등이 널리 전파될 징조다.

● 새집에 자신의 문패를 다는 꿈
똑똑한 아이를 낳게 되거나 어떤 새로운 일이 시작될 징조다.

● 바늘 ●

● 바늘을 얻는 꿈
진기한 보물을 얻게 될 암시다. 문인이면 그 동안 써 모아두었던 작품으로 책을 출간하게 될 길몽이다.

바늘

● 누군가 바늘이나 예리한 핀을 가지고 있는 꿈
그 누군가 자신에게 좋지 않은 감정을 품고 있다는 암시이다.

● 바늘과 실을 함께 얻는 꿈
매사가 순순히 잘 풀리고, 소원 성취할 징조다.

● 옷에 매달린 바늘한테 찔린 꿈
부부 관계에 어떤 문제가 있다거나 배우자의 바람기로 인해 걱정하게 될 징조다. 혹은 자신이 어떤 꺼림칙한 일을 하여 양심이 찔린다는 것을 의미한다.

● 바늘과 실로 재봉을 하는 꿈
하는 일마다 성공을 하게 될 징조다.

● 바늘이 하늘에서 무수히 쏟아져 옷에 박힌 꿈
자기가 지금까지 해 왔던 한 일에 대해서 많은 사람들의 평가를 받게 될 징조다.

● 바늘로 자신을 쿡쿡 찌르는 꿈
주변의 동료들이나 친구들로부터 따돌림당할까 봐 두려워하고 있음을 나타낸다.

● 바늘로 옷을 깁는 꿈
어떤 조직을 보완 또는 구성할 일이 생길 징조다.

● 바늘로 누군가를 찌른 꿈
바늘로 찔러주고 싶을 정도로 누군가를 자신이 증오하고 있는지 주의를 돌아보라. 본인이 그걸 미처 깨닫지 못한 경우라도 무의식적인 작용으로 이런 꿈을 꿀 수 있다.

● 알바늘을 많이 얻은 꿈
사업 방도나 지식, 호평을 얻게 될 징조다.

● 바늘에 실을 꿰는 꿈
간절히 바라던 소원이 성취되고, 사람들로부터 인정을 받게 될 길몽이다. 그런데 만일, 아무리 실을 바늘에 꿰려 해도 꿰어지지 않았다면, 하는 일이 거듭거듭 실패하게 될 흉몽이다.

● **바늘에 손가락이 찔린 꿈**
사업상의 고통 또는 여러 번의 고비를 겪게 되거나 반성할 일이 생길 징조다.

● **대 바늘로 물의 깊이를 재는 꿈**
어떤 일을 청탁할 기관이나 중개자를 통해 회사 등을 소개받게 될 징조다.

● **바늘을 잃어버려서 찾지 못하는 꿈**
하고 있는 일을 계획한 대로 이루지 못하고, 사업이 점차 어려워질 징조다.

● 실, 끈 ●

● **엉켜 있는 실타래를 순조롭게 풀 수 있었던 꿈**
오랫동안 지속되었던 근심 걱정이나 사업의 어려움 등이 해소될 징조다.

실, 끈

● **실을 염색한 꿈**
남의 시중을 들어 고생이 많을 암시이니 악몽이다.

10 물건에 관한 꿈

● 실타래가 풀지 못할 정도로 뒤엉켜 있었던 꿈

여러 가지의 걱정거리가 한꺼번에 닥쳐와 풀어 갈 길이 막막하다.

●선물●

선물

● 옷을 선물받은 꿈

동업자·직업·협조자·일 등을 얻게 될 징조다.

● 처녀가 은장도를 받은 꿈

훌륭한 배우자를 만나게 될 징조다. 만일 태몽이라면 딸을 낳을 징조다.

● 상사의 생일에 꽃다발을 선물했던 꿈

그 상사에 대한 증오의 감정이 꿈속에 나타난 것이다.

● 남에게 옷을 선물한 꿈

실직할 일이 생기기 쉽고, 근심거리가 발생할 징조다.

● 물고기 종류의 선물을 받은 꿈

귀인을 만나 도움을 받고, 먼 곳에서 좋은 소식이 들려 올 징조다.

● 금실로 수놓아진 의복을 선물받은 꿈

좋은 혼처가 나오거나, 훌륭한 작품·서적 등을 얻게 될 징조다.

● 신령적 존재가 자기에게 신발을 선물로 준 꿈
훌륭한 학자·권력자·사업가 등의 후예가 될 징조다.

● 화살이나 활을 선물로 받은 꿈
귀인을 만나 도움을 받고 먼 곳에서 좋은 소식이 있을 징조다.

● 물통을 선물로 받은 꿈
전답이 늘어날 징조다.

● 집안의 재물을 남에게 나누어준 꿈
친척이 흩어지게 될 징조다.

● 시계를 선물로 받은 꿈
재물·지위·권세·직업·동업자 등을 얻게 될 징조다.

● 사랑하는 사람이 화장품을 사다 준 꿈
상대방이 결혼 선물을 주거나 애정 표시를 하게 될 징조다.

● 남이 내게 활 쏘는 방법을 가르쳐 준 꿈
귀인을 만나 남의 도움을 받게 될 징조다.

● 금실로 수놓인 옷을 선물받은 꿈
좋은 혼처가 나오거나 훌륭한 작품·서적 등을 얻게 될 징조다.

● 연인에게 패물·보물 등을 받은 꿈
대길하여 반드시 출세한다. 만일 여자라면 좋은 남자를 만나 결혼하게 될 징조다.

● 미혼 남자의 꿈속에 여자에게 선물을 보낸 꿈
결혼하고 싶다는 간절한 마음이 꿈속에 나타난 것이다.

●솥, 냄비●

솥, 냄비

● 구리로 된 솥이나 냄비를 본 꿈
자신에게 구설수가 생길 징조다.

● 솥에 있는 밥물이 넘치는 꿈
지나친 사업 확장을 상징한다.

● 솥을 밖으로 내간 꿈
이사를 하게 되거나 사업의 변동이 있을 징조다.

● 솥에 음식을 푹 삶는 꿈
연구·생산 등의 일을 성사시키기 위한 노력의 경향을 의미한다. 이때 음식이 잘 익으면 성과도 좋지만, 그렇지 않고 설익을 경우엔 미완성으로 끝나게 된다.

● 솥에 밥이 다 되어 있는 꿈
하고 있는 일이 성취 단계에 있음을 알리는 꿈이다.

● 솥을 선물받는 꿈
돈을 줍거나 얻을 암시다. 또한 복권에 당첨될 수 있는 꿈이기도 하다.

● 솥이나 냄비를 얻은 꿈
재물이 들어올 징조다.

● 솥이나 냄비가 깨지는 꿈
친척 중에 누군가가 죽는 사람이 있거나 슬픈 일이 생길 징조다.

● 솥이나 냄비에 물건이 끓어 넘치는 꿈
하는 일이 순조롭게 풀려서 많은 재물을 얻게 될 징조다.

● 아주 커다란 가마솥을 보거나 솥의 빛이 찬란하게 보였던 꿈
장차 하는 일들이 날로 번창하게 될 길몽이다.

● 솥에 있는 밥이 설거나 탄 꿈
사업 성과가 탐탁하지 않고 미완성으로 끝나게 될 것을 암시한다.

● 솥 밑에서 물이 솟아나온 꿈
고정 수입 외의 또 다른 재물이 생길 징조다.

● 솥이 엎어져 있었던 꿈
장차 사업이 도산되게 되거나 직장을 잃을 것을 암시한다.

● 냄비나 솥에 음식물이 조금 담겨 있는 꿈
가정 형편이 곤궁해지고 생활이 힘들어질 징조다.

● 냄비나 술잔이 깨지는 꿈
구설수가 있을 징조다.

●쟁반, 식기, 병●

쟁반, 식기, 병

● 꿈속에서 쟁반을 보면
재물이 생길 징조다.

● 커다란 쟁반을 얻은 꿈
좋은 혼담이 이루어지거나 바라던 일이 이루어질 징조다.

● 쟁반에 음식물이 가득 담겨 있는 꿈
쟁반은 여러 개의 음식을 담아서 들고 가거나 음식을 나르는 도구이므로 예지몽으로 풀이할 수 있다. 쟁반에 푸짐한 음식이 올려져 있었다면 큰돈이 들어오거나 집안에 경사가 있을 징조다.

● 화로나 화저를 본 꿈
그 동안 고민하고 의논했던 일이 성사될 징조다.

● 술잔이나 찻잔 등이 깨지는 것을 본 꿈
남의 눈을 의식하지 않고 자신의 생각을 밀고 나가고 싶은 심리 상태를 반영한 꿈이다.

● 술잔이나 소반·솥·냄비 등이 깨지는 꿈
사업 실패·질병·사고 등과 관계가 있는 흉몽이다. 만사에 조심하며 근신해야 함을 알리는 꿈이다.

● 옥이나 돌로 만든 그릇을 얻는 꿈
다른 사람의 도움을 받을 징조다.

● 바리와 대접의 그릇을 얻는 꿈
좋은 아내를 얻을 암시이다.

● 꿈에 수저를 보면
식구가 더욱 늘어나게 될 것을 암시한다.

● 식기를 엎어놓은 꿈
당분간 어려움이 계속될 징조다.

● 식기나 반찬 그릇이 무척 더러워져 있는 꿈
집안에 좋지 않은 변화가 나타날 흉몽이다.

● 녹슬거나 부러진 수저를 본 꿈

가족이나 가까운 친척에게 질병 또는 좋지 않은 일이 일어날 징조다. 또는 재물이 줄어들거나 부부간에 이별할 수도 있다.

● 수저가 많이 쌓인 것을 본 꿈

노인이 있는 집안은 상을 당하게 되어 많은 손님을 치르게 될 수도 있다. 또한 집안에 경사가 나서 잔치를 치르게 될 수도 있다.
만일 당신이 식당을 운영하고 있다면, 손님이 많아질 길몽이다. 어쨌든 집안에 밥 식구가 부쩍 늘어날 징조이므로 집안 사정에 따라 길흉을 판단할 일이다.

● 식기를 깨는 꿈

잘못하여 깨졌다면 계약이나 혼담 등이 깨질 징조다. 하지만 일부러 깨어서 속이 시원했다면 소원이 성취될 징조다.

● 빈 병들을 밖에 내다 버리거나 팔아 버린 꿈

빚을 갚거나 걱정거리가 깨끗이 사라질 징조다.

● 방 안에 빈 병들이 가득 쌓여 있었던 꿈

집안에 고민할 일이 생기거나 장차 부채를 짊어지게 될 징조다.

● 병을 얻는 꿈

병의 수요만큼 재물이나 돈이 생길 징조다. 자녀를 임신하게 될 태몽으로 해석할 수도 있다.

● 안경 ●

● 벗어 놓았던 안경을 다시 쓴 꿈
새로운 협조자나 동업자를 만나 도움을 받게 될 징조다.

안경

● 안경을 끼고 있는 사람과 마주 본 꿈
상대방이 자기의 마음을 꿰뚫어보고 있음을 당신에게 알리는 꿈이다.

● 금테 안경을 쓴 꿈
세상 사람들이나 어떤 단체로부터 인정을 받게 될 징조다.

● 망원경으로 보려다가 육안으로 본 꿈
중개인이나 매개물을 통하지 않고 자신이 직접 일을 처리하게 될 징조다.

● 안경을 새것으로 구입해서 쓴 꿈
지위 · 명예 · 권리 등이 새롭게 변화할 징조다.

● 선글라스를 쓰고 있는 사람을 본 꿈
본심 · 지위 · 신분 · 학력 등을 위장한 사람을 상대하거나, 이중인격자를 만나게 될 징조다.

● 망원경을 통해 먼 곳의 광경을 가깝게 본 꿈
미래의 일을 미리 알게 되거나 먼 곳에서 소식이 올 징조다.

● 약품 ●

● 전염병에 걸렸는데 약을 먹고 나았던 꿈
어떤 기관 또는 단체에서 이탈하게 되거나 사업의 재정비를 하게 될 징조다.

● 정신분석학적 치료나 심리요법을 받은 꿈
복잡한 마음을 남에게 털어놓고 이야기하게 됨을 의미한다.

● 상자 속에 가득 찬 약병을 얻은 꿈
음식을 실컷 먹을 일이 생기게 될 징조다.

● 임금이 내린 사약을 받아 마시고 죽었던 꿈
일이 성사되어 최고의 명예를 얻거나 사회적으로 자신의 성실함을 인정받게 될 징조다.

● 약국에서 약을 사 온 꿈
생계비가 생기거나 사업상의 약속이 이루어질 징조다.

● 약국이 보인 꿈
어떤 단체나 기관을 통해 청탁했던 일이 성사되지 않는다.

● 폭약이라 생각되는 약을 받아 먹은 꿈
자기의 실력을 충분히 발휘할 수 있는 직장을 얻게 될 징조다.

● 약을 먹고 전염병이 완쾌된 꿈

협조자나 동업자를 얻어 사업이 번창할 징조다.

● 의사나 약사가 처방한 약을 먹은 꿈

어떤 기관에서 임무를 부여받거나 업무 처리에 시정을 요하는 지시를 받게 될 징조다.

● 약병이 가득 차 있는 상자를 얻은 꿈

사업이나 일이 뜻대로 이루어지지 않고 건강이 나빠질 징조다.

● 약병이 사방에 흩어져 있는 것을 본 꿈

학문적 자료나 생계비를 구하기 위해 애쓸 일이 생길 징조다.

● 약을 조제하고 처방한 꿈

학문이나 사업 등의 방도를 마련하고, 여러 가지 자료를 수집하거나 상담에 응하게 될 징조다.

● 약초를 먹는 꿈

근심 걱정이 사라질 징조다.

● 신령적인 존재로부터 약을 받거나 주사를 맞은 꿈

몸이 건강치 못한 사람은 점차 회복되고, 일가족이 평안하게 될 징조다.

● 약을 먹는 꿈을 환자가 꾸면
그 병이 차츰 나아지게 될 징조다.

● 인형 ●

● 인형이 누군가와 닮아 있는 꿈
그 인형을 닮은 사람에 대한 미움을 나타낸다.

● 인형을 본 꿈
큰 병이 들거나 사망을 할 암시이니 극히 조심해야 할 대흉몽이다.

● 인형의 다리가 빠져 있는 꿈
성적 능력 상실에 대한 두려움을 의미한다.

● 인형을 갖고 놀았던 꿈
소외감·고독, 혹은 어린 시절로 되돌아가서 순수하게 살고 싶다는 소망이 꿈으로 나타난 것이다. 또한 여성의 경우, 임신의 징조다. 즉, 태몽이다.

● 집 안에서 종이 인형을 본 꿈
남녀 모두 이성 문제로 심각한 고민에 빠질 징조다.

● 인형이 말을 하는 꿈
자신의 나쁜 마음을 올바로 고치고 사람의 도리를 실천하게
될 징조다.

● 인형의 모습이 아는 사람과 닮은 꿈
직장을 옮기거나 전근을 가게 될 징조다.

● 인형을 내팽개쳐서 부숴 버린 꿈
사회적 관습이나 지나친 억제, 주변 사람들의 간섭으로부터
벗어나게 될 징조다.

●의자, 소파●

● 하늘에서 용상이 내려와 자신이 그 곳에 앉은 꿈
관직에 등용될 징조다. 그리고 그 용상과 함께 임금을 보좌
하는 사람들이 옆에 있었다면, 자신을 따르는 추종자나 제자
들이 구름처럼 몰려들 것을 암시한다.

의자, 소파

● 같은 방향으로 여러 사람이 나란히 앉아 있는 꿈
여러 사람이 함께 힘을 합쳐야 할 일이 생기거나 의견의 일치
를 가져올 징조다.

● 책상과 걸상이 보인 꿈
살림살이를 장만하거나 물건을 구입하게 될 징조다.

● 조용히 의자에 앉아 있는 꿈
가고 싶은 회사에 취직되거나 학교에 입학하게 될 징조다.

● 공원이나 놀이터의 나무 의자에 앉아 있는 꿈
국가 공무원이나 공공 단체에서 근무하게 될 징조다. 또한 사회적 공인(公人)으로 인정받을 암시이기도 하다.

● 교실에 들어갔는데 자기 의자가 없어졌던 꿈
자기가 목적했던 바를 달성하기가 어렵거나 생활이 더욱 복잡해질 징조다.

● 빈 의자가 자기 집 마당에 놓인 꿈
생각지도 않았던 반가운 소식을 듣게 될 징조다.

● 흔들의자에 앉아서 여유롭게 음악을 감상하는 꿈
가족들의 도움이나 유산 상속을 받아 일신이 편안하고 부자가 될 징조다.

● 자기 의자에 남이 앉아 있어서 앉을 수 없었던 꿈
자신의 권리가 남에게 돌아가고, 취직이나 입학·승진 등에서 탈락될 징조다.

● 비어 있는 의자가 없어 서 있는 꿈
일의 성사, 또는 성공 과정을 알 수 없게 될 징조다.

● 의자에 앉지 못하게 되는 꿈

일하던 곳에서 실직되거나 입시나 취직 등에서 실패하게 될 징조다.

● 응접실 소파에 앉아 누군가를 기다리는 꿈

좋은 일자리나 협조자에 기대어 무엇인가를 바라는 징조다.

● 소파에 앉아서 음악 감상을 한 꿈

문화 공간이나 예술의 전당 등에서 조용히 명상을 하며 음악 감상을 하게 될 징조다.

● 여러 사람이 소파에 함께 앉아 있는 꿈

동업자 또는 경쟁자 등이 어떤 임무를 수행하거나 기다리게 되는 암시다.

● 전화 ●

● 상대방을 전화로 불러낸 꿈

어떤 기관을 통해서 자기를 선전하거나 집안의 가전 제품을 바꾸게 될 징조다.

전화

● 전화 내용이 불확실한 꿈

자기 스스로 일을 판단하게 될 징조다.

● 상대방과 전화 통화를 한 꿈
꿈속에서의 통화 내용은 주로 청탁이나 사건과 관련이 있다.

● 높은 곳에 전화기가 매달려 있어서 전화를 못 한 꿈
남에게 부탁했던 일이나 사업 청탁이 이루어지지 않아서 난감하게 될 징조다.

● 전화 수화기를 붙잡고 웃거나 짜증을 낸 꿈
상대방을 제압하거나 자기의 소원이 충족될 징조다.

● 전화선을 끌어들이는 꿈
사업상 협력자의 도움을 받거나 애인을 만나게 될 징조다.

● 새 전화기를 설치한 꿈
정신적 협력자나 협력 기관이 생기고 좋은 일이 생길 징조다.

● 요란한 전화 벨 소리를 들었던 꿈
외부로부터 새로운 소식을 접하게 될 징조다.

● 아련한 전화 벨 소리를 들었던 꿈
주위 사람들에게 모함을 받거나, 기울어가는 사업 또는 일을 일으켜 세우는 암시의 꿈이다.

● 공중 전화 박스에 들어가서 전화를 건 꿈
중개인이나 중계 기관 등을 통해서 상대방에게 부탁할 일이

생길 징조다.

● **전화 통화 중 화를 내는 꿈**
진행하고자 하는 일이나 사건을 신속하고도 명쾌하게 처리할 징조다.

●지도●

● **벽에 걸린 세계 지도를 손으로 쓰다듬었던 꿈**
전세계 또는 전국에 시장을 확보하거나, 사업이 번창할 징조다.

지도

● **세계 지도를 펼쳐 보는 꿈**
권리·직위·명예 등을 얻게 될 징조다.

● **세계 지도를 얻은 꿈**
태아가 장차 사장이나 관리인, 혹은 세계적인 인물이나 지도자가 될 것을 암시하는 꿈이다.

● **세계 지도를 손으로 만져보는 꿈**
사업이나 소원이 이루어져 소문이 크게 날 암시다.

● **지구의를 사 온 꿈**
이익 또는 권리가 생기거나 시험에 합격하게 될 징조다.

● 지구의를 돌려가며 설명하는 꿈
큰 행운이 따르며, 군중의 지도자가 될 징조다.

● 약도를 보면서 길을 찾는 꿈
협조자를 통해 무엇인가 청탁할 일이 생길 징조다.

● 누군가가 자신에게 약도를 보여 주면서
　　　　　　　　　　　　　　길을 가르쳐 준 꿈
집·토지·물건 등을 중계업자를 통해 사고 팔거나 흥정할 일이 생길 징조다. 그러나 약도를 보여 주면서 길을 묻는 꿈은 남을 누르거나 소원이 성취될 징조다.

● 지도를 구입해서 본 꿈
백과 사전을 사거나 사업의 방도가 생기고, 안내서·청원서·계약서 따위를 보게 될 징조다.

● 지도상의 한 곳을 가리키며 설명한 꿈
어떤 기관에서 전근 혹은 승진을 하게 되거나, 거래처 및 계약 상대를 구하게 될 징조다.

● 휴대용 지도를 구입하는 꿈
세상에 명성을 크게 떨칠 징조다.

● 타인에게 지도를 받은 꿈
결혼·계약과 관련된 방법이나 권리가 생길 징조다.

●카메라, 사진●

● **필름이 없어서 사진을 못 찍은 꿈**
일의 성취가 불가능해질 징조다.

카메라, 사진

● **집안 사람들과 함께 사진을 찍은 꿈**
사업 또는 계약 등의 일을 문서화하거나 남에게 도움을 줄 일이 생길 징조다.

● **필름을 새로 사 넣은 꿈**
사업 자본·지식 등을 보충하게 될 징조다.

● **애인이 다른 사람과 사진 찍는 것을 보고 질투한 꿈**
애인의 사업이 성공하고, 하는 일이 술술 잘 풀리게 될 징조다.

● **사진기에 필름을 끼워넣은 꿈**
의욕이 샘솟고, 어려움에 부딪친 사업이나 일들이 풀어질 징조다.

● **자신이 사진기를 들고 상대방의 사진을 찍어 주는 꿈**
상대방의 행적을 세세히 관찰하여 기사화하거나 인터뷰할 일이 생길 징조다.

● **필름이 떨어져 사진 촬영을 하지 못한 꿈**
계획한 일이 진행되지 못하고 만사가 뜻대로 되지 않을 징조다.

● 결혼 사진을 찍었던 꿈

어떤 단체의 공공 이익을 위하여 서로가 화합하게 될 징조다.

● 사진첩을 펼쳐 본 꿈

남의 사생활을 조사하거나 고전을 읽게 될 징조다.

● 사진기를 새로 구입한 꿈

동업자의 도움을 받거나 연인을 만나게 될 징조다.

● 좋은 사진기를 선물받은 꿈

자신의 작품이나 일이 호평을 받게 될 징조다.

● 풍경이나 고적 등을 사진 찍은 꿈

어떤 사건이나 업적을 기록으로 남겨 둘 일이 생길 징조다.

● 자신이 포즈를 취하고 사진이 찍힌 꿈

많은 사람들로부터 주목을 받고 싶다거나 인정받고 싶은 당신의 마음을 나타내는 꿈이다.

● 신문 기자가 인터뷰를 하면서 사진을 찍은 꿈

구속받을 일이 생기거나 증거물 제시를 요구당하게 될 징조다.

● 사진을 현상하는 꿈

인쇄·출판·창작 등의 일을 하게 될 징조다.

● 현상된 사진이 흐릿하게 나온 꿈

권력자에게 무엇인가를 부탁할 일이 생길 징조다.

● 칼, 도끼 ●

● 여성이 큰 칼을 차거나 빼어 든 꿈

운수 대통의 길몽이다.

칼, 도끼

● 칼이나 도끼를 예리하게 벼리는 꿈

새롭게 마음을 다지는 암시이니 길몽이다.

● 칼이나 도끼에 크게 다친 꿈

하는 일마다 만사 형통할 징조다.

● 처녀가 자신의 가슴을 칼로 찔렀다가 뽑은 꿈

가슴에 병을 얻어 수술을 받게 될 징조다.

● 상대방과 칼싸움을 하는 꿈

논쟁·언쟁·시비 등이 생기거나, 자기와 실력이 비슷한 사람과 경쟁하게 될 징조다.

● 도끼도 나무를 쪼개다가 자기 발등을 찍은 꿈

믿고 있던 사람에게 배신을 당할 징조다.

● 다른 사람으로부터 도끼를 받은 꿈
길하며 진급을 하게 될 징조다.

● 도끼가 겨냥한 목표물에서 빗나간 꿈
하고 있는 사업이나 일이 생각대로 되지 않을 징조다.

● 산에서 도끼로 나무를 찍는 꿈
자신의 능력을 최대한 발휘하여 윗사람들로부터 능력을 인정받을 징조다.

● 산속에서 도끼로 통나무를 쪼개는 꿈
사업체가 둘로 나뉘어져 버리거나 동업자와 서로 헤어질 암시다.

● 집 안에서 도끼를 본 꿈
크게 출세하거나 권세를 얻을 길몽이다.

● 누군가로부터 칼을 세 자루 얻은 꿈
군인은 대위·대령·중장 등과 같이 세 개를 상징하는 계급에 오르게 될 징조다.

● 군인용 칼을 얻은 꿈
지위가 높아지고 다방면에 몰입하게 될 징조다.

● 칼을 다른 사람에게 준 꿈
행운이 곧 찾아온다는 암시다.

● 상대방을 칼로 죽인 꿈

어떤 일을 이루기 위해 많은 사람과 접촉하게 될 징조다.

● 칼을 뽑아 길을 나서는 꿈

만사가 형통할 길몽이다.

● 물건을 칼로 자른 꿈

어떤 일을 하는 데 공적인 일이나 사적인 일을 정확히 구분할 일이 생길 징조다.

● 칼이 영롱한 빛을 뿜어내는 꿈

관록과 공명이 찾아올 암시이니 길몽이다.

● 칼로 사람이나 짐승을 찔러 죽였던 꿈

계획했던 대로 일이 순조롭게 진행될 징조다. 그런데 만일 죽었던 사람이 다시 살아나면 일이 실패하게 될 징조다.

● 모르는 사람이 처녀에게 은장도를 준 꿈

훌륭한 배우자와 인연을 맺어 혼인을 하게 될 징조다.

● 의사가 자신을 칼로 수술한 꿈

자신의 작문이나 논문 등을 평가받게 되고, 이를 비판 검토하게 될 징조다.

● 칼을 물 속에 떨어뜨린 꿈
아내가 죽을 암시이니 흉몽이다.

● 어떤 사람이 칼춤을 추는 것을 본 꿈
어떤 사람이 자신의 일에 시비·비평·도전을 해올 징조다.

●텔레비전, 라디오●

텔레비전, 라디오

● 텔레비전에서 아나운서가 뉴스를 한 꿈
실제로 꿈속의 뉴스와 비슷한 정보를 접하게 되거나 지구촌에서 일어나는 모든 사건과 소식을 듣게 될 징조다.

● 텔레비전에서 드라마를 본 꿈
극장에서 명화 감상할 일이 생길 징조다.

● 가족이 한자리에 모여 텔레비전을 본 꿈
어떠한 기관에서 교육받을 일이 생길 징조다.

● 새로 산 텔레비전을 설치한 꿈
어떤 기관을 통해 자신을 선전하거나, 전화·라디오 등을 집 안에 들여 놓게 될 징조다.

● 라디오에서 흘러나오는 음악을 들었던 꿈

문화 공간이나 분위기 있는 곳에서 음악 감상을 하거나, 콘서트에 참석하여 음악 감상을 하게 될 징조다.

귀금속

●금은 보석●

● 보석이 변색되거나 상처를 입은 꿈

신체에 이변이 생기거나, 애정·신분·명예·권리 등에 안 좋은 일이 있을 징조다.

금은 보석

● 처녀가 중히 여기는 보석을 잃어버린 꿈

처녀성을 잃거나, 명예 또는 신앙심을 잃게 될 징조다.

● 금실로 수놓인 옷을 선사받은 꿈

미혼자는 좋은 혼처가 나오거나, 훌륭한 작품 또는 서적을 얻게 될 징조다.

● 황금 덩어리가 뱃속으로 들어와 임신을 하는 꿈

임신부는 귀둥이와 재둥이를 낳아 직업적 스타로 만들 징조다.

● 산의 굴을 파서 많은 금은을 채취하는 꿈
많은 재물이 들어와 큰 부자가 될 징조다.

● 땅을 파서 금은을 얻은 꿈
사업이나 일을 크게 이룰 길몽이다.

● 금은으로 만든 기구를 얻는 꿈
귀한 옥동자를 낳을 징조다.

● 예물함에 귀중품이 가득 차 있었던 꿈
돈과 재물이 생기거나 횡재를 암시하는 행운의 꿈이다.

● 보석함 안에 귀금속이 가득 차 있었던 꿈
뜻밖에 횡재를 하여 많은 돈을 벌게 될 징조다. 돈·재물·임신 등을 암시하는 길몽이다.

● 학자가 금화를 주워 호주머니에 가득 담은 꿈
새로운 지식이나 방법·재물 등을 충분히 얻게 될 징조다.

● 은수저를 얻은 꿈
태몽으로, 명인이 되어 입신 출세하게 되고, 인격이 높고 훌륭한 아들을 낳게 될 징조다.

● 허리띠의 금장식을 팔려다가 못 팔게 된 꿈
딸을 아무에게도 시집 보낼 수 없게 되어 고민하게 될 징조다.

● 금과 은으로 냄비를 만든 꿈
크게 길할 징조다.

● 목걸이가 엉키거나 끊어진 꿈
연인 사이에 이별이나, 언쟁·불화 같은 것이 있을 징조다.

● 광산에서 화차의 머리가 외부로 향해 있었던 꿈
식품·생산·유통·수산업 등에 투자하여 사업 성과를 올리게 될 징조다.

● 꿈에 금비녀를 보면
입신 출세하여 공무원이 되거나, 집안의 대들보가 될 귀한 자식을 얻게 될 징조다.

● 황금 귀고리를 선물받은 꿈
귀한 아들이 태어날 징조다.

● 어떤 광석을 채굴해 내는 꿈
문학인의 경우, 새로운 소재를 얻어 작품을 쓰게 될 징조다.

● 입으로 보석을 토해 낸 꿈
누군가로부터 큰 은혜를 입게 될 징조다.

● 많은 황금을 얻은 꿈
많은 재물이 생길 징조다.

● 광산을 찾아가거나 광맥을 탐색하는 꿈
학원·연구 기관·회사·상회 등에 갈 일이 있거나, 일의 성과를 얻기 위해 열심히 노력하게 될 징조다.

● 보물 단지 또는 보물 상자를 얻은 꿈
학자는 연구를 통해 진리의 학설을 정립할 수 있고, 상인은 돈을 벌고, 일반인은 권리·명예·업적 등을 획득하게 될 징조다.

● 어떤 사람이 자기의 보석을 들여다보거나 탐내는 꿈
자기의 비밀이나 좋은 아이디어 등을 잃어버리거나 유린당할 일이 생길 징조다.

● 텅 빈 보석 상자를 얻은 꿈
어떤 사람의 감언 이설에 속아넘어가게 될 징조다.

● 권력자나 고급 관리가 보석을 잃은 꿈
자기의 명예나 신분이 하루아침에 몰락하게 될 징조다.

● 금훈장·금팔지·금귀고리·금배지 등을 패용한 꿈
고귀한 신분이 되거나 작품에 대한 좋은 평가·권세·부유·명예 등을 얻게 될 징조다.

● 금장식한 옷을 입었던 꿈
고귀한 사람과 인연을 맺게 되어 신분이 높아지게 될 징조다.

●시계●

● 아주 큰 시계를 손목에 차지 않고 배에 찬 꿈
사업체를 얻게 되거나, 지휘력 또는 생활 능력이 커질 징조다.

시계

● 금시계나 기타 고급 시계를 손목에 찬 꿈
좋은 배우자·자손·직장·권리·입학·당선 등에 행운이 따른다.

● 시계줄이 없어지거나 끊어진 꿈
주위 사람과의 인연이나 유대가 끊어질 징조다.

● 시계가 고장난 꿈
가족 중에 질병이 생기거나 교통 사고를 당하게 되며, 사업이 부진해질 징조다.

● 새로 산 시계에 먼지가 묻어 있는 꿈
과거가 있는 여자나 남자를 만나게 될 징조다.

● 시계를 수리하는 꿈
계획 또는 사업을 변경해야 하거나 병치료할 일이 있을 징조다.

● 새로운 손목시계를 사서 찬 꿈
재물과 돈이 생기고 재수가 대통한다. 입학이나 취직 등이 이루어질 징조다.

● 시계가 소포로 발송되어 온 꿈

주어진 임무를 성실히 수행하고 권리를 획득하게 될 징조다.

● 반지 ●

● 반지를 잃어버린 꿈

소중하거나 중요하다고 생각한 사람 또는 물건을 잃게 될 징조다. 특히 배우자와의 이혼이나 사별, 또는 애인과 헤어질 암시가 있다.

● 수많은 반지를 얻은 꿈

이것이 태몽이라면, 여러 군데에서 자기의 능력을 충분히 발휘할 수 있는 자손을 얻게 될 징조다.

● 텅 비어 있는 반지 상자를 받은 꿈

어떤 사람의 감언 이설에 속을 일이 있으므로 조심해야 한다.

● 쌍가락지를 얻은 꿈

많은 작품이나 사업 성과를 이룩하게 될 징조다.

● 금반지를 얻은 꿈

태몽으로, 장차 사회적으로 유명한 여류 명인이 될 귀한 딸을 낳게 될 징조다.

● 도둑에게 반지를 빼앗긴 꿈
배우자의 불륜이나 건강 악화가 우려되는 흉몽이다. 결혼 생활의 파탄을 암시하는 꿈이다.

● 구리 반지가 보석 반지로 변한 꿈
처음에는 보잘것없는 신분·직위·업체·작품 등을 소유했던 사람이 머지않아 고급에 속하게 될 징조다.

● 처녀가 금반지를 받은 꿈
결혼·계약 등이 이루어지고, 재물과 돈이 생기며, 부동산·아파트 등의 계약이 이루어질 징조다.

●돈●

● 일을 했는데도 상대방이 품삯을 주지 않은 꿈
금전 문제로 정신적·육체적으로 고통을 받게 될 징조다.

돈

● 돈을 상대방에게 내어준 꿈
머지않아 근심 걱정이 해소될 징조다.

● 상대방에게 돈 또는 곡식을 갚아주는 꿈
병을 앓게 되거나 자녀에게 나쁜 일이 닥칠 흉몽이다.

● 누군가가 돈이 가득 담긴 가방을 주면서
　　　　　　　　　　　　　가져가라고 한 꿈
주택을 구입하게 되거나 사업을 계획하게 될 징조다.

● 돈 뭉치를 땅에서 주운 꿈
크게 부자가 될 암시다.

● 동전을 땅에서 몇 개 주운 꿈
상대방과 사소한 일로 다툴 일이 생길 징조다.

● 고금의 여러 화폐 종류를 순서대로 구한 꿈
직장에서 승진이 있거나, 앞으로 크게 이름을 떨칠 징조다.

● 고금의 여러 화폐 종류를 많이 구한 꿈
만사 형통하고 부귀 공명하며, 일마다 이루어질 대길몽이다.

● 누군가로부터 받은 지폐가 갑자기 종이로 변한 꿈
누군가의 강압적인 요구·지시·명령 등을 따르게 될 징조다.

● 공중에서 많은 지폐가 집 안으로 떨어지는 꿈
사회 단체 등을 통하여 재물이 생기거나 여러 통의 편지를 받게 될 징조다.

● 길이나 밭에서 새 금화나 동전을 주운 꿈
좋은 직업을 구하게 될 징조다.

● 봄이나 여름에 꾸는 금전의 꿈

길할 징조다. 그러나 가을이나 겨울에 꾸는 꿈은 흉한 징조다.

● 돈이 가득 담긴 금고를 집 안으로 가져온 꿈

경영하는 사업체에 자금줄이 생길 징조다.

● 사람이 살지 않는 빈집이나 숲 속에서
　　　　　　　　　　엽전 꾸러미를 주운 꿈

해결하기 어려운 근심거리가 생길 징조다.

● 자신이 남에게 어음을 떼어 준 꿈

남 앞에서 자신의 권세를 과시할 일이 생기거나 남에게 어떤 지시를 내릴 일이 생길 징조다.

● 돈이 가득 담긴 가방을 얻은 꿈

큰돈이 생기거나 집을 사게 될 징조다.

● 어음을 얻는 꿈

관청 또는 회사에서 발령장을 받아 취직이 되거나, 어떤 계약 문서나 집문서·토지 문서 등을 받게 될 징조다.

● 엽전 꾸러미를 얻은 꿈

고전 연구에 몰두하거나 고서를 얻게 될 징조다.

● 돈지갑에 지폐가 꽉 차 있는 꿈

재물이나 권리가 원하는 만큼 생길 징조다.

● 물건을 샀는데 돈을 준 기억이 없는 꿈

어떤 기관에서 그 물건으로 상징되는 재물을 취득하게 될 징조다.

● 돈을 세는데 갑자기 그 돈이 솔가지로 변한 꿈

사업을 시작하는 데 쓰이는 자본금이 한없이 들어가게 될 징조다.

● 자신의 가방이나 호주머니 속에 들어 있는 돈을 도둑 맞은 꿈

자신이나 가족의 근심거리가 사라질 징조다.

● 남의 가방이나 호주머니 속에 들어 있는 돈을 자신이 훔친 꿈

남의 비밀을 알아내거나 어떤 사람을 도와주어야 할 일이 생긴다.

● 낡은 지폐를 길에서 몇 장 주운 꿈

주운 돈의 액수에 준하는 근심 걱정이 생길 징조다.

● 빳빳한 지폐를 길바닥에서 주운 꿈

펜팔·일거리·소설 등을 주고받을 일이 있을 징조다.

● 길바닥에서 녹슨 동전을 여러 개 주운 꿈

가까운 사람이 병으로 세상을 떠나게 되어 며칠간 슬퍼할 일이 생길 징조다.

● 금궤라고 생각되는 것을 얻은 꿈
안에 돈이 있건 없건 꿈속에서 금궤라고 생각되는 것을 얻었다면, 경영하는 일에 기발한 아이디어가 창출되거나 뜻밖의 돈줄이 생겨 자금난에서 해방될 징조다.

● 돈 대신 수표를 받은 꿈
임명장 또는 상장 등을 받거나, 계약서 등을 쓰게 될 징조다.

● 영수증을 써 주거나 받아 보는 꿈
어떤 계약이나 약속이 순조롭게 이루어질 징조다.

● 누군가로부터 깨끗한 동전을 받은 꿈
새로운 친구를 소개받거나 직장에 취직하게 될 징조다.

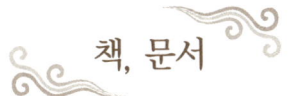

●책●

● 학문을 연구하며 책을 읽는 꿈
태몽이면 학자나 큰 인물이 될 귀한 아들을 낳을 암시다.

● 책을 찢거나 던진 꿈
자기 스승에게 반항을 하게 되거나 학문을 포기할 일이 생길 징조의 꿈이다.

● 귀한 책이 파손되어 쓸모없이 되어 버린 꿈
지금까지 해오던 일들이 중도에서 멈추어 수포로 돌아가게 되고 매우 어려움을 겪게 될 징조다.

● 교과서를 펼쳐 읽은 꿈
깊은 학문과 진리를 탐구할 일이 생기고, 전문적 지식을 습득하게 될 징조다.

● 소리 내지 않고 책을 읽은 꿈
상사의 지시대로 따를 일이 생길 징조다.

● 수업 시간에 책가방을 잃어버려 쩔쩔맨 꿈
실제 물건을 도난당하게 되어 애를 먹게 되거나, 실수·실패·중단·사고 등을 암시하는 흉몽이다.

● 친구나 애인에게서 책을 빌린 꿈
애정이나 우정·약속 등이 이루어질 징조다.

● 사전이나 육법 전서가 금빛 찬란하게 빛난 꿈
깊은 학문과 진리를 탐구하고, 학생은 학업 성적이 크게 향상될 징조다. 재수생이나 고시생은 시험에 합격하게 될 것을 암시한다.

● 다른 사람에게 책의 문구를 지정하여 읽힌 꿈

무슨 일을 하는 데에 있어 상대방과 의견의 일치를 보게 될 징조다.

● 마음 속으로 책을 읽은 꿈

다른 사람으로부터 시달림을 받거나 큰 화를 당하게 될 징조다.

● 다른 사람이 읽고 있는 책을 함께 본 꿈

상대방의 마음을 살피거나 비밀을 알고자 하는 당신의 마음을 반영하는 꿈이다.

● 책상 위에 책이 잘 정돈되어 있는 꿈

마음의 안정을 얻고, 학문이 진일보하며, 시험에 합격할 징조다.

● 책상 위에 책이 흩어져 있는 꿈

자격 또는 입학 시험에 응시하면 떨어질 징조이며, 하는 일마다 성사되는 것이 없는 꿈이다.

● 책이 산더미처럼 많이 쌓인 것을 본 꿈

많은 학문과 진리를 깨우치고 박식한 사람이 되어 인류 사회에 큰 업적을 쌓아올리게 될 징조다. 합격·입학·학업 성적 향상·자격 취득·재물 등을 상징하는 길몽이다.

● 남에게 책을 빌려온 꿈

남의 명령에 따라 행동하게 될 징조다.

● 신문에서 자신의 이름이 실려 있는 것을 본 꿈

각종 시험에 합격하고 어떤 통지서를 받게 될 징조다. 명예·희소식·당선 등을 암시하는 길몽이다.

● 책을 소리 내어 읽은 꿈

학생은 학업 성적이 오르고 학문에 눈을 뜨게 될 징조다. 지혜·강의·연설·대화 등을 상징하는 길몽이다.

● 책이 자신의 손 안에 들어온 꿈

가까운 시일 안에 승진하게 될 암시다.

● 책을 얻거나 많은 책을 가지고 있었던 꿈

자신의 후손이 학문 연구에 종사하게 될 징조다.

● 그림책을 보는 꿈

병마가 빨리 물러가거나 재앙이 사라질 징조다.

● 책을 얻어서 읽은 꿈

학문 연구에 관련된 직업을 얻거나, 책을 구입하게 될 징조다.

● 만화책을 보는 꿈

주위 사람이나 협력자의 도움으로 소원이 성취될 징조다.

● 서점에서 책을 사 온 꿈

실제 책을 구입하게 되거나 백화점에서 쇼핑을 할 일이 있을 징조다. 물품 구입 또는 재물이 생길 것을 암시하는 꿈이다.

●편지●

● **편지 봉투를 꼭꼭 봉하는 꿈**
사업상의 목표를 달성하기가 힘들어질 징조다.

편지

● **편지 봉투를 우체통에 넣는 꿈**
자신이 이룩한 사업이나 일이 완벽함을 남에게 은근히 과시하는 암시의 꿈이다.

● **아버지가 사망했다는 전보를 받은 꿈**
사업이나 소원이 성취됐다는 연락을 받게 되거나 실제로 부고를 받게 될 징조다.

● **편지 봉투 안에 수표가 들어 있는 꿈**
주소 불명으로 인해 편지가 반송되어 올 징조다.

● **정신 이상인 여자가 연애 편지 쓰는 것을 본 꿈**
언론·출판사로부터 작품 청탁을 받게 될 징조다.

● **돌아가신 스승의 유물이나 사진을 소포로 받은 꿈**
스승이 저술한 서적을 선물받게 될 징조다.

● 검은 동정을 단 소년이 누런 봉투를 전해 준 꿈
누군가가 죽었다는 부고장을 받게 될 징조다.

● 어린아이가 편지 쪽지를 가지고 온 꿈
다른 사람에게 자신이 과시할 일이 생길 징조다.

● 사랑하는 사람으로부터 연애 편지를 받은 꿈
실제로 연애 편지를 받거나, 사업상 어떤 일에 대해 교섭이 들어오게 될 징조다.

● 푸른 직인이 찍힌 편지를 받은 꿈
작게 시작한 사업이 날로 번창할 암시이니 길몽이다.

● 누런 봉투의 편지를 받은 꿈
신문 기사·관보·부고·청첩장 등을 받게 될 징조다.

● 누군가에게 편지를 쓰는 꿈
그 누군가에게 속마음을 털어놓게 될 징조다.

● 사랑하는 사람에게 연애 편지를 쓰는 꿈
이 꿈은 실연을 암시한다. 행동으로 표현할 수 없으므로 사랑의 소원을 꿈속에서 편지로 해소하는 것이다.

● 편지 겉봉의 주소가 흐릿해 보인 꿈
다른 사람에게 물건이나 돈을 빌려 주거나, 빌려 준 물건이나 돈을 떼이게 될 징조의 꿈이다.

● 어린 꼬마가 편지를 가져온 꿈
누군가와 잘잘못을 가릴 일이 생길 징조다.

● 우체국이나 우편함에 편지를 넣은 꿈
어떤 기관에 청탁했던 일이 순조롭게 이루어질 징조다.

●문서●

● 신문에서 자신의 이름이 실려 있는 것을 본 꿈
각종 시험에 합격하고 어떤 통지서를 받게 될 징조다. 명예·
희소식·당선 등을 암시하는 길몽이다.

문서

● 등기소에 부동산을 등기한 꿈
자신에게 큰 권리가 주어져, 그 일을 많은 사람들에게 공개할 일이 생길 징조다.

● 공공 단체에서 어떤 통지서가 날아온 꿈
신문·잡지 등에서 정보를 입수하게 될 것을 예시한다.

● 상대방에게서 각서나 시말서를 받은 꿈
상대방에게 명령을 하게 되거나 신변을 조사해야 할 일이 생길 징조의 꿈이다.

● **책상 위에 문서가 있는 꿈**
새로 관직에 임명될 경사가 있을 징조다.

● **문서를 태웠는데 재가 남았다거나,
　　　　　　 찢거나 구겨서 잘 간직해 둔 꿈**
사건 수습이 생각대로 안 되고, 어떤 사건이나 일 등에서 증거물을 남기게 될 징조다.

● **증서를 태우는 꿈**
술과 음식을 대접받을 징조다.

● **중요한 기밀 서류를 남에게 빼앗긴 꿈**
실제로 중요한 서류 등을 분실하게 되거나 주체성과 권익을 상실하게 될 징조. 실물·실패·수치 등을 암시하는 흉몽이다.

● **용이 입에 서류 뭉치를 물고 집 안으로 들어온 꿈**
문서상 기쁜 일이 있거나 상장·훈장을 받게 될 징조다. 승진·당선·경사·합격 등을 암시하는 길몽이다.

● **문서를 찢거나 태워 버린 꿈**
자기의 권리 또는 신분 등이 박탈당하게 되거나 어떤 사건을 처리하게 될 징조다.

● 문서에 글씨가 보이지 않았던 꿈

어떤 회의의 안건이 부결되고 유명 무실해질 징조다. 실패·불합격 등의 암시가 내포된 불길한 꿈이다.

● 빨간 줄이 그어진 문서를 받은 꿈

작품 당선 통지서나 남의 사망 소식을 듣게 될 징조다.

● 어떤 문서를 얻은 꿈

자신에게 어떤 권리나 사명이 주어질 징조다.

● 가까운 사람에게 노트를 빌려온 꿈

친구간에 우정이 두터워지고, 상대방과 어떠한 약속이 있을 징조다.

● 계약서를 작성하여 주고받은 꿈

어떤 계약이 성립되어 일이 진행될 것을 예시한다.

● 새로 만든 명함을 가진 꿈

새로운 신분이나 권리가 주어질 징조다.

● 공공 단체의 문서에 자기 이름이 적힌 것을 본 꿈

어떤 회사에 취직을 하거나 전근을 가게 될 징조다.

● 도 장 ●

도장

● 남의 이름이 새겨진 도장을 얻은 꿈
협조자를 만나거나 어떤 권리를 확보하게 될 징조다.

● 자기의 도장을 새로 만든 꿈
새로운 신분이나 권리가 자기에게 주어질 징조다.

● 상관에게서 결제 도장을 받은 꿈
다른 사람으로부터 도움을 받아 소원이 충족되고 사업 성과를 얻게 될 징조다.

● 남의 문서에 자기의 도장을 찍어 준 꿈
일을 끝마치거나 남의 일을 대신해 줄 일이 생길 징조다.

● 땅 속에서 대통령 도장을 캐낸 꿈
사업을 추진해 나가거나 자기에게 권리가 주어질 징조다.

● 계산서에 많은 사람들의 도장이 찍혀 있는 것을 본 꿈
일을 추진하는 데 있어서 많은 사람들의 도움을 받게 될 징조다.

의류

●옷●

● **옷이 물에 흠뻑 젖은 꿈**

신분이나 사상 등에 큰 변화가 생기고, 그 변화된 환경에 쉽게 적응하게 될 징조다.

옷

● **물 속에 들어가도 옷이 젖지 않은 꿈**

자기의 주장을 펼치지 못하고 주어진 환경에 그대로 적응하게 될 징조다.

● **왕궁에서 도포 자락을 붙잡고 매달리는 꿈**

신분이 높아지고 세계적으로 명성을 떨치게 될 남자 아이를 출산할 징조다.

● **행주치마에 손을 닦은 꿈**

시집간 딸이 친정으로 돌아올 징조다.

● **자신이 다른 사람에게 옷을 주는 꿈**

근심 걱정이 있거나, 신분이 안정되지 못하고 실직하게 될 일도 있는 악몽이다.

● 윗사람이 옷을 준 꿈
보상·권리·직장 등이 생길 징조다.

● 스커트가 바람에 휘날리는 꿈
자신의 성적 매력을 과시하고자 하는 욕망이 꿈으로 나타난 것이다.

● 옷이 바람에 펄럭이는 꿈
다른 사람의 일에 연관되어 근심 걱정이 많거나 큰 병을 앓을 징조다.

● 진흙탕에서 미끄러져 넘어져 옷을 더럽힌 꿈
출산에 지장이 생길 징조다.

● 진흙탕에 미끄러져 넘어져도 옷을 더럽히지 않은 꿈
성적 행위를 하면서도 사회적으로 비난을 받지 않을 징조다.

● 중환자가 새옷을 입고 집 주변을 돌아다닌 꿈
그 사람이나 그와 비슷한 사람이 화를 당하게 될 징조다.

● 아내가 남편의 의복을 걸치는 꿈
아들을 출산하게 되고, 집안에 경사가 생길 징조다.

● 금은 보화로 된 단추가 달린 옷을 입은 꿈
좋은 동업자를 만나 일이 순조롭게 풀리게 될 징조다.

● 여성이 옷을 입었는 데도 속살이 만져지는 꿈

지조 있고 이념적인 사람의 비밀이나 사생활 등을 알게 되어 그 사람에게 어떤 영향력을 행사하게 될 징조다.

● 벗어 놓았던 옷을 찾지 못한 꿈

기대고 있던 언덕이 무너져 버리고, 집안에 근심 걱정이 떠나지 않을 징조다.

● 새 잠옷을 구입한 꿈

집안에 경사가 있고, 배우자·집·직업 등이 새롭게 변화될 징조다.

● 화려한 옷을 입은 꿈

사업이나 신분·직위 등이 향상되고, 좋은 사람을 만나게 될 징조다.

● 두렁이를 입은 꿈

후원자나 동조자가 나타날 암시다.

● 색동옷을 입은 꿈

고도의 기술로 사업을 성공시키거나, 인기 직업을 갖거나 인기 작품을 쓰게 될 징조다.

● 옷을 염색소로 가지고 간 꿈

종교 단체나 교도소에 들어가게 될 징조다.

● 옷을 염색한 꿈

주소가 바뀌든가 여난이 있을 암시이니 악몽이다. 그러나 여자가 이런 꿈을 꾸면 혼담이나 결혼이 있을 암시다.

● 유니폼을 벗고 사복을 착용한 꿈

어떤 단체에서 물러나게 될 징조다.

● 맞춰 입은 옷이 몸에 잘 맞지 않은 꿈

주택·배우자·직업 등에 불만이 생길 징조다.

● 속살이 훤히 들여다보이는 옷을 입고 다닌 꿈

당분간 자기의 신분이나 업적을 비밀로 해야 할 일이 생기게 될 징조의 꿈이다.

● 화려한 옷을 입고 자신의 모습을 거울에 비춰 본 꿈

친분 있는 사람이나 협조자를 만나게 될 징조다.

● 옷고름이 떨어지는 꿈

인간 관계가 깨질 징조다.

● 옷소매가 찢겨 나가는 꿈

처자·친구·형제 등의 주변 사람들과 이별을 하게 되거나 사업의 일부가 쓸모없게 되어 버릴 징조다.

● 여자의 옷을 하나씩 벗겨 나간 꿈
계약 사항이나 증서를 검토할 일이 발생할 징조다.

● 여자가 옷을 입혀 준 꿈
모든 일이 잘 풀릴 징조다.

● 상대방의 옷을 벗겨 준 꿈
상대방의 책임이나 업적을 이어받게 될 징조다.

● 새로 와이셔츠를 갈아입은 꿈
새로운 동업자를 구하거나, 지위·신분·직함 등이 갱신될 징조다.

● 옷을 계속해서 갈아입은 꿈
직장·배우자·동업자·집 등을 여러 번 바꾸게 될 징조다.

● 바지를 새로 바꿔 입는 꿈
직장에서 부하와의 관계가 새로워지게 될 징조다.

● 하의를 바꿔 입은 꿈
신분이 높아지고, 직장 내의 아랫사람과 관계가 새로워질 징조다.

● 옷을 다른 천으로 여기저기 기워 입은 꿈
여러 사람들의 도움으로 겨우겨우 살아가게 될 징조다.

● 치마 속이나 그 밖의 옷 속에 물건을 감추어 둔 꿈
임신을 하거나 사업이 번창하고 재물이 생길 징조다.

● 옷을 보자기에 싸는 꿈
많은 사람들을 고용하게 될 징조다.

● 얼룩 옷이나 여러 색이 혼합된 옷을 입은 꿈
다양한 일을 경험하게 될 징조다.

● 자기가 누더기 같은 옷을 걸쳐 입은 꿈
타인에게 멸시를 받거나, 부동산 사업 등이 하락하게 될 징조다.

● 누추한 옷을 입고 길을 떠나는 꿈
누군가로부터 크나큰 은혜를 입을 징조다.

● 옷 한 벌을 갖춰 입은 꿈
매사가 만족스러울 징조다.

● 삼베 옷을 입고 있으면
관직이 오르는 길몽이다.

● 핑크색 옷을 입고 있으면
다른 사람에게 사랑을 받거나 질병에 걸릴 징조다.

● 상대방이 빨간 옷을 입고 있으면
상대방과 시비나 싸움이 생길 징조다.

● 오색 빛깔의 옷을 입고 있으면
장수를 하거나 고귀한 관직을 얻게 될 징조다.

● 회색 옷을 입은 사람은
이중 성격을 가진 사람을 의미한다.

● 수놓은 옷을 입고 있으면
고관으로 출세하여 이름을 떨칠 징조다.

● 여러 벌의 옷이 벽에 걸려 있는 꿈
어려움을 딛고 대성(大成)하게 되고, 여러 곳에 취직 자리가 생기게 될 징조다.

● 옷장이나 트렁크에 차곡차곡 옷을 넣은 꿈
사업이나 생활을 정리하게 될 징조다.

● 옷이 저절로 풀어지는 꿈
매사가 순조롭게 풀려 나갈 징조다.

● 옷을 일부러 찢은 꿈
직장을 바꾸게 될 징조다.

● 옷을 바늘로 깁고 있는 꿈
사업 또는 조직을 보완하거나 재구성할 일이 생길 징조다.

● 갖가지 비단을 구해 옷을 새로 지어 입는 꿈
도둑이나 사기꾼을 조심해 실물수를 막아야 할 경고성 꿈이다.

● 자신이 손수 만든 옷을 입은 꿈
타인으로 인해 모함을 당할 일이 생길 징조다.

● 옷을 새로 해 입는 꿈
혼담이 오갈 징조다.

● 노란색이나 황금색 옷을 입은 꿈
생각지도 않던 행운의 여신이 찾아올 징조다. 남의 시선을 받게 될 일이 생긴다.

● 옷에 흙이 묻어 얼룩진 꿈
자기의 주관이나 의지와는 상관없이 다른 사람의 사상이 주위에 영향을 미치게 될 징조다.

● 옷장 안에 옷들이 빽빽이 걸려 있는 꿈
공산품·예술 작품·식품·금은 보석류 등의 전시회를 갖게 될 징조다.

● 면사포 등을 쓰고 거울에 비춰보는 꿈

뜻밖의 기쁜 일로 경사가 있거나 반가운 사람을 만나게 될 징조다.

● 흰옷, 상복 ●

● 여러 사람이 흰옷을 입고 있는 꿈

회의장 또는 연회석에서 자기의 주장을 따르는 사람이 많거나, 자신의 결백을 밝혀야 할 일이 생길 징조다.

흰옷, 상복

● 남편이 사망하여 상복을 입은 꿈

일이 이루어져 부귀를 누리게 될 징조다.

● 상복을 입은 여성의 꿈

결혼, 유산의 상속, 남편의 출세, 사업 쇄신 등과 관련이 있는 꿈이다.

● 몸에 상복을 입어 본 꿈

무직자는 취직을 하게 될 징조다.

● 흰 상복을 입은 꿈

유산을 상속받게 될 징조다.

● 예식장에 상복을 입은 사람이 나타난 꿈

계약·결사 등 어떠한 단체의 우두머리가 되거나, 돈을 지불할 일이 생길 징조다.

● 꿈에 헌 옷을 입으면

신분·직위·집·협조자·권리 등이 약해지거나 병에 걸리게 될 징조다. 실패·우환 등을 암시하는 불길한 꿈이다.

● 흰옷 입고 있는 사람을 본 꿈

회의장이나 연회석에서 자기의 주장을 지지해 주는 사람이 있음을 암시하는 꿈이다.

● 빨래 ●

● 검정 옷을 세탁한 꿈

부모상을 당하게 될 징조다.

● 옷을 세탁 손질하여 입었던 꿈

근심과 걱정의 해소로 새로운 일을 시작하게 되고, 생활 형편이 나아지게 될 징조다.

● 냇가나 우물에서 옷을 세탁한 꿈

지위·신분·직장·과거 등을 청산함으로써 새로워지고, 학문·연구·일·직무 등에 심혈을 기울이게 될 징조다.

● **빨래를 다듬는 꿈**
진행되고 있던 일의 마무리가 끝나게 될 징조다.

● **빨래를 빨랫줄에 널어 말리는 꿈**
자신의 모습을 많은 사람들 앞에게 자랑할 일이 생길 징조다.

● **흙·대소변·기름 등이 묻은 옷을 빤 꿈**
신분·연고·사업 등과 관계되었던 모든 근심 걱정거리가 없어질 징조의 꿈이다.

● **옷을 세탁하고 다른 색의 물감으로 물들이는 꿈**
사업 내용, 또는 경영 방침 등에 변화가 생기거나, 직장을 바꾸게 될 징조다.

● 모자 ●

● **경찰관이 모자를 쓰지 않은 꿈**
기관원·기자·회사원 등과 접촉할 일이 생길 징조다.

모자

● **모자를 벗어서 그 속에 금은 보화·과일 등을 담은 꿈**
정신적 사업으로 인해 이익을 얻게 될 징조다.

● 감투를 새로 만들어 쓴 꿈
남에게 자신의 모습을 자신 있게 과시할 일이 생길 징조다.

● 챙이 있는 군인 모자를 쓰고 거수 경례하는 꿈
주위의 음해를 이겨내고 마침내 소기의 목적을 성취하게 될 징조로 길몽이다.

● 모자를 새것으로 구입하여 쓴 꿈
시험의 합격, 신분증의 갱신, 입사·입학 등을 하게 될 징조다.

● 부인이 족두리를 쓰고 거울을 들여다보는 꿈
권력을 거머쥔 친척을 만나게 되거나 반가운 사람을 접대할 일이 생길 징조다.

● 모자나 두건을 잃어버린 꿈
몸담고 있던 관직이나 직장에서 물러날 징조다.

● 남한테 자기 모자를 빼앗기거나 도둑 맞았던 꿈
업무상의 실수가 따르거나 명예가 훼손될 징조다.

● 군인들이 단체로 전투모를 쓰고 있는 꿈
하는 일이나 사업이 날로 번창해질 징조다.

● 자신이 금관을 머리에 쓰는 꿈
윗사람의 신임과 총애를 받아 크게 출세할 암시다. 이런 꿈은 여성이 꾸면 많은 숭배자가 나타나고 선물을 받을 꿈이다.

● 꿈에 왕관을 쓰면
자신의 모습을 남에게 과시할 일이 생기고, 최고의 명예·권리 등이 주어질 징조다.

● 모자가 바람에 벗겨져서 날아가 버린 꿈
직장이나 명예를 잃게 되거나, 여러 사람들 앞에서 수치를 당하거나 구설수에 오를 징조다.

● 장교모를 쓰거나 장교 계급장을 단 꿈
자신의 일이 타인에게 인정 또는 보호를 받게 되고, 출세·권리·지휘·능력 등을 얻게 될 징조다.

● 장작불 위에 모자를 던져서 태우거나 칼로 찢었던 꿈
한동안 헤어져 있던 절친한 친구를 우연히 만나게 되거나, 계획했던 일이 순조롭게 진행될 징조다.

● 옛날 고관 대작들이 쓰던 관모를 쓰고 외출한 꿈
신분이나 명예운이 상승할 징조로, 대길몽이다. 관직에 나갈 수도 있다. 새 모자나 깃을 쓰는 꿈 역시 마찬가지로 해석된다.

● 챙이 나온 모자를 사서 쓰고 있거나 모자를 선물받았던 꿈
직장 변동을 암시한다. 또는 먼 친척이나 부모님 등에게서 뜻하지 않은 유산을 물려받게 될 징조다.

● 모자를 불태우거나 찢은 꿈
진급·전직·새로운 사업 등을 시작하게 될 징조다.

● 군인들이 군모를 이곳저곳에 벗어 놓은 꿈
군인의 임무를 완수하고 제대함을 뜻한다.

● 어른이 학생 시절로 돌아가 학생모를 쓴 것을 본 꿈
학업·연구 등에 몰두하거나 단체에 가입하게 될 징조다.

● 사각모를 쓴 꿈
학문적 성과나 어떤 공로에 의해 명예를 얻게 될 징조다.

●신발●

신발

● 고무신을 씻어서 보자기에 싸 놓은 꿈
여자이면 남편과 자식과 떨어져 한동안 혼자 살게 될 징조다.

● 신발을 벗고 마루에 오르는 꿈
직장에서 승진하게 될 징조다.

● 다른 사람이 나타나 신발에 구멍을 뚫는 꿈
아내가 다른 남자와 간통할 암시다. 만약 여자가 이 꿈을 꾸면 남편이 바람을 피울 암시다.

● 짚신을 신은 꿈
집을 소유하게 되거나, 부하 직원·가정부 등을 두게 될 징조다.

● 새로 산 구두가 작아서 불편했던 꿈
현재의 배우자나 연인이 여러 가지로 자기와 안 맞는다고 느끼며 심리적인 갈등을 겪고 있음을 의미한다.

● 맨발로 길을 걷거나 슬리퍼를 신고 직장에 나가는 꿈
생활이 불안정해질 것을 암시한다. 이성 문제나 불륜 등의 문제로 인해 잡음이 생기고, 대인 관계로 인해 말썽이 빚어질 징조이니 언행을 항상 조심하고 바르게 해야 한다.

● 삼으로 만든 신발을 얻는 꿈
장차 재수가 있을 징조다.

● 나막신을 벗는 꿈
환자는 질병에서 벗어나게 되고, 사업가는 걱정 근심거리가 사라질 징조다.

● 남의 신발을 신어 보는 꿈
남의 물건이나 남의 애인, 남의 배우자 등을 가로챌 일이 생길 징조다. 길몽인지 흉몽인지는 본인이 판단할 문제이다.

● 신발을 잃어버린 꿈
자신의 직위를 상실하게 되거나, 자기 작품이나 일의 성과가

보류된 채 발표되지 않을 징조다.

● **도둑이 들어 자기 신발을 훔쳐 간 꿈**
현재 사귀고 있는 연인이나 부부간에 배신 또는 비밀·속임수 등으로 문제가 생길 징조다. 이런 꿈을 자주 꾸면 헤어질 위기에 도달할 것이다.

● **자기 신을 잃어버리고 남의 것을 신었던 꿈**
직장·사업·배우자·주택 등이 바뀌게 될 징조다.

● **무릎 위까지 올라오는 부츠나 장화를 신고 있는 꿈**
머지않아 그 동안의 어려움이 사라지고, 안정과 행복을 누리게 될 징조다.

● **구두 두 켤레가 우편으로 배달된 꿈**
외국 서적을 보게 되거나 여권이 나올 징조다.

● **신발이나 구두를 사는 꿈**
입학·입사 시험에 합격하게 될 징조다.

● **신발을 얻은 꿈**
자수 성가를 해서 세상 사람들의 주목을 받게 될 징조다.

● **물에 빠진 구두 한 켤레를 건지려다가 여러 켤레의 고무신을 건진 꿈**
투자를 적게 하여 많은 이득을 보게 될 징조다.

● 남이 자기 신을 신는 것을 본 꿈

처첩이 바람 나서 간통하게 될 징조다.

● 구두를 벗고 마루에 올라와서 혁대를 다시 매는 꿈

자신의 위신이나 명예를 더럽힐 구설수가 따르거나 손재수가 있을 징조의 악몽이다.

● 하이힐의 뒤꿈치가 부러진 꿈

뭔가 불길한 일이 발생할 징조다.

● 영적인 존재가 준 신을 신은 꿈

훌륭한 업적을 쌓는 학자나 지도자, 또는 권력의 후계자가 될 징조의 꿈이다.

● 새 신발이 너무 크거나 작아서 발에 안 맞았던 꿈

하고 있는 일이 분수에 맞지 않거나 불안함을 의미한다.

● 미투리나 짚신을 삼는 꿈

어떤 일이 알차게 진행되고 있음을 뜻하며, 미투리를 신어 보면 모든 일이 술술 풀리게 될 징조다.

● 다 떨어진 신발을 신은 꿈

사업적인 동반자에게 질병이 생기거나 사업이 무력해질 징조다.

●장갑, 양말●

● 남성이 고무 장갑을 끼고 있는 꿈
여기서의 고무 장갑은 콘돔을 상징한다. 콘돔을 끼고 성관계할 일이 생길 징조다.

● 작업용 장갑을 세탁한 꿈
동업자와의 계약이 깨질 징조다.

● 장갑 낀 손으로 여성이 얼굴을 가린 꿈
임신을 두려워하고 있음을 의미한다.

● 좋은 털장갑이나 가죽 장갑을 낀 꿈
형제간의 우애가 돈독해지거나, 자신을 도와줄 협력자나 협력 기관이 생길 징조다.

● 양말 바닥이 더러워져 있던 꿈
다른 사람으로부터 비난받을 일이 생길 징조다. 세인들로부터 자신의 평판이 몹시 나빠지고 명예가 바닥으로 곤두박질치게 될 것을 암시한다.

● 양말·버선·스타킹 등을 벗는 꿈
주변 사람들과의 관계가 나빠지거나, 한동안 작별할 일이 생기게 된다.

● 자기 양말을 도둑 맞았던 꿈

양말을 도둑 맞거나 어딘가에 놔뒀는데 없어진 꿈은, 누군가로부터 비난을 받거나 주위 사람들로부터 소외당하게 될 징조다.

●단추, 혁대●

● 금은 보석으로 된 단추를 다는 꿈

권세 또는 명예의 획득이 있거나, 좋은 동업자를 만나서 일이 잘 풀리게 될 징조다.

단추, 혁대

● 공무원의 꿈에 금단추·금장식 등을 옷에 새로 달면

지위나 직책의 올라가게 될 징조다.

● 단추가 저절로 열려지는 꿈

만사 형통의 길몽이다.

● 혁대가 끊어져 버린 꿈

실직·재산 피해·건강 악화 등과 관계되는 흉몽이다.

● 바지에 허리띠를 매는 꿈

결혼·결연·규제·입학·계약·과시 등의 일과 관계가 있다.

● 매고 있던 허리띠가 끊어진 꿈
진행하고 있던 일이 허사가 될 징조다.

● 허리띠가 저절로 풀리는 꿈
재산이 흩어지거나 실직할 암시이니 흉몽이다.

●수건, 헝겊●

수건, 헝겊

● '승리'라고 적혀진 수건을 머리에 동여맨 꿈
정신적으로 어려운 문제에 부딪치지만 잘 극복해 나갈 징조의 꿈이니 걱정할 것이 없다.

● 머리에 수건을 쓰고 있는 꿈
무엇인가 반성할 일이 생기게 될 징조다.

● 여성이 수건을 쓰고 앉아 있는 꿈
자기 주장을 펼치지만 다른 사람들이 동조해 주지 않을 징조다.

● 어깨에 수건을 걸친 꿈
개인의 힘, 또는 단체의 힘이 몰락함을 암시한다.

● 어깨에 두른 수건이 손까지 처져 있는 꿈
자신의 직업이 많은 사람들로부터 인정을 받게 될 징조다.

● 수건을 얻는 꿈
병이 생기거나 구설수가 있을 징조다.

● 수건으로 때를 민 꿈
어떤 사람의 추천서나 천거에 의해 취직이 될 징조다.

● 많은 사람들이 머리에 수건을 동여매고 달리는 것을 본 꿈
다른 사람의 의견에 불복하고 강하게 자기 주장을 펴는 사람을 만나게 될 징조다.

● 피를 손수건에 묻힌 꿈
계약이 성립될 징조다.

● 손수건을 사거나 만든 꿈
집안에 가정부를 두거나 계약서를 작성할 일이 있을 징조다.

● 다른 사람이 주는 손수건을 받은 꿈
남의 고용인으로 취직 또는 도움을 받게 되고, 그의 뜻에 동조하게 될 징조다.

● 옷감을 필로 들여오거나 수북이 쌓아 놓은 것을 본 꿈
권리·토지·재물 등을 얻어서 풍족하게 될 징조다.

침구류

●침대●

● 침대에 휘장을 넓게 치는 꿈
큰 복록을 얻게 될 암시이니 길몽이다.

● 침대에 올라가 눕는 꿈
흉악하고도 크나큰 일이 일어날 암시다.

● 침대에서 떨어진 꿈
직장·사업, 지위나 명예·권리 등을 잃게 될 징조다.

● 자기의 침대에 피가 묻어 있는 꿈
집안이나 자신에게 재난이 닥쳐오고, 아내가 바람 나서 헤어지게 될 징조다.

● 환자로서 환자용 침대에 누워 있는 꿈
직무에 몹시 시달리게 될 징조다.

● 새 침대를 방 안으로 들여온 꿈
사업 기반이 마련되고, 결혼하지 못한 사람은 결혼하게 될 징조다.

● 침대 위로 뱀이 기어오르는 꿈
자신에게 정부(情婦)가 나타날 암시다.

● 야전 침대에 누워 있는 꿈
병원에 입원하거나 직장 일에 근심이 생길 징조다.

● 회사 내에서 침대에 걸터앉는 꿈
직책을 얻게 되거나 어떤 기다림이 있을 징조다.

● 침대의 다리가 부러지는 꿈
사업상 어려움이 생기거나 믿었던 부하 직원을 잃게 될 징조다.

● 침대에 수많은 빈대가 기어오르는 꿈
많은 사람들에게 시달림을 받게 되거나 금전적 출혈이 예상되는 징조다.

● 침대에 개미가 기어오르는 꿈
상대방의 마음을 움직이게 할 일이 생기거나, 다른 사람에게 무엇인가 소문을 내게 해야 할 일이 일어날 징조다.

● 침대를 방에서 내가는 꿈
사업을 중단하거나 직업을 바꾸고, 이혼하는 일이 생길 수 있다.

● **침대를 때려부순 꿈**
실직하게 될 징조다.

●이불, 담요●

● **꿈에 비단 이불을 보면**
사업이나 결혼 생활 등이 성공적으로 이루어질 징조다.

● **이불을 덮고 여러 사람이 자는 꿈**
동업자와 함께 벌인 사업이 잘 이루어질 징조다.

● **방에 펴놓은 이불을 찢은 꿈**
일하는 곳에서 실직할 징조이므로 매사에 조심하는 것이 좋다.

● **이불이나 커튼 등이 떨어지는 꿈**
가족 중에 누군가가 병에 걸릴 징조다.

● **이불을 덮고 누워 있는 꿈**
사업이 지금 한창 잘 이루어져 가고 있다는 암시다.

● **담요를 깔고 놀았던 꿈**
애인의 사랑을 확인하고 싶다든지, 섹스에 대한 동경심을 나타내고 있는 꿈이다.

● 이불을 개는 꿈
하고 있는 일을 그만두거나 새로운 일을 시작하게 될 징조다.

● 이불에 동물 또는 물건이 올려져 있는 꿈
인생 편력이 다채롭게 펼쳐질 징조다.

● 이부자리에 개미 같은 벌레가 모여든 꿈
경제적 손실이 있거나 좋지 않은 일이 생길 징조다.

● 이불 속으로 도둑이 들어와 숨는 꿈
사업이나 학업 등이 진통을 겪게 될 징조다.

● 이불 위에 피가 묻어 있는 것을 본 꿈
좋지 않은 일이 있거나 아내가 간통할 징조다.

● 쌓아 놓은 이불 속에서 동물이 기어나오는 꿈
오랜 연구 끝에 어떤 성과를 보게 될 징조다.

● 담요나 이불을 펴는 꿈
모든 일이 평화롭고 편안해질 징조다.

● 담요를 보는 꿈
사업의 자본이나 기반, 또는 신분증·소개장·증명서 등을 암시하는 꿈이다.

● 이불장 안에 이부자리와 혼수감이 가득 차 있었던 꿈
상품을 비축해 놓았다가 값이 좋을 때 물품을 내다 팔게 될 징조다. 보관·재물·풍요 등을 암시하는 길몽이다.

● 이불을 이불장이나
　　　　　방 한 모퉁이에 첩첩이 쌓아놓은 꿈
자신의 이력이나 경력, 또는 병력을 암시하는 꿈이다.

11 장소에 관한 꿈

궁궐, 기관

● 궁궐 ●

● **고급 빌라 주택이 궁궐처럼 웅장하게 보인 꿈**
생각지도 않은 기회를 맞이하여 우연히 엄청난 복과 행운의 보따리를 거머쥐게 될 징조다. 입학·합격·성공·당선·사업 성과·재물·기쁨 등을 암시하는 길몽이다.

궁궐

● **자신이 용궁 안으로 들어간 꿈**
만사 형통하여 장차 행운이 찾아올 대길몽이다.

● **자신이 궁궐 안을 아무런 거리낌없이 들락거리거나 궁궐 안에 앉아 있었던 꿈**
대길몽으로서, 자신이 정부의 주요 기관에 수시로 출입하게 되거나 장차 출세하게 될 징조다.

● 궁궐 문이 굳게 닫히거나
　　　　보초병이 저지하여 들어갈 수 없었던 꿈
계획했던 일이 어떠한 장애로 인해 실패하게 되거나, 원하는 직장이나 지위를 얻지 못할 징조다.

● 궁궐을 보고 자신이 절을 하는 꿈
부귀하고, 재물운과 명예도 함께 얻을 길몽이다.

● 궁궐이나 관청 건물이 찬란하게 빛났던 꿈
벼슬길에 올라 오래도록 부귀를 누리거나, 좋은 직장에 취직하게 될 길몽이다.

● 궁궐이 매우 낡고 퇴색해 보이거나 허물어져 보인 꿈
현재 몸담고 있는 직장에 어떤 안 좋은 일이 발생하거나, 자신이 그 직장에서 물러나야 할 때가 왔음을 알리는 꿈이다.

● 궁궐 안을 자유롭게 활보했던 꿈
모든 일이 순조롭게 진행되고, 취직이나 승진 등에도 유리한 길몽이다.

● 활짝 열린 궁궐 안으로 자신이 들어간 꿈
장차 크게 출세할 징조다.

● 궁성이 화려하게 꾸며진 것을 본 꿈
재수가 좋아 만사에 운이 따르며, 재물이 들어오거나 기쁜

일이 생길 징조의 길몽이다.

● **궁성 안으로 임금이 들어가는 것을 본 꿈**
운수 대통하며 모든 일이 순조롭게 이루어질 징조다.

● 성(城) ●

● **성문이 꽉 닫혀 들어갈 수 없었던 꿈**
모든 일에 있어 아직 때가 오지 않았음을 예시하는 꿈이다.

성(城)

● **성곽이 넓고 큰 꿈**
재수가 있고 길한 징조다.

● **성 안으로 들어가 거니는 꿈**
장차 지위가 오르고 부귀를 얻게 될 징조다.

● **성벽 위에 올라서서 성 안을 살펴본 꿈**
정복하기 힘든 여인의 마음을 점령할 수 있음을 의미한다. 여성의 경우, 자기가 원하는 남자와 교제가 이루어질 것이다.

● **성에 올라가 근무하는 꿈**
행운이 따를 길몽이다.

● 성 안에서 밖으로 나온 꿈
좋은 기회를 놓치거나 운이 점점 쇠약해질 징조다.

● 붉은 성곽에 올라간 꿈
만사가 형통할 암시다.

● 성문이 저절로 열린 꿈
운이 환하게 트일 징조다. 특히 학문이나 진리 탐구 및 연구에서 크게 성공할 징조다.

● 성의 빛깔이 푸르게 보인 꿈
매사에 기쁜 일이 생길 암시이니 길몽이다.

●교도소●

교도소

● 자진해서 교도소에 들어간 꿈
각박한 현실로부터 벗어나서 혼자 있고 싶은 심리 상태를 반영한 꿈이다. 신체적으로나 정신적으로 몹시 피로가 쌓여 쉬고 싶은 당신의 마음을 의미하므로 적절한 휴식이 필요하다.

● 교도소처럼 상하좌우가 막힌 우리에 들어간 꿈
어떻게 처신해야 할지 막막할 때 꾸는 꿈이다. 혹은 답답한 상황에 처하게 될 것을 암시하는 꿈이다.

● 교도소의 침대에 누워 있던 꿈

병을 암시하는 꿈이다. 입원할 가능성이 크므로 건강에 주의해야 한다. 또한 단순히 휴식의 필요성을 강조하는 경고몽으로도 풀이될 수 있다.

● 은행 ●

● 은행에다 돈을 저금하는 꿈

실제로 알뜰 생활로 은행에다 저축하여 많은 돈을 축적하게 되거나 계를 들어 목돈을 타고 사적 거래를 하게 될 징조다. 유비무환, 대책, 삶의 축적 등을 상징하는 길몽이다.

은행

● 은행 등 금융 기관과 접촉한 꿈

출판사나 잡지사 및 문화 사업자 등으로부터 원고 청탁 등을 받게 될 징조의 꿈이다.

● 은행에서 대출을 받는 꿈

생각지도 않은 횡재를 하거나 재물과 목돈이 들어올 징조다. 곗돈·뭉칫돈·재물·횡재 등을 암시하는 길몽이다.

● 학교, 교실 ●

● 학교 건물의 벽에 자기 이름 석 자가 또렷하게 보인 꿈
각종 시험에 합격하고 문서상 기쁜 일이 생길 징조다. 합격·성적 향상·소식 등을 암시하는 길몽이다.

● 학교 건물이 와르르 무너지는 것을 본 꿈
십 년 공부 도로아미타불이라는 말이 있듯이, 지금까지 애지중지 공들여서 쌓아올려 왔던 탑이 한꺼번에 와르르 무너지게 될 징조다. 실패·실수 등을 암시하는 불길한 꿈이다.

● 학교에서 공부에 싫증이 나거나 싫었던 꿈
자신이 처한 현실에 대해 불만이 쌓여 새로운 것을 찾고 싶어하는 징조다.

● 학교에서 스승님이나 친구를 만난 꿈
뜻밖의 귀인을 만나 지도와 도움을 받고 큰 성과를 얻게 될 징조다. 희소식이나 만남을 상징하는 길몽이다.

● 학교 운동장에서 운동을 하거나 서 있었던 꿈
큰 사업을 벌이거나 대기업에 취직할 암시이니 길몽이다.

● 캠퍼스 안에 서 있는 시계탑이 환하게 보인 꿈
학업 성적이 향상되어 졸지에 장학생이 될 것을 암시하는 꿈이다. 희소식·정보·발견·발명·아이디어, 밝은 희망, 성취 등을 암시하는 길몽이다.

● **자신이 대학 캠퍼스 안으로 들어간 꿈**
고등학생은 입시 시험에 합격하여 대학에 진학하게 되고, 사업가는 대기업으로부터 수익성이 좋은 공사를 하청받게 될 징조다. 합격·취직·승진 등을 암시하는 길몽이다.

● **학교 건물이 커다란 산으로 변했던 꿈**
정신 문화가 축적되고, 교육 질서가 새롭게 탄생하며, 중소기업에서 일약 대기업으로 급부상하게 될 좋은 징조다. 부귀·출세·재물 등을 암시하는 길몽이다.

● **캠퍼스 안에 수많은 고층 건물이 보인 꿈**
학교나 단체 등의 집단에서 훌륭한 인물이 탄생하게 되고, 사업가는 생산·유통·제조업에다 투자하여 사업 성과를 크게 올리게 될 징조의 길몽이다.

● **자기가 교실의 맨 뒷자리에 앉아 있는 꿈**
윗사람의 영향권 밖에서 자유스럽게 일을 하게 될 징조다.

● **교실에서 자신의 책걸상을 찾거나 타인의 책걸상에 앉은 꿈**
사업상 어려웠거나 멀어져 있던 일들이 모두 이루어질 징조다.

● **교실에서 수업을 받는 꿈**
직장 상사, 또는 윗사람으로부터 책망이나 훈계를 듣게 될 징조다. 교실에서의 강의 내용은 신문·잡지사 등에 제출한 작품의 편집 내용과 관계가 있다.

● **교실에서 교수님의 강의를 듣는 꿈**
세미나 또는 연구 모임 등에 참석할 징조다.

● **교실에서 자신의 책걸상을 찾지 못한 꿈**
고시·취직·입시 등에서 떨어지게 될 징조다.

● **교실에서 봉황새와 용을 보았던 꿈**
학교에서 훌륭한 인재가 배출될 것을 예시하는 꿈이다. 합격·입학·학위·승진·당선·자격 취득·입신 출세 등을 암시하는 길몽이다.

● **학교 체육 시간에 멀리뛰기를 한 꿈**
남녀간에 행운이 찾아오는 것을 암시하는 길몽이다.

● **교실 안에 많은 사람이 모여 있었던 꿈**
사회 단체나 회사 등에서 정기 총회 또는 모임을 갖고 중대한 안건을 심도 있게 토론할 일이 있을 징조다. 회의·연회·관람·대회 등이 있을 것을 암시하는 꿈이다.

● **교실 안에서 큰 칠판을 본 꿈**
먼 곳으로부터 새로운 소식이 들려 올 징조다.

● 병원 ●

● **의사가 병을 치료하는 중에 잠이 깬 꿈**
계획한 일을 진행하지만 어려움에 부닥치게 될 징조다.

● **의사에게 병의 증상을 호소한 꿈**
어떤 기관이나 누군가에 의해 출세하게 될 징조다.

● **수술받을 때 뻐근한 감각을 느낀 꿈**
상대방이 자기 일에 깊이 관여하거나 상대방에게 감명을 줄 일이 발생할 징조다.

● **수술받을 때 전혀 통증을 못 느낀 꿈**
하는 사업이나 일이 이루어지고 재물이 생길 징조다.

● **머리를 수술하는 꿈**
논문·사상·문예 작품 등에 관해 심사를 받거나 상담에 응할 일이 생길 징조다. 또 기자나 검사 앞에서 자기의 사상을 피력할 일이 생길 징조이기도 하다.

● **자기 스스로 수술하는 꿈**
누군가에게 책임을 전기시킬 일이 생길 징조다.

● **병을 치료하다가 죽는 꿈**
소원이나 사업 등과 같이 계획한 일이 완벽하게 성취될 징조다.

병원

● 주사기나 메스 등을 본 꿈
서로 싸우는 사람을 보게 되거나 작품 선정과 관계 있는 일이 생길 징조다.

● 의사에게 자기의 병세를 자세히 설명하는 꿈
자기 일에 관해 이력·행적·사업 실적 등을 보고해야 할 일이 생길 징조다.

● 정신과 질환을 치료받는 꿈
몸이 편안해지고 재물이 들어올 징조다.

집, 건물

● 집 안 ●

● 아파트 공간이 넓어서 시원하게 보이는 꿈
마음먹은 일들이 순조롭게 풀리고 미래가 밝아오며, 어둡고 암울했던 과거가 지나고 새로운 행운의 장이 열릴 징조다.

● 집 안에 광채가 어려 있는 꿈
벌여 놓은 사업이나 일에 이익이 크게 생기거나, 관록을 받아 경사가 있을 암시이니 대길몽이다.

● 남이 문구멍을 통해
　　　　자기의 방 안을 염탐하는 것을 본 꿈

남이 자기의 사생활을 염탐하거나, 가해할 목적으로 자기를 탐색하게 될 징조다.

● 집 안에 풀이 우거져 있는 꿈

재물에 큰 손실이 있거나 상속권을 잃는 등 재산이 흩어질 것을 암시하는 흉몽이다.

● 집 안으로 많은 사람이 몰려오는 꿈

어떤 기관 또는 단체에서 사업이나 작품에 대해 관심을 갖고 평가하거나 비판하게 될 것을 예시한다.

● 자신의 집 안에 풀이 수북하게 나 있는 꿈

집안에 걱정거리가 생길 징조다. 이 꿈은 집안에 재산을 축내는 사람이 생길 운이다.

● 깨끗이 집 안 청소를 한 꿈

멀리서 손님이 찾아오거나 뜻하지 않은 좋은 소식을 듣게 될 것을 암시한다.

● 꿈속에서 방이 유난히 길거나 넓게 보이면

자기 사업장이나 위탁 기관 세력의 강대함, 신문·잡지 등에 실린 기사의 할당 지면이 확대되어질 징조다.

● 집 안이 매우 누추하게 보인 꿈
재수가 있고 모든 일이 잘 풀릴 징조다.

● 방을 새롭게 정리하는 꿈
혼담이 성사되고, 가정부나 일하는 사람을 들이게 될 징조다.

●집의 파손●

집의 파손

● 성난 파도가 밀어닥쳐 가옥이 파손된 꿈
한 순간에 평지 풍파가 일어날 징조다. 운세가 불길하다.

● 고층 아파트가 굉음 소리를 내며 와르르 무너진 꿈
인재나 천재지변으로 인해 대형 사고가 일어날 징조다. 죽음·참변·실패·불길 등을 암시하는 흉몽이다.

● 자기 집의 일부가 파손된 꿈
집안에 우환이 생기거나, 신분·사업 등이 몰락할 징조다.

● 저절로 집이 와르르 무너진 꿈
별다른 노력 없이도 사회적인 추세나 압력·이념·학설 등에 의해 더욱 좋고 새로워진 일에 참여하게 될 징조다.

● 남이 자기 집을 무너뜨린 꿈
다른 사람의 요구에 의해 사업 또는 진로를 바꾸거나 포기할 일이 생길 징조다.

● 자기 집을 자신이 무너뜨린 꿈
계획·사업·구성·소망 등을 바꾸거나, 국가적 변동 상황 등으로 담화문 등을 발표하게 될 징조다.

● 태풍으로 인해 집이 무너진 꿈
집안에 우환이 들끓고, 하는 일마다 꼬이고 실패하게 될 징조다. 질병·사고·불길 등을 암시하는 흉몽이다.

● 지진으로 인해 가옥이 흔들린 꿈
집안에 우환이 들끓고 재물이 나갈 징조다. 질병·사고·실패·불길 등의 불운을 암시하는 흉몽이다.

● 장맛비로 인해 집이 침수된 꿈
집안에 악귀와 질병이 침노하게 될 징조다. 우환·실패·불길·침범·비보 등의 뜻이 내포되어 있는 흉몽이다.

●집의 출입●

● 집을 비워 두고 출타한 꿈
여행, 마음의 방황, 병, 죽음 등을 상징하는 꿈이다.

집의 출입

● 남의 집을 방문한 꿈
이성의 집을 방문했다면 새로운 로맨스가 찾아들고, 동성의 집을 방문했다면 소망의 실현이나 새로운 일의 전개를 의미한다. 만일 방문한 집이 아름다운 곳에 세워진 훌륭한 저택이라면 행운의 정도가 한층 높아짐을 암시한다.

● 삼촌의 집을 방문한 꿈
자신에게 커다란 도움을 줄 사람이나 사업체를 찾아가게 될 징조다.

● 남의 집에 들어간 꿈
친분 관계에 있는 사람이 자신을 찾아오거나 자기에게 부탁하게 될 징조다.

● 외출 나갔다가 다시 자기 집으로 들어간 꿈
사업체를 해체하거나 회사에서 실직하게 될 징조다.

● 빈집 ●

빈집

● 빈집에 들어갔다가 다시 나온 꿈
계약·청탁·연구 등의 일이 성사되지 않을 징조다.

● 빈집을 사거나 팔려고 한 꿈
과부를 얻게 되거나, 그 과부를 한 번쯤 소유해 보려는 욕심을 갖게 될 징조다.

● **빈집에 혼자 누워 있는 꿈**
혼담이나 계약 등이 좀처럼 이루어지지 않고 오랜 시일을 질질 끌게 될 것을 암시한다.

● **결혼한 사람의 꿈에 빈집이 나타난 꿈**
부부간에 있어서 애정의 결핍과 가정 생활에 대한 불만을 나타내고 있는 꿈이다.

● **텅 비어 있는 건물이나 빈집을 찾아갔던 꿈**
자신이 요즘 뭔가에 쫓기고 있다는 심리적인 공허감을 의미한다. 혹은 찾아간 어떤 사람의 마음이 어딘지 다른 곳에 몰두해 있음을 의미한다.

●이사, 새집●

● **이사할 집이 와르르 무너지는 것을 본 꿈**
큰 행운이 찾아오게 될 징조다. 그러나 집의 일부가 무너지는 꿈은 흉몽이다.

이사, 새집

● **새집으로 이사하는 꿈**
직장을 옮기게 되거나 실제로 이사할 일이 생길 수도 있다. 또한 새로운 일거리가 생길 징조이기도 하다.

● 소형 주택에서 대형 아파트로
　　　　　　　이사할 날짜를 잡아 놓은 꿈
하급 관청에서 상급 관청으로 자리를 옮기게 될 것을 암시하는 꿈으로, 진급 발령이나 당선·자격 취득·합격·승진·변동·변화 등을 암시하는 길몽이다.

● 환자가 새로 지은 집에 들어가서 나오지 않는 꿈
병이 극도로 악화되거나, 가까운 시일 내에 사망하게 될 징조이므로 흉몽이다.

● 새집의 여러 방을 살피는 꿈
새색시나 신입 사원 등의 인물 됨됨이를 알아보게 될 일이 있을 징조다.

●건축●

건축

● 벼랑 위에다가 집을 짓는 꿈
실속이 없고 위험한 사업에다 투자를 하여 엄청난 손실을 가져오게 될 징조다.

● 집을 짓기 위해 시멘트·목재 같은
　　　　　　　　　건축 자재를 구입한 꿈
인재·사업 자금·학문 자료 등을 마련하게 될 징조다.

● 공공 건물을 짓는 꿈

사업체나 조직체 등을 형성하게 될 징조다.

● 아파트를 신축하는 꿈

새로운 소망과 새로운 질서가 점진적으로 이루어지며, 새로운 아이디어로 신상품을 만들게 될 징조다.

● 집터를 닦는 꿈

사업 판도나 세력권을 형성하게 될 징조다. 만일 그 자리에 집을 짓는 꿈을 꾸었다면 정신적·물질적 사업을 시작하게 될 것을 암시한다.

● 집을 개조한 꿈

집안이 발전하고, 사업체가 완벽하게 되거나 자본을 더욱 투자할 일이 생길 징조다.

● 자기 집을 증축한 꿈

많은 사람들을 사귀거나 사업을 확장시키게 될 징조다.

● 자기 집을 지은 꿈

매사에 좋은 일이 생기고, 어렵던 일이 누군가의 도움을 받아 성공하게 될 징조다.

● 축대나 둑을 쌓는 꿈

꿈속의 작업 진도에 비례해서 지금 자신이 추진하고 있는 일이나 사업의 진전도 있게 된다.

●건물●

● 연립 주택 단지를 지나간 꿈
여러 과정을 통해서 어떤 일을 성취하게 될 징조다.

● A건물에서 술을 마시고 B건물에서 소변을 본 꿈
A기관에서 맡긴 일이 B기관에서 이루어지게 될 징조다.

● 공공 건물을 짓는 꿈
어떤 사업체나 단체·조직체 등을 새롭게 만들게 되거나 형성하게 될 징조의 꿈이다.

● 호화로운 건물이 공중에 떠 있는 꿈
업적·조직체, 기타 단체의 일이 세상에 공개되어 과시할 일이 생길 징조다.

● 울창한 숲 속에 고색 창연한 옛집이 보이는 꿈
희귀한 문예 작품을 창작하거나 새로운 아이디어로 신상품을 개발하게 될 징조다. 발명·발굴·연구·재물·횡재 등을 암시하는 길몽이다.

● 건물에 불이 활활 타오른 꿈
불길이 거셀수록 계획했던 일이 더욱 순조롭게 진행될 징조다. 금전운과 재물운이 그야말로 절정을 이루는 암시이므로 길몽 중의 길몽인 꿈이라 할 수 있다.

● 전통적인 한옥이나 초가집을 본 꿈
호젓한 시골길을 거닐게 되거나, 고고학과 관련된 일을 하게 될 징조의 꿈이다.

건축 구조물

●기둥●

● 자기 집의 대들보가 무너지는 꿈
생각지도 않았던 어려움을 겪게 되고, 타인의 모함에 의해 직위를 잃게 되거나 애인과 헤어지게 될 징조다.

기둥

● 기둥이 넘어진 꿈
집안 식구 가운데 누군가가 병에 걸리게 되거나 자신이 병에 걸려 고생하게 될 징조다.

● 기둥에 울긋불긋한 장식을 하고 나서 제사를 지낸 꿈
초상을 치르게 될 징조다.

● 기둥에 오르는 꿈
자기보다 윗사람이나 지위가 높은 사람의 비위를 맞추며 도

움을 청하게 될 징조다.

● 담장, 벽 ●

● 누군가가 담장을 부수고 있는 것을 본 꿈
꿈에 담장을 부쉈던 사람은 다름 아닌 자기 자신의 변형된 모습이다. 유치한 생각이나 옛 생활을 청산하고자 하지만, 아직도 결심이 확고하지 않음을 암시한다.

● 담장을 넘으려고 안간힘을 쓴 꿈
자신에게 불어닥친 장애를 극복하기 위해 안간힘을 쓰고 있는 당신의 모습을 나타내고 있는 꿈이다. 만일 담장을 넘었다면 그것들은 자신의 의지대로 극복될 징조다.

● 담장을 높이 쌓는 꿈
부정한 일을 저지르게 되거나 누군가에게 맞서 싸우게 될 일이 생길 징조다.

● 도둑이 담을 넘어 들어온 꿈
자신의 일을 도와줄 동업자나 배우자를 만나게 될 징조다.

● 담장 밑에 구멍이 뚫려 있는 꿈
집안에서 도둑을 맞거나 하여 귀한 재물이 밖으로 새어 나갈 징조다. 실물·지출·실패 등을 암시하는 흉몽이므로 매사를 신중하고 조심해야 한다.

● 담장 안에서 마당을 손질하거나
　　　　　　　　마당에 서서 담장을 바라본 꿈

자신이 누군가에게 보호받고 있는 상태라는 것을 의미한다. 혹은 유아적인 성향이 아직 남아 있어 부모나 가정의 울타리 안에 갇혀 있다는 암시도 된다.

● 담벽에 흰 분가루를 칠하여 밝게 보인 꿈

앞으로 가운이 상서롭거나 좋은 일이 생길 징조다.

● 벽에 페인트를 칠하여 집을 단장한 꿈

사회에 사업 성과를 발표하거나 광고를 하고, 작품의 마무리 작업을 하게 될 징조다.

● 집 주위에 담장을 쌓는 꿈

동업을 하거나 경쟁, 또는 동거를 하게 될 징조다.

● 담장을 차로 들이받아 무너뜨린 꿈

자신의 사업 방향을 조언해 줄 능력 있는 사람이 나타날 징조다.

● 담장을 새로 쌓거나 만드는 꿈

자신만의 세계를 만들려고 하는 당신의 심증을 나타내고 있는 꿈이다. 미혼 남녀의 경우에는 결혼할 예지몽이다.

● 담장 주위를 돌며 순찰한 꿈
외근 부서로 발령을 받거나 파견 근무를 하게 될 징조다.

● 벽을 뚫고 그 안으로 들어간 꿈
시험에 수석으로 합격하거나 지금까지 모르고 있던 무엇인가를 깨닫게 될 징조다.

● 학생이 담장 위에 올라간 꿈
수험자의 경우에는 합격 통지서를 받게 되고, 일반인에게는 어떠한 좋은 소식이 있을 징조다.

● 무너진 담장 사이로 밖이 훤히 내다보인 꿈
사업 등 모든 일의 전도가 밝고 활발하게 진행될 징조다.

● 문, 창문 ●

문, 창문

● 자기 집에 낯선 문지기나 집 지키는 사람이 있었던 꿈
가족에게 좋지 않은 문제가 일어나거나 가장의 신상에 어떤 변고가 발생할 징조다.

● 문을 열고 안을 들여다보는 꿈
단체나 기관 등에 청탁할 일이 생길 징조다.

● 문 안에 사람이 아무도 없는 꿈
가족을 잃고 외돌토리가 될 수 있는 암시의 흉몽이다.

● 큰불이 문을 태워 버린 꿈
흉몽으로서 패가 망신할 일이 생길 징조다.

● 자기 집 대문이 저절로 활짝 열린 꿈
가만히 있어도 저절로 자신의 좋은 협력자가 나타날 징조다.

● 자기 집의 문이 망가진 꿈
집이나 회사에 도둑이 들거나, 고용인이 자기 몰래 돈이나 물건을 훔쳐 가지고 달아나게 될 징조다.

● 큰불이 나서 자기 집 대문이 타는 꿈
어떤 예기치 못한 재앙이 발생할 흉몽이다.

● 훌륭한 문을 새로 만들어 단 꿈
귀한 아들을 얻게 될 징조이며, 그가 장차 어른이 되어 큰 인물이 될 것을 암시한다.

● 대문을 활짝 여는 꿈
만복이 들어올 징조이다.

● 방 안에 동물이 있는 것을 보고 문을 닫은 꿈
태아가 유산되거나 일찍 죽게 될 징조다.

● 안방 문이 낡아서 구멍이 뚫린 꿈

집안에 우환과 질병이 생길 징조다. 빈곤·우환·질병·실물 등의 불운이 닥칠 것을 예시하는 꿈이다.

● 자기 집 대문이 유난히 높아 보이거나 커 보인 꿈

고위 관직에 오르거나 큰 부자가 될 징조이며, 복이 저절로 굴러들어오는 운수 대통할 운세이다.

● 집 문 앞에 개울이 생긴 꿈

만사가 뜻대로 되지 않을 징조다. 방해꾼이 일을 방해하여 진퇴 양난에 빠지게 될 불길한 운세이다.

● 자기 집의 대문이 잠겨서 집 안에 들어가지 못한 꿈

하는 일마다 번번이 실패하게 될 징조다.

● 열쇠가 없어 대문을 열지 못한 꿈

사업상 유능한 동업자를 잃게 될 징조다.

● 앞문을 잠그고 뒷문으로 출입한 꿈

불법으로 뒷거래 장사를 하거나 음흉한 짓을 하게 될 징조다.

● 철로 된 문을 본 꿈

지금 하고 있는 사업 또는 일에 기다릴 일이 생기거나 병원에 갈 일이 생길 징조다.

● 돌로 된 문을 본 꿈
장수하게 될 징조다.

● 돌로 대문을 만드는 꿈
사업이나 직위가 더욱 단단해지고, 장수를 암시하는 길몽이다.

● 창문으로 넘어들어간 꿈
취직·청탁 등이 순조롭게 이루어질 징조다.

● 창문 앞에 서서 집 안을 들여다본 꿈
태몽이라면, 어려운 환경에서 아이를 출산하게 되어 산모와 태아의 건강이 안 좋을 징조다.

● 여성이 창문을 열고 밖을 내다본 꿈
남성이 이 꿈을 꾸었을 경우에는 여성으로부터 사랑을 받을 수 있고, 일의 상징일 경우에는 사업상의 소원이 이루어질 징조다.

● 교문 위로 학생이 올라가 있는 꿈
시험 성적이 향상될 징조다.

● 연립 주택 창문으로 햇빛이 반사되는 꿈
어려운 역경을 극복하고 희망 찬 행운을 맞이하게 될 징조의 꿈이며, 또한 합격·입학·당선·승진·재물·횡재·대길 등을 암시하는 길몽이기도 하다.

● 어떤 집 창문에 불이 환히 켜져 있던 꿈
취직·결혼·사업·청탁 등의 반가운 소식이 올 징조다.

●지붕●

지붕

● 기와를 올리거나 지붕을 수리한 꿈
사업이 번창하고, 하던 일이 완성되며, 거래처를 옮기게 될 징조다.

● 많은 사람들이 지붕 위에 서 있는 꿈
집안이나 직장에 우환이 생길 징조다.

● 자신이 지붕 위로 올라간 꿈
그 동안 자신이 쌓아올린 업적이나 성취한 일이 널리 알려지게 될 암시다.

● 지붕이 무너지고 붕괴되는 꿈
신분이 낮아지거나, 사업·단체 등이 몰락할 징조다.

● 지붕이 여러 가지 천연색 기와로 되어 있는 꿈
사업체에서 생각지도 않았던 많은 유별난 일이 일어날 징조다.

● 지붕에 색깔을 칠하는 꿈
자신이 다니는 직장이나 소속된 단체에서 인정받을 징조다.

● 추녀 밑에서 비를 피한 꿈
권력 있는 자의 협조를 받아 사업을 경영하게 될 징조다.

● 홍수를 피해 사람들이 지붕 위로 대피한 꿈
만사가 대통하고, 하는 일마다 잘 풀려나갈 징조다.

● 지붕 위에서 밝은 태양이 활활 타오르는 꿈
집안에 경사가 생기고, 하는 일마다 순조롭게 풀릴 징조다. 출세·행운 등을 상징하는 길몽이다.

● 건물 서까래마다 단청 무늬가 형형색색 곱게 단장되어 있는 꿈
집안에 기쁘고 경사스러운 일이 생기고, 자손에게 영화와 길운이 트일 것을 암시하는 길몽이다.

●지하실, 창고●

● 지하실에 있던 물이 꽁꽁 얼어 있는 꿈
자금이 동결될 징조다.

지하실, 창고

● 캄캄한 지하실 안을 헤매다가 깨어난 꿈
세상에 알려야 할 일을 알리지 못하고 죄인으로 몰려서 괴로움을 당하게 될 징조다.

● 지하실에 물이 가득 찬 꿈
많은 재물이나 돈이 들어올 징조다.

● 지하실을 들여다본 꿈
어떤 비밀스러운 일이나 학문 등에 연구·탐사·관심을 갖게 될 징조다.

● 자신이 지하실로 들어가는 꿈
암거래 등과 같은 범죄 단체 등으로부터 가입 유혹을 받게 될 징조다. 만일 그 지하실이 어두운 곳이었다면, 자신의 현재 생활이 불만족스럽다는 것을 의미한다.

● 창고를 짓거나 수리한 꿈
장사꾼은 더욱 장사가 잘 되고, 부자는 더욱 부자가 되며, 농사를 짓는 농민들은 더욱 수확량이 많아질 뿐만 아니라, 예술가나 연예인은 유명세를 타게 될 징조의 길몽이다.

●부엌●

부엌

● 부엌에서 불이 난 꿈
집안에 급한 일이 발생할 징조다.

● 부엌에 반찬거리가 잔뜩 있는 꿈
사업의 자금 문제가 해결될 좋은 징조다.

● 부엌 안에 햇빛이 밝은 꿈
가문이 번창해질 징조다.

● 부엌에서 서성거린 꿈
사업을 시작하거나 출세의 기반이 견고히 다져질 징조다.

● 부엌이나 부뚜막을 수리하거나 만드는 꿈
집안의 운수가 길하게 일어날 징조다.

● 부엌에서 음식을 열심히 만든 꿈
진행 중인 일을 재점검하거나 무엇인가를 계획할 일이 생길 징조다.

● 부엌에서 그릇이 우는 꿈
누군가와 시비를 하게 되거나 구설수가 있을 징조다.

● 부엌으로 찬거리를 많이 들여온 꿈
머지않아 사업 자금이나 일거리 등이 생길 징조다.

그 외의 장소

●고향, 친정●

고향, 친정

● 고향집에서 부모님께 정중히 큰절을 올리는 꿈
자기보다 윗사람에게 어떤 청원할 일이 생기거나 학교 당국으로부터 입학을 허가받게 될 징조다.

● 고향집으로 가는 길이 너무 멀다고 생각한 꿈
지금 자신이 해야 할 일을 두고 마음은 급하지만 실제로 행동이 따라주지 않을 징조의 꿈이다.

● 고향에 있는 자신의 집이나 논밭이 폐허가 된 꿈
생각지도 않았던 행운이 찾아올 아주 길한 꿈이다.

● 고향이나 집을 향해 걸어가는 꿈
지금 진행하고 있는 사업 또는 일의 성공이나 완성 등을 상징하고 있는 꿈이다.

● 결혼한 여자가 친정집에 간 꿈
문예 작품이나 일이 잘 이루어져 재물이 들어올 징조다.

● 결혼한 여자가 시집에 간 꿈
거의 이루어질 듯하던 일이 그만 중간에서 수포로 돌아갈 징조의 꿈이다.

● **친정집에서 시집으로 들어오는 꿈**
자신이 지금 계획하고 있는 일이 성사될 장소나 관청·직장 등에 가야 할 일이 있을 징조다.

● **친정으로 가다가 시집으로 발길을 되돌린 꿈**
의욕을 가지고 시작했던 일을 포기하거나, 헤어졌던 사람과 다시 만날 일이 생길 징조다.

● **부모님이 계신 집으로 간 꿈**
지금까지 계획했던 사업이나 일이 협력자의 도움을 받아 예정대로 성사될 징조다.

● 논, 밭 ●

● **물꼬가 터져서 남의 논으로 물이 넘친 꿈**
재산의 손실이 있거나 사상적 침해를 받게 될 징조다.

논, 밭

● **논밭에서 여러 사람들이 함께 일하는 것을 본 꿈**
여러 사람들을 고용하여 사업을 하게 되거나, 어느 기관의 도움으로 일이 성취될 징조다.

● 논에 물이 없는 것을 본 꿈

돈의 궁함이나 사상의 고갈 등을 의미하며, 인적 자원이나 물질적 자원, 또는 자본금 등이 고갈될 것을 암시한다.

● 잘 익은 오곡을 수확하는 꿈

식품·농업·유통업에 투자하여 성과를 올리게 되고, 채권이나 주식이 생길 징조다.

● 오곡이 풍성하나 아직 익지 않은 꿈

현재는 어렵지만, 머지않아 일이 마음먹은 대로 성취되고 점차 부자가 될 징조다.

● 논에서 모내기하는 것을 구경한 꿈

직장인 또는 관리는 지위가 오르고, 보통 사람들은 누군가로부터 식사 대접을 받게 될 징조다.

● 논 가운데 풀이 무성해 보이는 꿈

크게 길하며, 재물이 생기는 등 사업상 좋은 일이 일어날 징조다.

● 논이나 밭을 판 꿈

남에게 사업 자금을 대 주게 될 징조다.

● 논에 모내기를 한 꿈

다른 사람에게 알려서 자랑할 만한 일을 하게 될 징조다.

● 남에게 논밭 농사를 짓게 한 꿈

물질적으로 집안이 풍요롭고, 재수가 있고, 사람을 채용하게 되고, 대길할 징조다.

● 밭에서 잡곡을 수확하는 꿈

물질적·정신적인 자원을 확보하게 될 징조다.

● 논에 물이 가득 차 있는 꿈

하고 있는 일의 환경이나 여건 등이 잘 갖춰질 것을 의미하며, 자신의 정신 상태도 자신감에 차 있음을 암시하는 꿈이다.

● 논에 모를 심는 꿈

어딘가로 출타하게 될 징조이며, 벼를 베는 꿈 역시 출타할 징조다.

● 밭이랑에 구덩이를 만든 꿈

여러 분야의 사업 또는 학문 연구에 좋은 방도가 생길 징조다.

● 논에 모내기하는 것을 구경한 꿈

관리는 지위가 오르게 되고, 상인은 장사에 이득이 생겨 돈을 벌게 될 징조다.

● 쟁기나 트랙터로 논밭을 갈았던 꿈

좋은 성과를 얻으려고 열심히 노력하는 것을 의미한다. 혹은 부부 관계를 의미하기도 하며, 임신의 징조이기도 하다.

● 잡초가 무성한 버려진 밭에 망연히 서 있었던 꿈
결혼한 남성이라면, 아내에 대해 불만이 많을 때 이런 꿈을 자주 꾸게 된다. 또한 사업이나 업무상으로 성과가 없어서 맥이 빠지고 계획은 중도 좌절될 징조다.

● 논밭에 오곡이 무성해 보인 꿈
하는 일이 순조롭게 풀리고, 재수가 있으며, 재물과 행복을 얻게 될 징조다.

●시장, 가게●

시장, 가게

● 생선 가게에서 어물을 산 꿈
시장에서 부식물을 장만하거나 물건을 살 일이 있을 징조다. 먹을 복이 있을 꿈이다.

● 그릇 가게에서 그릇을 사 온 꿈
집안 살림살이를 장만하거나 집안에 잔치를 벌일 일이 있을 징조다. 관용이나 수용을 암시하는 길몽이다.

● 가게에 수많은 양복이 걸려 있는 것을 본 꿈
취직이나 승진 등과 같이 축하할 만한 일이 생길 징조다.

● 시장에서 친한 사람과 만나는 꿈
크게 부귀해질 길몽이다.

● 시장에서 물건을 사기 위해 여기저기 기웃거린 꿈
직장이나 결혼 상대자 등을 놓고 선택하는 과정에서 마음 쓸 일이 생길 징조다.

● 시장에서 물건을 사고 파는 꿈
물건을 사는 꿈은 다른 사람을 도와주다가 고생하는 일이 생길 암시이고, 파는 꿈은 다른 사람으로부터 음식 대접을 받을 암시다.

● 다른 사람과 물물교환을 하는 꿈
병이 생길 징조다.

● 과일 가게와 거래를 한 꿈
금융 기관에 근무하고 있는 사람과 상담할 일이 생길 징조다.

● 반찬 가게에서 찬거리를 사 온 꿈
실제 찬거리를 장만하여 밥상 위에 올려놓게 될 징조다. 준비·식복 등을 암시하는 길몽이다.

● 쌀가게에 쌀과 잡곡이 많이 쌓여 있는 것을 본 꿈
재물과 돈이 생기고, 먹을 것이 들어올 징조다. 먹을 복, 사업 발전, 횡재 등을 암시하는 길몽이다.

● 시장에서 놀며 술 마신 꿈
만사 이익이 있을 길몽이지만, 너무 지나치면 오히려 화가 생길 암시의 꿈이다.

● 다리 ●

● **강을 못 건너고 있는데 사람들이 뗏목을 놓아 준 꿈**
하고 있는 일이 난관에 처해 있을 때 여러 곳으로부터 도움을 받아 어려움을 극복하게 될 징조다.

● **다리 위에서 아래를 내려다본 꿈**
승진 등을 하게 되어 하부 계층을 다스릴 일이 생길 징조다.

● **다리 위를 우마차가 지나가는 꿈**
여러 협조 기관의 도움을 받으며 일을 추진시킬 징조다.

● **다리 위에서 누군가가 손을 잡아 끌어올려 준 꿈**
다른 사람의 도움으로 인해 무난히 취직이 이루어질 징조다.

● **폭탄이나 어떤 원인에 의해 다리가 절단되는 꿈**
장애물이 없어지고 소원하는 바를 이루게 될 징조다.

● **다리를 보수한 꿈**
사업을 정비하거나 다른 사람에게 청탁했던 일이 이루어질 징조다.

● **다리 위를 많은 사람들이 지나가는 것을 본 꿈**
어떤 기관에 부탁한 일이 이루어지지 않을 징조다.

● 다리 위에서 편안히 앉아 있었던 꿈

벼슬이나 직장을 얻게 될 것을 암시한다.

● 돌다리를 건너는 꿈

진행하고 있는 일의 기반이 튼튼함을 뜻한다. 그 튼튼한 기반을 딛고 열심히 노력하면 틀림없이 성공할 수 있음을 당신에게 알리는 꿈이다.

● 아득히 먼 다리를 건너는 꿈

모든 계획이 시일이 걸리지만, 다리가 튼튼해 보였다면 결국 뜻을 성취하게 될 징조다. 또한 저승으로 가는 길목으로 해석될 수도 있다.

● 다리가 끊어지는 꿈

구설수가 있을 징조이다.

● 교각이 부러지는 것을 본 꿈

자신이 믿고 있던 부하나 협조자 등을 잃게 될 징조다.

● 외나무다리를 건넌 꿈

일이나 사업 등을 진행시키는 데 있어서 그 기반이 튼튼하지 못함을 당신에게 알리는 꿈이다.

● 징검다리를 건너는 꿈

새로운 사업이나 일을 계획하게 될 징조다.

● 다리 위에 물건을 올려놓은 꿈

어떤 거래처나 기관에 자신의 일을 부탁하게 될 일이 생길 징조의 꿈이다.

● 다리 위에서 사람을 기다린 꿈

청탁한 일이 잘 추진되지 않아서 고민하게 될 징조다.

● 다리의 중간 부분이 끊어지는 꿈

갑작스런 재난을 당하거나 색정의 일로 고생할 징조다.

● 다리가 끊어지거나 타인의 방해로 건너지 못한 꿈

소망하던 일이나 직책에 좋지 않은 일이 생길 징조다.

● 다리 기둥이 꺾이는 꿈

자손에게 해롭거나 불리한 일이 생길 징조다.

● 다리를 새로 놓는 꿈

많은 사람들에게 덕을 베풀게 될 징조다. 뿐만 아니라 처음에는 어려움이 있더라도 시일이 지나면 일마다 순조롭게 진행될 것을 암시하기도 한다.

● 다리 위에서 누군가가 손짓하며 부른 꿈

고위층 사람에게 청탁했던 일이 이루어질 징조다.

● 비바람이 몰아쳐서 다리를 건너지 못한 꿈
어떤 방해로 인하여 일이 마음먹은 대로 진행되지 않을 징조다.

● 튼튼하게 만들어진 다리를 건넌 꿈
직장·지위·사업 등의 기반이 더욱 튼튼해질 징조다.

● 길 ●

● 길거리에 떨어져 있는 물건을 주운 꿈
진행하고 있는 일에 방해물이 생겨 여러 번 고비를 겪게 될 징조다.

길

● 가던 길이 점점 좁아지는 꿈
앞날에 대한 불안감, 쓸쓸한 노후나 인생을 예시하는 꿈이다.

● 도로를 새롭게 만드는 꿈
그 동안 소망했던 일이 성취될 길몽이다.

● 대로에서 소로로 접어든 꿈
사업·정치 및 기타의 운세가 사양길로 접어들게 될 징조다.

● 어두운 밤길을 걸어간 꿈
미개척 분야에 뛰어들게 되거나 처음 만나는 사람과 대화를 나누게 될 징조다.

● 혼자 어딘지 모르는 나라를 걷든가, 섬들을 걷는 꿈
부모 형제, 또는 자신에게 힘이 되어 줄 사람들과 불화를 이루게 될 징조이므로 조심하라는 경고성 꿈이다.

● 길을 가다가 교통 사고로 죽는 사람을 본 꿈
어떤 기관이나 권력자 등의 도움을 받아 경영하는 사업이 발전하게 될 것을 암시한다.

● 내리막길을 내려간 꿈
운세가 상승할 징조다. 그러나 오르막길을 오르고 있는 꿈이라면 운세가 하강할 것을 암시한다.

● 길을 포장하고 있는 것을 본 꿈
일에 착수하게 되어 사업 기반을 닦게 될 징조다.

● 대로를 말이나 수레를 타고 자유롭게 다니는 꿈
만사 형통하고 계획했던 일이 성사될 징조다.

● 대로를 걷는 꿈
사업이나 자신의 하는 일이 잘 풀리게 될 것을 암시한다.

● 자기 집 마당에서부터 큰 도로가 나 있는 꿈
여러 방면으로 일이 순조롭게 풀릴 징조다.

● 길이 이리저리 사방으로 통해 틔어 있는 꿈
널리 이름을 크게 알릴 암시의 길몽이다.

● 길이 훤히 트여 마음이 시원했던 꿈
진행 중인 사업의 전망이 밝을 징조이며, 미래의 운세도 좋다.

● 강을 중심으로 하여 여러 갈래의 길을 만나게 되는 꿈
다양한 일을 경험하게 될 징조다.

● 호수를 중심으로 하여 여러 갈래의 길을 만나게 되는 꿈
많은 지식을 갖고 있는 사람과 이야기할 기회를 갖게 될 징조다.

● 일반인이 가마를 타고 길을 가는 꿈
공무원이 되거나 직장에서 승진하게 될 징조다.

● 앞사람을 따라 길을 가는 꿈
자기 의사를 잘 따라주는 동업자나 동지를 만나게 되고, 그들이 자신의 일을 잘 도와주게 될 징조다.

● 질척한 거리를 걸으며 자주 빠진 꿈
병에 걸려 시달리거나 생활고에 찌들게 될 것을 예시한다.

● 길에 가시덤불이 있으며 진흙길인 꿈
지금 진행하고 있는 모든 일이 어려움에 처해지고, 계획한 일이 진척되지 않을 징조다.

● 가던 길이 갑자기 끊기고 없어진 꿈

인생 행로의 변경이나 돌발적인 사건을 암시한다. 자기 자신도 어쩔 수 없는 상황이나 사건에 처하게 됨을 암시하는 꿈이기도 하다.

● 빙판길에서 넘어진 꿈

좋지 못할 사건이나 일이 생기게 될 암시다.

● 유난히 구불구불하다고 느낀 길을 본 꿈

자기의 정당성에 대해 많은 사람들에게 강변하지만, 이것이 잘 받아들여지지 않을 징조다.

● 넓고 탁 트인 길을 본 꿈

매사가 순조롭고, 사업을 확장하게 되거나 새로운 사람들과 사귀게 될 징조다.

● 여러 명이 함께 길을 걸었던 꿈

함께 걷는 사람이 이성이라면 배우자를 나타내고, 3명 이상의 남녀라면 가족을 상징할 가능성이 크다.

● 곧게 뻗은 길, 또는 넓은 길을 걷거나 바라본 꿈

매사가 순조롭게 진행될 것을 암시한다. 현재의 상태대로 곧장 밀고 나가라는 의미로도 해석된다.

● 무거운 짐을 지고 길을 가는 꿈

경제적으로 궁핍해지거나 일을 추진하는 데 심한 진통이 예상되는 암시다.

● 험하고 좁다란 길을 걸어간 꿈
사업이 잘 풀리지 않고 한동안 운세가 침체될 징조다.

● 길을 가다가 양쪽으로 갈라진 곳을 만난 꿈
지금 당신이 중요한 선택의 기로에 서 있음을 알리는 꿈이다. 오른쪽으로 갔느냐, 왼쪽으로 갔느냐, 또 누구와 함께 갔느냐에 따라 이 꿈은 달리 해석된다.

● 길을 가다가 낭떠러지를 만나거나
　　　　　　　　　　　　길이 보이지 않았던 꿈
지금 추진하고 있는 사업이나 일이 어려움에 처하여 있어도 마땅한 해결책이 아직 없음을 의미한다.

● 길 표지판 앞에 서 있는 꿈
권력자의 후원이나 협조로 사업을 운영하게 될 징조다.

● 길을 가다가 도중에서 멈춰선 꿈
자신이 추구하는 사상이나 계획한 일을 중도에서 그만 포기하게 될 징조의 꿈이다.

● 조용하고 쓸쓸한 길을 혼자 걸었던 꿈
고독한 자신의 인생을 암시하는 꿈이다. 배우자나 연인과의 사이가 안 좋은 상태에 놓인 사람이라면 이혼하게 되거나 헤어질 가능성이 높은 꿈이다. 그러나 그 길을 혼자 걸었지만 기분이 상쾌하고 밝은 인상을 주는 길이었다면 자수 성가를 암시하는 행운의 꿈으로 해석할 수 있다.

● 조그만 양의 눈으로 길이 질퍽해진 꿈
자신이 속한 단체에서 보람 있는 일을 하게 될 징조다.

● 길을 가다가 막다른 길목에 처한 꿈
진행하던 일이 실패로 끝날 것을 암시하는 흉몽이다.

● 갈 길이 아득히 멀다고 느꼈던 꿈
아직 성공할 때가 멀었음을 암시하는 꿈이다.

● 어스름한 달밤이나 저녁 무렵에 길을 걸었던 꿈
경험하지 못했던 일과 만나게 되거나 새로운 사람을 만나 사귀게 될 징조다.

● 산모퉁이로 돌아가는 꿈
자신의 주장이나 신념 등을 강하게 펼쳐 다른 사람들에게 영향을 끼칠 꿈이다.

● 공중으로 날아올라 길을 찾는 꿈
근심할 일이 생겨 생활이 불안정하게 될 징조다.

● 곧게 뻗어 있는 길을 걷거나 바라보았던 꿈

가는 길이 평탄하고 순조로울 징조다. 그러나 반대로, 그 길이 구불구불하고 험했다면 고생이 따를 징조다.

● 암흑 속에서 길을 찾아 헤매는 꿈

미개척 분야에 종사하게 되거나, 현재 진행하고 있는 모든 일들이 암담해질 징조다.

● 맞은편 길에서 누군가가 자신에게로 걸어오고 있었던 꿈

그 사람으로부터 어떠한 충고를 받게 되거나 자신의 양심이 충고를 하는 꿈이다. 그 인물이 말하는 내용은 자기 인생에 있어서 중요한 의미를 갖는다.

● 자기 집 마당에 큰길이 시원하게 뚫려 있는 꿈

운수 대통하고 재수가 있을 징조다. 매사에 적극적으로 임한다면 좋은 협조자가 나타나서 출세가 보장된다.

12 교통 수단에 관한 꿈

● **기차가 산이나 허공을 거침없이 달려가는 꿈**
자신이 운영하는 조직이 자유로이 운용되고 세상에 높이 과시할 일이 생길 징조다.

기차

● **기차가 헤드라이트를 켜고 터널을 통과하는 꿈**
세상이 놀랄 만한 업적을 남기거나 그러한 일이 생길 징조다.

● **자기가 탄 기차가 산허리를 안고 돌아간 꿈**
물질 문명과 정신 문화의 발달을 가져다주거나, 새로운 사업에 투자하여 사업 성과를 올리고, 수출길이 트이게 될 좋은 징조다. 재물·여행·수호신 등의 의미가 내포되어 있는 길몽이다.

● **자기가 기차에 치여 죽은 꿈**
심혈을 기울여 왔던 정치적인 일이나 작품 등이 언론·출판 기관 등에 의해 성취될 징조다.

● **기차를 타고 고향에 갔던 꿈**
실제 업무차 출장이나 여행을 떠나게 될 징조다. 만남·향수·

취미 생활 등을 암시하는 꿈이다.

● 기차가 씽씽 달리는 것을 본 꿈
사업이 순조롭게 진행되거나, 행정 업무 등의 일이 잘 이루어질 징조다.

● 열차가 외딴 곳에 서 있는 꿈
혼란스럽고 시끄러운 일이 일어나게 될 징조다.

● 재미있게 기차 여행을 한 꿈
직장 생활이나 단체 생활이 순탄하게 운영될 징조다.

● 기차의 불빛이 자신을 비추는 꿈
어떤 단체에 기용되거나 자신의 성과물이 빛나게 될 징조다.

● 기차의 내부를 들여다본 꿈
자신이 벌여놓은 사업이나 일에 고통이 뒤따른다는 징조다.

● 여러 개의 철길을 지나치거나 기차 밑을 지나간 꿈
어려움을 슬기롭게 극복해 나가게 될 징조다. 철길은 사업이나 정치 노선, 사업 기반이나 일의 진행 과정에서의 난관·기성 관념 등을 상징한다.

● 기차의 기적 소리가 요란하게 들렸던 꿈
단체에서의 활동이나 사업 등에서 많은 실적을 올리게 될 징조의 길몽이다.

● 기차 여행을 하다가 도중에 하차한 꿈
자신이 추진하고 있는 사업이나 직장 생활, 또는 학업 등을 중도에서 그만두게 될 징조다.

● 기차가 레일을 탈선하여 전복된 꿈
실제 목적이나 이념·사상·종교·직업 등에 관한 것이 긍정과 부정이 엇갈려 변화가 생길 징조다. 가벼운 일이면 경험으로 그치지만 지나치게 되면 실패가 될 수 있다.

● 기차의 기적 소리가 온 산천을 크게 울린 꿈
정신 문화와 두뇌 계발을 가져다주고, 온 천지에 영예로운 명성을 떨치게 될 좋은 징조다. 뜻밖에 먼 곳에서 기쁜 소식이 날아들게 된다.

● 대합실에서 기차를 기다린 꿈
계획한 일들이 상당 기간 동안 보류될 징조다.

● 기차 철교를 걸어서 건넌 꿈
분수에 맞지 않는 일을 시작하여 항상 불안 초조해 하게 될 징조다.

● 나무가 듬성듬성 나 있는 사이에서 검은 기차가 멈춰 서 있는 꿈
방비가 소홀한 틈을 타서 범죄 집단이 침범하게 될 징조다.

● 기차를 놓쳐서 타지 못한 꿈

현상 응모나, 입사·입학 시험 등에서 실패하게 될 징조다.

● 전철 안에 불이 꺼져서 칠흑같이 어두웠던 꿈

모든 일이 중도에 좌절되어 극심한 어려움을 겪게 될 징조다. 질병·사고·실패 등을 암시하는 흉몽이다.

● 기차가 폭파된 꿈

어떤 기관의 기능이 마비될 징조다.

● 기차가 공중으로 달리는 꿈

책임 맡았던 일이 무르익었음을 암시한 꿈이다.

● 전철이나 버스를 타고 있는 꿈

인생의 목표를 향해 나아가고 있는 것은 틀림없지만 최종 목적지까지는 아직 시간이 걸린다는 것을 암시하는 꿈이다.

● 마차, 가마 ●

마차, 가마

● 역마차가 자기에게로 달려오는 꿈

역마차는 협조자나 사업·중개업자·관리자 등을 상징하며, 자신이나 집안에 경사스러운 일이 찾아올 징조다.

● 마차에 말 또는 말머리가 없었던 꿈

부귀와 영화를 얻을 징조이고, 말은 실무자 또는 안내자를 상징한다.

● 마차를 타고 가는 꿈

다른 사람의 도움으로 자신의 사업이 활기를 띨 징조다.

● 꿈속의 우마차나 손수레는

꿈속의 우마차나 손수레는 작은 사업체·방도·협조 기관·운반 수단 등을 상징한다.

● 마차를 준비시키는 꿈

어디 먼 곳으로 여행을 떠날 암시다.

● 마차를 타고 왕자나 왕비처럼 호위를 받으며 도시를 달린 꿈

단체의 장이 되거나, 지위·명예·신분 등이 높아지게 될 징조다.

● 마차를 타고 자기 집 안으로 들어오는 꿈

집안에 좋지 못한 일이 일어날 징조다.

● 우마차를 타고 논길을 지나간 꿈

조상님과 윗사람의 도움으로 집안이 편안하고, 신불이나 제례·고사를 지낼 일이 있다. 성묘·묘 이장·기도·이사·출장·여행 등의 암시가 내포되어 있는 꿈이다.

● 가마의 문을 열어 놓고 가는 꿈
운수 대통하고, 하는 일마다 순조롭게 잘 풀릴 징조다.

● 가마 안에 아무도 없는 꿈
근심 걱정거리가 생기며, 흉하게 될 암시이다.

● 가마를 타고 가는 꿈
직위나 세력을 얻어 단체의 지도자가 될 것을 예시한다.

● 가마가 뒤집히는 꿈
입신 출세하며 길할 징조다.

● 인력거를 타고 다닌 꿈
각고의 노력으로 작은 소망을 달성하게 될 징조다. 또 자수 성가하게 될 것을 암시하는 길몽이다.

● 사방이 뚫려 있는 가마를 탄 꿈
개선해야 할 점이 많은 일을 맡게 되거나, 외로운 사람을 만나게 될 징조다.

● 환자나 노인이 가마를 타고 사라지는 꿈
가정에 화근이 생기는 등 불미스러운 일이 발생할 징조다.

●배(船)●

배(船)

● **고기잡이배가 풍랑을 만나서 파도 속으로 사라진 꿈**
한때 영화를 누렸던 행복이 한 순간 액운을 만나 실패하고 영원한 곳으로 사라지게 될 징조다. 사고·낙방 등을 암시하는 흉몽이다.

● **배 위에서 춤추고 노래 부른 꿈**
누군가와 다툴 일이 있을 징조다.

● **배가 물 위에 떠서 자신을 향해 오는 꿈**
자신에게 행운이 찾아올 징조다. 게다가 배가 보석까지 싣고 왔다면 만사 형통하고 자손이 번창할 징조다. 이때 그 배에 돛이 달려 있었다면 흉조이다.

● **배를 타고 다리 아래로 지나가는 꿈**
높은 지위를 가진 사람에게 인정받게 될 징조다.

● **작은 배에서 큰 배로 올라간 꿈**
작은 회사에서 큰 회사로 전직, 또는 승급 등을 하게 될 징조다.

● **배 안에 불이 붙어서 활활 타는 꿈**
사업이 성공하여 돈을 벌며, 집안 사정 등이 점차로 호전될 징조의 길몽이다.

● **배 안으로 물고기가 뛰어드는 꿈**
사람을 구하거나 재물이 생기고, 사업가나 장사하는 사람이 일을 시작하면 돈을 벌게 될 징조다.

● **배 안에서 누군가와 함께 술을 마신 꿈**
멀리서 찾아온 옛 친구를 만나게 될 징조다.

● **나룻배나 보트를 타는 꿈**
단체의 일원으로 사업 연락이나 목적 달성 등의 업무를 수행하게 될 것을 암시하는 꿈이다.

● **물이 얕아서 배가 언덕에 있는 꿈**
누군가에게 시비를 당할 징조다.

● **배 안에 물이 고인 꿈**
사업 또는 집안 형편이 나아지거나 재물이 생길 징조다.

● **자신이 탄 배가 하늘을 날아다닌 꿈**
크게 부귀를 누릴 길조로서 운세가 대길하고, 하는 일마다 잘 풀리게 될 징조다.

● **다른 사람이 같은 배에 타는 꿈**
반드시 이사하게 될 암시다.

● **배가 수평선 너머로 사라진 꿈**
사업의 성과가 언제 있을지 모르며, 외국 등과 같이 먼 길을 떠날 일이 생길 징조다.

● 돛단배가 신나게 달리는 꿈
생각했던 것보다 이득이 적을 암시다.

● 바다에 떠 있는 군함이 웅장하고 위용스럽게 보인 꿈
국민에 의해 뽑힌 민의의 대표자로 국회나 지방 의회에 나아가게 될 징조다. 마음먹은 대로 대업을 이루고 소원 성취하게 된다. 재물·대망·수출입 등과 관련이 있는 길몽이다.

● 배를 타고 강을 건너면서 해와 달을 본 꿈
훌륭한 스승을 만나거나 관직을 얻게 될 징조다.

● 배를 타고 꽃을 본 꿈
술과 음식이 생길 징조다.

● 배에서 목재를 내려 쌓는 것을 본 꿈
남을 통해 많은 재물을 얻게 될 징조다.

● 배에 가구를 싣고 나가는 꿈
이사를 하게 될 징조다.

● 커다란 배 안에 물품이 가득 쌓여 있는 꿈
실제로 화물이 많이 쌓이고 수출입의 물량이나 횟수가 많아질 징조다. 돈·재물·식품·풍년 등이 암시되어 있는 길몽이다.

● 군함에서 함포 사격을 하며 불을 뿜어 댄 꿈
자사의 고도 경영 기법과 기술 혁신 전략으로 신상품을 개발

하여 국제 시장에 수출하고, 국제 경쟁력 강화를 위해 자사가 한몫을 해내게 될 징조다. 재물·돈·재벌·기업·정치·권력 집단·사회 단체·조직·금융권 등과 관련 있는 꿈이다.

● **뱃길에 물이 바짝 말라서 출항할 수 없었던 꿈**
어떠한 어려움으로 인해 사업을 중단하게 될 징조다.

● **노를 놓치거나 하여 노를 저을 수 없었던 꿈**
사업 궤도에서 벗어나 한동안 어려움을 겪게 될 징조다.

● **군함의 함장이 되어 수많은 병사들을 지휘한 꿈**
어느 단체의 수장이 되어 부하를 많이 거느리고, 총지휘권을 장악하게 될 징조다. 입학·합격·승진·당선·학위·자격 취득·취직·성공 등을 암시하는 길몽이다.

● **대형 어선이 바다에서 물고기를 못 잡은 꿈**
자사의 경영 전략이나 기술 및 정보 부족으로 인해 수출 경쟁력이 약화되고, 오랜 기간에 걸쳐 어려움을 겪게 될 징조다. 실패·중단·고난·불경기 등의 불운을 암시하는 흉몽이다.

● **뒤집힌 배를 바로 세워 하천을 저어 나가는 꿈**
자신이 그 동안 포기했던 사업이나 일들을 새로운 각오로 다시 시작하게 될 징조다.

● **배가 암초에 걸려 꼼짝하지 못하는 꿈**
다른 사람의 음해로 인해 크게 불리할 일이 생기게 될 징조다.

● 배가 침몰하거나 난파된 것을 본 꿈
새로운 사업이나 조직을 구상하게 될 징조다.

● 배를 새로 건조해서 진수식을 하는 꿈
이제 막 사회로 진출하려는 젊은이는 전도가 양양하고 앞날이 순탄함을 암시하는 대길몽이다.

● 배 위에서 여성과 만족한 성교를 한 꿈
많은 물고기를 포획하거나, 어떤 회사와 유리한 계약을 맺게 될 징조다.

● 배에 가족 전부가 탄 꿈
상속권을 놓고 가족간에 분쟁이 생기거나 재산상의 손실이 생길 징조다.

● 배에 구조되는 꿈
어떤 회사나 단체의 협조로 인해 희망이 되살아나게 될 징조다.

● 환자와 같은 배를 탄 꿈
죽게 될 암시지만, 항상 조심하고 마음을 비우며, 밝고 맑게 살면 화가 오히려 복이 될 꿈이다.

● 갑판 위나 선실에서 회의를 한 꿈
새로운 단체나 사업체를 조직할 일이 있거나, 어떤 사업체에 참석하게 될 징조다.

● 잠수함을 타고 바닷속 깊은 곳을 여행한 꿈
깊이 있는 학문과 진리를 탐구하고 새로운 아이디어로 신상품을 개발하게 될 징조다.

● 육지나 산꼭대기에 있는 배에 오른 꿈
본격적인 사업에 착수할 수 있게 되며, 반드시 사업장 또는 직장이 준비되어 있다.

● 기선이 뱃고동을 울리면서 항구를 떠나는 꿈
새로운 일을 계획하여 시작하게 될 징조다.

● 배가 뒤집히고 파도가 높은 꿈
여자로 인한 말썽이 있거나 부하에게 기만을 당할 징조다.

● 뱃길에 물이 밀려와서 배가 다시 떠오르는 꿈
호기(好期)를 맞아 사업의 재건이 이루어질 징조다.

● 배가 기슭부터 멀리 앞바다에 있는 꿈
남녀가 모두 마음이 안정되어 있지 않아 고생할 징조다.

● 배가 뒤집힌 채 유유히 떠다닌 것을 본 꿈
가정이나 직장이 안정을 못 찾고 한동안 고통 가운데서 살아가게 될 징조다.

● 많은 사람들이 배에서 내린 꿈
집회장 등에서 많은 사람들이 퇴장하는 것을 보게 될 징조다.

● 대형 어선이 물고기를 가득 싣고 귀향하는 꿈
인기 있는 사업에다 투자하여 많은 돈을 벌어 부자가 될 징조
다. 횡재수가 있다.

● 정유가 가득 실린 유조선이 항구에 도착하는 꿈
사업이 번창하거나 막대한 재물이 생길 징조다.

● 배를 타고 벌판에 있는 하천에서
　　　　　　　　　　　　많은 물고기를 잡은 꿈
신문이나 잡지 등에 작품을 연재하여 많은 소득이 있을 징조다.

● 청·홍색 깃발이 나부끼는 배를
　　　　　　　　　　　혼자서 타고 떠내려간 꿈
어떤 일을 수습하지 못하거나 병원에 가게 되고, 머지않아 불
행한 일이 닥칠 징조다.

● 짐을 가득 실은 화물선이 부두에 정박한 꿈
막대한 재물이 들어와 부자가 될 징조다.

● 배가 섬 뒤로 자취를 감추어 버린 꿈
지금 추진하고 있는 사업 또는 일을 재점검하게 되거나, 새로
운 일을 계획하게 될 징조다.

● 배가 강 한가운데로 떠가는 꿈
그 동안 침체됐던 사업이 본궤도에 오르게 될 징조다.

● 잠수함을 타고 용궁으로 들어간 꿈

부귀 공명하고 입신 출세할 징조다. 입학·합격·승진·당선·자격 취득·행운 등을 암시하는 길몽이다.

●비행기, 우주선●

비행기, 우주선

● 꿈속의 기사·선원·파일럿은

지도자·부대장·남편·직장의 장 등을 상징한다.

● 우주선을 타고 우주 정거장에 착륙했던 꿈

신비로운 자연 경관 속에서 아름다움과 즐거움을 직접 체험하게 될 징조다.

● 자신이 비행기에서 떨어진 꿈

계획하고 추진 중인 일이 좌절되거나 실직을 당할 징조다.

● 비행기가 지상에서 승객을 승하차시킨 꿈

무역·관광·운수·수송업 등에 관계된 꿈이거나, 본사에서 지사로 인원 배치 및 물량 공급을 하게 될 것을 예시하는 꿈이다. 배급·분배·봉사·무역 등과 관계가 있는 꿈이다.

● 자신이 타고 있던 비행기가 추락하거나 공중 폭발한 꿈

자신의 신변이 새롭게 바뀌어, 사업이나 직위·신분 등이 새롭게 변할 징조다.

● 비행기를 타고 지구를 한 바퀴 돌았던 꿈

직장에서 장기 업무 출장으로 가는 곳마다 문화의 신비로움을 맛보게 될 징조다.

● 비행기가 먹구름 속으로 사라진 꿈

철석같이 믿었던 일들이 한 순간에 수포로 돌아가서 망연자실하게 될 징조다.

● 정찰기가 하늘을 빙빙 돌면서 정찰한 꿈

어느 기관에서 탐색·비밀 탐지·인재 모집 등을 하게 될 징조의 꿈이다.

● 공중을 나는 비행체나 새·짐승 등을 본 꿈

국가나 사회적인 토대 위에서 이루어지는 사업이나 작품을 선전, 또는 광고할 일이 생길 징조다.

● 저승사자와 함께 비행기를 타고서 어디론가 하염없이 간 꿈

이승을 하직하거나 오래도록 중병을 앓게 될 징조다. 질병에 걸리거나 사고를 당하게 될 것을 암시하는 불길한 꿈이다.

● 공중에 떠 있는 비행기에서 쏘는 기관총 탄피를 주운 꿈

지상에 발표된 작품을 수집하게 되거나, 복권·경품권 등에 당첨될 좋은 징조다.

● 비행기에서 낙하산을 타고 하강하는 꿈

실제로 날아갈 듯이 기분 좋은 일이 생기고, 하는 일에 자신

감을 갖게 될 징조다. 성장·발전을 암시하는 길몽이다.

● **비행기가 물건을 실어다 준 꿈**
단체·기관·회사 등에서 자신에게 어떤 책임을 지워 주거나, 재물·명예·일 등을 가져다줄 징조다.

● **두 대의 종이 비행기가 폭음을 내면서 하늘을 날아간 꿈**
두 개의 작품이 매스컴을 타고 사회적으로 폭넓게 알려질 징조다.

● **바위가 공중을 떠다닌 꿈**
어떤 사회적 기관의 운영 상태가 불안정하거나, 사업체 또는 학문적 업적이 사회적으로 두드러지게 나타날 징조다.

● **비행기에서 기자가 자신의 뒷모습을 사진 찍은 꿈**
어떤 공공 단체로부터 자신의 신변을 조사당하게 될 징조다.

● **아군과 적군의 전투기가 치열한 공방전을 벌인 꿈**
어떤 단체의 도움으로 명예를 얻게 될 징조다.

● **수많은 비행기가 공중전을 벌이거나 여기저기 떠다닌 꿈**
복잡한 일에 얽매이게 되어 골치 아플 일이 생길 징조다.

● **공무원이 대통령 전용기를 탄 꿈**
고위층 간부나 정부 기관에 발탁되어 승진하게 될 징조다.

● 여러 개의 프로펠러가 달린 큰 비행기가
　　　　　　　　바다에 착륙한 것을 본 꿈

어떠한 연구 기관이 해외에 정착하여 큰 빛을 보게 될 징조다.

● 비행기가 착륙하면서 자가용으로 변한 꿈

국영 기업체가 개인 기업체로 바뀌게 될 것을 암시한다.

● 비행기가 바다 위로 날아가는 꿈

뜻밖에 귀인을 만나서 지도와 도움을 받고 대업을 성취하게 되며, 재물이나 돈이 생길 징조다.

● 비행기가 커다란 빌딩을 폭파시킨 꿈

고루한 학설이나 봉건 사상, 기성 세대 등이 타파될 징조다. 개인의 신변에 관한 꿈이라기보다 사회·국가 등에 관계된 꿈이라 하겠다.

● 공중에서 자기가 편대 비행을 한 꿈

자기 사업이 계획대로 잘 진행될 징조다.

● UFO가 집 안으로 들어오는 꿈

집안에 경사스런 일이 생기고, 재물과 돈이 들어오게 될 징조다. 행운이나 대길을 상징하는 좋은 꿈이다.

● UFO가 나타나서 은빛 섬광을 번쩍인 꿈

새로운 자료를 연구하여 신물질을 발견하게 될 징조다. 작품 창작·발명·창조 등을 암시하는 길몽이다.

● UFO가 입을 통해 뱃속으로 들어오는 꿈

새댁과 부인은 임신을 하여 훌륭한 옥동자를 낳게 될 태몽이다. 창조·창작·연구·성령·정기·천기·천혼 등을 암시하는 길몽이다.

● 인공 위성이 불기둥과 함께 하늘 높이 솟아오른 꿈

생산·가공·과학·무역업 등에다 투자하여 많은 돈을 벌어 부자가 되어 상장 회사로 발전할 징조다. 재물·돈·사업 성공·횡재 등을 암시하는 길몽이다.

● 인공 위성을 발사하는 꿈

무에서 유를 창조하고 신기술의 축적으로 새로운 상품을 개발하여 국제 시장에 진출하게 될 징조다. 무역 수출, 과학 기술의 발달, 창조·출장·여행 등을 암시하는 길몽이다.

● 비행기에 자신이 탑승하고 있는데 갑자기 폭파된 꿈

운세가 불운하여 생사의 갈림길에서 헤매게 될 징조다. 불쾌·불길·사고 등의 불운이 닥치게 될 것을 암시한다.

●오토바이, 자전거●

오토바이, 자전거

● 자전거나 오토바이의 뒷자리에 탄 꿈

지도자나 경영자들이 자신이 올린 건의서대로 잘 따라줄 징조의 꿈이다.

● 자전거나 오토바이를 타고 신나게 달린 꿈

모든 일이 원만하게 이루어져 하루의 일과가 즐거울 징조다.
취미 생활·스포츠·레저·여행 등을 암시하는 꿈이다.

● 자전거나 오토바이에 남을 태우고 간 꿈

어떤 사람과 동업하게 될 징조다.

● 비틀거리며 자전거를 서툴게 탄 꿈

어떤 협력자를 잘 조절하거나 사업을 운영하기가 힘들어질 징조다.

● 자전거로 경사진 곳을 오르는 꿈

어떠한 일이나 소원 등을 실행하기가 힘들게 될 징조다.

● 남의 자전거 앞에 걸터앉아 길을 간 꿈

타인의 강요에 의해 사업을 추진하게 될 징조다.

●자동차●

● 자신이 자동차 기사가 되어 운전을 한 꿈

자신이 지휘자나 책임자, 또는 사업 경영자 등이 될 것을 예시한다.

자동차

● 자신이 몰고 가던 승용차와 다른 차가 충돌한 꿈

자꾸 기울어져 가는 자신의 운세를 전력을 다해 보호하려는 암시다.

● **자동차에 치여 사망한 사람을 본 꿈**
어떤 협조자의 도움으로 어렵고 힘든 일이 풀릴 징조다.

● **차바퀴에 펑크가 나서 고친 꿈**
진행하고 있는 일을 다시 한 번 검토하고 방향을 수정해야 할 것을 암시한다.

● **자동차를 탄 채 하늘을 난 꿈**
자신이 하는 일에 대해 세인의 관심이 집중되고, 나날이 번창하게 될 징조다.

● **많은 사람들이 차 주위에 몰려와 있는 꿈**
어떤 기업체에 많은 사람들이 청원하여 서로 시비를 가릴 일이 생길 징조다.

● **자동차로 꽉 막힌 터널을 뚫고 쏜살같이 내달린 꿈**
오랫동안 쌓였던 일들이 시원하게 술술 잘 풀려나가게 될 징조다. 소원 성취·계약·합의·기사 회생·문제 해결 등을 암시하는 길몽이다.

● **자동차를 타고 자갈밭을 통과하여 고속 도로로 진입했던 꿈**
온갖 어려움을 딛고 일어나서 이후부터는 평탄하고 안정된 생활을 누리게 될 징조다. 인내심, 강력한 추진력, 산전 수전 등을 암시하는 길몽이다.

● 자동차의 차선을 수시로 변경하다가
　　　　　　　　　교통 순경한테 딱지를 끊긴 꿈
직업과 사업을 수시로 바꾸다가 임자를 만나 어려움을 겪게 될 징조다.

● 차가 강물에 휩쓸려 사라진 꿈
어떤 강한 세력의 힘에 밀려 사업의 기반을 잃게 될 징조다.

● 도로에 차가 꽉 막혀서 옴쭉달싹을 못 한 꿈
하는 일마다 진로가 꽉 막혀서 되는 일이 없어서 생각지도 않은 죄인 신세가 되거나, 실제로 교통 체증에 걸리게 되고, 화물이 태산같이 많아서 수출길에 차질이 생길 징조다.

● 자동차를 몰고 가다가 소복한 여자가
　　　　　　　무단 횡단하는 것을 유리창 너머로 본 꿈
머지않아 교통 사고가 일어나거나 죽을 고비를 맞게 될 징조다. 재난·사고·실패·우환 등을 암시하는 흉몽이므로 매사에 신중함을 잃지 말고 조심해야 한다.

● 자신이 탄 차가 수렁에 빠져서 애를 먹은 꿈
사업이 어려움에 빠져서 허덕이게 될 징조다.

● 자동차가 고장으로 인해 정지한 꿈
뛰어난 경쟁자를 만나 실의와 좌절감에 빠지게 될 징조다.

● 자동차를 타고 경적을 울리며 신나게 달린 꿈
하루 종일 기분이 상쾌하고 모든 일에 있어서 자신감이 넘치게 될 것을 암시하는 꿈이다.

● 차 머리가 집 밖으로 향해 있는 꿈
자신의 일이나 사업이 계획성 있게 잘 추진될 징조다.

● 차 머리가 집 안 쪽으로 향해 있는 꿈
자기 의사와 정반대되는 의사를 주장하는 사람이 나타날 징조다.

● 자동차를 꽃밭으로 몰고 간 꿈
아름답고 환희가 넘치는 문화 예술의 광장 등을 찾아가 심신을 즐겁게 보내게 될 징조다. 파티·공연·감상·여행 등을 암시하는 길몽이다.

● 자신의 차가 불타 버린 꿈
그 차로 인하여 사업이 발전하게 될 징조다.

● 차를 타고 헤드라이트를 밝히며 터널을 지나간 꿈
사업운 또는 관운이 열리고 학문 연구에 진척이 있을 징조다.

● 큰 붓을 가지고 차를 타고 가다가 내린 꿈
잡지사에 작품을 연재하거나 문학 작품을 출판하게 될 징조다.

● 차를 타지 않고 바라만 본 꿈
청탁한 기관이나 결혼 상담자의 내부 사정을 알아볼 일이 생기며, 그 곳에서 정보만 얻고 결정을 내리지 못하게 될 징조다.

● 차가 강물에 빠진 꿈

어떤 일 또는 소원의 결과가 큰 기업체에 흡수되거나 억압을 받게 될 징조다.

● 차를 도중에서 탄 꿈

직장에 취직하게 되거나 어떤 단체에 가입하게 될 징조다.

● 차를 타고 자기 집으로 들어온 사람을 본 꿈

어떤 단체의 대표되는 사람이 자신에게 여러 가지 일로 타협을 해 오게 될 징조다.

● 여러 대의 자가용이 자기 집 마당에 정차되어 있는 꿈

사업상에 있어서 많은 사람이나 단체의 협조가 있을 징조다.

● 여러 대의 승용차 중 한 대만 사람이 타고 나머지는 텅 비어 있는 꿈

여러 회사에 청탁했던 일이 한 곳에서만 이루어지게 될 징조다.

● 대문 쪽으로 차가 향해 있는 꿈

재산이 줄어들 징조다.

● 자가용을 기분 좋게 운전한 꿈

어떠한 기업체의 지휘권이나 경영권을 갖게 되며, 가정을 잘 이끌어 나가게 될 징조다.

● 애인과 함께 자가용으로 드라이브를 한 꿈

실제 애인이 있는 사람이면 혼담이 오가거나, 기혼자는 결혼 생활이 원만해질 징조다.

● 버스, 택시 ●

버스, 택시

● 차가 지나가 버려서 미처 승차하지 못한 꿈

취직이나 입학·현상 모집 등에서 탈락하게 될 징조다.

● 운전사와 단둘이 버스를 타고 간 꿈

어떤 단체의 대표가 여러 가지 일로 자기와 무엇인가를 타협하게 될 징조다.

● 방 안에 버스가 들어와 있는 것을 본 꿈

어떤 기관의 추대를 받게 되거나 기관 내의 단체 항의에 부딪쳐 자신의 권세가 흔들리게 될 징조다.

● 버스 안에 서 있는데 빈자리가 생겨 앉은 꿈

외근직(外勤職)에서 내근직을 맡게 되거나, 완전한 책임을 부여받게 될 징조다.

● 관광 버스를 타고 여행을 간 꿈

견학이나 탐방할 일이 생기거나, 연구나 수집 등을 하게 될 징조다. 업무차 출장·여행·분주다사·일거리·답사 등과 관련이 있는 꿈이다.

● 파손된 택시를 본 꿈

새로운 사업을 시작하게 될 징조다.

● 검은 택시가 방 안으로 들어와 있는 꿈

미혼자는 결혼을 서두르게 되고, 집안 사람 가운데 누군가가 사망하게 될 징조다.

● 택시가 방 안에 들어온 꿈

어떤 기관의 추대를 받거나, 단체 또는 집단의 항의 등에 직면하게 될 징조다.

● 택시에서 내려주는 물건을 받은 꿈

기관이나 회사 등에서 명예·권리·일·이득을 얻게 될 징조다.

● 택시에 휘발유를 채우는 꿈

어떤 사업에 자금을 투자하게 될 징조다.

● 택시를 기다리거나 승차 거부를 당한 꿈

어떤 기관에 청탁한 일이나 소원 등이 이루어지지 않을 징조다.

● 꿈속에서 택시의 창을 통해 본 바깥 풍경은

사업이나 생활 도중에 생길 문제를 상징하거나 상대방에 관한 일을 암시한다.

●분뇨차, 대형차●

● 분뇨차가 냄새를 풍기면서 자기 옆을 지나간 꿈

어떤 기관에서 좋지 않은 소문을 퍼뜨리거나, 자기 신변에 관한 좋지 않은 소문이 날 징조다.

● 분뇨차가 자신의 집에 있는 분뇨를 퍼 가는 꿈

재물을 잃게 되거나 세금을 납부하게 될 징조다.

● 트럭에 짐을 가득 싣고 어디론가 떠나는 꿈

자사에서 개발한 신상품을 외국으로 수출하여 무역 경쟁력에 이바지하게 될 징조다. 또 반입·반출·지출·이전·이사·출장·여행 등과 관련이 있는 꿈이다.

● 트럭에 있는 짐을 하차한 꿈

집안에 재물과 돈이 들어오고 먹을 것이 풍요롭게 될 징조다. 용역·일거리 등이 생길 것을 암시하는 꿈이다.

● 트럭에 이삿짐을 싣는 것을 본 꿈

어느 기관에서 많은 일을 청탁하거나, 사업을 새롭게 정비 또는 변경할 구상을 갖게 될 징조다.

● 트럭에 상품·곡식·동물·연료 등을 가득 싣고 집으로 들어온 꿈

막대한 재물이 생길 징조다. 횡재를 암시하는 길몽이다.

● 트럭에 사금이 가득 실려 있는 꿈

사업이 잘 풀려 많은 돈을 벌어 부자가 될 징조다. 재물·횡재·재수 대통 등을 상징하는 길몽이다.

● 나무 사이로 검은 트럭이 달리거나 서 있는 것을 본 꿈

방비가 허술한 틈을 타서 범죄 집단이 침범할 징조다.

● 소방차가 사이렌을 크게 울리며 씽씽 달린 꿈

군대나 경찰이 데모대를 진압하는 등과 같은 위급한 일이 발생할 징조다.

● 구급차에 탄 꿈

봉사 기관으로부터 구원의 손길이 닿아 어려운 처지에 있던 일이 잘 성사될 징조다.

● 크레인으로 무거운 물건을 들어올린 꿈

오랫동안 맺힌 응어리를 풀고 대업을 성취하게 될 징조다. 고금리(高金利)·고가(高價)·상승 등과 관련 있는 꿈이다.

●교통 사고●

● 차바퀴의 대가 부러진 꿈

재물을 잃게 될 징조다.

교통 사고

● 차가 전복된 꿈

사업이나 소원·결혼 등이 실패하게 될 징조다.

● 자신이 차에 치여 죽은 꿈

사업·작품·소원 등이 어떠한 기관이나 권력자에 의해 성취될 징조다.

● 자기의 차가 강물에 빠져 떠내려간 꿈

대기업체와 같은 어떤 강력한 세력에 밀려서 자신의 사업 기반이 흔들리게 될 징조다.

● 차바퀴가 빠진 꿈

활용력이나 기타의 세력 등이 상실될 징조다.

● 고장이나 사고 등으로 차가 멈춰선 꿈

어떤 계획한 일이나 모임 등이 좌절을 맞게 될 징조다.

● 마주 오던 자동차와 충돌하여 교통 사고를 당한 꿈

사업이나 어떠한 일을 하다가 상대방과 분쟁이 일어나 큰 싸움을 하게 될 징조다. 사고·시비·소송 등을 암시하는 불길한 꿈이므로 항상 조심해야 한다.

● 자신이 탄 승용차가 다른 것과 충돌한 꿈

직장이나 가정에서 다른 사람과의 합의점을 찾게 될 징조다.

13 동물·곤충에 관한 꿈

육상 동물

● 개 ●

● **개나 고양이와 같은 애완 동물을 쓰다듬어 준 꿈**
주위 사람들로 인해 불쾌감을 느끼게 될 징조다.

● **개와 고양이가 싸우는 꿈**
경쟁자끼리 세력 다툼이 있을 징조다.

● **어느 집에 갔다가 개한테 물린 꿈**
자기가 현재 진행하고 있는 일이 순조롭게 풀릴 징조다.

● **사납게 짖어대는 개가 무서워서 집 안으로 못 들어간 꿈**
꼭 들어가야 할 곳을 방해자에 의해 들어갈 수 없어서 난처하게 될 징조의 꿈이다.

개

● 멀리서 개 짖는 소리가 들린 꿈
그 동안 방탕했던 과거를 씻고 새로운 출발을 하게 될 징조의 꿈이다.

● 남의 집 개와 자기 집 개가 한데 어우러져 놀고 있는 꿈
집안 식구 가운데 한 사람이 어느 단체에 가입하거나 무뢰한들과 공모할 일이 생길 징조다.

● 개가 일어나서 춤을 춘 꿈
누군가로부터 모략을 받을 징조다.

● 개가 두 발로 서서 걸어간 꿈
아는 사람으로부터 인신 공격을 받을 일이 생기거나 구타당할 일이 생길 징조다.

● 개가 다른 집에 가서 물건을 물고 돌아오는 꿈
횡재하게 될 암시다.

● 개가 입에 책을 물고 집 안으로 들어온 꿈
문서상으로 희소식을 전해 듣게 될 징조다. 입학·합격·승진·상·훈장 등과 관련 있는 길몽이다.

● 남의 집 개가 자기 집에 접근하려 했던 꿈
생각지도 않았던 새로운 소식을 듣게 되거나, 자기에게 좋지 않은 영향을 끼칠 사람이 나타날 것을 예시하는 꿈이다.

● 개를 안아준 꿈

가까운 사람으로 인해 재물을 잃게 될 징조다.

● 개를 잡아먹은 꿈

자본금을 마련하여 사업을 새로 시작하게 되거나, 빌려준 돈을 떼이게 될 징조다.

● 모르는 개에게 물리는 꿈

다른 집에서 술과 음식을 보내올 암시다.

● 개에게 손가락이 물려서 피가 난 꿈

시계·반지 등의 선물을 받게 되거나 돈과 재물이 들어올 징조다.

● 개가 한가롭게 잠자고 있는 꿈

매사가 순조롭게 풀려나갈 징조다.

● 개가 자기를 물려고 덤벼든 꿈

신변에 위험한 일이 닥치거나 다른 사람으로부터 시비를 받게 될 징조다.

● 상대방과 악수하려고 내민 손을 개가 문 꿈

관재 구설에 휘말려 극심한 고통을 당하게 될 암시다.

● 개가 자기의 손을 물고 놓지 않은 꿈

자신의 작품이나 능력 등을 다른 사람으로부터 평가받을 일이 생길 징조다.

● 개가 뜰 앞에서 문 밖을 보고 짖는 꿈
도둑을 물리치게 될 징조다.

● 자기 집의 개가 다른 동네의 개와 교미를 한 꿈
다른 회사와 함께 사업에 공동 투자할 일이 생길 징조다. 또한 결합이나 합병을 암시하는 꿈이다.

● 개에게 예방 주사를 맞힌 꿈
질병에 걸려 병원에 갈 일이 생길 징조이므로 평소 운동으로 몸을 단련하여 건강에 유의하도록 해야 한다.

● 덩치 큰 개를 얻은 꿈
집안에 새 식구가 생길 암시다.

● 덩치 큰 개와 싸운 꿈
싸워서 이긴 꿈이면 자신이 질병에 걸려도 곧 완쾌될 징조이지만, 지게 되면 경쟁자에게 뒤지게 될 꿈이다.

● 개가 귀여워서 머리를 쓰다듬어 준 꿈
가까운 친척이 큰 실수를 저지르게 될 징조다.

● 개가 사람 말을 한 꿈
재수 없는 일이 생길 징조이다. 또한 결혼한 남성이 이 꿈을 꾸면 아내에게 구설수가 생긴다.

● **개를 죽인 꿈**
하고자 하는 일이 순조롭게 이루어지며, 남에게 폐 끼친 것을 갚게 될 징조다.

● **개가 주인을 무는 꿈**
재산을 잃게 될 암시의 꿈이다.

● **개가 담을 보고 컹컹 짖어 댄 꿈**
도둑을 맞거나 집안에 우환이 생길 징조다.

● **날뛰며 사납게 행동하는 개를 총으로 쏘아 죽인 꿈**
오랜 정신적 고통에서 벗어나거나, 그 동안 골치를 썩이던 일에서 속 시원하게 해방될 암시다.

● **개가 하늘로 올라간 꿈**
장차 복록을 누리게 될 징조다.

● **개가 똥 오줌을 누는 것을 본 꿈**
사방에서 재물이 들어올 징조다.

● **개와 함께 산책한 꿈**
자신을 보살펴 주는 사람이 생길 징조다.

● 해 질 무렵에 개가 어디론가 달려가고 있는 것을 본 꿈
기자·탐정 등과 같은 직업을 가진 사람은 자기의 능력을 최대한으로 발휘하게 될 징조다.

● 멋있는 개가 자기를 따라온 꿈
이상적인 사람으로부터 데이트 신청을 받게 될 징조다.

● 자기가 개의 뒤를 졸졸 따라다닌 꿈
상대방에게 청탁하여 해결하지 못한 일을 다른 사람에게 부탁하여 해결을 보게 될 징조다.

● 못생긴 개가 자기를 따라온 꿈
외로운 사람을 만나게 될 암시다.

● 자기 집 개한테 물린 꿈
갑작스런 일로 인해 출장·외출·여행 등을 못 가게 되거나, 남의 일에 참견하다가 망신당하게 될 징조다.

● 자기 집 개로 인해 다른 사람과 싸운 꿈
대수롭지 않은 일로 다툼이 생길 징조다.

● 개를 불렀던 꿈
술과 음식을 대접받을 일이 생길 징조다.

● 개를 훈련시킨 꿈
극기 훈련 등에 참가하게 될 징조다.

● 들개가 집 안으로 들어온 꿈
감기 등과 같은 유행성 질환에 걸릴 징조다.

● 개가 집 지붕 위에 올라가 먼산을 보고 짖는 꿈
가운이 크게 번창할 암시의 대길몽이다.

● 개가 달을 바라보고 큰 소리로 컹컹 짖어댄 꿈
태몽이면 부인이 임신하여 총명하고 예쁜 딸을 낳을 징조다. 그렇지 않으면 집안에 행복한 기운이 감돌거나 경사가 생기고, 먼 곳에서 귀빈이 올 것을 암시하는 길몽이다.

● 개와 악수한 꿈
도둑이 집에 들거나 소매치기를 당하는 등 재물 손실이 있을 암시다.

● 보신탕을 맛있게 먹은 꿈
집안에 설사·감기·교통 사고·수술 등과 같은 질병이나 우환이 찾아올 징조다.

● 비쩍 마른 개를 본 꿈
인생이나 사업에서 실패한 사람을 만나게 될 징조다.

● 개싸움을 구경한 꿈

헐뜯고 비난하는 사람들을 나무라다가 괜히 자기만 화를 당하게 될 징조다.

● 두 마리의 개가 맹렬하게 싸우는 꿈

이성 문제가 삼각 관계로 발전해 복잡하게 될 징조다.

● 개에게 물려서 흉터가 남은 꿈

현재 진행하고 있는 일이 성사될 징조다. 만일 개에게 물린 자리에서 피가 났다면, 가까운 사람으로부터 화를 입게 될 징조다.

● 여러 마리의 개가 자신을 향해 으르렁거린 꿈

억울한 누명을 쓰게 되거나, 괜한 일로 인해 다른 사람으로부터 원한을 사게 될 징조다.

● 개가 땅을 파는 꿈

집안에 우환이 생길 암시다. 그러나 개가 땅을 팠는데 그 속에서 금덩이가 나왔다면 뜻밖의 재물이 들어올 길몽이다.

● 개나 고양이 등과 같은 애완 동물이
　　　　　　　　　　뒤따라오는 것을 쫓아 버린 꿈

자기의 일을 방해하는 사람이나 물건을 따돌리게 될 징조다.

● 개나 고양이 등과 같은 애완 동물이
　　　　　　　　죽었다가 다시 살아난 꿈

어떤 기관에 제출했거나 의뢰했던 일이 되돌아올 징조다.

●고양이●

● 호랑이라고 생각했는데 고양이었던 꿈

값나간다고 생각했던 물건이 나중에 알고 보니 아무런 가치도 없는 것으로 판명나게 될 징조다.

고양이

● 고양이가 호랑이로 변한 꿈

오고가던 혼담이 이루어지게 될 징조다.

● 고양이와 개가 서로 싸우는 것을 본 꿈

세력 다툼이나 공박할 일이 생길 징조다.

● 고양이를 얻은 꿈

가정에 새 식구가 생길 징조다.

● 고양이가 자신의 바지를 물어뜯은 꿈

처음에는 일이 잘 되어 가는 듯하다가 나중에는 일이 꼬이면서 위험에 처하게 될 징조다.

● 고양이를 죽이거나 잡아먹은 꿈

도둑을 잡거나 잃었던 물건을 다시 찾게 될 징조다.

● 고양이가 집을 뛰쳐나간 꿈

데리고 있는 직원이 퇴직하거나 물건을 잃어버릴 징조다.

● 고양이가 집 안으로 돼지 새끼를 물고 들어온 꿈

재물과 먹을 것이 생기고, 집안에 친인척이 찾아올 징조다. 재물·돈·선물 등을 암시하는 길몽이다.

● 고양이가 쥐를 잡는 꿈

수사관이 이러한 꿈을 꾸었다면 범인을 잡게 될 징조다. 보류되었던 일은 순조롭게 풀린다. 또한 재물을 얻게 될 징조로도 해석된다.

● 고양이가 운 꿈

나쁜 소문이 퍼질 징조이며, 모든 것이 나빠질 흉몽이다.

● 검은 고양이를 본 꿈

좋지 않은 일이나 평소에 두려워했던 일을 겪게 될 징조다.

● 고양이가 담 위를 걸어다니는 꿈

신앙 생활에서의 회의와 불신을 뜻하는 꿈이다.

● 고양이와 개가 함께 어울려 노는 것을 본 꿈

개와 고양이는 서로 상극이다. 그런데 이런 동물이 서로 어

울려 놓았다면, 자신의 성격과 정반대인 사람과 함께 사업이
나 일을 하게 될 징조의 꿈이다.

● 고양이가 사람의 말을 하는 꿈
구설수가 있거나, 많은 사람들과 교류를 하지만 마음에 드는
사람을 만나지 못할 암시다.

● 고양이가 담장 위에서 자기를 내려다본 꿈
자기의 일에 대해 사사건건 간섭할 사람이 나타나거나, 누군
가에 의해 감시받을 일이 생길 징조다.

● 고양이가 지붕에서 자기를 쳐다보는 꿈
정신적·물질적으로 피해를 입게 되거나, 재물 손실을 당하
게 될 징조다.

● 고양이의 눈이 빛난 꿈
발표한 창작품이나 학설 등이 다른 사람들에 의해 좋은 평을
받게 될 징조다.

● 고양이 눈을 본 꿈
몸이 허약해져 병원에 갈 일이 생길 징조다.

● 검은 고양이가 집 안에 들어와서
　　　　　괴상 망측한 소리를 내며 울어댄 꿈
집안에 우환이 찾아와 큰 어려움을 겪게 될 징조다. 도둑·사
고·질병·실물수 등과 같은 불운을 암시하는 흉몽이다.

● 고양이가 발톱을 세워 사람의 얼굴을 할퀸 꿈

낯뜨거운 망신을 당하거나 치한으로부터 희롱을 당하게 될 징조다. 질병·우환·소송·싸움·사고 등을 암시하는 흉몽이다.

● 고양이가 자신에게 덤벼든 꿈

자신이 질병에 걸릴 암시다.

● 도둑고양이가 도망치는 꿈

어떤 일이 미궁에 빠지게 될 징조다.

● 들고양이가 도망치는 꿈

자신의 패배를 암시하는 흉몽이다.

● 검은 고양이가 사람의 해골이나 뼈를 물고 안방으로 들어온 꿈

집안에 혹독한 우환이 찾아오거나, 가족 가운데 누군가가 사고 또는 죽음과 같은 변을 당하게 될 징조다.

● 고양이를 품에 안고 쓰다듬어 주며 귀여워해 준 꿈

여자나 아이를 품에 안을 일이 생길 징조다.

● 고양이가 고기를 먹는 꿈

도둑 맞았던 물건을 되찾게 될 징조다.

● 고양이가 생선을 물고 도망치는 꿈

집안에 도둑이나 강도가 들어서 귀금속을 훔치거나 강탈해 가게 될 징조다.

● 고양이가 닭장을 들여다보는 꿈

자기 집의 재산을 노리는 사람이 나타나거나, 자신의 재산을 보호해 줄 사람을 채용하게 될 징조다.

● 고양이가 쥐로 변한 꿈

현재 거주하는 집에 어떤 말썽이 생겨 고생하게 될 징조다.

● 곰 ●

● 곰이 떼를 지어 집 안으로 들어온 꿈

무역·생산·유통업 등에 투자하여 많은 돈을 벌게 될 징조다.

곰

● 곰의 변에서 금은 보화가 나온 꿈

생산업이나 유통업에 투자하여 사업 성과를 올리고, 새로운 상품을 개발하여 많은 돈을 벌게 될 징조다.

● 곰과 재미있게 논 꿈

모든 일이 순조롭게 풀려나갈 징조다.

● 앞산에서 곰 울음소리가 들린 꿈

평소에 희망하던 일이 이루어지고 행운이 찾아올 징조. 우편·소식 등을 암시하는 길몽이다.

● 쌀가마니 위에 여러 마리의 곰이 올라앉아 있는 꿈

일 년 농사의 풍작을 암시하는 꿈이다. 많은 돈과 재물이 생길 것을 암시하는 길몽이다.

● 곰을 생포한 꿈

권위와 명예를 얻게 될 암시이니 길몽이다.

● 죽은 곰의 쓸개를 구한 꿈

지금 하고 있는 사업이나 일이 잘 추진되어 세인의 이목을 받게 될 징조의 꿈이다.

● 곰이 새끼 낳는 것을 본 꿈

새댁이나 부인은 훌륭한 자식을 낳게 될 것을 예시하는 태몽이다. 사업 발전이나 신상품 개발 등을 암시하는 길몽이다.

● 기린 ●

기린

● 깜깜한 밤중에 기린 한 마리가 어디론가 사라진 꿈

사랑하는 사람을 몹시 그리워하다가 지쳐서 눈물 흘릴 일이 있을 징조다.

● 기린이 도망치는 꿈

계획한 일이 순조롭게 이루어지지 않고, 재물이나 작품이 소멸될 징조다.

● 여러 마리의 기린이 도망쳐 버린 꿈

좋은 일이 생길 듯하다가 다른 데로 빠질 징조다.

● 기린을 타고 싱그러운 숲 속에 들어갔던 꿈

험난한 관문을 통과하여 행운을 맞게 될 징조다. 승진·입학·합격·발명·상장·훈장 등을 암시하는 길몽이다.

● 장군이 기린을 타고 집 안으로 들어온 꿈

객지에 나갔던 자식이 금의 환향하여 고향으로 돌아오게 될 징조다. 집안에 경사가 있을 것을 암시하는 길몽이다.

● 기린이 교미하는 것을 본 꿈

사업적인 계약이 순조롭게 이루어질 징조다. 결혼·합방 등을 암시하는 길몽이다.

● 기린이 길게 목을 빼고 멀리 바라보는 꿈

학수 고대하던 사람이 자기를 찾아오게 될 징조다. 미래의 희망이 밝아온다.

● 기린이 평화롭게 새싹을 뜯어먹고 있는 꿈

사업·취직 등이 순조롭게 이루어질 징조다.

● 기린을 집 안으로 끌고 오거나
　　　　　　　기린이 스스로 들어온 꿈
집안에 경사가 생기거나, 아름답고 총명한 자녀를 잉태하게 될 징조다.

● 기린이 이리저리 도망 다니는 것을 본 꿈
다른 사람들로부터 시달림을 받거나 함정에 빠져서 헤어나지 못하게 될 징조다.

● 기린의 목을 잘라 죽인 꿈
반가운 소식을 듣거나 난관에 봉착했던 일이 순조롭게 이루어질 징조다.

●낙타●

낙타

● 낙타를 본 꿈
지금보다 더 많이 노력해야 한다는 암시다.

● 낙타가 싣고 온 짐을 자기 집 앞마당에 부린 꿈
누군가가 보내온 물건을 받거나 선물이 들어올 징조다. 우편·물품·일거리 등을 암시하는 길몽이다.

● 낙타를 타고 가다가 샘물을 발견한 꿈
귀인의 도움을 받아 일이 순조롭게 잘 풀릴 징조다.

● 낙타의 뒷발에 채인 꿈
친한 친구나 사랑하는 애인으로부터 배신당할 일이 있을 징조다. 실패·사고 등을 암시하는 흉몽이다.

● 낙타를 타고 끝없는 사막을 하염없이 간 꿈
현재 추진하고 있는 일이 난관에 부딪쳐 막막하게 될 징조다.

● 낙타의 등이 크게 돋보인 꿈
두 가지 특성을 가진 기업체나 작품을 접하게 될 징조다.

● 낙타를 끌고 집 안으로 들어온 꿈
소나 말 같은 가축이나, 부동산·작품 등이 생길 징조다.

●늑대●

● 늑대들에게 쫓기다가 하늘로 날아올라간 꿈
처음에는 어려움을 겪지만 나중에는 일이 순조롭게 풀릴 징조다.

늑대

● 늑대에게 물린 꿈
사기를 당해 재물을 잃어버릴 징조다.

● 늑대에게 다리를 물린 꿈
질병이나 근심거리가 생길 징조다.

● 늑대에게 쫓기는 꿈
어떤 일로 인해 압박을 당하게 될 징조다.

● 늑대가 사람으로 변한 꿈
자신이 믿고 의지했던 사람이 갑자기 변심하여 늑대와 같이 될 징조다.

● 멀리서 늑대의 울음소리가 들린 꿈
남녀간에 이별의 고통이 오가게 될 암시다.

● 늑대가 자기 집 토끼를 물어간 꿈
집 안에 도둑이 들거나 실물수가 있고, 사고로 인해 재물이 빠져나가게 될 징조다.

● 늑대를 잡은 꿈
자신에게 해를 끼칠 사람을 만나거나 도둑을 잡을 암시다.

● 자신이 늑대를 잡아죽인 꿈
근심거리나 방해물이 제거되어 일이 순조롭게 풀릴 징조다.

● 늑대가 개를 물어 가는 꿈
도둑이 들 징조다.

● 늑대들이 힐끔거리며 자신을 바라본 꿈
불량배로부터 공갈 협박을 당하거나 주위 사람들로부터 놀림과 시달림을 받고, 누군가로부터 미행을 당하게 될 징조다.

● 산중에서 늑대가 도망가는 꿈
지금까지 막히고 어려웠던 일들이 풀려나갈 징조다.

● 자기 집의 가축을 늑대가 물어 죽인 꿈
뜻하지 않은 사람의 도움을 받아 일이 쉽게 풀릴 징조다.

● 늑대가 소리를 내면서 운 꿈
집 안에 우환이 생길 징조다.

● 늑대가 피를 흘리며 죽어 있는 것을 본 꿈
돈과 재물이 생기거나 곡식과 먹을 것이 들어오고, 집안에 경사가 있을 징조다.

● 들판에서 도망가는 늑대를 쫓아간 꿈
간신히 어려웠던 고비를 넘기고 사업이나 일에 전념할 징조다.

● 사나운 늑대가 으르렁거리며 자기를 노려본 꿈
제삼자에 의해 자신이 심판받게 될 징조다.

● 다람쥐 ●

다람쥐

● 다람쥐가 도토리를 가지고 묘기를 부린 꿈
새로운 아이디어로 예술 작품을 창작하게 될 징조다.

● 바위틈 굴 속에 있는 다람쥐 새끼를 본 꿈
국보급 유물이나 보물을 발굴해 내게 될 징조다. 창작·상품 개발·재물·횡재수 등을 암시하는 길몽이다.

● 다람쥐가 쳇바퀴를 돌리는 것을 본 꿈
아까운 청춘을 헛되게 보낼 징조다. 어떤 일에 매달려 총매진 하지만 아무런 실속은 없다.

● 다람쥐가 부지런하게 나무 위를 왔다갔다 한 꿈
모든 일이 산만해져 되는 일이 없을 징조다.

● 다람쥐가 새장에 갇혀 있는 것을 본 꿈
하는 일마다 막혀서 일이 잘 안 풀릴 징조다. 소식 불통이나 눈뜬 장님 등을 암시하는 흉몽이다.

● 다람쥐가 나무에 오르는 것을 본 꿈
직장에서 승진을 하게 되거나 다른 사람 앞에서 권위를 세울 일이 있을 징조다.

● 다람쥐가 자신을 희롱하는 꿈
사기를 당할 일이 생길 징조다.

● 다람쥐가 도토리를 물고 굴 속으로 들어가는 꿈
주택 부금 또는 장기 저축 등을 들어 내 집 마련의 꿈을 키우거나 살림살이 장만을 하게 될 징조다.

● 다람쥐가 밤을 따먹기 위해 밤나무에 올라가는 꿈
확실한 실력자를 만나 도움을 받고, 사업 성과가 나타날 징조다. 재물·증진 등을 암시하는 길몽이다.

● 다람쥐가 나무와 나무 사이를 뛰어다니면서 묘기를 부린 꿈
극장과 같은 문화 공간에서 영화나 연극·작품 전시회·마당놀이 등을 관람하게 될 일이 생길 징조다.

● 다람쥐를 잡으려다 놓친 꿈
직장에서 업무 중에 실수할 일이 생길 암시다.

● 예쁜 다람쥐 한 마리를 잡아서 방 안으로 들어온 꿈
부인이 임신하여 예쁜 딸을 낳을 징조다. 재물과 횡재수를 암시하는 길몽이다.

● 다람쥐가 여우 굴로 들어가는 꿈
몹시 위험한 곳에 뛰어들 일이 있을 징조다. 실패·자살 행

위·사고 등을 암시하는 흉몽이다.

● 다람쥐가 큰 수박을 데굴데굴 굴린 꿈
뜻밖에 횡재를 하여 많은 재물과 돈을 얻게 될 징조다.

●돼지●

돼지

● 돼지우리에 똥이 수북하게 쌓인 꿈
사업이 순조롭게 풀려 많은 돈과 재물이 들어오고, 부동산에 투자하여 많은 돈을 벌게 될 징조다. 행운·횡재수·돈·재물 등을 암시하는 길몽이다.

● 돼지를 잡아 죽인 꿈
만사 형통하고, 재물이 생기며, 하는 일마다 이루어지는 대길몽이다.

● 돼지를 내다 판 꿈
물건을 잃어버리거나 자신의 일거리를 다른 사람한테 빼앗기게 될 징조다.

● 돼지 새끼를 사 온 꿈
처음에는 적은 돈을 얻지만, 그걸 밑천으로 하여 많은 재물을 얻게 될 징조다.

● 돼지 새끼가 예쁘게 보인 꿈
태몽이면 예쁜 딸을 낳게 될 암시다.

● 돼지우리에 새끼 돼지가 우글거린 꿈
장차 작가나 교육자·사업가가 되어 이름을 날릴 징조다.

● 커다란 돼지가 귀찮을 정도로
　　　　　　　　자기 뒤를 졸졸 따라다닌 꿈
재력가의 도움을 받아 경제적인 풍족을 누리게 되지만, 그로 인해 심적 부담을 느끼게 될 징조다.

● 돼지에게 자신이 쫓긴 꿈
사업상 자금 문제로 정신적인 고통을 심하게 받을 암시다.

● 방에서 돼지와 싸우다가 돼지의 목을 조른 꿈
사업이 부흥하여 많은 재물을 소유하게 되며, 경쟁이나 재판 등의 시비에서 승리하게 될 징조다.

● 돼지가 저절로 죽어 버린 꿈
재물이 흩어지고 곤궁해질 암시다.

● 필요 이상으로 돼지고기를 많이 산 꿈
뜻하지 않은 많은 재물을 얻게 될 징조다.

● 하천 물을 모두 마신 돼지가
　　　　　　　　　집채만하게 몸집이 커진 꿈

뜻밖에 호황이 찾아와 중소기업이 재벌 회사로 등극하게 될 징조다. 돈·재물·물품 등을 암시하는 길몽이다.

● 돼지 새끼를 어루만진 꿈

재물과 돈이 들어올 징조지만, 부모나 배우자에게 근심거리가 생길 수도 있다.

● 돼지가 변해서 사람이 되는 꿈

관청과 관계되는 일이 생길 징조다.

● 환자가 날아가는 돼지의 뒷다리를 잡고
　　　　　　　　　　　하늘로 올라간 꿈

신의 도움을 받아 환자의 병세가 점점 호전되어 쾌차하게 될 징조다. 이런 때 신에게 기도하면 더욱 쉽게 쾌차할 수 있다.

● 돼지 새끼를 쓰다듬은 후 아이를 낳은 꿈

재물 복을 타고난 자식을 낳지만, 그 자식으로 인해 마음 고생이 생길 징조다.

● 돼지 머리를 제사상에 올려놓은 꿈

자신의 작품 등에 대해 제삼자의 칭찬을 받게 되거나 누군가로부터 물질적인 보답을 받을 징조다.

● 돼지를 차에 가득 실어다가 우리 안에 넣은 꿈

많은 사람들의 도움으로 풍족한 생활을 누리게 되지만 심적으로는 부담을 느끼게 될 징조다.

● 돼지 한 마리가 갑자기 여러 마리로 변한 꿈

사업이 번창하고 재물이 들어올 징조다. 연구하는 직업을 가진 사람은 좋은 결실을 맺게 된다.

● 돼지를 잡아먹으러 오는 호랑이와 사자를 때려잡은 꿈

태몽으로, 출산이 순조롭게 이루어질 징조다.

● 멧돼지 수십 마리가 자기 집으로 몰려 들어온 꿈

직계 가족이나 친척 중에서 자식을 낳게 되며, 그 자손의 미래가 밝을 징조다.

● 흰 돼지가 큰 건물 안으로 들어간 꿈

출판·생산·병원·교육 사업·육영 사업 등에 투자하면 큰 성공을 거두게 된다. 재물과 횡재수를 암시하는 길몽이다.

● 우리 밖으로 뛰쳐나가는 돼지를 붙잡지 못하고 놓쳐 버린 꿈

하는 일마다 몹시 꼬여 물질적인 손해를 입게 될 징조다.

● 새끼 돼지가 어미 젖을 빨아먹는 꿈

국가 산업이 발전하고 경제 질서가 확립되며, 가정에 경사스

런 일이 있고, 재물과 돈이 들어올 좋은 징조다.

● **돼지가 자신의 치마를 물고 흔드는 꿈**
처녀가 장차 부자가 될 사람과 결혼하게 될 암시다.

● **돼지 새끼가 자라서 우리 안을 가득 채운 꿈**
부동산이나 증권 등에 투자한 돈이 몇 배로 불어나게 될 징조의 좋은 꿈이다.

● **멧돼지를 잡은 꿈**
시험 합격·권리 확보 등이 마음먹은 대로 성사될 징조다.

● **사나운 돼지가 방에서 사람으로 변한 꿈**
신변에 어려운 일이 생길 징조다. 그리고 상대하는 사람의 겉과 속이 다를 수도 있다.

● **멧돼지 머리를 선물받은 꿈**
소송이나 다툼에서 이길 암시다.

● **죽은 멧돼지를 집 안으로 가지고 온 꿈**
집안에 화근이 생길 징조다.

● **멧돼지가 집으로 들어오는 꿈**
오래 끌어오던 송사가 끝나고 기쁜 일이 있을 징조다.

● 살아 있는 돼지를 등에 지고 오거나
　　　　　　　　　　차에 싣고 오거나 몰고 온 꿈
돈이나 명예를 얻게 될 징조다.

● 멧돼지가 덤벼들거나 물려는 꿈
높은 관직에 오르거나 명성을 떨칠 씩씩하고 용맹스러운 자손을 낳을 암시다.

● 웅덩이에 빠진 새끼 돼지를 건져낸 꿈
부동산이나 증권 등의 시세가 뜻밖에 호황을 만나 거금을 거머쥐게 될 징조다. 돈·재물·물품 등의 횡재수와 관계가 있는 길몽이다.

● 차에 돼지 새끼를 실어다가
　　　　　　　　　　자기 집 마당에 풀어놓은 꿈
상품이나 재물이 많이 들어오긴 하지만 그것들이 모두 남의 것이니 그림의 떡인 셈이다.

● 멧돼지가 사람을 물려고 달려든 꿈
주위에 까다롭고 힘든 일이 발생하게 될 징조다.

● 돼지 머리를 삶아 그 일부를 떼어서 감춘 꿈
자신의 경쟁 상대자가 자기보다 우세해지거나, 동정 또는 실의 등으로 인해 매사에 좌절하게 될 징조다.

● 여러 마리의 돼지가 교미하는 것을 본 꿈

집안에 경사가 생겨 축의금을 받을 일이 생길 징조다. 하는 일마다 잘 되어 집안이 번성할 꿈이다.

● 돼지를 껴안고 입맞춘 꿈

시험을 앞둔 사람은 우수한 성적으로 합격하게 될 징조다. 입학·합격·승진·승리·당선·낙찰·결혼·합병·성공 등과 관련 있는 길몽이다.

● 돼지 갈비를 맛있게 먹은 꿈

교통 사고 등으로 인해 병원 생활을 하게 될 징조다. 사고·질병·복통·우환 등을 암시하는 흉몽이다.

● 돼지 새끼들이 몰려와서 자신의 소변을 받아먹은 꿈

사회에 정신 문화의 발달을 가져다주고, 자신의 여러 작품이 유명인에 의해 평가받을 일이 생길 징조다.

● 돼지를 타고 달나라에 간 꿈

새로운 경영 기법으로 상품을 개발하여 세계 시장의 벽을 무너뜨리게 될 징조다. 소원 성취를 암시하는 길몽이다.

● 돼지의 엉덩이를 칼로 찌르고 목을 쳐서 죽인 꿈

시작은 좋았지만 결과가 신통치 않을 징조다.

● 물려고 덤벼드는 멧돼지를 죽인 꿈

윗사람의 도움으로 힘들고 어려운 일을 처리하게 될 징조다.

● 땅 속에서 신묘한 돼지 떼가 나와
　　　　　　　　　　산꼭대기로 올라간 꿈
승진하여 자리를 중앙의 요직으로 옮기게 될 징조다. 돈·재물·횡재 등을 암시하는 길몽이다.

● 가까운 친척이 집 안으로 돼지를 몰고 들어온 꿈
식구 중의 한 사람이 가까운 시일 내에 돈을 가져올 징조다.

● 돼지를 통째로 구워서 잘라먹은 꿈
논문이나 작품 등이 좋은 평가를 받아서 많은 사람들로부터 축하를 받게 될 징조다.

●말●

● 돈이나 제사에 쓰는 여러 가지 기구를 말에 싣는 꿈
관직에 있는 사람은 그 직책을 잃을 징조다.

말

● 남녀가 함께 말을 타고 초원을 달린 꿈
미혼 남녀의 경우, 결혼식을 올리고 신혼 여행을 떠나게 될 징조다.

● 말을 죽인 꿈
술과 음식이 생길 암시다.

● 말의 성기가 크게 발기되어 있는 것을 본 꿈
가까운 사람이 자기에게 반항을 하게 될 징조다.

● 처녀가 말을 타고 있는 꿈
머지않아 결혼하게 될 꿈이다.

● 조상이 집으로 말을 끌고 들어온 꿈
가문에 사람이 들어오거나 재물이 생길 징조다.

● 말끼리 서로 싸우는 꿈
소원이 이루어지지 않을 징조다.

● 말한테 물린 꿈
득세하거나 공직에서 진급하여 이름을 날리게 될 징조다.

● 말이 서로 발길질을 하는 꿈
의논했던 일이 깨어질 징조다.

● 말이 도망간 꿈
만사가 불길하게 변할 징조다.

● 말이 집에 들어오는 꿈
집안에 경사가 있을 징조다.

● 말을 타고 산이나 들을 달린 꿈
사람들의 추앙을 받아 명예를 얻게 될 징조다.

● 말을 메어 둔 꿈
장사를 하면 이득이 생길 암시다.

● 말이 달리는 것을 본 꿈
정치인 또는 그룹이나 기업의 간부가 될 훌륭한 아들을 출산하게 될 태몽이다.

● 말이 고삐를 끊고 멋대로 달리는 꿈
경사가 생겨 그것을 축하해 줄 징조다.

● 백마가 공중으로 힘차게 날아오르는 꿈
하는 일이 승승장구할 징조다.

● 말이 자신을 향해 급히 달려오는 꿈
다급한 소식을 듣게 될 징조다.

● 말을 타고 들판을 달린 꿈
추진하고 있는 일이 몇 번의 고비를 겪게 될 징조다.

● 말을 타고 험준한 길을 쉽게 지나가는 꿈
여인의 원조를 얻어 출세할 징조다.

● 말이 잔디밭에서 한가롭게 풀을 뜯고 있었던 꿈

진리를 탐구하고 성실한 교육자로서 사회에 공헌할 아들을 출산하게 될 징조다.

● 자기가 말 위에서 떨어진 꿈

사업에서 실패를 하게 되거나 다른 사람들로부터 배신을 당하게 될 징조다.

● 백마가 하늘을 나는 꿈

사업을 벌여 세인의 관심을 사게 될 징조다. 하지만 또 한편으로는 불안할 일도 생긴다.

● 경마장에서 경마를 구경한 꿈

증권 투자나 부동산 투자를 하게 될 징조다.

● 말이 춤추는 것을 본 꿈

남의 시비를 받아 기분이 언짢아질 징조다.

● 말이 천둥 벼락에 놀라서 펄쩍펄쩍 뛰는 꿈

천재지변이나 어려운 재난을 당하게 될 징조다. 불행·사고·질병·시달림 등의 불운을 암시하는 흉몽이다.

● 말에게 먹이를 준 꿈

입신 출세하여 명성을 떨치게 될 훌륭한 자식을 낳을 징조다.

● 말에게 물려 상처가 난 꿈
직장에서 승진하여 축하받을 일이 생길 징조다.

● 말과 수레가 흙탕물에 빠진 꿈
하던 일에 장애가 생겨 어려움을 겪게 될 징조다.

● 자기가 예쁜 조랑말을 타고 뛰어간 꿈
남자는 귀엽고 아리따운 여자를 만나고, 여자는 믿음직스럽고 성실한 남성을 만나서 사랑하게 될 징조다.

● 다른 사람 소유의 아름다운 말을 타는 꿈
여인의 원조로 명성과 부를 함께 얻게 될 암시다.

● 망아지가 굴레를 벗어나 날뛰는 꿈
주색에 빠지게 되거나, 하는 일이나 사업에 어려움이 따를 징조다.

● 자신 소유의 아름다운 말을 타는 꿈
아주 예쁜 미인인 아내를 얻게 될 암시다.

● 말굽 소리가 점점 가까이 들려온 꿈
집안에 귀한 손님이 찾아올 징조다. 우편물·전화·기쁜 소식 등을 암시하는 길몽이다.

● 처녀가 말을 타는 꿈
마음의 갈등이나 불안이 생기며, 오가던 혼담이 깨질 징조다.

● 모자를 눌러쓰고 말을 탄 꿈
실직자는 좋은 직장을 얻게 되고, 직장인은 승진하여 자리를 옮기게 될 징조다.

● 말이 달려가다가 갑자기 쓰러진 꿈
하고 있는 일이나 사업에 장애물이 생겨 고비를 겪게 될 징조다.

● 말을 손질하여 소와 함께 달리게 하는 꿈
기쁜 일이나 반가운 일이 생길 징조다.

● 말이 두 앞발을 들어올리며 반가운 울음소리를 낸 꿈
친구나 사랑하는 여인 등이 찾아올 징조다. 기쁨·경사 등의 길운이다.

● 고향으로 말을 몰고 간 꿈
기관지 계통의 병으로 고생할 암시다.

● 말이 두 뒷발을 들어올린 꿈
외출·출장·여행을 떠나게 되고, 일거리가 여러 곳에서 생겨 상당히 바쁘게 될 징조다.

● 천리마를 얻는 꿈
크게 길할 암시다.

● 말을 타고 가는 자기를 사람들이 우러러본 꿈
공공 단체에서 자신이 주도권을 잡게 될 징조다.

● 미혼 남자가 백마를 타는 꿈
정숙하고 예쁜 아내를 얻게 될 암시다.

● 병든 백마를 병원으로 데려간 꿈
사업상 세무 사찰이나 감사 등을 받게 될 징조다.

● 미혼 남자가 흑마를 타는 꿈
음란하고 부자인 아내를 얻게 될 암시다.

●사슴●

● 사슴을 타고 숲 속에 들어가는 꿈
학문과 진리를 탐구하게 되거나 직장에서 승진하여 자리바꿈이 있게 될 징조다. 입학·취직·시험 합격·당선·성공 등을 암시하는 길몽이다.

사슴

● 자기가 사슴을 죽인 꿈
자기가 염원하던 소원이 이루어질 징조다.

● 사슴의 목을 쓰다듬는 꿈
이성과 즐거운 데이트를 하게 될 암시다.

● 사슴이나 토끼가 도망치는 꿈
자신의 지혜로움으로 인해 재물을 얻게 될 징조다. 만일 사슴뿔을 얻는 꿈을 꾸었다면 횡재를 하게 될 징조다.

● 사슴이 놀고 있는 것을 본 꿈
태몽이면 훌륭한 자식을 보게 될 암시다.

● 여럿이서 사슴을 쫓아가 잡은 꿈
단체 행동을 해서 자신이 인정을 받게 될 징조다.

● 사슴의 뿔을 얻은 꿈
누군가로부터 행운의 선물을 받게 될 징조다.

● 들판에서 사슴들이 평화롭게 노니는 것을 본 꿈
집안에 경사가 생기고 돈과 재물이 들어오게 될 징조다.

● 사슴과 함께 푸른 벌판에서 뛰어노는 꿈
연인과 함께 문화 공간에서 즐겁게 보낼 징조다.

● 사슴 고기를 먹은 꿈
금은 보화를 얻을 징조이지만, 실물수도 생길 암시이니 조심해야 할 꿈이다.

● 오색 찬란한 사슴을 본 꿈

뛰어난 예술적 재능을 가진 옥동자를 생산하게 될 징조다.

● 사슴의 몸에서 찬란한 빛이 나는 꿈

큰 행운이 찾아오겠지만 도중에 빛이 사라져 버리면 불운이 올 징조다.

● 사슴뿔을 사서 집 안으로 들어온 꿈

귀중한 물건이 들어오거나, 상장·훈장을 받게 될 징조다.

●소●

● 남의 소를 몰래 훔쳐온 꿈

결혼이나 임신을 하게 되고, 합궁 등으로 운우지락(雲雨之樂)을 보게 될 징조다.

소

● 소를 기르는 꿈

만사가 순조롭게 풀려 나갈 징조다.

● 외양간에 매어 놓았던 소의 고삐가 풀린 채 머리를 밖으로 내밀고 있는 꿈

식구 가운데 한 사람이 집안에 오래 머물지 못할 징조다. 집안이 어려워지고, 이혼을 하거나 별거하게 될 징조다.

● 조상과 함께 소가 보인 꿈
가까운 친척으로부터 많은 도움을 받거나, 사업가로 성공할 아이를 출산하게 될 징조다.

● 소를 끌고 집 안으로 들어온 꿈
집안에 경사가 생기거나, 결혼·재물·사업체 등이 생길 징조다.

● 소를 타고 가다가 떨어진 꿈
방심하고 있다가 손해를 보게 될 징조다.

● 밖으로 뛰쳐나간 소를 잡지 못한 꿈
믿었던 사람으로부터 배신을 당하거나, 재물의 손실을 입을 손재수가 있을 징조의 꿈이다.

● 소를 끌어다가 기둥에 고삐를 매단 꿈
고용인·며느리·아내 등을 맞이하거나, 어떤 사업체 또는 재물을 얻게 될 징조다.

● 소달구지에 쌀을 가득 싣고 집 안으로 들어온 꿈
집안에 돈과 재물과 경사가 있을 징조다. 정월 초하룻날 밤에 농부가 이 꿈을 꾸면 그 해에 풍년이 들게 된다.

● 소가 함정에 빠져 있는 것을 구해 준 꿈
어려움에 빠진 사람들을 구해 내거나, 기울던 가산이나 사업 등을 구하게 될 징조다.

● 소가 집 안으로 들어온 꿈

뜻밖의 재물이 들어오게 될 징조다.

● 황소 세 마리가 매어져 있는 것을 본 꿈

자기의 소망 세 가지가 이루어지고, 아들 셋을 두며, 자수 성가하여 부를 누리게 될 징조다.

● 목장에 많은 소가 있었던 꿈

많은 종업원을 거느리게 되거나 막대한 재물이 생기게 될 징조의 길몽이다.

● 누런 암소가 얼룩무늬 송아지를 낳은 꿈

태몽으로, 문제아가 태어나게 되지만, 장차 그가 대중의 스타가 될 징조다.

● 소가 자기를 쓰러뜨리고 짓밟아 댄 꿈

채권자로부터 심한 빚 독촉을 받게 되는 등, 자신의 신변에 어려움이 생길 징조다.

● 소를 타거나 몰고 가다가 쓰러져서 못 일어난 꿈

자기의 세력이나 사업체 등이 어려움에 처해서 허덕이게 될 암시의 나쁜 꿈이다.

● 소에게 먹이를 주는 꿈

가정에 우환이나 재난이 닥치게 될 징조다.

● 소를 사 온 꿈
집안에 며느리나 귀한 손님이 들어오게 될 징조, 또는 집이나 재물이 생길 징조다.

● 소를 끌고 산으로 올라간 꿈
신분이 고귀해지고, 일확 천금을 거머쥔 부자가 될 징조다. 그러나 집안에 중병을 앓고 있는 사람이 있을 때 이러한 꿈을 꾸게 되면, 그가 사망하게 될 징조로도 해석된다.

● 누군가가 여러 마리의 소를 몰고 가는 것을 본 꿈
단체의 주도권을 잡거나 재물이 한 곳으로 집중되게 될 징조다.

● 자신이 소의 뿔에 받힌 꿈
믿었던 사람한테서 배신을 당하게 되거나 정신적 고통으로 인해 병에 걸릴 징조다.

● 소로 논밭을 갈러 가는 꿈
재물·집·고용인·사업체 등을 잃게 될 징조다.

● 소가 달구지를 끌고 가는 꿈
여러 사람들과 힘을 합해 목표한 바를 성취하게 될 징조다.

● 소가 지쳐 있는 꿈
자신의 능력이 미치지 못하는 어떤 막중한 임무나 일을 맡게 될 암시의 꿈이다.

● 소의 등을 타고 길을 간 꿈

단체장이나 회사 사장이 되어 권세를 과시하게 될 징조다.

● 황소 뿔이 부러지는 것을 본 꿈

어떠한 실수로 인해 실직을 당하게 되거나, 집안 식구 가운데 한 사람이 교통 사고를 당하게 될 징조다.

● 누런 암소가 검은 송아지를 낳는 꿈

투자를 하여 크나큰 이익이 발생할 징조다.

● 검은 소가 들판에 외롭게 매여 있는 것을 본 꿈

탐탁지 않은 남의 식구를 집안에 들여놓게 될 징조다.

● 쇠뿔에서 피가 나오는 것을 본 꿈

진급 또는 관직에 오르게 되거나, 작품 등으로 세상을 감화시키게 될 징조의 길몽이다.

● 투우 경기를 관람한 꿈

이권이나 이념의 대립이 있을 징조다.

● 소가 자기를 보고 웃은 꿈

누군가로부터 불쾌한 일을 당하게 될 징조다.

● 소가 허공에 매달린 꿈

새로운 여러 정보와 주장을 접하게 될 징조다.

● 소에다 소금 두 가마를 싣고 집으로 들어온 꿈

중년 이후 또는 말년에 두 가지의 사업을 벌여 횡재하게 될 징조다.

● 사나운 소가 자기를 뒤쫓아와서 도망친 꿈

사업상의 일이나 책 등을 접하게 될 징조다.

● 소가 멀리 매여 있는 것을 본 꿈

먼 곳에 있는 여자와 결혼하게 되거나, 상당한 시일이 지나야만 배우자를 만나 결혼할 수 있다는 예시이다.

● 검은 암소가 얼룩 송아지를 낳는 꿈

신분의 귀천이나 흥분·싸움 등과 연관이 있는 꿈이다.

● 죽은 소를 묻었던 꿈

집안에 우환이 생기고, 하는 일마다 어려움을 겪게 될 징조다.

● 뿔이 멋지고 털에 윤기가 있는 소를 본 꿈

좋은 사람을 만나고 뛰어난 작품을 접하게 될 징조다.

● 황소 뿔이 황금색으로 빛났던 꿈

공무원은 이름을 드날리게 되고, 운동 선수는 승리하게 되며, 학생은 명문 학교에 장학생으로 들어가게 될 징조다.

● 소를 따라 앞산으로 올라간 꿈

회사원 또는 공무원은 서울이나 중앙 부처로 승진하여 자리

바꿈할 일이 생길 징조다.

● **소를 따라 뒷산으로 올라간 꿈**
회사원이나 공무원은 지방 또는 지사로 밀려나 좌천할 것을 암시하는 꿈이다.

● **여자가 쇠불알을 만지며 장난을 치는 꿈**
어설픈 사랑놀음을 하다가 동네방네에 염문을 퍼뜨릴 징조다.

● **소를 잡아먹은 꿈**
가까운 시일 내에 재물을 얻게 될 징조다.

● **소를 풀어놓고 기르는 꿈**
자손이나 부하 직원이 속을 썩이며, 재산을 비축하지 못할 징조다.

● **소가 쟁기로 밭을 가는 꿈**
협조자의 도움을 받아서 그 동안 침체해 있던 자기 사업이 활력을 띠게 될 징조다.

● **소가 사람처럼 말을 한 꿈**
훌륭한 문예 작품을 창작하게 될 징조다.

● **소가 송아지를 낳는 꿈**
소망했던 일이 반드시 이루어질 암시다.

● 여러 사람이 소의 등을 타고 가는 꿈
여러 사람과 협조할 일이 생길 징조다.

● 소를 팔고서 다른 소를 사 온 꿈
고용인이나 사업 업종 등을 바꾸게 될 징조다.

● 자신이 소를 죽인 꿈
농사가 풍년이 들고, 추진하는 사업이 순조롭게 진행될 징조다.

● 짐을 가득 실은 소가 너무 지쳐하는 모습을 본 꿈
지금 자신이 하고 있는 일이 너무나 벅차고 힘들어서 고달프다는 것을 꿈에서 반영하고 있다.

● 커다란 바위를 황소가 뿔로 들이받아서 굴렸던 꿈
작은 돈을 투자하여 큰돈을 벌게 되고, 재수가 대통하며, 대업을 성취할 징조다. 하청업·수주·낙찰·큰 공사 등의 일거리와 관계 있는 길몽이다.

● 잘 훈련된 소를 잃어버린 꿈
하는 일이 꼬이고 집안에 우환이 따를 징조다. 실물(失物)이나 도둑 등을 암시하는 흉몽이다.

● 소를 정성껏 보살피는 꿈
많은 양의 지식을 얻게 될 징조다.

● **달아나는 소를 잡지 못한 꿈**
종업원이 퇴사하거나 재물의 손실을 입게 될 징조다.

● **여러 사람들이 소를 잡아서 고기를 자르는 꿈**
여러 사람들이 정신적 또는 물질적인 것을 분배할 일이 생길 징조의 꿈이다.

● **소가 많은 짐을 싣고 와서 자기 앞에 선 꿈**
자기의 결혼 상대자로 인해 걱정하게 될 징조다.

● **여러 사람들이 싸움을 하며 황소 고삐를 잡아당긴 꿈**
경쟁자와의 치열한 싸움이 벌어질 징조다. 집단 폭행·패싸움·경쟁 등을 암시하는 흉몽이다.

● 양 ●

● **어린 양 한 마리가 집 안으로 들어온 꿈**
집안에 재물과 돈·경사 등이 생기고, 집안에 식구 한 명이 늘거나 친인척이 찾아올 징조다.

양

● **커다란 양 한 마리를 집 안으로 끌고 들어온 꿈**
돈과 재물이 생기거나 먹을 것이 들어올 징조다. 잔치·제례·고사 등을 암시하는 꿈이다.

● 양떼를 몰고 다닌 꿈

성직자·교육자 등에 몸담게 될 징조다. 휘하에 부하를 거느리고 대업을 성취하게 될 것을 암시하는 길몽이다.

● 양떼를 소유하는 꿈

크게 부자가 될 암시다.

● 평화롭게 풀을 뜯고 있는 양을 본 꿈

자기 일에 충실하여 가정을 살찌우게 될 징조이니만큼 땀 흘려 열심히 일하라는 꿈이다.

● 양을 타고 거리를 다니는 꿈

재물을 얻게 될 징조다.

● 양을 타고 드넓은 초원을 달린 꿈

기분 상쾌한 일이 생기고, 소원 성취하게 될 징조다. 합격이나 당선 등을 암시하는 길몽이다.

● 양이 목동에게 이끌려 풀을 뜯고 있었던 꿈

자신이 맡은 일을 충실하게 할 징조다.

● 어린 양 한 마리가 교회 안으로 들어온 꿈

훌륭한 성직자가 되어 많은 인간을 구제하게 될 징조다. 교회 측에서 볼 때, 새로운 신자가 교회에 와서 등록하게 됨을 암시하기도 한다.

● 양떼가 집 안으로 몰려들어온 꿈
일확 천금을 손쉽게 거머쥐게 될 징조다. 재물·횡재·행운 등을 암시하는 길몽이다.

● 양을 죽이고, 양을 때린 꿈
질병이 생길 징조다.

● 양을 잡아서 산제를 지낸 꿈
종교 의식에 따라 기도나 정성을 드리게 될 징조다. 희생제·제례·의식 등이 있을 것을 암시하는 꿈이다.

● 양이 많은 새끼를 거느린 꿈
수명이 길어질 암시다.

● 양이 많은 새끼를 낳은 꿈
그 동안 투자했던 사업이 몇 배로 불어나서 재미를 보게 될 징조다.

● 여우 ●

● 한밤중에 여우 울음소리를 들은 꿈
어떤 불길한 소식을 듣게 될 징조다.

여우

● 여우를 본 꿈

다른 사람으로부터 의심을 받게 될 징조다.

● 여우를 사육하는 꿈

남자가 이러한 꿈을 꾸면 여난에 휩싸이게 될 징조다.

● 여우와 싸운 꿈

여우처럼 교활한 사람과 싸울 일이 있을 징조다.

● 여우를 기르는 꿈

여색을 탐하다가 망신을 당할 암시이니 항상 몸가짐을 바르게 하고 인격을 쌓아 품위를 높여야 한다.

● 어두운 곳에서 여우를 만나 깜짝 놀란 꿈

다른 사람으로 인해 불안을 느끼게 될 징조다.

● 여우를 쫓아가서 잡은 꿈

공공 단체에서 인정을 받게 될 징조다.

● 여우가 입에 먹이를 물고 굴 속으로 들어간 꿈

수중에 들어온 복을 약삭빠른 사람에게 빼앗기게 될 징조다. 그러므로 주변의 경계를 게을리하지 말아야 한다.

● 여우가 먹이를 땅에다 파묻고 나서 힐끔 뒤돌아다본 꿈

거래처의 주도 면밀한 계획하에 주도권을 빼앗기게 될 징조

다. 실수·속임수 등을 암시하는 흉몽이다.

● **여우를 죽인 꿈**
뜻하지 않은 재물을 얻게 될 징조다.

● **여우가 닭을 물어 가는 꿈**
여우처럼 약삭빠른 사람한테 일을 당할 수 있는 징조이므로 매사에 조심성 있게 행동해야 한다.

● 원숭이, 너구리 ●

● **원숭이가 커다란 나무를 타고 올라가는 꿈**
마음먹은 일들이 순조롭게 풀리게 될 징조다. 사업 성공 등을 암시하는 길몽이다.

원숭이, 너구리

● **담장 위에서 원숭이가 자기 집 안을 들여다보는 꿈**
자신의 신변을 염탐하는 누군가가 주위에 있음을 나타낸다. 그 사람은 경쟁 관계에 있는 직장 동료나 경쟁 회사일 수도 있고, 헤어진 옛 애인이나 전 남편이나 전처일 수도 있다.

● **원숭이가 나무 위에서 바나나를 따먹는 꿈**
직장에서 승진하고, 탁월한 잠재 능력을 발휘하여 많은 사람들에게 능력을 인정받을 징조다.

● **나무 위에서 원숭이가 발을 잘못 디뎌 땅바닥으로 떨어지는 꿈**

진행해 오던 일이 중간에서 멈추게 되거나 실패하여 불행을 겪게 될 흉몽이다.

● **원숭이가 서로 싸운 꿈**

문화 생활을 즐길 일이 생기거나 자기 일에 간섭하는 사람을 향해 책망할 일이 있을 징조다.

● **원숭이에게 먹이를 준 꿈**

절도나 사기·도박 등을 조심하라는 경고성 꿈이다.

● **원숭이가 밀림 속을 뛰어가다가 다리가 부러진 꿈**

과로한 업무로 인해 교통 사고를 당하거나, 업무상 실수로 인해 경고 처분 및 해고를 당하게 될 징조다. 어떤 일을 하다가 중도에서 멈추게 될 것을 암시한다.

● **원숭이가 많은 사람들 앞에서 재주를 부리는 꿈**

많은 사람들이 모인 곳에서 작품 전시회 등을 하거나 재미있는 일이 생길 징조다.

● **원숭이와 눈싸움을 한 꿈**

일을 크게 벌이지만 결과가 좋지 못할 징조다.

● **친구나 직장 동료, 또는 배우자 등이 원숭이가 된 꿈**

원숭이가 된 그 인물에 대한 적대감이나 무시가 상징화되어 나타난 꿈이다.

● 원숭이가 서로 끌어안고 키스를 하고 있는 것을 본 꿈
남녀가 분위기 있는 공간에서 사랑의 결실을 맺게 될 징조다.

● 원숭이가 커다란 나뭇잎을 타고
　　　　　　　　언덕 아래로 주르르 미끄러지는 꿈
계획은 거창하지만 실제의 결과는 보잘것없음을 암시하는 꿈이다. 또는 자녀 문제로 인해 속 썩을 일이 생길 징조다.

● 원숭이가 위에서 자기를 내려다보는 꿈
헤어졌던 사람이 항상 자기 주위를 맴돌고 있음을 알리는 꿈이다.

● 원숭이가 괴성을 지른 꿈
수다쟁이를 만나 골머리를 앓게 될 징조다.

● 원숭이가 염소를 잡으려다가 놓치고
　　　　　　　　　　　대신 들쥐를 잡은 꿈
큰일은 안 이루어지고 작은 일만 해결될 징조다.

● 흰 원숭이를 본 꿈
하는 일이 잘 되고, 높은 지위를 얻게 될 징조다.

● 원숭이의 귀가 떨어져 나간 꿈
나쁜 근성을 가진 사람과 인연이 끊어지게 될 징조다.

● 원숭이가 놀란 꿈

뜻밖의 일로 봉변을 당하게 될 징조다.

● 원숭이가 높은 곳으로 올라가는 것을 본 꿈

하고 있는 일이 잘 되고 지위가 상승하게 될 징조다.

● 원숭이를 타고 높은 산으로 올라간 꿈

승진하여 상급 기관으로 발령을 받게 될 징조다. 입학·당선·시험 합격 등을 암시하는 길몽이다.

● 원숭이 새끼를 품에 안았던 꿈

사람이나 일로 인해 온종일 시달림을 받게 될 징조다. 질병이나 사고 등을 암시하는 흉몽이다.

● 원숭이가 나무를 옮겨다니면서 과일을 따먹는 꿈

하는 일이 바쁘고 분주하다. 하는 일마다 결실을 맺을 징조다. 혹은 여기저기 여행을 다니게 될 것을 암시하기도 한다.

● 원숭이 떼가 정글에서 자기를 조롱한 꿈

자신의 경쟁자로 인해 고통을 당하게 될 징조다.

● 원숭이가 자위 행위를 하는 꿈

간사한 사람이 자기를 부추겨서 분노하게 될 징조다.

● 원숭이가 자기를 노려본 꿈

교활한 사람과 싸울 일이 생기거나 다른 사람한테서 모욕을 당할 징조다.

● 원숭이가 노래를 하거나 말을 하는 꿈

부부간에 서로를 의심하고 있거나 친구 사이의 우정이 식어 가고 있음을 의미한다.

● 원숭이가 철망이나 바위 위에 오르는 것을 구경한 꿈

신분 상승이나 소득이 생기고, 이상형의 애인을 갖게 될 징조의 길몽이다.

● 너구리를 본 꿈

좋은 일이 많이 생길 징조다.

● 너구리 털을 얻거나 만진 꿈

어떤 단체로부터 일거리나 재물을 얻게 될 징조다.

● 너구리를 잡은 꿈

뜻밖의 행운으로 인해 재물이 들어올 암시다.

● 너구리를 물에다가 넣고 끓였더니 엄청나게 양이 불어난 꿈

누군가로부터 크게 부풀린 말을 듣게 되거나, 하고 있는 일에 고비를 겪게 될 징조다.

● 친구와 함께 너구리를 잡아먹은 꿈
사방에서 많은 재물이 들어오는 것을 암시하는 길몽이다.

●쥐●

쥐

● 쥐가 커다란 물체의 밑바닥을 갉아먹는 꿈
큰 사업을 시작하거나 단체가 뿔뿔이 흩어질 징조다.

● 쥐가 베개를 쏠아서 베갯속이 쏟아져 나온 꿈
머리를 다치거나 두통이 생겨 정신이 오락가락하게 될 징조다.

● 잡으려던 쥐가 쥐구멍으로 도망친 꿈
계획했던 일이 제대로 풀리지 않을 징조다.

● 쥐에게 물린 꿈
다른 사람으로 인해 봉변을 당할 징조다.

● 쥐에게 발가락을 물린 꿈
협조자가 생겨 사업 형편이 좋아질 징조다.

● 쥐구멍이 곳곳에 있는 꿈
하고 있는 일에 대책을 세우지 못해 몹시 힘들어질 징조다.

● 쥐가 낸 방문 구멍으로 바람이 솔솔 들어온 꿈

집안에 유행성 질병이 찾아올 징조다. 유행성 질병이나 도둑을 암시하는 흉몽이다.

● 재래식 화장실에서 나온 쥐를 잡은 꿈

부하 직원 또는 동업자의 협조를 받지 못해 힘들어질 징조다.

● 쥐가 의자를 쏠아서 구멍 낸 꿈

한 순간의 실수나 부주의로 인해 좌천·면직·파면당하게 될 징조이므로 늘 경각심을 가지고 행동해야 한다.

● 쥐를 잡은 꿈

소원하는 일이 이루어질 징조다.

● 도망 가는 쥐에게 돌을 던져 잡은 꿈

생쥐처럼 약아 빠진 사람이나 연구하는 사람을 설득시켜 일을 성사시키게 될 징조다.

● 방 안에 있는 쥐를 잡으려고 했던 꿈

경쟁자 또는 방해자를 찾아낼 징조다.

● 쥐가 죽어서 돼지가 된 꿈

열심히 노력함으로써 대업을 성취하게 되거나, 어려움을 딛고 자수 성가하여 성공하게 될 징조다.

● 쥐가 음식물을 먹어치우는 꿈
노력한 만큼 대가를 얻지 못해 실망감을 맛볼 징조다.

● 들판의 곡식들을 쥐들이 먹어치우는 꿈
천재지변이나 사업 실패를 암시하는 흉몽이다.

● 타작해 놓은 벼를 쥐가 먹어치우는 꿈
재산 관리가 허술하여 재물이 빠져나가고 있는 암시다.

● 페스트균을 지닌 쥐를 잡은 꿈
작가의 경우, 베스트 셀러 작품이 탄생될 징조다.

● 산등성이의 구멍에 쥐가 들어 있는 것을 본 꿈
자신이 하고 있는 일이 세인의 관심을 모으게 될 징조다.

● 쥐가 나무 기둥을 쏠아서 먹는 꿈
귀인이 찾아오거나, 사업·재물·결혼 등에 좋지 못한 일이 생길 징조다.

● 쥐가 호랑이나 고양이로 변하는 꿈
직장에서 승진하게 되거나, 현재 진행하고 있는 일이 순조롭게 이루어질 징조다.

● 흰 쥐를 많이 데리고 길을 가는 꿈
다른 사람과 같이 길을 가게 되거나 자신을 따르는 사람이 많아질 징조의 꿈이다.

● 흰 쥐가 갇혀 있는 것을 본 꿈
미혼자는 혼담이 오가며, 또 성사될 확률이 높을 암시다.

● 박쥐가 자기에게 달려들어 물었던 꿈
자기에게 권리나 명예·직분 등이 주어질 징조다.

● 죽은 쥐가 하수구에 막혀 있는 꿈
진행하고 있는 일들이 중도에서 멈추게 되고 지지부진하게 될 징조다. 교통 체증이나 소식 불통 등을 암시한다.

● 쥐가 구멍에서 나온 꿈
계획했던 일이 서서히 풀리기 시작할 징조다.

● 창고 안에 있는 곡식들을 쥐들이 먹어치운 꿈
현재 진행하고 있는 일이나 사업이 순조롭게 풀려 크게 번창할 징조다.

● 창고 안에 쥐가 우글거린 꿈
자신에게 손해를 끼칠 사람들을 자꾸 만나게 될 징조다.

● 쥐가 쥐구멍 밖으로 머리를 내밀고 있는 꿈
자기 자신이나 사업에 대해 관심 있게 지켜보고 있는 사람이 있음을 알리는 꿈이다.

● 쥐의 공격을 받은 꿈

애타게 기다리던 사람을 만나게 되지만, 그 사람으로부터 나쁜 소식을 듣게 될 징조다.

● 방 안에 들어온 쥐를 때려잡은 꿈

직장에서 횡령을 한 사람이나 어떤 단체에서 부정한 짓을 저지른 사람을 색출할 일이 생길 징조다. 또는 일의 중개자를 찾게 될 수도 있다.

● 쥐가 사람을 쫓아오는 꿈

구하고자 하는 것을 얻게 될 징조다.

● 달아나는 쥐를 뒤쫓아가서 때려잡은 꿈

현재 하고 있는 일이 순조롭게 풀려서 재물이 생길 징조다.

● 쥐가 숨어서 자신을 쳐다보는 꿈

여성이면 곧 임신을 하게 될 징조다.

● 쥐가 곡식을 물어다가 자기 집 마루 밑에 소복하게 쌓아놓은 꿈

장사나 사업을 하여 많은 이득을 보게 되고, 집안에 먹을 것이 풍부하게 생길 징조다. 식품·먹거리·물품·재물 등을 암시하는 길몽이다.

● 토끼 ●

● 집안 식구 중 누군가가 토끼 새끼를 안고 들어온 꿈
예쁜 딸아이를 낳거나 집안에 경사가 있을 징조다. 선물·재물·학용품·식품 등이 들어올 것을 암시하는 길몽이다.

토끼

● 산에서 산토끼를 잡은 꿈
새로운 사업에 투자하여 사업 성과가 좋을 징조다. 돈이나 재물·물품 등이 들어올 것을 암시하는 길몽이다.

● 토끼 떼가 들판에서 뛰노는 것을 본 꿈
맡고 있는 일을 활발하게 추진해 나가게 될 징조다.

● 토끼를 품에 안은 꿈
좋은 일이 생기거나 새로운 이성 교제가 생길 징조다. 태몽이면 귀엽고 예쁜 딸을 낳게 될 꿈이다.

● 산토끼가 숲 속이나 바위 속에 숨은 꿈
좋은 일이 생길 듯하다가 말거나, 하고 싶지 않은 일을 접하게 될 징조다.

● 덫으로 토끼를 잡은 꿈
용맹스럽거나 위대한 일과 관계된 꿈이다.

13 동물·곤충에 관한 꿈

● 예쁘고 귀여운 흰토끼가 집 안으로 들어온 꿈

귀여운 딸을 낳게 될 태몽이다. 또는 자기 집에 손님이 찾아올 것을 암시하기도 한다.

● 토끼가 도망을 간 꿈

최선을 다했지만 되는 일이 없고 나빠지게 될 징조다.

● 토끼들이 떼를 지어 집 안으로 몰려들어온 꿈

여러 군데에서 물건값을 거둬들이는 등 재물과 돈이 들어올 징조다.

● 토끼가 자신 앞으로 달려온 꿈

훌륭한 배우자를 만나게 될 징조다.

● 자기 집 토끼가 새끼를 낳고 있는 꿈

많은 돈이나 재물이 생기거나 어떠한 일에 몰두하게 될 징조다.

● 토끼 떼가 정원에서 노는 꿈

그 동안 쌓여 있던 많은 근심 걱정이 떠나 버릴 암시의 길몽이다.

● 산토끼를 따라간 꿈

새로운 사업의 길을 찾고 귀인을 만나 도움을 받게 될 징조다. 경사나 기쁜 소식 등을 암시하는 길몽이다.

● 코끼리 ●

● 자기가 코끼리의 코에 감기거나 매달린 꿈
여러 사람들에게 시달림을 받게 될 일이 있을 징조다.

코끼리

● 코끼리가 자기 집 앞마당에서 힘없이 쓰러지는 꿈
가까운 사람이 변을 당하게 될 징조다.

● 코끼리 새끼를 본 꿈
새로운 일을 시작하게 될 징조다.

● 자신이 코끼리가 된 꿈
큰 부귀 영화를 누리거나 어떤 권리를 획득하게 될 징조다.

● 코끼리가 자신의 뱃속으로 들어온 꿈
임신을 하여 훌륭한 성인이나 성직자를 낳을 징조다.

● 코끼리를 타는 꿈
큰 부자가 될 암시다.

● 남녀가 함께 코끼리 등에 올라탄 꿈
머지않아 결혼하게 될 것을 암시한다.

● **여자가 코끼리를 탄 꿈**
부귀로운 사람을 만나거나 남에게 인정을 받게 될 징조다.

● **코끼리가 코가 막혀 어쩔 줄 몰라하는 것을 본 꿈**
누군가가 약속을 안 지켜 안절부절못하게 될 징조다.

● **코끼리가 자기 집으로 들어온 꿈**
귀한 손님이 오거나 새 식구를 맞게 되고, 새로운 사람을 만나 도움을 받게 될 징조다.

● **코끼리에게 먹이를 주는 꿈**
귀인이나 협력자의 도움을 얻어 출세할 암시다.

● **코끼리가 집 안에 맑은 물을 뿌려 주는 꿈**
집안에 경사가 생기고, 하는 일이 순조롭게 풀릴 징조다.

● **상아로 된 물건을 구입한 꿈**
금은 보화나 희한한 물건을 보게 될 징조다.

● **흰 코끼리를 타거나 보는 꿈**
앞으로 높은 지위에 오르게 될 징조다.

● **코끼리를 따라 커다란 건물 안으로 들어간 꿈**
거주지의 변동이 생기거나 회사가 이사를 가게 될 징조다. 승진하여 자리 변동이 생길 수도 있다.

● 코끼리 코를 잡고 하늘로 올라간 꿈
실력자의 도움을 받아 입신 양명하게 될 징조다. 합격·승진·승리·당선·성공 등을 암시하는 길몽이다.

● 타고 있는 코끼리가 움직이지 않아
　　　　　　　　　　채찍질하여 걷게 한 꿈
좀처럼 안 풀리는 일을 여러 가지 궁리 끝에 풀게 될 징조다.

● 코끼리가 재주를 부리며 먼지를 일으킨 꿈
남한테 놀림을 받거나 망신을 당하여 마음이 편안치 않게 될 징조다.

● 코끼리의 발톱이 빠진 꿈
회사의 직원들이 이리저리 분열되거나, 재물이 나가고 실물수가 있을 징조다.

●호랑이, 사자●

● 자기가 호랑이를 이리저리 끌고 다닌 꿈
사람들을 마음대로 부리거나 큰 일을 성사시킬 징조다.

● 호랑이에게 온몸을 물린 꿈
입신 출세를 암시하는 길몽이다.

호랑이, 사자

● 호랑이가 팔다리를 물어뜯어서 피가 철철 흐른 꿈
재수가 대통하고, 마음먹은 대로 일이 술술 잘 풀리게 될 징조다. 재물·돈·선물 등을 암시하는 길몽이다.

● 호랑이가 집 안으로 들어온 꿈
태몽으로, 장차 태어날 아이가 권력자가 되고, 부귀 영화를 누리게 될 징조다.

● 호랑이가 마당에 앉아 있는 꿈
훌륭한 배우자가 나타나 청혼을 받게 될 징조다.

● 호랑이를 뱀이 잡아먹는 꿈
서로 다른 강력한 두 단체의 싸움에서 뱀으로 상징된 쪽이 승리하게 될 징조다.

● 호랑이를 타고 다니는 꿈
악하거나 나쁜 일이 저절로 없어지게 될 징조다.

● 호랑이가 무서워서 부들부들 떨었던 꿈
제삼자에 의해서 정신적인 고통을 받게 될 징조다.

● 호랑이가 사자를 타고 달린 꿈
의회·지방자치단체·권력자·공공단체 등으로부터 도움과 협조를 받게 될 징조다.

● 사방에서 호랑이가 개처럼 자기를 졸졸 쫓아다닌 꿈
생산업에 투자하여 성공하게 되고, 남에게 도움을 받거나 계획한 일을 추진해 나가게 될 징조다.

● 호랑이의 눈이 안개 속에서 빛난 꿈
세상에 이름을 떨칠 자식이 태어날 것을 예시하는 태몽이다.

● 호랑이가 지붕 위에서 아래를 내려다본 꿈
어떠한 권력가로부터 해를 입거나 압력을 받게 될 징조다.

● 호랑이가 크게 울부짖는 꿈
벼슬을 얻게 되며, 관직에 있는 사람은 성공하게 될 징조다.

● 호랑이의 이빨이 빠지는 것을 본 꿈
일이 잘 풀리지 않아서 많은 어려움을 겪게 될 징조다. 실패·능력 상실 등을 암시하는 흉몽이다.

● 호랑이가 고양이로 변한 꿈
가족 또는 동업자와 크게 다투게 될 암시다.

● 작은 동물이 점점 커지면서 호랑이가 된 꿈
처음에는 작았던 일이 차츰 번창해질 징조다.

● 호랑이를 타고 가다가 다른 동물로 바꿔 탄 꿈
새로운 임무를 맡거나, 맡고 있는 일을 그만두거나, 다른 데로 옮겨가게 될 징조다.

● 호랑이를 잡은 꿈
머지않아 크나큰 세력이나 집단을 움직일 수 있는 권력을 얻게 될 징조다.

● 호랑이를 따라서 굴속에 들어가 보니
　　　　　　　　　　　금은 보화가 가득했던 꿈
뜻밖의 횡재를 만나게 되어 많은 재물이 생길 징조다. 목돈·곗돈 등을 암시하는 길몽이다.

● 호랑이를 죽이는 꿈
행운이 찾아와 귀중한 사람을 얻을 길몽이다.

● 호랑이가 몸에 감긴 구렁이를
　　　　　　　　　　바위에 박박 문질러서 토막낸 꿈
큰 세력을 꺾거나 협조자와 더불어 어떤 사업을 크게 성취하게 될 징조의 꿈이다.

● 호랑이가 움직이지 않고 가만히 있는 꿈
벼슬길이 순탄할 암시이니 길몽이다.

● 호랑이가 가축이나 사람을 물어간 꿈
제삼자에 의해 근심 걱정이 해소되거나 재물의 손실이 있을 징조다.

● 여러 마리의 호랑이나 사자가 들판에서 함께 어울려 노는 꿈

어떤 단체에서 많은 지식인을 만나게 되거나 책을 읽게 될 징조다.

● 호랑이나 사자의 가죽 또는 모피 물품을 얻은 꿈

신분이 상승하고, 입신 양명하여 만인을 거느리게 되며, 재물이나 동업자를 얻게 될 징조다. 명예·승진·대업 등을 암시하는 길몽이다.

● 호랑이나 사자에게 물린 꿈

진급이나 사업 등이 잘 되며, 권세나 명예를 얻게 될 징조다.

● 호랑이나 사자가 자기 앞에 앉아 있는 꿈

입신 양명하여 여러 계층의 사람들을 굴복시키게 될 징조다.

● 호랑이나 사자의 울음소리를 들은 꿈

남의 이목을 한꺼번에 받거나, 어둠에 묻혔던 새로운 사실이 발견될 징조다.

● 황소만한 사자나 호랑이를 때려잡은 꿈

추진하고 있는 사업이 잘 되며, 장애물을 제거하게 되고, 일이 순조롭게 풀릴 징조다.

● 호랑이나 사자에게 쫓겨다닌 꿈

하던 일이나 하려던 일이 난관에 부딪칠 징조다.

● 호랑이 등에 올라타고 하늘을 날았던 꿈

입신 출세하여 세상에 명성을 떨치게 될 징조다. 합격·승진·당선 등을 암시하는 길몽이다.

● 호랑이가 변해 산신령이 된 꿈

직장에서 승진하여 신분이 높아지고 입신 양명하게 될 징조다.

● 산이 호랑이나 용으로 변하는 꿈

좋은 일이 겹쳐서 찾아올 징조다.

● 호랑이가 자기 앞에다가 화려한 금관을 물어다 놓았던 꿈

직장에서 승진하여 입신 양명하게 될 징조다. 돈·재물·입학·합격·당선 등과 관련이 있는 꿈이다.

● 죽은 호랑이가 모기가 되어 날아다닌 꿈

사업에 실패하여 재산을 모두 날려먹고 빚쟁이한테 괴롭힘을 당하게 될 징조다.

● 호랑이와 함께 걸어가면서 얘기한 꿈

귀인을 만나 도움받을 일이 있을 징조다. 합의·상봉 등을 암시하는 길몽이다.

● 호랑이의 눈이 번쩍이는 꿈

교도소에 수감되는 등 자신의 행동에 제약을 받게 될 암시다.

● 호랑이나 사자를 피해 도망친 꿈

태아 유산, 권세 상실, 일찍 사망 등과 관련이 있는 흉몽이다.

● 사자나 호랑이 등의 맹수와 싸워서 이긴 꿈

사업·시험 등 어려운 일이 원하는 대로 성사될 징조다.

● 길바닥에 호랑이가 죽어 있는 것을 본 꿈

손재수·사고·시험 낙방·문서 해약·실패 등을 암시하는 흉몽이다.

● 호랑이가 새끼 낳는 꿈

사업이 번창하게 되거나 휘하에 부하를 많이 거느리게 될 징조다. 출산·새 식구·직원 고용 등을 암시하는 길몽이다.

● 호랑이나 사자의 울음소리를 들은 꿈

세상의 이목을 한꺼번에 받는 선풍적인 인기를 얻게 되거나, 풍문·출세의 지장 등과 같은 어려움을 겪게 될 징조다.

● 길을 가다가 호랑이 꼬리를 밟은 꿈

한 순간의 실수로 인해 커다란 고통을 받게 될 징조이므로 평소에 처신을 똑바로 하고, 모든 일에 주의를 기울여야 한다.

● 호랑이나 사자가 자신을 피해서 도망친 꿈

권력 상실이나 사업 실패 등이 뒤따를 징조다.

● 호랑이·사자 등과 같은 맹수가 서로 싸우는 것을 본 꿈

정당이나 사회 단체가 자신들의 이익을 쟁취하기 위해 싸우고 있는 모습을 보게 될 징조다. 싸움·소송 등을 암시하는 꿈이다.

● 사자를 타고 높은 산꼭대기로 올라간 꿈

승진하여 지위가 높아지고 입신 양명하게 될 징조다. 입학·합격·당선 등과 관련이 있는 꿈이다.

● 사자를 타고 동물원 안으로 들어간 꿈

사회 단체·정당·권세·군인 등의 구성원이 되어 명성을 떨치게 될 징조다. 출세·입학·승진 등을 암시하는 길몽이다.

● 사자가 산꼭대기에서 우렁차게 울어댄 꿈

어떠한 집단의 우두머리가 되어서 막강한 권력을 행사하게 될 징조다.

● 사자와 싸워서 자신이 진 꿈

어떤 일이 난관에 봉착하여 좌절하거나 소송에서 패하게 될 징조다.

● 사자와 함께 다정스럽게 이야기를 나눈 꿈

실력자나 윗사람의 도움을 받아 계획하고 있는 일이 순조롭게 풀리게 될 징조다. 면담·회의·토론·상봉 등을 암시하는 길몽이다.

● 사자가 죽어서 뼈만 앙상하게 남은 꿈
자신의 찬란했던 과거를 되돌아보며 인생 무상함을 느끼고 있는 심리 상태를 반영한 꿈이다.

● 자기 몸을 사자가 깨끗이 혀로 핥아 준 꿈
힘있는 실력자나 윗사람의 도움을 받아 성공하게 될 징조다. 행운을 상징하는 길몽이다.

● 귀엽게 생긴 새끼 사자가 자기 집 안으로 들어온 꿈
똑똑한 아이를 낳을 태몽이다.

●거위●

● 커다란 거위가 공중으로 훨훨 날아가는 꿈
집안에 경사가 생기고 소원 성취하게 될 징조다.

거위

● 커다란 거위가 집 안에서 놀고 있는 꿈
집안에 경사가 생기고 돈과 재물이 들어오며, 수호신이 집을 지켜 주고 있음을 암시하는 길몽이다.

● 거위가 인기척을 듣고 꽥꽥 소리를 질러 댄 꿈

뜻밖의 인사 사고 등이 발생하여 주변이 매우 소란스러워질 징조다.

● 거위가 쥐를 잡아먹는 것을 본 꿈

이 꿈에는 집 안에 들어온 좀도둑을 잡거나 악귀를 물리친다는 뜻이 들어 있다. 성공·승리 등의 작은 복을 암시하는 길몽이다.

● 맑은 물 위에서 거위가 한가로이 헤엄치며 놀고 있는 꿈

하는 일이 실타래 풀리듯이 순조롭게 풀리게 되고, 집안에 평화가 깃들일 징조다.

● 수거위와 암거위가 싸움을 하는 꿈

사소한 일로 인해 부부 싸움을 하게 될 징조다. 사고·소송·시비·구설 등의 우환이 찾아올 것을 암시하는 흉몽이다.

● 거위가 부엌에 들어온 꿈

부엌 살림이 늘어나고 집 안에 먹을 것이 가득하게 될 징조다.

● 거위가 알을 품고 있는 것을 본 꿈

생산업이나 식품업 등에 투자하여 많은 이득을 올리게 될 징조다.

● 자기가 거위의 뒤를 졸졸 따라다녔던 꿈

항상 바쁜 일거리로 인해 몸이 고단하게 될 징조다.

●기러기, 갈매기●

● **수많은 기러기 떼가 어디론가 계속해서 날아가는 꿈**
자신의 일에 충실하고, 지금 하고 있는 자신의 일을 남에게 과시할 일이 생길 징조의 꿈이다.

기러기,
갈매기

● **기러기 떼가 화살표 대형으로 하늘을 날아가는 꿈**
소원 성취하고, 한 가지 목표에 적중하게 될 징조다. 입학·취직·시험 합격·당선·승리·성공 등을 암시하는 길몽이다.

● **기러기가 칠색 무지개를 타고 날아가는 꿈**
입신 출세하여 세상에 널리 명성을 떨치게 될 징조다. 입학·취직·시험 합격·승리·성공 등을 암시하는 길몽이다.

● **호숫가에 앉아 있는 기러기 떼를 본 꿈**
먼 곳에서 소식이 오거나 손님이 찾아올 징조다.

● **기러기 울음소리가 구슬프게 들린 꿈**
가까운 친지로부터 뜻밖의 대형 사고나 질병 등과 같은 비보를 듣게 될 징조다. 소송·싸움 등의 불운을 암시하는 흉몽이다.

● **기러기 떼가 비행기 소리에 놀라서 뿔뿔이 흩어진 꿈**
국가 등과 같은 거대한 조직의 압력에 의해 단체나 조직 등이 공중 분해될 징조다.

● 날아가던 기러기 떼가 벼락을 맞아 우수수 떨어진 꿈
대형 집단 사고로 일시에 많은 인명과 재산을 잃게 될 징조다.

● 많은 기러기 중에서 한 마리만
　　　　　　　　　　용으로 변해서 하늘로 올라간 꿈
많은 경쟁자를 물리치고 당당히 최고의 위치에 오르게 될 암시이므로 길몽이다.

● 기러기가 집 안으로 날아든 꿈
먼 곳에서 반가운 손님이 찾아오거나 반가운 소식을 전해 듣게 될 징조다.

● 수많은 갈매기가 자신을 둘러싼 꿈
장래에 자손이 부귀 영화를 누리게 될 때 많은 사람들이 그의 재산을 탐하게 될 징조다.

● 외롭게 날아가는 갈매기 한 마리를 바라본 꿈
부부가 서로 별거 생활을 하게 되거나 이혼을 하여 외로운 삶을 살아가게 될 징조다.

● 출항하는 배의 뒤를 갈매기가 따라간 꿈
사랑하는 가족과 한동안 헤어지게 될 징조다. 여행·출장 등의 뜻이 들어 있는 꿈이다.

●공작새●

● **남자가 화려한 공작새를 소유한 꿈**
이상적인 여자와 만나게 될 징조다.

공작새

● **공작새를 타고 하늘을 나는 꿈**
부귀 영화를 누리고, 사업가와 정치가는 세상에 크게 명성을 떨칠 징조다.

● **수풀 속에서 공작새를 잡은 꿈**
호젓한 곳에서 아름다운 여인을 만나 기쁨을 누리게 될 징조다.

● **공작새가 나는 것을 본 꿈**
자신을 과시할 일이 생기거나 예술 작품으로 명성을 얻게 되어 부귀로운 생활을 하게 될 징조다.

● **공작새가 날아와서 춤을 추는 꿈**
문장이 더욱 빛나 이름을 들날릴 암시의 길몽이다. 또 태몽이면 귀자를 낳을 꿈이다.

● **공작새가 자신에게 공명의 빛을 비추는 꿈**
이상적인 배우자를 만나게 되거나 좋은 작품을 접하게 될 징조다.

● 공작새를 품에 안고 좋아서 어쩔 줄 모른 꿈

꿈에 그리던 미모의 여인에게 빠져 헤어나오지 못하게 될 징조다.

● 예쁜 공작새가 집 안으로 날아 들어온 꿈

집안에 귀한 손님이 찾아오고 경사가 생길 징조다. 태몽이라면 예쁘고 훌륭한 딸이 태어날 것을 암시한다.

● 공작새가 날개를 활짝 편 꿈

자신의 일에 세상 사람들의 관심이 집중될 징조다.

● 공작새의 깃털로 만든 방석 위에 앉아 있는 꿈

지금의 좋은 현실이 계속 평화롭게 유지될 전망이다. 권력과 지위가 높아질 징조다.

● 화려한 공작새가 날개를 활짝 펴는 꿈

예술 분야를 주름잡을 만한 훌륭한 자식을 출산하게 될 징조다. 사업가는 사업의 성격이나 진로 및 경영 철학에 변화가 생기게 되고, 직장인은 직장을 옮기게 될 징조다.

● 주위에서 공작새가 날아다닌 꿈

자기를 남에게 과시할 일이 생기거나 부귀 영화를 누리게 될 징조의 기분 좋은 꿈이다.

● 공작새의 찬란한 빛이 자신에게로 비친 꿈

남자는 고귀하고 아름다운 아내를 맞이하게 된다. 하지만 보편적으로 이 꿈은 이성으로부터 유혹을 받고 쉽게 이끌려 들어갈 암시이니만큼 조심할 필요가 있다.

● **자기가 공작새와 함께 사는 꿈**
미인을 아내로 맞아 평생을 포근하고 행복하게 살 징조다.

● 까마귀 ●

● **밤중에 까마귀가 집 안으로 날아든 꿈**
슬픈 소식이나 불청객이 찾아올 징조다.

까마귀

● **길을 지나가다가 까마귀 울음소리를 들은 꿈**
교통 사고를 당하여 어려움을 당하거나 근심거리가 생길 징조다.

● **머리 위에서 까마귀가 까악까악 울어댄 꿈**
좋지 못한 소식을 듣거나 사건에 휘말리게 될 징조다.

● **까마귀가 안방으로 들어온 꿈**
집안에 도둑이 들거나 우환이 발생할 징조다. 질병·악귀 등을 상징하는 흉몽이다.

● **까마귀 떼가 날아가는 꿈**
매사에 좋지 않은 일만 일어날 징조다. 그러나 오래도록 일하게 될 계약이 이루어지게 되고, 문인이면 언론 매체 등에서 작품 연재 의뢰가 들어오게 될 꿈이기도 하다.

● 까마귀가 지붕 위에 앉아서 큰 소리로 울어 댄 꿈

집안에 우환이 들끓고, 식구 중 한 사람에게 불행이 닥칠 징조다. 사고·실패 등을 암시하는 흉몽이다.

● 까마귀가 죽은 개고기를 파먹는 꿈

잔칫집에서 음식을 잘못 먹고 나서 병원 신세를 지게 될 징조다.

● 많은 수의 까마귀가 모여 우는 꿈

가까운 일가 친척 중에 반드시 근심 걱정이 생길 암시의 흉몽이다.

● 까마귀나 까치가 시체를 파먹는 꿈

하고 있는 일이 번성하여 고용인을 늘리게 되고, 집안에 잔치를 벌여 손님을 대접할 일이 생길 징조다.

● 까마귀나 까치가 어지럽게 우는 꿈

술과 음식이 생길 징조다.

● 까마귀가 죽은 돼지고기를 파먹는 꿈

기뻐해야 할 잔칫집에 제일 먼저 불청객이 찾아와서 기분 잡치게 만들 징조다.

● 까치 ●

● 까치가 봉황새로 변한 꿈

어려운 역경에서 벗어나 입신 출세하게 될 징조다. 머지않아 무명 딱지를 벗어나서 세상에 이름을 드날리는 스타가 될 것을 암시하는 길몽이다.

까치

● 까치를 잡은 꿈

곤경에 처한 사업 또는 일이 해결되거나 재물이 들어올 징조다.

● 까치가 자신의 어깨 위에 날아와 앉은 꿈

뜻밖의 승진을 하게 되어 어깨를 으쓱거리게 될 징조다.

● 까치가 방 안으로 날아 들어온 꿈

집안에 새로운 식구를 맞게 될 징조다. 기쁜 소식이 들려올 것을 암시하는 길몽이다.

● 마당 앞에 서 있는 나무나 지붕 위에서 까치가 우는 꿈

먼 곳에서 귀한 손님이 찾아오거나 반가운 소식이 들려 올 징조다. 경사 또는 기쁜 소식이 찾아올 것을 암시하는 길몽이다.

● 까치 여러 마리가 나뭇가지에 앉아 있는 꿈

자신을 도와줄 협조자가 여러 명 나타날 징조다.

13 동물·곤충에 관한 꿈 529

● 까치가 자신의 논이나 밭에 씨앗을 떨어뜨린 꿈

생산업에다 투자하여 성공을 거두거나, 농촌이라면 한 해 동안 농사가 잘되어 풍작을 거두게 될 징조다.

● 까치가 빨간 열매를 입에 물고 집 안으로 날아든 꿈

혼처가 나타나거나, 친구나 애인이 찾아올 징조다. 돈·재물·소식·정보·횡재 등을 암시하는 길몽이다.

● 꾀꼬리 ●

꾀꼬리

● 꾀꼬리가 차창 안으로 날아든 꿈

차 안 등에서 우연히 만난 사람과 말동무가 될 징조다.

● 숲 속에서 꾀꼬리를 잡은 꿈

분위기 있는 곳에서 아리따운 여인을 만나 사랑을 나누게 될 징조의 달콤한 꿈이다.

● 꾀꼬리가 숲 속에서 나오는 꿈

직장인은 자리를 옮기게 될 징조다.

● 창문을 통해 꾀꼬리의 울음소리가 은은히 들려 온 꿈

친구나 애인 등으로부터 속내 말을 듣게 될 징조다. 우편물·전화·소식 등과 관련 있는 꿈이다.

● 꾀꼬리가 방 안으로 날아든 꿈
장차 양어깨에 계급장을 다는 직업으로 크게 성공하거나 연예계의 스타가 될 자식이 태어날 징조다.

● 아름다운 꾀꼬리 울음소리가 온 집 안에 울려 퍼진 꿈
집안에 경사가 있어서 풍악을 올리게 될 징조다.

● 꾀꼬리가 자기 품 안으로 날아들거나 붙잡은 꿈
미모의 여성이나 명예 등을 얻게 될 징조다.

● 꾀꼬리가 공중으로 훨훨 날아간 꿈
그 동안 꼬이기만 하던 일들이 순조롭게 풀릴 징조다. 출장·여행 등과도 관련이 있는 꿈이다.

●꿩●

● 잡았던 꿩을 놓쳐 버린 꿈
잡았던 행운을 놓쳐 버리게 될 것을 암시한다.

꿩

● 수탉같이 생긴 꼬리 없는 붉은 색 꿩이 날아든 꿈
인격을 갖추지 못한 형편없는 사람이 찾아올 징조다.

● 꿩이 숲 속에서 한가롭게 놀고 있는 꿈

경제적으로 풍요로워져 집안이 행복을 찾고 태평 성대를 누리게 될 징조의 길몽이다.

● 꿩을 잡으려다 말고 여우를 뒤따라간 꿈

친구를 찾으려다가 여우 같은 여자를 만나게 되어 세월 가는 줄 모르게 될 징조다.

● 꿩알을 얻는 꿈

여자나 남자가 이성의 일로 고민하게 될 징조다.

● 꿩 새끼를 안고 집으로 들어온 꿈

장차 훌륭한 인물이 될 딸아이를 낳거나, 커다란 업적을 이루어 상장·훈장 등을 받거나, 재물 또는 먹거리가 들어올 것을 암시하는 길몽이다.

● 꿩이라고 생각했는데 갑자기 늑대가 되어 있었던 꿈

가장 믿었던 사람으로부터 배신을 당하거나 매사에 불운한 일이 일어날 징조다.

● 꿩 새끼를 닭장에 집어넣고 닭과 함께 기른 꿈

한 집안에서 배와 씨가 다른 형제를 함께 키우게 될 것을 암시하는 꿈이다.

● 꿩이 방 안으로 들어온 꿈
총각의 경우 절세 미인을 만나게 되고, 처녀의 경우 씩씩하고 늠름한 남자를 만나게 될 징조다.

●닭●

● 수탉이 산꼭대기에서 우렁차게 울어댄 꿈
계획했던 일이 뜻대로 이루어지고, 입신 양명하여 사방에 명성을 떨치게 될 징조다.

닭

● 한낮에 수탉이 우는 꿈
재수가 없는 일이 생길 암시다.

● 암탉이 우는 것을 본 꿈
희귀한 작품을 써서 세상에 이름을 떨치게 될 징조다. 그러나 혼담은 막바지에서 깨지게 될 징조.

● 수탉이 병아리를 거느린 것을 본 꿈
자기 자신, 또는 까운 친척에게 손실이 발생할 징조다.

● 수탉이 목청을 돋구어 울어댄 꿈
사업이나 농사가 잘되어서 풍성한 수확을 거둬들이게 될 징조다. 집안에 경사와 희소식이 있을 것을 알리는 꿈이다.

● 수탉의 볏이 매우 크고 위엄 있게 보인 꿈

승진하여 입신 양명하게 될 징조다. 입학·취직·시험 합격·당선·자격 취득·승리 등을 암시하는 길몽이다.

● 수탉이 울려고 애쓰지만 울 수 없었던 꿈

회사의 경영 상태가 부진하여 제자리걸음만 하게 될 징조다.

● 수탉이 달을 보며 길고 우렁찬 울음소리를 뽑아낸 꿈

정신 문화의 발달, 문예 작품의 창작, 행운 등과 관련이 있는 암시이며, 길몽이다.

● 두 수탉이 싸우는 꿈

경쟁자와 서로 다투거나 구설수가 생길 징조다.

● 닭이 자기 집의 지붕 위에서 크게 우는 꿈

장차 집안 식구 가운데서 고위 관리가 나올 징조다.

● 닭이 지붕 위에서 내려온 꿈

멀리 떨어진 곳에서 반가운 소식이 들려올 징조다. 그러나 지붕 위로 올라가는 꿈은 구설수가 있고 흉하다.

● 뱀이 달걀을 물어간 꿈

집안에 실물수가 있거나 물건을 도둑 맞게 될 징조다. 분실·지출·우환 등을 암시하는 흉몽이다.

● **많은 닭에게 모이를 준 꿈**
제자나 후배를 키우게 될 징조다.

● **닭이나 꿩이 알을 품고 있는 꿈**
사업 성취가 생각보다 상당히 지연되거나, 창작물 등이 쉽게 이루어지지 않을 징조다.

● **닭을 목욕시킨 꿈**
관직을 얻게 될 징조다.

● **닭싸움을 구경한 꿈**
집안과 직장에서 서로의 의견이 대립될 징조다. 싸움·시비·소송 등을 암시하는 흉몽이다.

● **닭이 홰를 치며 우는 꿈**
소원이 이루어지게 될 길몽이다.

● **수탉이 마당을 마구 파헤치는 꿈**
돈과 재물이 나가고 실패수가 있으며, 우환과 질병이 들끓고, 교통 사고 등을 암시하는 흉몽이다.

● **닭이나 황새가 나무에 앉아 있는 꿈**
점차적으로 자신의 신분이나 지위가 상승되어 몸담고 있는 단체의 우두머리가 될 징조다.

● 달려드는 닭을 잡은 꿈

집안 식구 중 환자는 병이 완쾌될 암시다.

● 죽은 닭을 많이 가져온 꿈

계획하고 있는 일에서 좌절을 맛보게 될 징조다.

● 모이를 주는데 닭이 도망 가는 꿈

정성을 다한 사람들이 자신을 떠나게 될 암시다.

● 닭의 발이나 부리가 부러지는 꿈

진행해 오던 일들이 모두 중단될 징조이므로 지금까지의 과정을 세밀히 살펴 피해를 최소화해야 한다.

● 도망 가는 닭을 쫓아간 꿈

열심히 노력한 만큼 돌아오는 소득이 적을 암시다.

● 달걀이 부화되어 병아리가 나온 꿈

부인이 예쁜 딸을 낳을 태몽이다. 영업 또는 사업을 새로 시작할 때도 이런 꿈을 꿀 수 있다.

● 닭이 봉황새로 변한 꿈

어려움을 딛고 일어나 입신 출세하게 될 징조다. 돈·재물·승진·입신 출세를 암시하는 길몽이다.

● 암탉이 병아리를 품고 있는 꿈
회사나 단체에서 직원을 많이 거느리게 될 징조다. 사랑·모성애·양육·창작·교육·생산·발전 등과 관련 있는 꿈이다.

● 암탉이 지네를 잡아먹은 꿈
지금 처한 일의 위기에서 탈출하게 될 징조다.

● 병아리를 품에 안고 집 안으로 들어온 꿈
태몽이면 예쁜 딸아이가 태어날 암시이다. 그렇지 않으면 작은 선물을 받을 수 있는 꿈이다.

● 수탉의 목을 자르거나 비튼 꿈
좋은 동업자나 협력자를 잃게 될 암시다.

● 닭이나 비둘기에게 모이를 준 꿈
제자를 만나게 되거나 사업에 투자할 일이 생길 징조다.

● 우는 암탉을 잡아먹은 꿈
사업이나 일이 갑작스럽게 어려움에 처했지만 무사히 잘 해결될 암시의 꿈이다.

● 많은 닭이 모이를 쪼아먹는 꿈
고생 끝에 낙이 오고, 사업에 분주하고, 일거리나 업무가 많아질 징조다.

● 암탉이 달걀을 낳은 꿈
새로운 사업이나 일을 시작하게 될 징조다.

● 암탉이 알을 품고 있었던 꿈
새로운 문예 작품을 창작하여 출간하게 될 징조다. 상품 개발·창업·연구·임신 등을 암시하는 길몽이다.

● 수탉이 알을 품고 있었던 꿈
직장이나 사업장을 다른 곳으로 옮겨 보지만 나아지는 것이 없고 날로 스트레스만 쌓여 가게 될 징조다.

● 수탉에게 큰절을 한 꿈
사회적 또는 종교적 모임에 참석하게 될 징조다.

● 닭이나 오리 등을 잡아먹은 꿈
만사가 길하며, 오랜 동안 앓고 있던 병자라면 완쾌되어 건강을 되찾게 될 징조의 길몽이다.

● 독수리, 매 ●

독수리, 매

● 독수리가 먹이를 낚아채는 꿈
어떠한 일을 신속 정확히 처리하게 될 것을 예시한다. 새로운 기회를 이용하여 목적을 달성하게 될 징조다. 돈·재물·물품·낙찰·상술 전략 등과 관련 있는 길몽이다.

● 독수리가 훨훨 하늘을 나는 꿈
사업 성공이나 출세, 직장에서의 승진 등과 관련이 있으며, 세상에서 명성을 떨치게 될 징조다.

● 독수리가 죽어 있는 것을 본 꿈
가난한 사람에게는 길몽이지만 부자인 사람에게는 흉몽이다.

● 독수리가 자신을 낚아채 가지고 하늘로 날아간 꿈
진행하고 있는 일이 타인에 의해 성사되어질 징조다. 미혼녀가 이러한 꿈을 꾸었을 경우, 훌륭한 남자를 만나 결혼하게 될 것을 예시한다.

● 자신이 독수리에게 잡히는 꿈
희망을 잃게 될 암시다.

● 독수리나 매가 자신의 팔다리를 쪼아대거나 가까이 날아온 꿈
그 동안 풀리지 않던 일이 하나하나 순조롭게 풀리게 될 징조다.

● 독수리가 물 위로 솟구친 물고기를 낚아채는 꿈
새로운 기회를 이용하여 자신의 목적을 달성하게 될 징조다. 돈·재물·낙찰·물품·상술 전략 등과 관계 있는 길몽이다.

● 자신이 독수리로 변해 닭이나 병아리를 죽인 꿈
적이나 경쟁자로부터 항복을 받아내게 될 징조다.

● **독수리와 호랑이가 싸움을 하는 꿈**

경쟁 회사와 쓸데없는 소모전을 펼치게 될 징조. 싸움이나 소송을 암시하는 흉몽이다.

● **독수리를 타고 하늘을 나는 꿈**

단체나 조직의 우두머리가 될 징조. 입학·승진·취업·시험 합격·학위·성공·승리·경사·소원 성취 등을 암시하는 길몽이다.

● **독수리가 썩은 시체를 뜯어먹는 꿈**

신규 사업에 투자한 것이 좋은 때를 만나 승승장구하게 될 징조의 길몽이다.

● **고기를 먹은 독수리가 파란 구슬똥을 싼 꿈**

정기 교육을 마치고 자격증을 받게 될 징조. 특히 사법·행정 고시에 응시한 사람에게 있어선 대길한 꿈이다.

● **독수리가 자신에게 덤벼든 꿈**

나쁜 사람에게 시달릴 일이 생기거나 질병에 걸릴 징조다.

● **여인이 독수리를 낳은 꿈**

태몽이면 귀한 자손이 태어날 암시다.

● **독수리가 자기 집 마당에 돼지를 떨어뜨리고 날아간 꿈**

사업이 잘되어 돈과 재물이 들어올 징조다. 뜻밖의 귀인을 만나서 도움을 받게 될 길몽이다.

● 매를 본 꿈
수많은 사람들의 우두머리가 될 대길몽이다. 하지만 매사에 조심하지 않는다면 남의 원한을 사게 될 꿈이다.

● 하늘에서 매가 빙글빙글 도는 꿈
지위가 높아져서 세인들의 주목을 받게 될 징조다. 매가 아니라 독수리가 빙글빙글 도는 꿈이라면 장차 자신이 한 단체의 우두머리가 될 것을 예시하는 길몽이다.

● 매가 자신의 팔에 앉는 꿈
머리를 써서 돈을 벌거나 어떤 귀중한 물건을 얻게 될 징조다.

● 매가 새를 잡아온 꿈
신뢰하고 있는 아랫사람한테 다른 사람을 데려오게 하거나, 돈이나 재물이 들어올 길몽이다.

● 매에게 쪼인 꿈
많은 재물이 없어질 징조다.

● 매가 날개를 펴고 떨치는 꿈
만사가 형통될 것을 암시하는 대길몽이다.

● 비둘기 ●

● 꿈에 비둘기를 보면

가업이 번창하고 집안의 화목을 암시하는 길몽이다.

● 비둘기가 날아가는 것을 본 꿈

자유·평화·사랑 등을 암시하는 꿈으로, 복음을 전파하는 딸을 출산하게 될 태몽이다.

● 여러 마리의 비둘기에게 모이를 준 꿈

여러 사업에 투자를 하게 되고, 선량한 사람들을 위한 일을 하게 될 징조다.

● 비둘기가 자신의 어깨나 손에 앉은 꿈

귀인을 만나게 되거나 하고 있는 모든 일이 순조롭게 잘 풀려 나갈 징조다.

● 파란색 비둘기에 끈이 묶여 있었던 꿈

가출 여성이나 화류계 여성과 잠시 동거할 일이 생길 징조다.

● 남자가 비둘기를 붙잡은 꿈

머지않아 비둘기처럼 온순하고 지혜로운 여자와 결혼할 수 있게 될 징조다.

● 비둘기가 품에 안기는 꿈

일의 성과를 발표하거나 광고를 하고, 진행하고 있는 일을 마무리하게 될 암시다.

● 비행기 안에서 나온 비둘기를 품에 안고
자기 집으로 들어간 꿈

태몽이라면, 성품이 착하고 온순하며, 사회 봉사원이나 의사·간호원 등이 될 딸이 태어날 징조다.

● 뻐꾸기 ●

● 나무 위에 올라가서 뻐꾸기를 잡은 꿈

예쁘고 훌륭한 딸을 낳을 태몽이다. 또한 돈·재물·선물·취득 등을 암시하기도 한다.

뻐꾸기

● 출근길에 뻐꾸기 울음소리가 들려 온 꿈

하루 종일 기뻐할 소식을 듣게 될 징조다.

● 뻐꾸기를 품에 안고 하늘을 날았던 꿈

지도층 인사가 되어 대중 앞에서 자신의 뜻을 마음껏 펼치게 될 징조다.

● 뻐꾸기나 두견새를 꿈에 보면

먼 곳에서 반가운 손님이 찾아올 징조다.

● 피아노 위에 뻐꾸기가 앉아 있었던 꿈

장차 유명한 피아노 연주자가 되어 세상에 이름을 떨치고 명예를 얻게 될 징조다.

● 뻐꾸기가 소리 내어 울지 못하고 힘들어하는 모습을 본 꿈

공든 탑이 와르르 무너지게 될 징조다. 도중 하차·실패·낙방 등을 암시하는 흉몽이다.

● 뻐꾸기나 두견새의 알을 얻은 꿈

생각지도 않은 곳에서 재물이 생길 징조다.

● 원앙새 ●

원앙새

● 원앙새 무늬가 새겨진 옷을 입고 높은 자리에 앉아 있는 꿈

부귀 공명하고 입신 출세하게 될 징조다. 입학·취직·시험 합격·승진·당선·승리·성공 등을 암시하는 길몽이다.

● 원앙새가 집 안으로 들어온 꿈

친구나 애인이 찾아오고, 뜻밖에 먼 곳에서 귀한 손님이 찾아오게 될 징조다.

● 원앙새를 보는 꿈
부부가 화목할 암시다.

● 술 마시면서 원앙새를 바라본 꿈
분위기 있는 곳에서 꿈에 그리던 여인과 사랑의 단꿈을 꾸게 될 징조다.

● 원앙새가 쌍을 짓는 꿈
부부가 화합하여 백년 해로할 길몽이다.

● 원앙새 한 쌍을 본 꿈
헤어진 부부가 다시 결합하게 되거나, 자식의 혼사가 이루어 질 징조의 길몽이다.

● 원앙새가 날거나 걷는 꿈
부부가 이혼하게 될 흉몽이다.

● 원앙새에게 모이를 준 꿈
사랑하는 사람과의 첫 만남이 이루어질 징조. 상봉·인연·교육·양육 등을 암시하는 길몽이다.

● 원앙새의 울음소리가 분위기 있게 은은히 들려 온 꿈
좋아하는 사람으로부터 사랑의 고백을 듣게 될 징조다. 기쁜 소식이나 경사 등을 암시하는 길몽이다.

● **원앙 금침이나 원앙 문양이 든 그림을 본 꿈**
동업이 순조로우며, 그에 따라 사업도 번창하게 될 징조다.

● **원앙새 무늬가 새겨진 방석 위에 앉아서 공부한 꿈**
학생이라면 학업 성적이 올라가 장학생이 되고, 일반인의 경우, 취직 시험에 합격하여 요직에 앉게 될 징조이니 길몽 중의 길몽이다.

● **푸른 초원에서 원앙새 한 마리를 잡은 꿈**
푸름이 가득한 곳에서 꿈에 그리던 연인을 낚게 될 징조다. 돈·재물·횡재 등을 암시하는 길몽이다.

● 제비 ●

제비

● **제비 한 마리와 놀았던 꿈**
재능 있고 잘생긴 자식을 낳을 징조다.

● **제비가 날아가는 것을 본 꿈**
작품이나 사업으로 유명세를 타게 될 징조다.

● **제비가 마당을 날고 있는 것을 본 꿈**
그다지 사이가 좋지 않던 사람과 화해를 하게 되고, 그 사람과 동업을 할 징조의 꿈이다.

● 제비가 처마 밑에 집을 지은 꿈
새로운 일을 계획하거나 정확하게 추진해 나갈 징조다.

● 제비가 자기한테도 날아와서 잠시 머무른 꿈
예쁜 여인과 함께 한동안 동거하게 될 징조다.

● 제비가 날아와 자기 가슴에 안긴 꿈
지혜롭고 총명한 아이를 출산하게 될 징조다.

● 제비가 둥지에 새끼를 치고 기르는 꿈
사업이 번창하거나, 어떤 일을 계획하여 정확하게 추진해 나가게 될 징조이므로 기분 좋은 꿈이다.

● 제비가 제 집으로 찾아들어오는 것을 본 꿈
객지에 나갔던 식구가 집으로 돌아오고, 새로운 일이나 사업을 시작하게 될 징조다.

●참새●

● 참새 떼가 자기한테로 날아든 꿈
집안에 경사가 생기고, 참새가 자기 품 안으로 날아들면 임신하여 딸을 낳을 태몽이다.

참새

● 참새가 집 안에 날아드는 꿈
기쁜 일이 생길 징조다.

● 많은 참새가 떼를 지어 날아가는 꿈
자신이 통솔하는 무리가 순순히 잘 따라주거나 많은 작품을 발표하게 될 징조다.

● 참새 떼가 나란히 전깃줄에 앉아 있는 꿈
대인 관계가 원만해질 징조다.

● 참새 떼가 마당에 널어놓은 곡식을 쪼아먹는 꿈
아래에 많은 고용인을 두게 될 징조다.

● 참새가 방 안으로 들어오는 꿈
딸을 낳게 될 암시다.

● 참새 떼가 떼를 지어 앉아 있었던 꿈
많은 돈이나 재물을 얻어 부자가 될 징조다.

● 참새가 서로 싸우고 있는 꿈
관청과 송사가 있을 암시다.

●황새, 학●

● 황새가 푸른 잔디밭에서 놀고 있는 꿈
훌륭한 문예 작품을 창작하여 작품 전시회에 출품하게 될 징조다.

황새, 학

● 황새를 타고 푸른 하늘을 나는 꿈
계획하고 있는 일들이 실타래 풀리듯이 술술 풀리게 될 징조다. 입학·취업·시험 합격·승진·취득·당선 등을 암시하는 길몽이다.

● 황새알 속에서 영롱한 옥이 나온 꿈
훌륭한 예술 작품을 창작하게 될 징조다. 재물·발명·아이디어 등을 암시하는 길몽이다.

● 황새가 집 안으로 날아든 꿈
집 안에 귀한 손님이 찾아오거나 멀리 객지에 나가 있던 자식이 금의 환향할 징조다.

● 여우가 황새를 물어간 꿈
집 안에 도둑이 들거나 실물수가 있을 징조다. 돈과 재물이 빠져나갈 것을 암시하는 흉몽이다.

● 황새가 나무에 앉아 있는 것을 본 꿈
자신이 하고 있는 일에서 주도권을 잡게 될 징조다.

● 학의 울음소리를 듣는 꿈
관록이 크게 있을 길몽이다.

● 학이 자기한테 날아와서 몸에 앉은 꿈
학문 연구에 몰두할 자손이 태어날 태몽이다.

● 커다란 알 속에서 학의 새끼가 부화되어 나와 걷는 꿈
학술 서적을 번역하여 출판하게 될 징조다.

● 학을 놓아 주는 꿈
비단 등의 재물을 얻게 될 길몽이다.

● 학을 가슴에 안고 있었던 꿈
누군가와 좋은 인연을 맺게 될 일이 생기고, 새댁이나 부인은 임신하여 훌륭한 자식을 낳을 징조다.

● 학이 자신의 품으로 날아와 안기는 꿈
장차 정신 문화의 발달을 가져다주는 학자나 성직자가 될 딸을 출산하게 될 징조다.

● 하늘에서 동자가 학을 타고 내려온 꿈
이것이 태몽이라면, 태어난 아이가 지식인이 될 확률이 크다.

● 학을 타고 하늘로 훨훨 날아올라간 꿈
부귀 공명하고 입신 출세하게 될 좋은 징조다. 입학·취직·시

힘 합격·승리·당선·취득·승리 등을 암시하는 길몽이다.

● 학이 하얀 종이를 입에 물고
　　　　　　　　　집 안으로 날아 들어온 꿈
시험 합격 통지서 등과 같은 기쁜 소식을 듣게 될 징조다. 상장·훈장이나 희소식 등을 암시하는 길몽이다.

● 학이 뜰에서 사람과 노니는 꿈
귀한 자식을 얻게 되거나 지식인과 접촉하게 될 일이 생길 징조다.

● 학이 넓은 들판에서 노니는 꿈
질병에 걸리거나 집안에 누가 죽게 될 흉몽이다.

● 학이 새하얀 알을 낳은 꿈
세상에 문예 작품을 펴내 좋은 평을 듣게 될 징조다. 창조·저술·태몽 등을 암시하는 길몽이다.

● 학이 하늘을 훨훨 날아다닌 꿈
크게 출세하게 될 징조다.

● 학이 자신의 공부방으로 날아와 앉은 꿈
새로운 학문을 연구하여 훌륭한 성과를 이루게 될 징조다.

● 임산부가 학을 보는 꿈
그 자식이 장수하고 영화를 누릴 암시다.

● 하늘에서 학을 타고 내려온
    백발 노인한테서 무엇인가를 받은 꿈
누군가로부터 도움을 받아 부귀 영화를 누리게 될 징조다.

●새의 알●

새의 알

● 달걀을 한두 개 얻는 꿈
기쁜 일이 생길 징조다.

● 많은 달걀을 얻은 꿈
돈이나 재물이 생기며, 사업에 도움을 주는 귀한 사람을 얻게 될 징조의 길몽이다.

● 달걀을 삶은 꿈
머지않아 많은 이익을 얻게 될 징조다.

● 달걀을 삶았는데 익지 않은 꿈
결과가 나타날 시기가 오래 걸린다.

● 산 속에서 달걀을 줍는 꿈
새로운 아이디어가 사람들로부터 인정을 받게 될 징조다.

● 달걀이 썩거나 깨진 꿈

믿고 의지하던 사람에게 배신감 또는 소외감을 느끼고, 사업가는 내부가 썩어 있다는 암시이니 과감하게 혁신할 필요가 있다는 꿈이다.

● 산에서 꿩알을 줍는 꿈

기발한 아이디어를 바탕으로 일을 성사시킬 징조다.

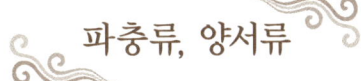

파충류, 양서류

●뱀, 구렁이●

● 집 안에 뱀이 들어온 꿈

귀한 손님이나 기쁜 소식이 찾아오고, 재물 또는 경사가 생길 징조다. 식구가 늘어나거나 사업상의 일이 생길 수도 있다.

뱀, 구렁이

● 이무기가 칼 찬 사람의 주위를 에워싸고 있는 꿈

경영하는 일이 순조롭게 진행되며, 특히 활을 쏴서 맞히면 운수 대통하고 재수가 있을 징조다.

● 이무기를 활로 맞히지 못한 꿈

중병에 걸리게 되거나 모든 일에 의욕을 잃게 될 징조다.

● 뱀의 몸 속에서 약을 구한 꿈
생각지도 않았던 생필품이 생길 징조다.

● 백사(白蛇)가 끝까지 자기의 뒤를 따라온 꿈
가정적으로나 사회적으로 크게 성공할 징조다.

● 뱀이 무리를 이루고 있는 꿈
남모르게 할 일이 생길 징조다.

● 뱀이 칼을 삼키거나 큰 뱀을 칼로 베어 죽인 꿈
지위가 높아지거나 재물을 얻는 등 만사가 대길할 징조다.

● 뱀이 풀 속을 기어다니는 꿈
은연중에 영화를 누리게 될 징조다.

● 수많은 뱀이 길바닥에서 우글거린 꿈
태몽으로, 남을 가르치는 직업을 가질 자손이 태어날 징조다.

● 자신의 온몸을 친친 감고 있는 뱀을 죽인 꿈
어려웠던 일들이 순리대로 술술 풀릴 징조다.

● 백사(白蛇)가 나타난 꿈
장차 부귀 영화를 누리게 될 징조다. 생각지도 않은 곳에서 많은 재물 또는 돈이 들어오게 될 징조다.

● 뱀에게 발목을 물린 꿈

입학이나 취직을 하게 될 징조다.

● 뱀이 방 안으로 들어가서 사람으로 변한 꿈

자신의 일에 많은 발전을 가져올 징조다.

● 뱀이 사람을 뒤쫓는 꿈

아내의 다른 마음이 없어질 징조다.

● 뱀이 자신의 몸을 친친 감고 턱밑에서 혀를 날름거린 꿈

가까운 사람한테서 구속을 받거나 사소한 말다툼으로 인해 신경을 쓸 일이 생길 징조다.

● 뱀이 자신의 신체 또는 팔에 친친 감기는 꿈

부귀를 얻게 될 대길몽이다. 그러나 감겼던 것이 풀리면 차츰 빈곤해지는 흉몽이다.

● 뱀을 토막 내어 먹은 꿈

자기가 모르는 것을 남의 입을 통해 알게 될 징조다.

● 뱀에게 물려서 온몸에 독이 퍼진 꿈

남에게 과시할 만한 좋은 일이 생기거나 재물이 생길 징조다.

● 뱀이 칼에 베이는 꿈

크게 성공하게 될 암시다.

● 문틈으로 수많은 뱀이 들어온 꿈

여러 계층의 사람을 접할 일이 생기고, 다른 사람으로부터 자신의 신변에 관한 이야기를 듣게 될 징조다.

● 뱀과 성교한 꿈

다른 사람과 계약이나 동업을 하게 되고, 태몽이라면 장차 지혜로운 아이가 태어날 징조다.

● 여러 개의 머리가 달린 뱀이 물 속에 있는 꿈

교양 서적을 읽거나 출간하게 되고, 귀한 보물을 얻게 될 징조다.

● 음침한 곳에 도마뱀이 우글거린 꿈

자신의 능력을 남에게 과시할 일이 생길 징조다.

● 도마뱀이 한 군데로 떼를 지어 몰려든 꿈

직원 모집이나 연구 자료를 수집할 일이 생길 징조다.

● 우물가에서 뱀과 지네가 함께 어울려 노는 꿈

태어날 아이가 장차 사회 사업가나 정치가로서 명성을 떨치게 될 징조다.

● 뱀이 똬리를 틀고 혓바닥을 날름거리며
　　　　　　　　　　　　　　자신을 노려본 꿈

흉계를 가진 자에게 피해를 당할 징조다.

● 자신을 뒤쫓아오던 커다란 뱀이
　　　　　　　　　　갑자기 사람으로 변한 꿈

힘들고 벅찬 일을 피하려고 하지만 애착으로 인해 도저히 중단할 수 없게 될 징조다.

● 도마뱀이 자신을 물고 있는 꿈

계획하고 있는 일이 제대로 정리가 안 될 징조다.

● 황소만한 도마뱀을 본 꿈

더할 수 없이 강한 권력자와 만나게 되거나, 거래·사업 등이 순조롭게 이루어질 징조의 꿈이다.

● 낙숫물 속에서 많은 실뱀을 본 꿈

여자의 경우, 초경이 있을 징조다.

● 뱀을 날것으로 썰어 먹은 꿈

힘에 겨운 일을 처리하게 되거나 남의 작품을 통해 자기의 새로운 학설로 굳히게 될 징조다.

● 자기를 물려고 덤벼드는 뱀을 밟아 죽인 꿈

태아를 유산하게 되거나, 집안에 질병 또는 우환이 생길 징조다.

● 뱀이 동체를 길게 늘어뜨리고 막대기처럼 위장한 꿈

음흉한 자의 간계에 넘어가게 될 징조다.

● 알록달록한 뱀이 늘어서 있는 꿈
횡재수가 있지만 사람의 목숨과 관계되는 일이 생길 암시다.

● 아주 큰 뱀의 꼬리가 잘려나가는 것을 본 꿈
어떤 회사나 단체의 직원이 감축될 징조다.

● 빛깔 있는 뱀을 본 꿈
빛깔이 푸르면 길몽이고, 검거나 붉으면 구설수가 있으며, 희면 질투심으로 인한 싸움이 벌어짐을 암시한다.

● 뱀을 무서워한 꿈
누군가로부터 배반당할 징조다. 험담이나 짓궂은 일을 당할 가능성이 있다. 이런 꿈을 꾸면 인간 관계의 개선에 힘써야 한다.

● 뱀이 우글거리는 것을 바라보면서 미소를 지은 꿈
사람을 계몽하고 선도할, 장차 정신적 지도자가 될 훌륭한 인물을 출산하게 될 징조다.

● 큰 뱀이 지붕 위로 올라간 꿈
효심이 지극한 아리따운 여아를 출산하게 될 징조다.

● 빨간 실뱀이 치마폭으로 들어온 꿈
아름다운 여자 아이를 출산하게 될 징조다.

● 연못 속에서 뱀이 우글거린 꿈
골동품이나 금은 보화 등을 얻게 될 징조다.

● 황구렁이가 자기 앞에 늘어서 있다가 사라진 꿈
자신에게 불쾌감을 줄 사람을 만나게 될 징조다.

● 구렁이에게 물린 꿈
태몽으로, 사회와 국가에 크게 공헌할 아이를 낳게 될 징조다.

● 구렁이를 구워먹은 꿈
책을 읽고 많은 지식을 얻게 될 징조다.

● 큰 구렁이가 허물을 벗는 꿈
중개인을 통하여 어떤 일을 청탁할 기관 등을 소개받게 될 징조의 꿈이다.

● 큰 구렁이가 작은 구멍으로 들어간 꿈
유산이나 사망 등을 암시하는 흉몽이다.

● 큰 구렁이 주위에 실뱀들이 우글거린 꿈
권세를 잡거나 한 단체의 주도권을 쥐게 될 징조다.

● 큰 구렁이에게 물린 꿈
이것이 태몽이라면, 장차 큰 인물이 될 자손을 얻게 될 징조다.

● 구렁이가 칼을 찬 사람을 감는 꿈
기쁜 일이 생기며 크게 길한 일이 이루어질 암시다.

● 구렁이가 허물을 벗고 사라지는 것을 본 꿈
과거의 죄를 청산하고 새로운 신분이 된 사람을 보게 될 징조다.

● 구멍 속을 쑤시자 구렁이가 나온 꿈
입학 시험에 합격하거나 취직이 될 징조다.

● 큰 구렁이나 독사를 죽인 꿈
싸움이나 경쟁에서 승리하게 될 징조다. 이런 때 적극적으로 나서면 만사 형통한다.

● 구렁이가 쥐구멍으로 들어가는 것을 본 꿈
기형아를 낳게 되거나 태아가 유산될 징조다. 또 태어난 아이가 유아기에 사망할 수도 있음을 암시하는 흉몽이다.

● 커다란 구렁이를 죽여 피를 본 꿈
큰 사업이나 일거리, 커다란 작품 등의 성사로 많은 재물을 얻게 될 징조다.

● 수많은 황구렁이가 죽 늘어서 있는 꿈
이것이 태몽이라면, 장차 사업가·정치가 등이 될 훌륭한 자손을 얻을 징조다.

● 큰 구렁이가 방 안에 들어와 있는 꿈

큰 권세를 얻을 사람과 약혼하게 될 징조다.

● 집 전체를 검은 구렁이가 감고 있는 꿈

전략 기지가 적군에게 포위되거나 함락될 것을 암시하는 흉몽이다.

● 청구렁이나 점박이 구렁이가
　　　　　　　산 속에 길게 늘어서 있는 꿈

청구렁이나 점박이 구렁이는 인기인·인기 직업·인기 작품 등을 상징한다. 태몽이라면, 남에게 선망의 대상이 될 귀한 자손을 얻을 징조다.

● 구렁이가 산 아래 쪽으로 몸을 길게 늘어뜨린 꿈

태몽으로, 장차 국가의 지도자가 될 훌륭한 아이를 출산하게 될 징조다.

● 큰 구렁이가 용마루로 들어간 꿈

태몽으로, 공공 단체의 주도권을 쥐게 될 훌륭한 자손을 얻게 될 징조다.

●악어●

● 악어 떼가 쫓아와서 겁을 먹고 도망친 꿈

경쟁자들에게 시달림을 받거나, 계획한 일이 어려움에 직면하

악어

게 될 징조다.

● 쫓아오는 악어 떼를 하나씩 처치한 꿈
어려운 일이 하나씩 해소되고, 큰일을 성사시키거나 많은 재물을 얻게 될 징조다.

● 거북, 자라 ●

거북, 자라

● 거북을 쫓아갔지만 못 잡은 꿈
치밀한 계획을 세워 일을 추진하지만 마음먹은 대로 이루어지지 않을 징조다.

● 거북을 잡는 꿈
가까운 사람이 죽게 될 흉몽이다.

● 거북이나 자라를 죽인 꿈
하고 있는 일이 순조롭게 이루어질 징조다.

● 거북이 목을 내민 꿈
평소 자신이 소원했던 일이 이루어질 징조다.

● 거북의 몸을 도구로 쳐서 피를 흘리게 한 꿈
남에게 도움을 받게 되거나, 추진하고 있는 사업 또는 일이 성사될 징조다.

● 자라가 거북으로 변해 자기 옆에 있는 꿈
적은 자본으로 큰 소득을 얻게 될 징조다.

● 거북을 타고 바다나 물을 건너간 꿈
국가 또는 사회의 최고 지도자가 되거나, 큰 권력을 잡게 될 암시의 대길몽이다.

● 거북을 발견한 꿈
사업상 어렵던 자금이 마련되어 사업이 순순히 풀릴 징조다.

● 거북의 거처에 자신이 들어간 꿈
부귀 영화를 누리게 될 징조다.

● 거북의 뒤를 따라갔던 꿈
귀인의 도움을 받아 곤경에서 벗어나거나 어려운 일을 해결할 징조다.

● 거북 등을 타거나 만진 꿈
장차 회사나 단체의 지도자나 우두머리가 될 아들을 얻게 될 암시의 태몽이다.

● 거북이 집 또는 우물에 들어가는 꿈
부귀를 얻게 될 길몽이다.

● 동굴 속에서 커다란 거북이 엉금엉금 기어나온 꿈

새로운 사업을 시작하여 커다란 발전을 이룰 징조다. 재물·물품·횡재 등의 행운을 암시하는 길몽이다.

● 흙탕물 속에 든 거북을 보거나
　　　　　　　　　죽은 거북 껍질을 본 꿈

처음에는 좋았다가 나중에는 안 좋은 일이 발생하거나, 사업상 경영이 순조롭지 못할 징조다.

● 거북과 뱀이 서로 마주 보고 있는 꿈

재물이 생기게 될 길몽이다.

●두꺼비, 개구리, 맹꽁이●

두꺼비,
개구리,
맹꽁이

● 두꺼비가 집 안으로 들어온 꿈

건강·의식주·행운 등이 생길 징조다. 자손이 번창하고 좋은 소식이 있으며, 재물이 들어오고 집안에 경사가 생길 징조다.

● 두꺼비가 엉엉 울면서 뛰어다닌 꿈

구설수가 따를 징조다.

● 큰 두꺼비를 본 꿈

경쟁자가 막강한 역량을 과시하거나, 가까운 사람이 변심하게 될 암시다.

● 큰 두꺼비가 물고기로 변한 꿈

재산이나 물건을 잃게 될 징조다.

● 두꺼비가 물고기로 변한 꿈

누군가로부터 종교적인 일이나 이야기에 감동받아 자신의 신앙심이 더욱 두터워질 징조다.

● 금두꺼비나 금송아지를 얻은 꿈

부귀 공명할 자손을 얻게 되거나 복권에 당첨될 징조다.

● 두꺼비가 점점 커지더니 황소만하게 된 꿈

적은 돈을 들여서 시작했던 사업이 기회를 잘 만나 크게 성공할 징조다. 사업 번창·기술 축적·학업 향상·자금 축적 등을 암시하는 길몽이다.

● 커다란 두꺼비를 타고 하늘을 나는 꿈

소원 성취하고 하루 종일 날아갈 듯이 기쁜 일이 생길 징조다. 입학·시험 합격·승진·취직·승리·당선·성공 등을 암시하는 길몽이다.

● 황금 두꺼비가 방 안에 앉아 있는 꿈

집안의 웃어른들이 장수하고 집안에 경사가 생기며 복록이 가득하게 될 징조다. 돈·재물·횡재 등을 암시하는 길몽이다.

● 두꺼비나 맹꽁이가 거리를 돌아다닌 꿈

줏대 없는 사람을 만나거나 하루 종일 신통치 않은 일만 생길 징조다.

● 두꺼비가 집 밖으로 나가는 꿈
돈이나 재물이 나가거나 집안에 우환이 생길 징조다. 사고·
질병·사업 실패 등을 예시하는 꿈이다.

● 맑은 물 속에서 두꺼비가 놀고 있는 꿈
계획 중이거나 지금 하고 있는 일이 마음먹은 대로 순조롭게
이루어지고, 손에 큰돈을 거머쥐게 될 징조다.

● 두꺼비를 잡은 꿈
여자는 임신을 하여 훌륭한 자식을 낳고, 사업가는 상당한
돈을 벌어서 부자가 될 징조다.

● 커다란 두꺼비가
　　　　　나무나 전봇대 위에 올라가는 것을 본 꿈
때를 잘 만나 입신 출세하게 되고, 만인이 우러러보며 칭송
하는 스타가 될 징조다. 입학·취직·시험 합격·승진·당선·자
격 취득·성공 등을 암시하는 길몽이다.

● 암수 맹꽁이가 서로 붙어서 울고 있는 꿈
자신과 함께 일하고 있는 사람과 시비가 생기거나 재수 없는
일을 당하게 될 징조다.

수중 동물

●물고기, 낚시●

● **바짝 말라붙어 있는 저수지에서 물고기가 보였던 꿈**
생활 환경이나 신상 등에 어떤 안 좋은 일이 생길 징조다.

물고기, 낚시

● **맑은 물에서 물고기 떼가 노니는 꿈**
진행하고 있는 일의 성과가 좋을 징조다.

● **물고기가 물 위를 날아다니는 꿈**
모든 일이 산만해져 있거나 의논이 일치가 되지 않고, 구설수가 생길 징조다.

● **맑은 시냇물이나 강가에서 물고기 떼를 발견한 꿈**
기술 학원을 설립하거나 인적 자원을 양성하게 될 징조다.

● **마른 물고기가 물에 떠내려 가는 꿈**
지금 하고 있는 일이 잘 풀릴 길몽이다.

● **마른 물고기를 사 온 꿈**
새로운 학문과 진리를 연구하게 될 징조다. 일감·작품·재물 등을 상징하는 길몽이다.

● 임산부가 물고기를 낳는 꿈
예쁜 아이를 낳고 그 아이가 장수할 꿈이다.

● 여러 마리의 물고기 중에서 한 마리만 달라고 말한 꿈
부동산을 사기 위해 은행 등에서 돈을 융자하게 될 징조다.

● 물고기가 알이나 새끼를 낳는 꿈
소원 성취, 또는 집안에 돈이나 재물이 불어날 징조다.

● 물고기를 창으로 찌른 꿈
질병을 얻게 되고, 운수가 불길할 징조다.

● 자신이 물고기가 되어 바닷물에서 자유롭게 헤엄을 친 꿈
연구·탐험·추리 등을 활기 차게 진행하여 성공하게 될 징조다.

● 집 안에서 물고기가 한가롭게 노니는 것을 구경한 꿈
문예 창작, 또는 국가에 공헌하게 될 자손을 출산하게 될 징조다.

● 오색의 물고기를 본 꿈
환자는 완쾌될 암시지만, 건강한 사람은 다툼이나 고통이 있을 꿈이다.

● 형형색색의 물고기를 치마로 받은 꿈
인기인이 되어 사회적으로 유명하게 될 아기가 태어날 징조다.

● 생선이나 새를 요리해 먹은 꿈

높은 자리에 있는 사람의 도움을 받아 소원이 성취될 징조다.

● 물고기가 배의 갑판 위로 뛰어든 꿈

사람을 구하게 되거나 재물이 생기고, 사업이나 장사를 하는 사람은 큰돈을 벌게 될 길몽이다.

● 물고기 떼가 죽은 채로 연못에 둥둥 떠 있는 꿈

유행병이나 전쟁 등과 같은 재난으로 인해 수많은 사람이 죽게 될 것을 암시하는 흉몽이다.

● 물고기를 잡는 꿈

직장에서 지위의 변동이 있거나 증권 등으로 이익이 발생할 징조다.

● 물고기를 잡으려고 준비하다가 꿈이 깨면

계획만 세울 뿐 그에 대한 결과는 알 수가 없다.

● 웅덩이의 물을 모두 퍼내고 물고기를 주워담은 꿈

일이 마음먹은 대로 순조롭게 풀릴 징조다. 웅덩이의 물을 퍼낸 횟수만큼 그렇게 여러 차례 재물을 얻게 될 징조다.

● 그물을 던져서 물고기를 잡은 꿈

머지않아 많은 재물을 얻게 되고, 만사가 순리대로 풀릴 징조다.

● 큰 물고기나 작은 물고기를 잡는 꿈
큰 물고기의 꿈은 이익이 있겠고, 작은 물고기는 슬픔이 있을 암시다.

● 낚싯줄이 아래로 길게 드리워져 있는 꿈
계획했던 일을 착수하면 머지않아 좋은 결과가 나타난다.

● 낚시 도구를 구입한 꿈
돈을 벌거나 사람을 구하는 방법이 생길 징조다.

● 낚시로 물고기를 낚아 올린 꿈
어떠한 계략 또는 지혜로 돈을 벌거나, 사람 또는 일거리를 얻게 될 징조다.

● 물고기를 잡아먹은 꿈
반드시 귀인의 도움을 받게 될 길몽이다.

● 좋은 생선을 고른 꿈
유통·생산·식품업 등에 투자하여 돈을 벌게 될 징조다.

● 물고기를 잡겠다고 생각한 꿈
어떤 재물을 소유하기 위해 일을 계획하게 될 징조다.

● 저수지에서 물고기를 잡으면 안 된다고 생각한 꿈
저수지는 여럿이 함께 사용하는 공용 물건이나 공금을 상징한다. 따라서 이러한 꿈은 공금에 손을 대서는 안 된다는 것을 알려주는 경고성 꿈이다.

● **말라가는 저수지나 흙탕물 속에서 물고기를 잡은 꿈**
자신의 직위와 신분을 이용하여 부정한 방법으로 재물을 모으게 될 징조의 꿈이다.

● **저수지나 웅덩이에 있는 물고기를 모두 잡은 꿈**
일시에 많은 재물이 생길 것을 암시하는 길몽이다.

● **저수지에서 물고기를 잡으려고 생각하다가 깨어 버린 꿈**
어떤 기관의 공금에 손을 대고자 하는 마음이 생겼다는 증거다. 그러나 그 돈에 손을 대지 않는 것이 신상에 이롭다.

● **물고기를 많이 잡은 꿈**
수단을 부려서 돈을 벌게 될 징조다.

● **바위틈에서 물고기를 잡았는데 그 물고기가 두 동강이 나 있었던 꿈**
진행하고 있는 사업이나 일이 다른 사람으로 인하여 가치를 상실하게 될 징조다.

● **누군가에게 물고기를 선사받은 꿈**
먼 곳으로부터 어떤 소식을 듣게 될 암시다.

● 생선 장수한테서 물고기를 사거나,
　　　　　　　　　토막 낸 생선을 받은 꿈
임금·수수료·융자 등의 대가를 지불받게 되거나 여러 곳에서 사업 자금이 들어올 징조다.

● 물고기를 끓여 먹은 꿈
큰 가뭄이 닥칠 징조다.

● 물고기의 배를 가르고 내장을 꺼낸 꿈
일감의 내용물이나, 주요 부분 등을 분리하거나 정리하는 일을 자신이 직접 감독하게 될 징조다.

● 물고기를 강에 놓아 주는 꿈
만사 형통하게 될 길몽이다.

● 개천이나 논바닥을 손으로 더듬어 물고기를 잡은 꿈
매사가 마음먹은 대로 이루어질 징조다. 잡은 물고기 수만큼 재물을 얻게 된다.

● 자기 논에 있는 웅덩이에서 많은 물고기를 잡은 꿈
자신이 하고 있는 사업에 자금줄이 튼튼하여 돈의 출처가 고갈되지 않을 징조다.

● 자기 자신이 변하여 물고기가 된 꿈
재산이 흩어질 흉몽이다.

● 낚시질을 한 꿈

계교·인물·재물 등을 얻게 될 징조다.

●금붕어●

● 금붕어가 연못 가운데서 노니는 꿈

희소식이 찾아오거나, 노래방이나 모임 등에서 주인공이 되어 풍악을 울릴 일이 있을 징조다.

금붕어

● 금붕어가 서로 입맞추는 꿈

애인과 함께 사랑의 단꿈에 젖어들 징조다. 만남·계약·결혼·결합 등을 암시한다.

● 금붕어가 선녀로 변한 꿈

미인을 만나서 사귀게 되거나, 오래 된 문헌 가운데서 자료를 발견하여 새롭게 탄생시킬 징조다.

● 금붕어가 서로 뒤엉켜 있는 것을 본 꿈

태몽으로, 큰 기업가가 될 아이를 잉태하게 될 징조다.

● 금붕어를 사 가지고 집 안으로 들어온 꿈

태몽으로, 예쁜 딸아이를 낳을 징조다. 돈·재물·경사·횡재 등을 암시하는 길몽이다.

● 어항 속에서 금붕어가 노니는 것을 구경한 꿈
예술 작품으로 성공을 거두게 되거나 많은 여직원을 거느리는 기업주가 될 징조다.

● 금붕어가 맑은 물 속에서 뻐끔거리며 물방울을 곱게 만드는 꿈
아이디어 제품이나 신상품을 개발하여 크게 성공할 징조다.

● 어항 속에다 예쁜 금붕어를 넣고 기르는 꿈
유치원이나 학원을 차려 어린 인재를 양성하게 될 징조다.

● 붕어 ●

붕어

● 커다란 붕어를 두 팔로 안고 있는 꿈
장래에 작가가 되거나, 명예와 재물을 얻게 될 아들을 출산하게 될 징조다.

● 시냇가에서 붕어를 잡은 꿈
장사로 많은 돈을 벌거나 좋은 배필을 만나 장가 들게 될 징조다. 태몽이라면 딸을 낳게 된다.

● 붕어를 사 가지고 집 안으로 들어온 꿈
임신하여 훌륭하고 예쁜 딸을 낳게 될 태몽이다. 돈·재물·

경사 등이 생길 징조다.

● 붕어가 잉어로 변한 꿈

가난한 생활을 청산하고 부자가 될 징조의 꿈이다. 처음 시작은 미약했으나 나중은 창대하게 되는 역사가 일어날 것을 암시하는 길몽이다.

● 붕어를 사다가 어항에 기른 꿈

애완 동물 또는 가정용품을 살 일이 생길 징조다.

● 붕어 요리를 맛있게 먹은 꿈

집안에 유행성 질환이나 우환이 있을 나쁜 징조다. 사고나 병마 등을 암시하는 흉몽이다.

● 붕어가 거센 물살을 타고 올라가는 꿈

어려움을 헤치고 목표를 위해 힘차게 매진할 징조다. 입학·취직·시험 합격·계약·승진·승리·당선·자격 취득·성공 등을 암시하는 길몽이다.

● 우물 속에 붕어를 넣어 기른 꿈

전문 학원 등을 운영하여 우수한 인재나 전문인을 양성하게 될 징조의 꿈이다.

● 저수지에다 붕어를 기른 꿈

교육 사업에 투자하여 인재를 육성하거나, 증권 등에 투자할 일이 있을 징조다.

●고래●

고래

● 고래가 앞에서 뱃길을 인도해 준 꿈
협조자가 있어서 일이 쉽게 추진될 징조다.

● 돌고래를 잡아가지고 집 안으로 들어온 꿈
목돈이나 커다란 재물이 생길 것을 암시하는 길몽이다.

● 학생이 고래를 타고 바다를 건너간 꿈
장학생이 되어 외국의 명문 대학에 유학을 떠나게 될 징조다. 입학·취직·시험 합격·승진·당선 등을 암시하는 길몽이다.

● 바다에서 수영을 하고 있는데 고래가 나타난 꿈
실력자를 만나 그로부터 도움을 받고 입신 출세하게 될 징조다. 돈·재물·횡재 등과 관련 있는 길몽이다.

● 고래의 등에 올라타고 신나게 달린 꿈
교통 수단을 이용하여 길을 떠날 일이 생기거나, 어느 단체의 우두머리가 될 징조다.

● 고래가 물을 뿜어 올리는 꿈
입신 출세하게 될 것을 암시하는 길몽이다.

● 고래 떼가 몰려와서 배를 뒤엎은 꿈
하고 있는 일이나 사업이 위험에 처하거나 파산될 징조다.

● 사람이 고래 뱃속으로 들어간 꿈
직장에서 진급이 되거나 많은 재물을 얻게 될 징조다.

● 고래를 먹은 꿈
구설수가 생길 징조다.

● 고래가 바다에서 물을 뿜어내는 것을 본 꿈
신상품을 개발하여 외국에 수출하게 될 일이 생길 징조다.

● 바다에서 고래를 잡은 꿈
운영하고 있는 무역업이 호황을 맞아 상장 회사로 등극하게 될 징조의 길몽이다.

● 물에서 나온 물개를 돌 등으로 쳐서 죽인 꿈
어떤 사업체나 단체에서 장애물 등을 제거하게 될 징조다.

●상어●

● 커다란 상어의 등에 올라타고 바다를 건너간 꿈
어떤 단체나 기관의 우두머리가 되어 부하를 많이 거느릴 일이 생기거나, 장래성 있는 신상품을 개발하여 외국 시장에 진출하게 될 징조다.

상어

● 상어에게 온몸을 물린 꿈

가까운 사람이 죽게 될 암시다.

● 상어에게 물려 팔다리를 잘린 꿈

진행하고 있는 일들이 중도에서 멈추게 되거나, 어두운 불행의 그림자가 닥쳐오게 되고, 자기와 가까이 지내는 사람과 결별하게 될 징조의 나쁜 꿈이다.

● 상어 떼가 자기 앞으로 몰려오는 것을 본 꿈

괴한들이 자신이 하는 일에 방해를 하거나 여러 사람의 시비를 받게 될 징조다.

● 바다에서 헤엄을 치다가 상어한테 물려서
　　　　　　　　　　　　몸이 갈가리 찢어진 꿈

한때 좋았던 시절이 지나가고 가정이 풍비박산되어 식구들이 뿔뿔이 흩어지게 될 징조다.

● 물 속에서 수영하다가
　　　　　　상어한테 물려서 이리저리 끌려 다닌 꿈

외국 여행을 하다가 그 나라의 기관으로부터 조사를 받게 되거나 불량배한테 시달림을 받게 될 징조다.

● 상어 꼬리를 붙잡고 이리저리 끌려 다닌 꿈

이것저것 윗사람의 뒷바라지만 해 주다가 자신은 아무런 이득도 없이 볼장 다 보게 될 징조다.

● 상어가 수면 위로 펄쩍 뛰어오른 꿈

뜻밖의 승진을 하여 출세하게 될 징조다. 입학·취직·시험 합격·승진·당선 등을 상징하는 길몽이다.

● 상어를 그물로 잡아서 배에 실은 꿈

휘하에 많은 부하를 거느릴 훌륭한 자녀를 출산하게 될 징조다.

●갈치, 도미●

● 갈치가 파도를 타고 헤엄쳐 다니는 꿈

고향을 떠나 낯선 타관에서 많은 고생을 겪게 될 징조다. 이 외에도 여행·좌천·유학 등을 암시하기도 한다.

갈치, 도미

● 싱싱한 도미가 팔팔 뛰는 꿈

기쁜 일이 많아지고 남녀 모두에게 운이 열릴 좋은 징조다.

● 많은 도미를 선물로 받은 꿈

장사에서 많은 이익이 생길 것을 암시하는 길몽이다.

● 꽁치, 광어, 고등어 ●

꽁치, 광어, 고등어

● 자동차에다 꽁치를 가득 실은 꿈

현재 진행하고 있는 사업이 잘되어서 많은 돈을 벌게 될 징조다. 돈·재물·물품·식품 등을 암시하는 길몽이다.

● 광어가 물 속에서 힘차게 수면 위로 뛰어오른 꿈

하루 종일 기분 좋은 일만 생길 징조다. 돈·재물·먹거리·횡재 등을 암시하는 길몽이다.

● 고등어가 커다란 그릇에 가득 담겨 있는 꿈

집안에 돈·재물·먹거리 등이 풍부해질 길몽이다.

● 명태 ●

명태

● 마른명태의 꽁지가 빠져 있었던 꿈

처음에는 잘 나가게 되지만 끝에 가서는 형편없이 될 것을 암시하는 흉몽이다.

● 부엌에 있는 북어를 고양이가 물어가는 꿈

집 안에 도둑이 들어 귀금속과 물품을 도난당하게 될 징조다. 실물수와 우환을 암시하는 흉몽이다.

● 마른명태 한 궤짝을 사 들고 집 안으로 들어온 꿈

어떤 제례 또는 고사를 지내거나, 잔치 준비로 음식을 장만하게 될 징조의 꿈이다.

● 마른명태의 눈깔이 빠져 있는 꿈

하는 일마다 실패하고 답답한 일만 생기게 될 징조다.

● 산 명태가 힘에 넘쳐서 팔팔 뛰는 것을 본 꿈

유통·생산·식품업 등에 투자한 것이 호황을 맞아 값이 펄쩍 뛰게 될 징조다.

● 마른명태를 상 위에다 올려놓고 큰절을 한 꿈

마음먹은 일이 순조롭게 이루어져 소원을 성취하게 되고, 제례 또는 고사와도 관련이 있는 꿈이다.

● 마른명태를 대문 위에 매달아 놓은 꿈

집안의 잡귀가 물러가고, 집안에 서광의 빛이 서서히 스며들게 될 징조다. 또한 집안에 귀한 손님이 찾아올 것을 암시하는 길몽이기도 하다.

● 명태알 속에서 파란 옥구슬이 나온 꿈

학문과 진리를 깊게 탐구하여 좋은 성과를 거두고, 새로운 물질을 발견하게 될 징조다.

● 명태를 냉장고 속에 넣어 둔 꿈

혼수품이나 물품 등을 장만하게 될 징조다. 저축이나 투자 등을 암시하는 길몽이다.

● 잉어 ●

잉어

● 잉어가 죽은 것을 본 꿈
태아가 유산되거나 수술을 하여 출산하게 될 징조다.

● 연못이나 우물에 잉어를 넣은 꿈
하는 일이 번창하거나 관직에 오를 징조다.

● 물 속에서 잉어를 잡으려다가 놓치고 송사리만 잡았던 꿈
큰 것은 잃어버리고 작은 소망만 이루어질 징조다. 주범은 놓치고 잡범들만 잡아들일 것을 암시하기도 한다.

● 칼로 잉어를 자르다가 살을 베인 꿈
교통 사고를 당하거나 수술을 받게 될 징조다. 질병으로 인해 병원 출입이 잦아질 것을 암시한다.

● 화장실 욕조 안에서 잉어가 노니는 것을 본 꿈
머지않아 집안에 경사가 생기고, 돈과 재물이 들어올 징조다. 물품·먹거리·횡재 등과 관계 있는 길몽이다.

● 도마 위에 산 잉어를 올려놓고 토막 내어 죽인 꿈

임신부의 경우 낙태를 하게 될 징조다. 또는 여러 사람들에게 돈을 나누어 줄 일이 생길 것을 암시하기도 한다.

● 잉어를 들고 오다가 땅바닥에 떨어뜨린 꿈

임신한 부인의 경우 낙태를 하고, 처녀의 경우 자신의 애인이 떨어져 나갈 징조다.

● 집 안의 연못에서 잉어가 뛰노는 것을 본 꿈

입신 양명하고, 태몽이면 아내가 귀한 자녀를 임신하게 될 징조의 꿈이기도 하다.

● 잉어가 수면 위로 뛰어오른 꿈

사업이 더욱 번창하거나 노력한 결과가 나타날 징조다.

● 잉어를 잡아다가 물이 담긴 그릇에 넣은 꿈

문학 작품이나 예술가로서 명예를 얻게 될 징조다.

● 커다란 잉어가 폭포 위로 뛰어오르는 꿈

열심히 노력한 결과 사업에 크게 성공하여 세상 사람들을 깜짝 놀라게 할 암시의 길몽이다.

● 물 속에서 잉어나 용·뱀이 안개를 헤치며 나타난 꿈

문예 작품의 작가로, 법조계의 수장으로, 경찰의 총수로서 이름을 떨칠 아들을 얻게 될 징조다.

● 조기 ●

조기

● 여러 마리의 마른조기를 소포로 받은 꿈

은행에서 적금을 타거나 대출을 받게 되고, 친구로부터 선물을 받게 될 징조다. 돈·재물 등을 암시하는 길몽이다.

● 제사상에 조기를 올려놓고 절을 한 꿈

마음먹은 일이 순조롭게 풀려서 마침내 자기의 소원을 성취하게 될 징조의 길몽이다.

● 시장에서 참조기를 사 가지고 집으로 들어온 꿈

조상에게 제사상을 차려 놓고 제사를 지내게 될 징조다. 잔치·제례 의식·물품 구입 등을 암시하는 길몽이다.

● 바닷가로 수많은 조기 떼가 몰려오는 꿈

하고 있는 사업이 좋은 기회를 만나서 졸지에 일확 천금을 만지게 될 징조다. 돈·재물·횡재 등을 암시하는 대길몽이다.

● 풍랑을 만나서 조깃배의 선원들이 실종한 꿈

뜻하지 않은 사고로 그 동안 쌓아올렸던 공든 탑이 산산이 무너지게 될 징조다.

● 조기가 험한 파도를 타며 헤엄치는 것을 본 꿈

정든 고향을 떠나 낯선 타관 땅에서 산전 수전을 다 겪게 될 징조다. 기도·수도·여행·고행 등과 관계 있는 꿈이다.

● 조기의 눈깔이 시뻘겋게 보인 꿈

집안에 유행성 질환이나 우환이 들끓고, 답답한 일이 생길 징조의 악몽이다.

● 시장에서 조기를 사다가 널어 말린 꿈

어떤 그림·조각·공예 등의 예술 작품을 창작하여 작품 전시회 등에 출품하게 될 징조다.

● 배가 조기를 가득 싣고 부둣가로 들어온 꿈

생산·무역업 등에 투자하여 많은 돈을 벌게 될 징조다. 돈·재물·횡재 등을 암시하는 길몽이다.

● 문어 ●

● 문어를 도마 위에다 올려놓고 토막 낸 꿈

어떤 일이 중도에 멈추게 될 징조다. 낙태·실패·두절·수술·사고 등을 암시하는 흉몽이다.

문어

● 문어가 물 속에서 음악에 맞추어 춤을 춘 꿈

극장이나 문화관 등과 같은 분위기 있는 공간에서 아름다운 공연을 감상하게 될 징조의 꿈이다. 또한 파티·모임 등과 관련이 있는 꿈이기도 하다.

● 시장에서 죽은 문어를 사 온 꿈

임신부는 낙태를 하게 되고, 일반인은 병원 출입이 잦아질 징조다. 질병·우환·소송 등과 관련 있는 흉몽이다.

● 바닷가에서 문어를 많이 잡아온 꿈

새로운 상품을 개발하여 국내외 시장에 내놓으면 소비자로부터 좋은 반응을 얻을 수 있음을 알리는 예지몽이다.

● 바닷가에서 엄청나게 큰 문어를 잡은 꿈

무역업에 투자하면 많은 돈을 벌 수 있다. 이 꿈은 횡재를 암시하는 길몽이기 때문이다.

● 마른문어발을 질겅질겅 씹었던 꿈

치통·구강 질환·혓바늘 등과 같은 질병을 앓거나, 집안 식구가 남과 다투게 될 징조다. 질병·우환·싸움·구속·소송 등을 암시하는 흉몽이다.

● 문어탕을 맛있게 먹었던 꿈

위장병·식중독·유행성 질환·감기 등의 질병에 걸릴 것을 암시하는 흉몽이다.

● 오징어 ●

● **온 식구가 모여서 오징어볶음을 먹은 꿈**
집안에 질병이나 우환이 생길 징조로 흉몽이다.

오징어

● **산 오징어가 물줄기를 타고 높이 뛰어오른 꿈**
승진하여 출세 가도를 달리게 될 징조다. 합격·승리 등을 암시하는 길몽이다.

● **마른오징어를 많이 사다가 창고에 가득 쌓아 둔 꿈**
상품을 구입하여 창고에 저장해 두었다가 값이 좋을 때 내다 팔게 될 징조다.

● **건어물 시장에서 마른오징어 한 축을 사 온 꿈**
돈과 재물이 생기고, 물품이나 먹을 것을 장만하게 될 징조다. 먹을 복, 또는 살림살이·선물 등을 암시하는 길몽이다.

● **마른오징어를 씹다가 이빨이 부러진 꿈**
불행한 사고가 발생하게 될 징조다. 질병이나 우환·파면 등을 암시하는 흉몽이다.

● 미꾸라지 ●

미꾸라지

● 미꾸라지가 빗줄기를 타고 하늘로 올라간 꿈

부귀 공명하고 입신 출세하며, 입학·취직·시험 합격·승진·당선·재물·횡재 등을 암시하는 길몽이다.

● 추어탕을 맛있게 먹었던 꿈

유행성 질환·배탈 등으로 인해 병원 신세를 지게 될 징조다. 질병·우환 등을 암시하는 흉몽이다.

● 미꾸라지가 용이 되어 하늘로 올라간 꿈

말 그대로, 무명인에 불과하던 사람이 일약 스타가 되어 세상에 명성을 떨치게 될 징조의 꿈이다. 또한 입학·승진·당선 등을 암시하는 길몽이기도 하다.

● 미끄러운 물고기(뱀장어·미꾸라지·메기 등)를 잡은 꿈

돈과 재물이 생기고 운수 대통하게 될 징조다. 그 동안 어렵게 생각했던 입학 시험이나, 취직·혼담·구인 등이 성사될 것을 암시하는 길몽이다.

● 미꾸라지가 몸 안으로 들어온 꿈

머지않아 임신을 하게 될 것을 알리는 태몽이다.

● 미꾸라지가 앞마당 여기저기에 널려 있는 꿈

여기저기에서 돈과 재물이 들어오게 될 징조다. 먹거리·물품

등과 관련 있는 길몽이다.

● **미꾸라지가 비단구렁이로 변한 꿈**
가난을 청산하고 머지않아 부자가 될 것을 암시하는 길몽이다. 영세업에서 큰 기업체로 성장하게 될 것을 암시한다.

● **미꾸라지를 잡았다가 놓친 꿈**
자신에게 찾아온 복을 자신의 능력 부족으로 놓치게 될 안타까운 징조의 꿈이다.

● **집 안에 있는 그릇마다 미꾸라지가 가득가득 담겨 있는 꿈**
돈과 재물이 남부럽지 않을 만큼 들어오고, 특히 잔치에 사용할 음식을 장만하게 될 징조다.

● 게 ●

● **강가의 방게가 자신을 보고 놀라서 숨어 버린 꿈**
일은 크게 벌이지만 실속이 없음을 암시하는 꿈이다.

게

● **꽃게의 등이 찬란하게 빛났던 꿈**
어떤 단체의 우두머리가 되어 부하를 거느리게 될 징조다. 입학·취직·시험 합격·당선·승진 등을 암시하는 길몽이다.

● 낯모르는 사람이 게를 한 보따리 가지고
　　　　　　　　　　　　　방 안으로 들어온 꿈

물건을 팔기 위해 세일즈맨이 찾아올 징조다.

● 게가 손가락을 물고 늘어진 꿈

많은 돈이나 재물이 들어오고, 금은 보화를 다루게 될 일이 있을 징조다.

● 예쁜 꽃게가 발을 물고 늘어진 꿈

남자가 이러한 꿈을 꾸면, 자신을 따르는 아름다운 여인을 만나게 될 징조다.

● 해변가에서 많은 방게들이 들락거린 꿈

사업상의 거래처를 많이 확보하게 될 징조다.

● 게가 집게발을 높이 쳐들고 자신을 위협했던 꿈

어떤 치한으로부터 공갈 협박이나 희롱을 당하여 시달림을 받게 될 징조다.

● 논두렁에서 게를 잡은 꿈

생산업 또는 제조업에 투자하여 성과를 올리거나, 집안에 경사가 생기고, 그 잡은 수만큼의 돈이 들어올 징조다.

● 강가에서 게를 잡은 꿈

태몽으로, 장차 연구·학문에 종사하게 될 아이가 태어날 것을 암시하는 꿈이다.

●조개●

● **물이 없는 개울이나 산에서 조개를 주운 꿈**
어떠한 학설이나 재물·골동품 등을 수집하고, 전문 서적을 출판하게 될 징조다.

조개

● **그릇에다 조개껍질을 주워담은 꿈**
연구 성과를 얻게 되거나 자신의 작품에 어떠한 문제가 일어날 것을 예시하는 꿈이다.

● **조개 속에서 진주가 나온 꿈**
학문을 하는 사람이라면 새로운 이념을 창출해 내거나, 진리 또는 보물을 얻게 될 징조다.

● **조개껍질 몇 개가 수북한 자갈더미로 변한 꿈**
복권에 당첨되거나 몇 개의 작품 소재로 장문의 글을 쓰게 될 징조의 꿈이다.

● **하늘에서 떨어지는 조개를 받아 꿀꺽 삼킨 꿈**
훌륭한 예술 작품을 창작해 내거나, 공적인 재물 또는 작품 등을 얻게 될 징조다.

● 조개를 많이 잡은 꿈

태몽이라면 여자 아이를 낳을 징조다. 그 외에도 많은 재물이나 사업체, 또는 창작물 등과 관련 있는 길몽이다.

● 조개를 까서 그릇에 담는 꿈

작품에 대해 논하거나 어떠한 청탁이 들어올 징조다.

● 조개를 얻은 꿈

자식을 낳게 될 태몽이다.

● 조개한테 발가락을 물린 꿈

실력자에게 청탁했던 일이 순조롭게 이루어질 징조다.

● 해변이나 개천에서 조개를 많이 잡은 꿈

미혼녀일 경우 혼담과 관련이 있고, 자신의 창작물을 다른 사람에게 보여 줄 일이 생길 징조다.

● 꿈에 소라를 보면

사랑하는 사람과 이별을 고하게 될 징조다.

곤충, 벌레

●개미●

● **갑작스럽게 내린 소나기로 인해 개미 떼가 물살에 떠내려간 꿈**
순간적인 실수로 말미암아 사고가 나서 많은 재산과 인명 피해가 있을 것을 예시하는 꿈이다.

개미

● **개미가 먹이를 찾아 커다란 나무 위로 기어올라간 꿈**
직장에서 승진하여 중앙으로 올라가게 될 징조다. 승리·성공·입학·합격·당선·자격 취득 등을 암시하는 길몽이다.

● **수많은 개미 떼가 어딘가로 이동하는 꿈**
재물이 생기거나 물건을 생산할 징조다.

● **개미가 구멍 속에서 계속 나오는 꿈**
일거리가 계속해서 들어올 징조다.

● **밥상 위의 음식을 개미가 물어간 꿈**
평소 친하게 지내던 사람으로부터 사기를 당하게 될 징조다. 우환·도둑·실물수·사고 등을 암시하는 흉몽이다.

● 개미 떼가 애벌레의 집을 공략하는 꿈

식품업이나 생산업 등에 투자하여 성공하게 될 징조다. 돈·재물·횡재수 등을 암시하는 길몽이다.

● 개미가 자신의 몸집보다 더 큰 벌레를 물고 가는 꿈

여러 사람이 자기의 사업을 도와줄 징조다.

● 개미가 나방을 끌고 가는 꿈

자신의 마음에 드는 배우자를 만나지만 곧 헤어지게 될 암시다.

● 자기의 이부자리에 개미와 같은 벌레가 모여드는 꿈

집안에 우환이나 질병이 생기고, 매사에 근심이 따르게 될 징조다.

● 먹이를 사이에 두고 개미들끼리 패싸움을 하는 꿈

집단 이기주의로 자신들의 이득을 챙기기 위해 분쟁이 일어날 것을 암시한다.

● 개미집을 허물어뜨려 버린 꿈

가정이 불화 등으로 인해 소란스러워질 징조다.

● 개미집을 발로 밟은 꿈

귀한 손님이 찾아오거나, 재물 또는 사업체와 연관이 있는 꿈이다.

● 자신의 팔다리에 개미 떼가 새까맣게 달라붙어 있는 꿈
남에게 도움을 청할 일이 생길 징조다.

● 개미구멍이 꽉 막혀 버린 것을 본 꿈
현재 진행하고 있는 일의 앞뒤가 꽉 막히게 될 것을 암시해 주는 꿈이다. 그 외에도 소식 불통이나 교통 마비 등을 암시하는 흉몽이다.

● 거미 ●

● 거미가 자신에게 덤벼든 꿈
타인으로부터 시달림을 받거나 화를 당하게 될 징조다.

거미

● 거미를 본 꿈
귀인의 도움이 있거나 기다리던 사람이 올 길몽이다.

● 거미에게 물린 꿈
어떤 조력자로부터 혜택을 받게 될 징조다.

● 땅거미집에 죽은 곤충이 보이는 꿈
집안 식구 또는 친인척이 상을 당하게 되거나 질병에 걸려 고생을 하게 될 징조다.

● 거미가 거미줄로 먹이를 돌돌 감고 있었던 꿈

재물이 생기거나 사람을 고용할 일이 생길 징조다.

● 거미가 거미줄에 매달려 있는 꿈

누군가가 자기의 일에 대해 계교를 부리고 있음을 알리는 암시의 경고성 꿈이다.

● 자기 집 대문 위에 거미줄이 얼키설키 얽혀 있는 꿈

꿈속의 거미줄은 근심 걱정이나 복잡한 일을 상징한다. 따라서 모든 일이 복잡하게 꼬이고, 이것저것 어려운 일들과 많은 근심거리가 생길 징조다.

● 큰 거미가 집 안으로 들어온 꿈

집안에 재물이나 경사 등의 좋은 일이 생기며, 반가운 손님이 찾아올 징조다.

● 여기저기에 거미줄이 지저분하게 얽혀 있는 꿈

사업이 계획성 없이 어지럽게 전개되어 골머리가 아프거나 근심거리가 생길 징조다.

● 땅거미가 커다란 나무 위로 기어올라가는 꿈

일신상에 경사가 생기며, 사업이 순조롭게 풀릴 징조다. 입학·합격·승리·승진·당선 등을 암시하는 길몽이다.

● 거미줄이 방구석이나 천장에 엉켜 있는 꿈

편두통 또는 두통을 앓게 되거나, 운세가 막힐 징조다.

● 거미가 집 밖으로 나가는 꿈

재산과 재물이 점점 줄어들고 쓸데없는 지출이 많아질 징조다. 사업이 기울고 갖가지 우환이 발생할 것을 암시하는 흉몽이다.

● 거미줄이 몸에 감기거나 엉겨붙어 있는 꿈

질병이나 근심 걱정이 생길 징조다.

● 거미줄에 걸린 곤충을 떼어내 준 꿈

곤경에 처한 사람을 구해 줄 일이 생길 징조다.

● 왕거미를 본 꿈

어떤 형태로든 돈이 들어올 징조다.

●구더기●

● 땅이 갈라지면서 그 속에서 구더기가 기어나온 꿈

이런 때 생산 및 유통에다 투자하면 사업 성과를 올릴 수 있다.

구더기

● 구더기를 본 꿈

강한 자신감이 생기게 될 암시다.

● 그릇 속에 구더기가 가득한 꿈

재물과 돈이 생기고 먹을 것이 들어올 징조다. 잔치·선물 등과 관련 있는 길몽이다.

● **장롱 속에서 구더기가 쏟아져 나온 꿈**
뜻밖에 횡재를 하여 많은 돈을 만지게 될 징조다.

● **구더기가 된장이나 고추장 단지에 득실거린 꿈**
생각지도 않았던 일에 자금을 투자하게 될 징조다.

● **부엌 천장에 구더기가 득실거리는 꿈**
경사스런 일로 집안에 잔치가 생길 징조다. 재물·돈·먹거리·횡재 등을 암시하는 길몽이다.

● **똥더미 위에 구더기가 득실거린 꿈**
식품업이나 제조업 등에 투자하여 고소득을 올리게 될 징조다.

● **아침 출근길에 구더기를 본 꿈**
횡재를 하거나 누군가로부터 음식을 대접받게 될 징조다. 돈·재물·식사·선물 등을 암시하는 길몽이다.

● 나비, 나방 ●

나비, 나방

● **계곡에서 빨간 나비가 날아다닌 꿈**
공직을 맡거나 정치에 입문하게 될 징조다.

● 나방이 날아 불 속에 뛰어드는 꿈

다른 사람에게 지는 일이 생길 징조다.

● 독나방의 날개가 눈에 부딪힌 꿈

온종일 암울하고 답답한 생활을 하게 될 징조다. 전염병·사고 등을 암시하는 불길한 꿈이다.

● 나비가 꽃밭에 앉아 있는 꿈

사랑하는 사람이 생길 암시다.

● 나비들이 떼를 지어 날아가는 꿈

집안에 경사가 생길 것을 암시하는 길몽이다.

● 나비를 잡은 꿈

새로운 이성을 사귀게 될 암시다.

● 나비가 알을 까는 꿈

사업가의 경우, 이차적인 사업을 추진하여 성공하게 될 징조다.

● 나비가 무리를 지어 모여 있는 꿈

희망했던 일이나 소원이 이루어지지 않을 징조다.

● 호랑나비가 자신의 어깨나 치마에 앉은 꿈

난봉꾼과 함께 치러야 할 어떠한 일이 생길 징조다.

● **떨어지는 별들이 모두 나비가 된 꿈**

논문 또는 신상품을 많이 발표할 징조다.

● **자신이 커다란 나비가 되어 있는 꿈**

훌륭한 작품을 발표하여 주위 사람으로부터 많은 칭찬을 받게 될 징조다.

● **한밤중에 나비가 날아다닌 꿈**

적성에 맞지 않는 사업이나 일을 하고 있다는 암시다.

● **독나방이 사람의 살갗에 와 닿는 꿈**

유행성 전염병이나 피부 질환으로 병원 신세를 지게 될 징조다.

● 매미 ●

매미

● **나무 위에 매미가 앉아 있는 꿈**

직장인은 승진하여 자리를 바꾸게 되고, 학생은 학업 성적이 오르게 될 징조의 꿈이다. 또한 취직·당선·시험 합격·성공 등을 암시하는 길몽이기도 하다.

● **매미채로 매미를 잡은 꿈**

콩쿠르에 나가 입상을 하거나 노래방에서 흥겹게 노래 부를 일이 있을 징조다. 또한 임신부의 경우, 장차 훌륭한 예술가가 될 자식을 낳을 징조다.

● 매미가 바위 위에 앉아 있는 꿈
학생은 성적이 오르게 될 징조다. 돈·재물·횡재 등을 암시하는 길몽이다.

● 담 너머에서 매미 소리가 들려 온 꿈
먼 곳에서 귀한 손님이 찾아올 징조다.

● 동네의 정자나무 위에서 매미 소리가 들려 온 꿈
마을에 잔치가 벌어져 한마당 놀이가 펼쳐질 징조다.

● 매미의 낭랑한 울음소리로 인해 문풍지가 떨렸던 꿈
먼 곳으로부터 기쁜 소식이 들려올 징조다.

● 숲 속에서 은은하게 매미 소리가 들려 온 꿈
문화 공간 등에서 음악 감상을 하게 될 징조다.

● 매미 소리가 메아리되어 들려온 꿈
하루 종일 기분 좋은 일만 일어나고, 현재 진행하고 있는 일이 순조롭게 풀리며, 기쁜 소식이 찾아올 징조다.

● 집 안에 매미의 울음소리가 유난히 맑게 들린 꿈
집안에 경사스러운 일이 생기고, 잔치 등으로 인해 행복한 웃음꽃이 만발하게 될 징조다.

● 곤충, 벌레 ●

곤충, 벌레

● 입 속에서 벌레가 나온 꿈
재난이나 어려움이 해결되고 새로운 삶을 살게 될 징조다.

● 딱정벌레가 자신의 양쪽 다리에 많이 붙어 있었던 꿈
보험 가입 신청서나 증권 등에 관한 일로 세일즈맨이 자신을 찾아오게 될 징조다.

● 곤충이 하늘 높이 나는 꿈
부부 사이가 다시 좋아지고, 미혼자는 좋은 배우자를 만나게 될 징조다.

● 바퀴벌레가 상 위에 있는 음식을 먹은 꿈
위통·위장염·십이지장궤양 등의 질병으로 인해 한동안 고생하게 될 징조다.

● 곤충을 채집하는 꿈
수다스러운 여인과 사귀게 될 징조다.

● 곤충을 잡아 모으는 꿈
이별했던 부부가 재결합하고, 그 동안 있었던 오해를 풀게 될 징조의 좋은 꿈이다.

● 곤충을 잡아 채집통에 가둔 꿈

구설수가 끊임없이 일어날 징조다.

● 벌레가 자신의 종아리를 물어 피가 난 꿈

재물과 돈이 들어오고, 뜻밖의 귀인이 나타나 식사 대접을 받게 될 징조다.

● 벌레 소리가 들리는 꿈

질병에 걸릴 암시다.

● 바퀴벌레가 야채를 갉아먹는 꿈

재산이 점점 줄어들게 되어 어려움을 겪게 될 징조다. 실패·도둑·실물수·우환 등을 암시하는 흉몽이다.

● 바퀴벌레를 잡으려고 때렸지만 죽지 않은 꿈

뿌리칠 수 없는 부도덕한 생각으로 고민할 일이 생길 징조다.

● 구석에서 나오는 대로 바퀴벌레를 잡아서 봉투나 자루 속에 담은 꿈

많은 정보를 수집할 일이 있거나 회사에서 중임을 떠맡게 될 징조다.

● 반딧불이 ●

● 반딧불이를 본 꿈

서로 합의할 일이 무산되거나 무엇인가를 깊이 사유해야 할 일이 생길 암시다.

● 길을 잃고 헤매는데 반딧불이 나타나서 길을 밝혀 준 꿈

어려움에 처해 있는 차에 귀인을 만나 도움을 받게 될 징조다.

● 반딧불이가 빛을 잃은 꿈

진행하고 있던 일이 어려움에 처해 중단할 위기에 놓일 징조다. 실패·사고 등을 암시하는 흉몽이다.

● 반딧불이 환한 달로 변한 꿈

무명 작가가 작품 전시회 등에 출품하여 대상을 받게 될 징조다.

● 반딧불이가 손가락 끝에 붙어서 빛을 발한 꿈

훌륭한 문예 작품을 창작하게 될 징조다. 저술·발명·개발 등을 암시하는 길몽이다.

● 반딧불이가 자신의 어깨에서 반짝반짝 빛을 발한 꿈

군인이나 경찰관 등은 진급을 하게 되고, 스포츠맨은 경기에서 우승을 거두게 될 징조다. 승진·합격·당선·성공 등을 암

시하는 길몽이다.

● **반딧불이가 자신의 모자에 붙어서 반짝반짝 빛을 발한 꿈**
직장에서 승진하여 많은 부하를 거느리거나, 상장·훈장을 받게 될 것을 암시하는 길몽이다.

● **손으로 반딧불이를 잡은 꿈**
사랑과 행운의 열쇠가 자기의 손 안에 들어오게 될 징조다. 돈·재물·취득·물품·행운 등을 암시하는 길몽이다.

●벌●

● **큰 말벌을 손으로 때려잡은 꿈**
누군가와 했던 약속이 이루어질 징조다.

벌

● **벌집을 본 꿈**
아들을 낳게 될 암시다.

● **벌떼가 공중에서 어지럽게 난무하는 꿈**
자기 사상을 선전하는 일이 순조롭게 진행될 징조다.

● **꿀벌을 본 꿈**
보편적으로 봐서 일반인에게는 돈벌이가 생길 징조이지만,

부자에게는 흉몽으로 해석된다.

● 벌통을 잘못 건드려 벌떼가 달려들어 혼쭐난 꿈
빚쟁이한테 밉보여 몹시 시달림을 받게 될 징조다.

● 많은 꿀벌이 여기저기로 달아나는 꿈
주위에 있는 사물이 뿔뿔이 흩어질 징조다.

● 꿀벌이 집 안에 꿀을 모으는 꿈
사업이 번창할 징조다.

● 벌에게 쏘인 꿈
질병에 걸려 병원 신세를 질 일이 있거나, 자신의 작품에 대해 평가받을 일이 있을 징조다.

● 벌에게 다리를 쏘인 꿈
재물을 얻게 될 징조다.

● 꽃에 벌떼가 모여드는 꿈
가정에 경사가 생겨 크게 잔치를 베풀어 손님들을 접대할 징조다.

● 꽃에 벌이 앉아 꿀을 빠는 것을 본 꿈
운영하고 있는 사업에 일대 전환기를 맞아 활기를 띠게 될 징조다.

● 나비나 벌이 꽃에 앉아 있는 것을 본 꿈
헤어진 연인을 다시 만나거나, 연애·약혼 등을 하게 될 징조다.

● 말벌을 잡아 손바닥에 올려놓은 꿈
미혼녀는 크게 성공할 수 있는 사업에 관계하게 될 암시다.

● 벌떼가 떼지어 날아다닌 꿈
다른 사람들 앞에서 자기를 내세울 일이 생길 징조다.

● 벌떼가 떼지어 하늘에서 춤을 추는 꿈
사업체의 운영권이나 권리 및 재물 등을 한꺼번에 얻게 될 징조다.

● 벌통에 꿀이 많이 들어 있었던 꿈
사업 자금을 마련하게 될 징조다.

● 벌떼가 나무에 매달려 있거나 벌집을 드나드는 꿈
많은 인력을 필요로 하는 사업에 손을 대게 되거나, 많은 사람들을 모아야 할 일이 생기게 될 징조다.

● 벌떼가 집 안으로 날아든 꿈
집안에 질병 또는 우환이 생기고, 주위가 소란스러울 징조다. 싸움·불청객 등을 암시하는 흉몽이다.

● 송충이, 지렁이 ●

송충이,
지렁이

● **송충이를 본 꿈**
신변에 화가 있을 징조다.

● **송충이가 나뭇잎을 갉아먹는 꿈**
누군가로부터 자신의 건강이나 운세·정신 생활 등이 파괴당할 것을 암시하는 흉몽이다.

● **부엌에서 송충이가 자기를 따라다닌 꿈**
자손이 착하고 정직한 사람으로, 부모에게 효도할 징조다.

● **송충이가 몸에 달라붙어 있는 꿈**
자신에게 미친 커다란 화를 못 면하게 될 징조다.

● **꿈에 지렁이를 보면**
누군가로부터 사기당할 일이 있을 징조다.

● 이, 벼룩, 빈대 ●

이, 벼룩, 빈대

● **이가 자신의 몸을 물어 대는 꿈**
근심거리가 생길 징조다.

● 벗어 놓은 옷에 이가 득실거리는 꿈

집안 식구에게 근심이나 우환이 따를 징조이지만, 다른 한편의 해석으로는 재물이 풍족해질 꿈이다.

● 방바닥에서 튄 벼룩을 놓친 꿈

집안에 든 도둑을 잡지 못하고 놓칠 징조다.

● 잡았던 벼룩이 갑자기 사라진 꿈

자신이 틀림없이 잡았다고 생각했던 기회나 물품 등을 놓칠 우려가 있다. 또한 성공했다고 생각했던 일이 갑자기 물거품이 될 수도 있으므로 매사에 신중을 기해야 한다.

● 자신의 침대에 개미나 빈대가 기어오른 꿈

경제적인 어려움을 겪게 되거나, 다른 사람들로부터 시달림을 당하게 될 징조다.

● 빈대 때문에 잠을 못 잔 꿈

누군가가 자꾸 방해 공작을 해 와서 계획 수정이 불가피하게 될 징조의 꿈이다.

●잠자리●

● 날아다니던 잠자리가 갑자기 땅바닥으로 떨어진 꿈

하고 있는 일에 어려움이 생겨서 중도에서 멈추게 될 징조다.

잠자리

사고·실패·우환 등을 암시하는 흉몽이다.

● **꽃밭에 앉은 잠자리가 입에 꽃술을 물고 있는 꿈**
사업가는 물건을 주문받아 생산에 들어가고, 선남 선녀는 분위기 있는 공간에서 사랑을 꽃피우며, 공부하는 수험생은 시험에 합격하게 될 것을 암시하는 길몽이다.

● **잠자리가 자신의 꼬리를 물고 날아다닌 꿈**
집안에 미녀가 들어올 징조다.

● **잠자리가 집 주위를 빙빙 돌다가 멀리 사라져 간 꿈**
멀리 출장을 떠나거나 여행을 가게 될 징조다.

● **잠자리가 알을 낳는 꿈**
벌여 놓은 여러 일 가운데 한 가지가 완벽하게 처리되거나, 고용인 중 한 사람으로부터 배신감을 느끼게 될 징조다.

● **고추잠자리가 떼를 지어서 날아다닌 꿈**
평생을 같이 지낼 반려자를 만나 결혼을 하게 될 징조다.

● **바위 위에 앉아 있는 말잠자리를 잡은 꿈**
처녀는 훌륭한 남자를 배우자로 맞고, 정치 초년생은 국회에 입문하여 권력을 잡으며, 사업가는 운수·제조업 등에 투자하여 성공을 거두게 될 징조다.

● **고추잠자리가 태양을 향해 힘차게 날아올라간 꿈**
입신 출세하여 크게 명성을 떨치게 될 징조다. 입학·취직·승진·시험 합격·당선·승리 등을 암시하는 길몽이다.

● **고추잠자리가 방 안으로 날아 들어온 꿈**
귀한 손님이 찾아오거나 희소식이 들려올 것을 암시하는 길몽이다.

● **고추잠자리가 무리를 지어 하늘을 뒤덮은 꿈**
우두머리가 되어 수많은 부하들을 거느리게 될 징조다.

● **고추잠자리를 손으로 잡은 꿈**
임신을 하여 옥동자를 얻을 징조다. 그 외에도 돈이나 재물 등이 들어올 것을 암시하는 길몽이다.

● 지네, 누에, 딱정벌레 ●

● **지네에게 물린 꿈**
사업에 투자하거나 금융 기관으로부터 융자받을 일이 생길 징조다.

지네, 누에, 딱정벌레

● **지네에게 다리를 물린 꿈**
막중한 책임감으로 인해 고통을 받게 될 징조다.

● 꿈에 지네를 보면

관리가 이 꿈을 꾸었다면, 관직에서 퇴출당하게 될 수도 있으므로 매사에 신중을 기해야 한다.

● 기어가는 지네를 본 꿈

수사 기관에 출입할 사건이나 일이 생기지만, 혐의를 받지 않을 암시의 꿈이다.

● 누에번데기가 돼지로 변한 꿈

사업자의 경우, 보다 큰 기업으로 성장하게 될 징조다. 입학·취직·시험 합격·승진·당선·성공 등을 암시하는 길몽이다.

● 누에를 본 꿈

술과 음식이 생길 징조다.

● 남의 누에고치를 훔쳐온 꿈

잃었던 돈과 재물을 되찾을 징조이며, 임신부는 아들을 낳을 태몽이다.

● 누에가 고치를 짓는 꿈

큰 일을 성사시켜 부귀를 얻게 될 길몽이다.

● 누에고치에서 실을 뽑은 꿈

사업자의 경우, 다른 회사로부터 일거리를 주문받아 생산에 들어가게 될 징조다.

● 누에가 날아가 눈에 보이지 않는 꿈

크게 길할 꿈이다.

● 여기저기 땅에 떨어진 누에고치들을
　　　　　　　　　　　그릇에 주워담은 꿈

꾸준한 노력으로 사업에 성공하고, 농업이나 제조업에 투자하여 사업 성과를 올리게 될 징조다.

● 누에를 손으로 만진 꿈

위대한 학문적 업적을 남길 대학자를 낳게 될 암시다.

● 누에고치 속에서 나방이 기어나온 꿈

새댁이나 부인은 옥동자를 낳고, 사업가는 보다 큰 기업으로 성장하며, 공부를 못 하던 학생은 학문에 눈을 뜨게 되어 명문 학교에 들어가게 될 징조다.

● 누에고치에서 뽑아낸 실이 금빛 찬란했던 꿈

훌륭한 문예 작품을 창작하거나, 새로운 아이디어로 신상품을 개발하게 될 징조다.

● 자기의 호주머니에 누에번데기가 가득 담겨 있는 꿈

용돈이 두둑하게 생길 징조다. 돈·재물·선물·먹거리 등이 들어올 것을 암시하는 길몽이다.

● 누에고치 속에서 금반지가 나온 꿈

집안에 경사가 있거나 혼사가 들어올 징조다. 돈·재물·행운·횡재 등을 암시하는 길몽이다.

● **누에를 구경한 꿈**
주식에 투자할 일이 생길 징조다.

● **누에나 벌레가 고치를 만들고 있는 것을 본 꿈**
집회·결사 등의 일이 순조롭게 추진될 징조다.

● **누에를 많이 사육하는 꿈**
많은 재물이 생기고, 건설·결혼 등이 이루어질 징조다.

● **논밭 여기저기에 많은 누에가 널려 있었던 꿈**
이런 때 부동산에 투자하면 짭짤한 재미를 볼 수 있다. 돈·재물·먹거리·횡재 등을 암시하는 길몽이다.

●파리●

파리

● **천장에 시커멓게 붙어 있는 파리 떼를 잡거나 날려보낸 꿈**
꿈속의 파리는 우환이나 근심 걱정거리나 장애물 등을 상징한다. 따라서 이 꿈은 부모의 병환이나 사업상의 애로 사항이 해소될 징조의 길몽으로 해석할 수 있다.

● 파리가 자신의 주위로 많이 꾀는 꿈

무엇인가 실수하게 될 일이 생길 징조이므로 매사에 경각심을 가지고 조심하면서 생활해야 한다.

● 밥그릇에 새까맣게 파리 떼가 앉아 있는 꿈

질병·소란·싸움·불결한 장소·소송·우환·시달림·치한 등을 암시하는 흉몽이다.

● 파리약을 뿌린 꿈

정신적인 일에서 벗어나게 될 징조다.

● 파리를 개미가 물어 나르는 꿈

누군가가 나타나서 자기의 일을 도와주게 될 징조다.

● 거리에 수많은 파리 떼가 모여 있는 것을 본 꿈

인쇄와 관련된 일을 하게 되지만 결과는 신통치 않을 징조다.

● 파리 떼가 시내를 날아다니는 꿈

다른 사람의 도움이 없어 자수 성가하게 될 징조다.

● 수많은 파리 떼가 길거리를 날아다닌 꿈

유인물 또는 책자를 발간하여 자기의 주장이나 사상을 세상에 널리 알리게 될 징조다.

● 파리가 몸에 달라붙어서 떨어지지 않는 꿈

일을 진행하는 중에 장애물에 부딪쳐 시달림을 당하게 될 징조다.

● 수많은 파리를 죽인 꿈

며느리 또는 고용인을 얻게 되지만 재물을 잃게 될 꿈이다.

● 파리 떼가 모여들어 몹시 귀찮게 느껴졌던 꿈

하고 있는 일에 방해자가 생겨서 진행이 어려워질 징조다.

● 음식물에 파리 떼가 앉아 있는 꿈

귀찮게 구는 사람이 자꾸만 찾아오게 될 징조다.

● 잔칫집에 똥파리 떼가 들끓었던 꿈

좋은 일에 불청객이나 괴한 등이 침입하여 분위기를 망쳐 놓을 징조의 불쾌한 꿈이다.

●거머리, 모기, 진딧물, 기타●

거머리, 모기, 진딧물, 기타

● 팔에 거머리가 붙어 있는 꿈

불만스럽게 여기던 자식 내외와 따로 떨어져 살게 될 징조다.

● 자신의 양쪽 다리에 거머리가 붙어 있는 꿈

많은 재물이 생기거나 사람을 쓸 일이 생길 징조다.

● **거머리를 본 꿈**

여인이 재물을 잃게 될 징조다.

● **거머리에게 물린 꿈**

정신적 고통으로 몹시 괴로워할 징조다.

● **자기한테 모기떼가 귀찮게 덤벼든 꿈**

괴한으로부터 집단 폭행을 당하게 될 불길한 꿈이다. 싸움·소송 등과 관련 있는 흉몽이다.

● **전염병을 옮기는 모기한테 물린 꿈**

유행성 전염병과 질병에 걸릴 것을 암시하는 흉몽이다. 그 외에도 망신이나 사고 등을 암시하는 흉몽이다.

● **진딧물이 옷에 붙어서 씨줄을 갉아먹는 꿈**

억울한 누명을 쓰고 망신당할 일이 생길 징조다. 그 밖에도 질병이나 우환을 암시하는 불길한 꿈이다.

● **진딧물이 꽃을 갉아먹는 꿈**

괴한에게 자식을 유괴당하게 될 불길한 징조다. 그 밖에도 강간이나 명예 훼손 등의 불운이 닥칠 것을 암시하는 흉몽이다.

● **진딧물이 채소를 갉아먹는 꿈**

가까운 사람으로부터 사기를 당하거나 시달림을 당하게 될 징조다.

● 곤충이 교미하는 꿈

일의 성과가 나타나거나, 연합이나 결연에 관련된 어떠한 일이 일어날 징조다.

● 곤충이 날아다니는 것을 본 꿈

태몽으로, 연예인으로 이름을 날릴 아이를 낳을 징조다.

● 벌레나 곤충이 뱃속으로 들어와 임신을 한 꿈

임산부는 기형아를 낳거나 사산하게 될 징조다. 액덩어리·질병·수술 등의 불운을 예시하는 흉몽이다.

● 곤충의 표본을 구경한 꿈

장차 아이가 자라서 크게 출세하거나 성직자가 될 것을 예시하는 꿈이다.

● 곤충 표본집을 만들면

소설의 소재나 학설 등을 수집해서 책을 펴내게 되거나, 연구 성과를 거두게 될 징조다.

상상의 동물

●용(龍)●

● 칼로 황룡을 베자 큰 소릴 내며 죽은 꿈
적을 물리친 승전 소식을 매스컴을 통해 듣게 될 징조다.

용(龍)

● 청룡이 달을 삼키고 새하얀 알을 낳은 꿈
새로운 아이디어로 신상품을 개발하고, 정신 문화와 두뇌 발달을 인류 사회에 가져다 주며, 학생은 진리를 터득하게 될 징조다. 재물·돈·횡재 등을 암시하는 길몽이다.

● 이무기가 용이 되어 구름 속에서 불덩이 두 개를 떨어뜨린 꿈
자손이 크게 성공해서 세상을 놀라게 하고, 위대한 업적을 남기게 될 징조다.

● 용을 붙잡아서 꼼짝 못 하게 한 꿈
신분이 귀하게 되고 길운이 트일 징조다. 어떤 벅차고 힘든 일에서 뜻을 이루게 될 징조다.

● 용이 뿜어대는 불로 인해 자신의 몸이 뜨겁게 느껴진 꿈
권력자의 힘을 얻어 자신이 하고자 하는 일이 성취될 징조다.

● 용이 그린 그림을 본 꿈

모든 사람들이 인정하는 물건을 구하게 될 암시다.

● 용이 여의주를 물고 하늘로 올라간 꿈

신분이 높아지고 입신 양명하게 되며, 마음먹은 대로 소원 성취하게 될 징조다. 입학·취직·시험 합격·승진·당선·승리·소식 등을 암시하는 길몽이다.

● 용이 물독으로 들어가서 물을 마시는 꿈

크게 길할 징조이다.

● 용이 죽어 있는 것을 본 꿈

가까운 사람의 아기가 유산될 징조다. 만일 죽지 않고 산다면 그 아이가 액이나 근심 덩어리로 변할 확률이 크다.

● 집에서 용이 졸고 있는 꿈

평소 원하던 일이 이루어질 징조다.

● 용이 바다에서 승천하는 꿈

사회적 기반을 발판으로 하여 성공할 기회를 얻게 될 징조의 길몽이다.

● 용을 두 팔로 꼭 껴안고 있는 꿈

일거리가 많이 들어오고, 뜻밖의 사람을 만나게 될 징조다.

● 청룡이 여의주를 물고 뱃속으로 들어온 꿈

사업을 크게 성취하는 훌륭한 인물을 낳게 될 징조다.

● 흰 용이 구름을 타고 하늘을 나는 꿈

마음이 청정하여 현대판 청백리가 될 징조다. 의사가 이런 꿈을 꾸었다면 자신의 훌륭한 의술로 국민 보건에 이바지하게 될 징조다. 승진·시험 합격·당선·권세·명예·부귀·자격 취득 등을 암시하는 길몽이다.

● 흰 용이 하얀 눈 속에서 나와 하늘로 올라간 꿈

깊은 학문과 진리를 탐구하여 앞날이 밝을 징조다. 재물·돈·물품·낙찰 등을 암시하는 길몽이다.

● 개천에서 용을 본 꿈

입신 출세하여 장차 자신의 신분이 높아지거나, 지도자적인 인물이 될 아이를 출산하게 될 징조다.

● 대문 앞에서 용이 버티고 있는 꿈

자신이 뜻한 바를 이루게 될 길몽이다.

● 불난 집에서 용이 하늘로 오르는 것을 본 꿈

사업이 융성해져서 큰 성공을 거두게 될 징조다.

● 용이 승천했던 자리에 작고 아담한 교회가 생긴 꿈

목적했던 것을 달성하게 되고, 후세에 남을 업적을 이룩하게 될 좋은 징조다.

● 우물가에서 용과 구렁이가 어울려 하늘로 날아오른 꿈
장차 권력을 휘두를 아들을 출산하게 될 징조다.

● 청룡이 오색 구름을 타고 하늘을 나는 꿈
관문에 입성하여 입신 출세하게 되고, 시험 합격·권세·승진·당선 등의 명예가 있을 징조다.

● 용이나 뱀이 부엌으로 들어오는 꿈
지위를 얻게 될 징조다.

● 활을 쏘아 용이나 뱀을 맞힌 꿈
대길하며 만사가 형통할 징조다.

● 용이나 호랑이·사자 등의 머리를 땅에서 캐내거나 죽여서 얻는 꿈
명예 또는 권리를 얻거나 큰 사업의 중요한 부분이 성사되고, 단체에서 우두머리가 될 암시의 길몽이다.

● 임신부가 용을 낳은 꿈
태몽으로, 장차 정치가·사업가·유명인·스타 등이 될 아이를 출산하게 될 징조다.

● 용이 하늘을 날면서 말을 하거나 울부짖은 꿈
입신 양명하고, 세상에 소문이 크게 날 업적을 남기게 될 징조의 길몽이다.

● 용을 타고 산으로 들어간 꿈
학업·사업 등이 순조롭게 진행되거나 관직에 등용될 징조다.

● 용의 문장이나 조각을 본 꿈
희귀한 물건, 또는 고전 작품 등을 찾게 되거나, 저명 인사 또는 위인에 관한 기사를 읽게 될 징조다.

● 용이 공중에서 떨어진 꿈
지위·권세·명령 따위가 몰락하거나 벅찬 일이 성사될 징조다.

● 용이 구름 속에서 큰 소리를 지른 꿈
사업이나 작품이 성공하여 세상이 놀랄 만큼 큰 소문이 날 징조다.

● 용이 큰 소리를 지르며 하늘 위로 솟구치는 꿈
특히 가수나 언론인·방송인 등의 경우 장차 크게 명성을 드날리거나 행운이 찾아올 징조다.

● 커다란 뱀이 용으로 변해 하늘로 오른 꿈
평범한 연구 성과가 크게 빛을 발하여 큰 명예를 얻게 될 징조다.

● 용이 대문으로 들어오는 꿈

집안에 귀한 손님이 찾아오거나 관청에 취직하게 되고, 재물과 명성을 얻게 될 징조다.

● 용에게 물린 꿈

권력이 생기거나 부유한 사람에게 부탁했던 일이 꼭 이루어질 징조다.

● 용이 사람을 물어 죽인 꿈

강력한 세력에 의해서 일이 성취되거나 어떤 사람의 파산을 보게 될 징조다.

● 용에게 귀를 물린 꿈

귓병을 앓아 귀머거리가 되거나, 소원이 이루어지지 않을 암시다.

● 뿔 달린 용을 타고 하늘 높이 날아올라간 꿈

관록과 명예를 얻어 감투를 쓰게 될 징조다. 입학·승진·시험 합격·당선·승리·성공 등을 암시하는 길몽이다.

● 용과 싸우다가 잠을 깨면

벅차고 힘든 일에 도전하게 되지만 그 결과를 예측할 수가 없다.

● 공중에서 용이 담배를 피운 꿈

단체나 기관·매스컴 등을 통해 자신의 활동을 알리는 기회를 갖게 되거나, 사회 풍조를 쇄신할 일이 생길 징조다.

● 물 속에서 잠자고 있는 용을 본 꿈
어떤 기관에서 보류되어 있는 일에 관계하거나, 금은 보화를 얻게 될 징조다.

● 용이 우물 속에 들어가는 꿈
송사가 있거나 치욕을 당하게 되겠고, 관직에 있는 사람은 직위를 잃게 되며, 상인은 손해를 볼 흉몽이다.

● 하늘로 올라가는 용의 꼬리를 잡았다가 놓친 꿈
다른 사람의 만류를 뿌리치고 출세할 사람과 관계하게 될 징조다.

● 용이 방 안에서 맴돌고 있는 꿈
동업자나 협력자가 나타날 암시다.

● 용이 공중에서 불을 뿜는 꿈
깊은 학문과 진리를 터득하고, 계몽 사업 또는 작품으로 세상을 감화시키게 될 징조다.

● 용이 헤매고 있는 꿈
하고자 하는 사업이나 일 등이 실패하게 될 징조다.

● 용이 짐승이나 사람의 모습으로 변해
　　　　　　　　　　　자신에게 도전해 온 꿈

힘든 고비를 여러 번 넘기고 나서야 사업이나 일이 성취될 징조다.

● 나무로 만들어진 용이 하늘로 올라간 꿈

인문과 자연학을 연구하여 새로운 자료를 얻거나, 전문 도서를 출판하게 될 징조다. 출세·명예 등을 암시하는 길몽이다.

● 커다란 황룡을 자신이 때려죽인 꿈

기술 혁신으로 사업 성과를 올리고, 신제품을 만들어 경쟁사를 제압하게 될 징조다. 성공·승리 등을 암시하는 길몽이다.

● 자기가 용으로 변한 꿈

자신의 신분이 높아져서 권세를 누리게 되거나, 작품으로 명성을 떨치게 될 징조다.

● 구름 속에서 용이 눈을 부라리며
　　　　　　　　　　　빗방울을 떨어뜨린 꿈

태아가 유산하거나 집안에 우환이 생길 징조다.

● 다른 물체가 용으로 변한 꿈

작품·일·사업 등이 크게 성공하여 부귀 영화를 누리게 될 징조다.

● 두 마리의 용이 서로 마주 보며 접근한 꿈
두 단체가 서로 대치하여 싸우게 될 징조다.

● 용이 더러운 곳에 있는 꿈
자신이 책임을 질 수 없는 일이 생기고, 그것으로 몹시 불안해질 징조다.

● 용이 수정처럼 맑은 물기둥을 타고 하늘로 오르는 꿈
두뇌 발달로 지혜가 샘솟고, 뜻밖에도 행운이 찾아와 기쁨을 누리게 될 징조다.

● 용이 호랑이로 변해 자신을 공격하는 꿈
명성을 떨치거나 출세하게 될 암시다.

● 울타리 안에서 용이 우왕좌왕하는 것을 본 꿈
초년에는 자손이 잘되어 가는 듯하다가 중도에 장애물에 부딪쳐 빛을 못 보게 될 징조다.

● 자신에게 덤벼드는 용을 총이나 칼 따위로 죽인 꿈
언론 매체 등을 동원하여 상대방의 주장을 완전히 제압하게 될 징조의 꿈이다.

● 쌀이 용으로 변해 승천하는 꿈
자기의 소원을 이루게 될 징조다.

● 쌍룡이 몸을 틀며 승천하는 꿈
자손이 문무를 겸비한 훌륭한 인물이 될 징조다. 쌍룡은 남녀의 결합을 뜻하기도 한다.

● 큰 용이 문에 부딪히는 꿈
뜻을 이루어 명성을 사방에 떨칠 길몽이다.

● 용이 완전히 사라지고 안 보인 꿈
권세나 명예 등이 차츰 사라져 가게 될 징조다.

● 용이 불을 뿜으며 태양 속으로 들어간 꿈
국가 권력 기관이나 의회에 들어가서 민주주의의 꽃을 피우게 될 징조다.

● 청룡의 입 속에 들어가 보니 고궁(古宮)이 있었던 꿈
한 나라의 최고 통치자가 될 징조다. 발굴·탐사·연구 등을 암시하는 길몽이다.

● 인어 ●

인어

● 인어가 바위 위에 앉아서 미소를 지어 보인 꿈
희귀한 문예 작품을 창작하거나, 문화 공간에서 연인을 만나서 사랑을 속삭이게 될 징조다.

● 인어를 붙잡아온 꿈

태몽이라면 자손이 이색적인 직업을 갖게 될 징조다.

● 봉황새 ●

● 보석 구슬을 물고 있는 봉황새를 본 꿈

이 꿈은 태몽으로, 태어날 아이가 장차 유명인이 될 징조다. 종교인·언론인·방송인·법률가 등은 커다란 업적을 쌓고 세상에 이름을 떨치게 된다.

봉황새

● 봉황새가 집 안의 나무에 앉아 아름다운 소리로 울어댄 꿈

집안에 경사가 생기게 되고, 자손이 창성하여 가운이 융성해질 징조의 길몽이다.

● 봉황새를 보거나 소유한 꿈

부부가 서로 화목하고 평화로우며, 만일 미혼이라면 훌륭한 배우자를 만나게 될 징조다.

● 봉황새 한 쌍을 얻은 꿈

각 분야의 장이나 지도자가 될 자식을 출산하게 될 징조다.

● 봉황이 자신의 주변으로 모이는 꿈

어머니에게 병환이 생길 징조다.

● 날아가는 봉황새를 손으로 잡은 꿈

입신 출세하여 만인의 대표자가 될 징조다. 혹은 생각지도 않은 행운이 찾아오게 될 것을 암시하는 길몽이다.

● 아름다운 봉황새 중 한 마리가 집 안으로 들어온 꿈

집안에 경사가 생기고 귀한 손님이 찾아올 징조다. 또 미혼녀에게 훌륭한 배우자가 생길 징조이다. 기쁨·재물·행운 등을 상징하는 길몽이다.

● 봉황새가 날아와서 오동나무에 깃들인 꿈

시절을 잘 만나서 성공하게 되고, 만족할 만한 직위를 얻게 될 징조다. 또는 좋은 주택을 구입하게 될 징조이기도 하다.

14 식물에 관한 꿈

● 단풍나무 ●

● **단풍잎이 별로 변한 꿈**

행운의 여신이 찾아와 부귀 공명하고 입신 출세하게 될 징조다. 성공·입학·취직·시험 합격·승진·당선·자격 취득 등을 암시하는 길몽이다.

단풍나무

● **단풍잎을 주워서 책 속에 끼워 넣은 꿈**

학문이나 예술 작품에 관한 자료를 수집하게 될 징조다. 학생은 정신이 맑아져서 학업 성적이 올라간다.

● **윗사람한테서 단풍 무늬가 새겨진 조각품을 선물받은 꿈**

돈·재물·선물·물품 등이 들어오거나, 상장·훈장·임명장 등을 받게 될 징조다. 입학·취직·시험 합격·승진·승리·당선·자격 취득·성공·계약·임신 등을 암시하는 길몽이다.

● 단풍나무가 집 뜰에 서 있는 꿈

모든 큰 일이 다 이루어지게 될 길몽이다.

● 단풍나무를 심은 꿈

어떤 사업과 함께 일을 시작하여 생산에 들어가게 될 징조다. 입학·취직 등을 암시하는 길몽이다.

● 단풍나무가 울긋불긋 화려하게 물들어 있는 꿈

훌륭한 문예 작품을 창작하게 될 징조다. 새로운 아이디어로 신상품을 개발하여 시장이나 백화점 등에서 좋은 반응을 얻게 될 것을 암시하는 길몽이다.

● 단풍나무가 지붕에 나는 꿈

모든 일들이 뜻대로 이루어지게 될 징조다.

● 단풍잎이 문서로 변한 꿈

공사 문건에 기쁜 일이 생길 징조다. 또한 출판·창작 등과 관련 있는 꿈이기도 하다.

● 길거리에 단풍잎이 수북하게 쌓여 있는 꿈

옛 문헌 속에서 문예 작품에 관한 자료를 찾아내어 출판하게 될 징조다.

● 산에 단풍잎이 아름답게 물들어 있는 꿈

명랑하고 즐거운 일이 생길 징조의 꿈이다.

● 대나무 ●

● 대나무 밭이 온통 신선하고 푸르게 보인 꿈
희귀한 소재를 깊이 연구하여 신물질을 발명하게 될 징조다. 또한 학문과 진리를 탐구하거나 문예 작품을 창작하게 될 징조다.

대나무

● 대나무나 소나무가 시들어 가는 것을 본 꿈
집안에 어떤 안 좋은 일이 발생할 것을 암시하는 흉몽이다.

● 정원에 대나무를 심은 꿈
환자는 서서히 건강을 회복하고 하던 일에 복귀할 암시다. 태몽이면 자손이 귀한 집안에 성품이 곧은 자식을 얻게 될 꿈이다.

● 뜰 안에 대나무를 심은 꿈
널리 인정을 받거나 사업 기반이 튼튼해질 징조다.

● 대나무 밭에서 신령이 나온 꿈
뜻밖에 귀인을 만나 지도와 도움을 받고 어려운 문제를 헤쳐 나가게 될 징조다.

● 대나무에 꽃이 피거나 많은 대나무를 베어 온 꿈
많은 재물이 생겨서 부귀 영화를 누리게 되거나, 새로운 일을 시작하게 될 징조다.

● 대나무나 소나무가 울창한 것을 본 꿈
만사가 순조롭게 이루어져서 부귀를 누리게 될 징조다.

● 자신이 대나무 의자에 앉은 꿈
직장에서 승진하거나 높은 자리에 앉게 될 징조다. 당선·승리·성공 등을 암시하는 길몽이다.

● 대나무 밭에서 죽순을 꺾은 꿈
사업에 투자하여 많은 성과를 올리고, 돈과 재물이 들어올 징조다.

● 바람에 흔들려 대나무 소리가 요란한 꿈
주변의 인심이 흉흉하거나 시빗거리가 생길 징조다.

● 대나무 지팡이를 짚고 곡을 한 꿈
집안에 우환이 들끓거나 상을 당하게 될 것을 암시하는 흉몽이다.

● 척박한 땅에서 죽순이 탐스럽게 돋아난 꿈
모진 풍파를 극복하고 일어나서 자수 성가하게 될 징조다.

● 버드나무 ●

● 버드나무에 기어올라간 꿈

어머니나 여성의 도움을 받아서 그 동안 못다 한 일들을 성취시킬 징조다. 입학·취직·승진·승리·시험 합격·당선·학위 취득·성공 등을 암시하는 길몽이다.

● 꿈에 버들피리를 불면

하루 종일 기분 좋은 일만 일어나고, 마음먹은 대로 소원 성취하게 될 길몽이다.

● 여성이 버드나무의 가지를 꺾는 꿈

계획했던 사업이나 부탁했던 일이 풀리지 않을 징조다.

● 버들잎이 흩날리는 꿈

종이·목재·직물·의류·약재 등의 값이 떨어지고 불경기가 찾아올 징조의 꿈이다.

● 버드나무 가지 사이로 태양이 찬란하게 떠오른 꿈

입학·취직·시험 합격·승진·당선·명예·부귀·성공 등을 암시하는 길몽이다.

● 길가에 늘어진 수양버들 잎을 손으로 붙잡고 있었던 꿈

푸른 대자연 속에서 우연히 사람을 만나 인연을 맺게 될 징조다.

● 뽕나무 ●

● 뽕잎이 땅바닥에 떨어져서 이리저리 흩날린 꿈

마음이 산란하고 불안하며, 여기저기 쓸데없이 지출할 일이 많아질 징조다. 분산·이별·실패 등의 불운을 암시하는 흉몽이다.

● 뽕나무 열매를 따서 그릇에 담은 꿈

집안에 돈과 재물, 또는 먹거리가 들어올 징조다. 저축·투자·횡재 등을 암시하는 길몽이다.

● 뽕나무 가지가 V자 형으로 찢어진 꿈

부부간에 의견 충돌이 잦아져서 별거 생활이나 이혼을 하게 될 징조다. 소송·별거·이혼 등을 암시하는 흉몽이다.

● 벌레가 갉아먹어 뽕잎에 구멍이 뚫린 꿈

도둑을 맞거나 가까운 사람한테서 사기를 당하게 될 징조다. 질병이나 우환·실패 등을 암시하는 흉몽이다.

● 뽕나무 가지가 부러지는 꿈

집안에 우환이 생기고 자손에게 불길한 액이 낄 징조다. 중단이나 실패가 따를 것을 암시하는 흉몽이다.

● 우물에 뽕나무가 서 있는 꿈

일이 마음먹은 대로 진행되지 않으며, 건강이 나빠질 징조다.

● 뽕나무 열매인 오디를 따서 먹은 꿈

새로운 아이디어를 개발하거나, 잉태·성교·입학 등이 뜻대로 진행될 징조다.

● 자기 집 정원에 서 있는 뽕나무를 자른 꿈

집안에 질병이나 우환이 발생하고, 부모님의 신변에 좋지 않은 일이 일어날 징조다.

● 뽕나무 열매인 오디를 따 가진 꿈

부인과 새댁은 귀한 자식을 낳게 될 태몽이다. 그 밖에도 입학·계약·성교 등과 관계가 있는 꿈이다.

● 사철나무 ●

● 사철나무 열매에서 빛이 난 꿈

신상품을 개발, 국내외 시장에 진출하여 좋은 결과를 가져오게 될 징조다.

사철나무

● 말라죽은 사철나무에서 새순이 돋아난 꿈

다 쓰러져 가던 사업체가 다시 일어나게 될 징조다. 기사 회생·대기 만성 등을 암시하는 길몽이다.

● 담 밑에 여러 그루의 사철나무를 심은 꿈

슬하의 여러 자식을 훌륭하게 키워 입신 출세시킬 징조다.

● 백설(白雪) 속에서 사철나무가 짙푸르게 보인 꿈
새로운 아이디어로 문예 작품을 창작하게 될 징조다. 창조·발전 등을 암시하는 길몽이다.

● 주위에 있는 사철나무들이 짙푸르게 보인 꿈
주변 사람들에게 기쁜 소식이 있을 징조다. 경사·파티·모임·총회 등이 있을 것을 암시하는 길몽이다.

● 사철나무에 꽃이 활짝 피어 있는 꿈
학문과 진리를 탐구하거나 문예 작품을 창작하게 될 징조다. 경사·행운을 암시하는 길몽이다.

● 사철나무의 굵은 가지가 뚝 부러진 꿈
진행하는 일이 어려움에 처해 갑자기 중단될 징조다. 사고 실패·불합격 등을 암시하는 불길한 꿈이다.

●소나무●

소나무

● 소나무에 송이가 탐스럽게 매달려 있는 것을 본 꿈
정신 발달 및 두뇌 계발을 가져다 줄 일이나, 문예 작품을 창작하게 될 징조다.

● 우물가에 있는 소나무가 싱싱하고 아름답게 보인 꿈
학문과 진리를 탐구하거나, 옛 문헌에서 새로운 자료를 얻게 될 것을 암시하는 길몽이다.

● 소나무가 안방에 난 꿈
귀한 자식을 낳게 될 태몽이다.

● 소나무에 오르는 꿈
입사 시험이나 입학 시험을 치른 사람은 취직·입학이 이루어지고, 소송 중인 사람은 승소하게 된다.

● 소나무가 지붕 위에 난 꿈
높은 지위에 오를 징조다.

● 백송을 오르는 꿈
승진하여 입신 출세하게 될 징조다. 승리·입학·취업·승진·시험 합격·당선·성공·발전 등을 암시하는 길몽이다.

● 싱싱한 솔잎을 따 가지고 집으로 들어온 꿈
학문 연구나 예술적 분야에 몸담고 있는 사람은, 학문과 예술적 자료를 수집하거나 이에 상응한 문헌상의 자료를 얻게 될 징조다.

● 소나무와 대나무가 무성하게 우거져 있는 꿈
집안에 경사가 있고, 자손이 번창할 길몽이다.

● 소나무에 푸른 솔방울이 많이 매달려 있었던 꿈
돈과 재물이 생기고 먹거리가 들어올 징조다. 그 밖에도 임신이나 명예를 암시하는 길몽이다.

● 잣나무 ●

● 잣나무에 아름다운 흰꽃이 피어 있는 꿈

학문·진리·문예·종교 등에 관해 깊이 연구하게 될 징조다. 명예나 행운 등이 찾아올 것을 암시하는 길몽이다.

● 잣알이 그릇에 가득 담겨 있는 꿈

집안에 많은 돈과 재물이 들어오거나 먹거리가 풍성해질 징조의 길몽이다.

● 잣나무에 올라가서 잣송이를 따는 꿈

사업에 투자하여 많은 돈을 벌게 될 징조다. 입학·취직·시험 합격·승진·승리·당선·자격 취득·성공·소원 성취 등을 암시하는 길몽이다.

● 잣 속에서 씨가 나온 꿈

문예 작품을 창작하여 작품 전시회에 출품하게 될 징조다. 연구·규명·발굴 등을 암시하는 꿈이다.

● 윗사람한테서 잣송이를 받은 꿈

자격증이나 상장·훈장을 받게 될 징조다. 돈·재물·선물·횡재 등을 암시하는 길몽이다.

● 커다란 잣나무 가지를 붙잡고 있었던 꿈

실력자를 만나 도움을 받고 새로운 발전을 이루어 가게 될 징조다.

● 방 안에 잣불을 환하게 밝혀 놓았던 꿈

가택 신이 수호하여 경사와 운수가 대통하게 될 징조다.

● 땅에다가 잣나무를 심은 꿈

부동산을 사거나 신축할 일이 있을 징조다.

●정원수●

● 정원에 꽃이 만개해 있는 꿈

사업상 또는 기타의 어떤 일로 인해 경사가 있을 징조다.

정원수

● 정원에다 나무를 옮겨 심는 꿈

전근 또는 승진 등으로 자리 이동이 있거나, 새로운 사람을 만나게 될 징조다.

●참나무●

참나무

● 참나무 장작을 많이 쌓아 둔 꿈

피땀 흘려 노력한 대가로 많은 돈이 들어올 징조다.

● 참나무꽃이 만발해 있는 것을 본 꿈

어려움을 딛고 일어나 대업을 성취하게 될 징조다. 새로운 아이디어로 신상품을 개발하여 국내외 시장에 진출하게 될 징조다.

● 참나무에 상수리가 다닥다닥 열려 있는 꿈

제조업이나 식품업 등에 투자하여 사업 성과를 올리게 될 징조다.

● 참나무 아래에서 산신령을 만난 꿈

능력 있는 사람을 만나 지도와 도움을 받고 일을 성사시키게 될 징조다.

● 그릇에 담아 놓았던 도토리들을 쥐가 물어간 꿈

돈과 재물이 새어나가거나 좀도둑을 맞게 될 징조다. 지출·실물수·우환 등을 암시하는 흉몽이다.

● 참나무숲에 불을 지핀 꿈

지금까지 막히기만 하던 운수가 일시에 풀려 마음먹은 대로 소원 성취하게 될 징조다. 돈·재물·물품·생산·투자·계약·횡재 등을 암시하는 대길몽이다.

● 참나무 가지 위에 까치가 집을 짓는 꿈

주택·아파트·연립·건물 등의 신축 공사로 인해 분주하게 될 징조다. 새로운 일을 시작하게 될 것을 암시하는 꿈이다.

● 고목 ●

● 고목에서 새싹이 돋아나거나 꽃이 피는 꿈
많은 사람들을 계몽하고 깨우칠 지도자나 명인을 낳게 될 징조다.

고목

● 큰 고목 위에서 평지처럼 걷거나 뛰었던 꿈
하고 있는 일이 순조롭게 진행되거나 여러 산하 기관으로부터 자기 능력을 인정받게 될 징조다.

● 심한 바람으로 고목이 쓰러지거나 꺾여지는 꿈
훌륭한 인재·기업체·재산·신분 등이 어떤 압력으로 급속히 몰락하게 될 징조다.

● 고목에 핀 꽃을 꺾은 꿈
학자의 연구 성과, 또는 남의 사업을 인수받아 그것을 발판으로 대성하게 될 징조다.

● 기타 ●

● 오래 된 거목이 방바닥에 뿌리를 박고
　　　　　　　천장을 뚫고 밖으로 뻗는 꿈
작품이나 일에서 소망을 이루게 되어 사회적으로 널리 알려지게 될 징조다.

● 죽은 나무가 다시 살아나는 꿈

부실했던 사업이 회복세로 전환되고, 생명·사업·부귀 등이 활기를 찾게 될 징조다.

● 살아 있던 나무가 말라 죽어가는 꿈

파산을 하게 될 암시이다. 처음에 마음먹은 일을 고집스럽게 밀어 붙이고자 하면 모든 것을 잃어버릴 수 있는 꿈이다.

● 심었던 묘목이 부쩍 자란 꿈

머지않아 사업을 시작하게 되며, 가까운 시일 안에 사업의 성과를 보게 될 징조다.

● 낙엽이 많이 쌓여 있는 꿈

학식이 풍부하고 덕이 많은 훌륭한 사람과 만나게 될 징조다.

● 낙엽을 긁어모은 꿈

어려운 고비를 겪은 다음에야 비로소 일이 성사되며, 정신적·물질적 자본을 축적하게 될 징조다.

● 나뭇가지가 부러지는 꿈

일신이 상하거나 믿고 따르던 사람이 요절하게 될 징조다.

● 초록 빛깔의 나뭇잎을 따는 꿈

사람들이 꺼려하거나 거부하던 일을 자신이 맡아 처리하게 될 징조의 꿈이다.

● 큰 나무가 기울어지거나 가지가 앞으로 뻗어오는 꿈

재력이 있는 사람이 나타나 자기를 도와주거나, 사업체를 운영할 권리가 주어진다.

● 자기가 큰 나무 밑에 있는 꿈

큰 기관이나 협조자의 도움으로 자기의 신분이 상승될 징조다.

● 사람이 낙엽 더미를 짊어지고 걸어오는 꿈

자신이 소원했던 일이나 운명적인 일, 또는 계획했던 일과 연관이 있는 꿈이다.

● 손으로 매달린 나뭇가지나
　　　　　 발로 딛고 있던 나뭇가지가 부러지는 꿈

사업 기반을 잃거나, 부모가 돌아가시거나, 의지하는 기관에서 떨어져 나갈 징조의 악몽이다.

● 나뭇가지에 매달려 강을 건너거나 뛰어오른 꿈

어느 기관에 의해서 출세를 하게 되거나, 어려운 난관을 극복하게 될 징조다.

● 큰 나무가 뿌리째 뽑혀서 쓰러져 있는 것을 본 꿈

큰 인물이 정가에서 은퇴하거나, 자신이 운영하는 사업체가 경영난을 겪게 될 징조다.

● **바람에 낙엽이 뒹구는 꿈**
사업상 거래가 활기를 띠게 되거나 회사에 입사하게 될 징조다.

● **상수리나무를 돌로 쳐서 상수리가 우수수 떨어진 꿈**
신상 문제·체험담·독서·기관·재물 등과 관련이 있다.

● **나무 밑에 떨어진 상수리를 많이 주운 꿈**
여러 방면에서 많은 재물을 얻게 될 행운의 꿈이다.

● **강 한가운데에 나무가 우뚝 서 있는 꿈**
중개자를 통해서 자신의 사업이 이루어질 징조다.

● **쓰러지는 나무를 부축하는 꿈**
기울어지는 운세를 힘을 다해 보호할 일이 생길 징조다.

● **사람이 나무에 올라가 있는 것을 본 꿈**
어떤 기관에서 사업이나 작품에 대해 논의할 일이 있음을 뜻한다.

● **나뭇잎이 단풍으로 물든 꿈**
모든 일들을 침착하고 소극적으로 하는 것이 좋다는 암시다. 하지만 소홀히 하게 되면 갖가지 부작용이 생길 꿈이다.

● **나무뿌리나 풀뿌리를 잡고 위로 올라간 꿈**
협조자를 구해 그 사람에게 의지하게 될 징조다.

● 뜰에 있는 나무가 앙상하게 느껴진 꿈
집안에 불길한 일이 생길 징후이다.

● 푸른 나뭇잎이 갑자기 시들어 쌓이는 꿈
사업이 정신적으로나 물질적으로 침체되거나 계약이 깨질 징조다.

● 푸른 나뭇잎이 떨어져 쌓여 있었던 꿈
전쟁이나 천재지변 등으로 인해 많은 사람들이 죽게 될 징조다.

● 새가 높은 나무에 앉아 있는 꿈
미혼자가 이러한 꿈을 꾸면 머지않아 혼담이 오갈 것을 암시한다.

● 푸른 나뭇잎을 따는 꿈
회사나 공공 단체에 들어가 자신의 실력을 인정받게 될 징조다.

과 일

●감●

● 꽃이 달린 채 떨어진 풋감을 주워담은 꿈
훌륭한 인재를 고르게 되고, 연구 자료를 수집하거나 자본을

감

구하게 될 징조다.

● **감꽃이 곱게 피어 있는 꿈**
새로운 아이디어로 신상품을 개발하거나 훌륭한 문예 작품을 창작하여 세상의 이목을 끌게 될 징조다. 돈·재물·명예·횡재·사랑·행운 등이 찾아올 것을 암시하는 길몽이다.

● **곶감꽂이에서 곶감을 한 개씩 빼먹은 꿈**
마무리 단계에 있는 사업이나 일을 맡게 된다. 또한 재산이 조금씩 줄어들 징조의 꿈이기도 하다.

● **감나무 밑에 누워서 홍시 떨어지기를 기다렸던 꿈**
힘 안 들이고 일을 손쉽게 처리하려 하지만 되는 일이 없다. 관망·구경·감상할 일이 생길 징조다.

● **감나무에 올라가서 감을 따먹은 꿈**
일이 단계적으로 차근차근 진행되어 나가고 있음을 나타낸다. 시험 합격·입학·취직·승진·당선·자격 취득·성공·재물·돈·물품 등을 암시하는 길몽이다.

● **떨어진 연시를 주워서 먹은 꿈**
창피당할 일이 있거나, 소녀는 곧 초경을 치르게 될 징조다.

● **감을 차에 싣고 운반한 꿈**
출판된 서적 및 영상 미디어가 판매 또는 방영될 징조다.

● 바구니에 담긴 잘 익은 홍시를 먹은 꿈
직장에서 진급을 하게 되거나, 특별 상여금을 받게 될 징조다.

● 대추 ●

● 붉은 대추를 많이 따온 꿈
재물이 생기고, 사업 성과가 있으며, 태몽이라면 아들을 낳게 될 징조의 꿈이다.

대추

● 대추를 수확하여 멍석 위에 널어놓고 말린 꿈
생산 및 가공업에다 투자하여 사업 성과를 올리고, 신상품을 개발 생산하여 시장이나 백화점에다 출하하게 될 징조다.

● 대추를 따서 먹은 꿈
우수하고 명석한 자식을 출산하게 될 징조다.

● 대추를 수확한 꿈
농업·생산·식품·유통업 등에 투자하여 좋은 성과를 올리게 될 징조의 길몽이다.

● 대추 한 자루를 짊어지고 집 안으로 들어온 꿈
돈과 재물이 생기고 먹을 것이 들어올 징조다. 수입·일거리·물품·횡재 등을 상징하는 길몽이다.

● 대추나무 밑에서 대추알을 받은 꿈

처녀의 경우, 훌륭한 신랑감이 혜성같이 나타날 징조다. 돈과 재물이 생기고 푸짐한 먹거리가 들어온다. 부인과 새댁은 임신을 하여 옥동자를 낳게 된다.

● 대추나무에 풋대추알이 열려 있었던 꿈

신춘 문예에 당선, 문단에 데뷔하게 될 징조다. 돈과 재물이 생길 길조이다.

● 딸기 ●

딸기

● 신맛이 나는 딸기를 먹은 꿈

병에 걸릴 것을 암시하므로 건강에 주의해야 한다.

● 딸기가 잘 익어서 먹음직스럽게 보인 꿈

매사가 순조롭고, 하던 일에 좋은 결실을 거두게 될 징조다.

● 딸기를 본 꿈

새 식구에 대해 불신감을 가지거나 궁금증을 갖게 될 암시다.

●모과●

● **모과주를 담았던 꿈**

겨울을 맞아 월동 준비를 하게 되거나, 주택 적금을 들 일이 생길 징조다.

모과

● **모과를 먹는 꿈**

큰 재물을 얻게 될 길몽이다.

● **모과를 따서 그릇에 담았던 꿈**

생산·가공·무역·농수산·유통업 등에 투자하여 많은 돈을 벌게 될 징조다.

● **친구들과 모과나무를 타고 올라가 가장 먼저 열매를 딴 꿈**

공사를 따내기 위한 치열한 경쟁에서 경쟁사를 물리치고 자사가 공사를 맡게 될 징조다. 돈·재물·투자·레저·횡재·승리 등을 암시하는 길몽이다.

● **칼로 모과를 여러 조각 낸 꿈**

생산 및 주식에다 투자한 것이 뜻밖에 호황을 맞게 될 징조다. 부모의 유산을 형제끼리 나눠갖게 될 것을 암시한다.

● **모르는 사람한테서 모과를 받은 꿈**

상장·훈장, 또는 임명장을 받게 될 징조다. 돈·재물·선물·

횡재 등을 암시하는 길몽이다.

● 모과나무에 푸른 모과가 탐스럽게 많이 열려 있는 꿈
신규 사업에다 투자하여 사업 성과를 올리게 될 징조다.

● 밀감을 먹는 꿈
친구가 죽게 될 것을 암시하는 흉몽이다.

● 여름에 밀감을 먹는 꿈
근심 걱정거리가 생길 징조다.

●밤●

● 밤송이가 누렇게 벌어진 것을 본 꿈
머지않아 사업·작품·결혼 따위가 이루어지고, 행운이 다가올 좋은 징조다.

● 밤이 창고에 가득 차 있는 것을 본 꿈
아름다운 딸이 태어날 수 있으며, 많은 재물이 생길 징조다.

● 밤을 먹는 꿈
누군가와 서로 이별할 일이 생길 암시다.

● 토실토실한 알밤을 주워서 집으로 돌아온 꿈

태몽으로, 부인은 임신을 하여 똘똘하고 잘생긴 옥동자를 낳을 징조다. 돈과 재물이 생기고 선물이 들어올 징조다.

● 한 입에 밤을 깨물어 먹는 꿈

만사가 형통할 암시이니 길몽이다.

● 알밤을 많이 가져온 꿈

부귀 영화를 누릴 자손을 얻게 될 징조로, 행운을 암시하는 꿈이다.

● 학생이 주머니 양쪽에 알밤을 가득 주워담은 꿈

대학 시험에 합격할 징조다.

● 밤나무 아래에서 떨어지는 밤알을 손으로 받은 꿈

이런 때, 수주·도급·경매물 등에 입찰하면 손쉽게 낙찰권을 따낼 수 있다. 행운의 꿈이다.

● 수많은 밤송이를 깐 꿈

소비자의 기호에 맞는 좋은 신상품을 개발, 시장이나 백화점에 출하하여 좋은 반응을 얻을 징조다.

● 배 ●

● 배를 따 온 꿈

비범한 자손을 얻게 될 징조다. 돈·물품·선물·명예·횡재 등과 관계가 있다.

● 달빛에 빛나는 배나무꽃을 본 꿈

좋은 작품을 써서 여러 사람들에게 지식을 제공해 줄 징조다.

● 배를 먹는 꿈

재산을 잃게 될 암시다.

● 배나무에 배가 주렁주렁 달린 것을 본 꿈

온종일 일이 잘되고 마음이 후련하며, 일이 순조롭게 풀릴 징조의 기분 좋은 꿈이다.

● 꼭지가 있는 배나 사과를 따는 꿈

태몽으로, 아들을 낳게 되고, 지금까지 바라고 있던 소망이 이루어질 징조다.

● 여러 개의 배나무를 단계적으로 심었던 꿈

집안에 경사가 생기고, 사업이 순조롭게 이루어질 징조다.

● 윗사람으로부터 탐스런 배 두 개를 받았던 꿈

부인은 임신하여 아들 형제를 두거나, 또는 쌍둥이를 낳을 징조다. 돈·재물·선물·상·훈장·임명장·혼사·횡재 등을 암시하는 길몽이다.

● 배나무 한 가지에만 배가 주렁주렁 열려 있는 꿈
국내외의 시장을 혼자 독점하여 엄청난 떼돈을 벌게 될 징조다.

● 배꽃이 만발하여 아름답게 보인 꿈
집안에 경사가 있고, 손아랫사람에게 기쁜 일이 일어날 징조다. 시험 합격·입학·취직·승진·당선·학위 취득·상품 개발 등을 암시하는 길몽이다.

● 배와 잎사귀를 따서 그릇에다 가득 담아놓은 꿈
사업에 투자했던 것이 크게 불어나서 번창하게 될 징조다. 우량 기업에 주식을 투자하여 짭짤한 재미를 보게 된다.

●복숭아●

● 잘 익은 복숭아를 따먹은 꿈
분위기 있는 공간에서 연애나 성교 등이 이루어질 징조다.

복숭아

● 제철이 아닌데 복숭아를 먹은 꿈
매사가 흉하게 될 암시다. 그러나 제철이면 길하다.

● 복숭아 꽃다발을 한 아름 가슴에 안고 있었던 꿈

사랑하는 애인과 함께 분위기 있는 곳에서 단꿈을 꾸게 될 징조다.

● 복숭아를 반으로 잘라 보니
　　　　그 속에서 영롱한 옥이 나온 꿈

좋은 신상품을 개발하여 국내외 시장에 내놓아 소비자들로부터 좋은 반응을 받게 될 징조다. 돈·재물·연구·발명·발견·횡재 등을 암시하는 길몽이다.

● 붉게 익은 복숭아를 얻은 꿈

젊은 남녀는 연애에 성공하게 되고, 학생이라면 학과 성적이 우수해질 징조의 꿈이다.

● 복숭아나 살구꽃이 만발한 곳을 걸은 꿈

이성간에 사랑을 맺게 되거나, 자신의 신분이 고귀해지거나 명예로워질 징조다.

● 예쁜 복숭아 하나를 얻어 가지고 품 속에 넣었던 꿈

태몽으로, 임신한 부인이 예쁜 딸을 낳을 징조다.

●사과●

사과

● 사과를 많이 따 가지고 집으로 돌아온 꿈

객지에 나가 장사를 하여 많은 돈을 벌어 가지고 집으로 돌

아오게 될 것을 암시한다.

● **노인한테 예쁜 사과 하나를 받은 꿈**
태몽으로, 부인은 임신을 하여 총명하고 예쁜 딸을 낳을 징조다. 또한 돈·재물·선물·명예·상훈장·임명장·낙찰·행운·횡재 등을 암시하는 길몽이기도 하다.

● **땅에 떨어져 있는 사과를 주워 먹은 꿈**
계획했던 일이 나쁘게 끝을 맺게 될 징조다.

● **사과를 반으로 쪼개놓고 서로 큰 걸 먹으려고 싸웠던 꿈**
부모의 유산 상속을 놓고 갑론을박 다툴 일이 있을 징조다.

● **사과에서 새순이 나와 쑥쑥 자라나는 꿈**
정신 문화 발달과 두뇌 계발을 가져다주고 앞날이 밝아올 징조다.

● **사과가 썩어서 먹을 수 없다고 생각한 꿈**
좋은 일이 생기려다 아쉽게 취소되거나, 현재 추진 중인 일에 생각지 않은 장애가 생겨 애를 먹게 될 징조다.

● **누군가로부터 사과 한 상자를 받은 꿈**
주위 사람으로부터 정성어린 선물을 받게 되거나, 재물과 먹을 것이 들어올 징조다.

● 자동차에 사과를 가득 싣고 달렸던 꿈
생산·농업·유통·무역·가공업 등에 투자하여 국내외 시장에 수출하게 될 징조다.

● 형형색색의 사과들이
　　　　　애드벌룬처럼 공중에 떠 있었던 꿈
훌륭한 문예 작품을 창작하여 세상에 발표하게 될 징조다.

● 사과를 나무에서 따거나 먹는 꿈
자녀를 임신하게 될 태몽이다.

●앵두●

앵두

● 앵두나무 꽃을 벽장 안에 넣어두는 꿈
직계 자손에게 아들이 생길 징조다.

● 앵두를 본 꿈
새로 들어온 식구에 대해 불신감을 갖게 되거나 궁금증을 갖게 될 징조다.

● 앵두알이 갑자기 영롱한 옥구슬로 변한 꿈
영세업이 큰 기업으로 성장, 발전하게 될 징조다.

● 탐스런 앵두알을 앞치마에다 가득 담았던 꿈

태몽으로, 부인은 임신을 하여 아름다운 딸을 낳게 될 징조다.

● 그릇에 가득 담겨 있는 앵두알을 본 꿈

잔치 등을 벌이기 위해 많은 음식을 장만하게 될 징조다. 저장이나 저축 등을 암시하기도 한다.

● 앵두알을 손바닥 위에 소복이 올려놓았던 꿈

생각지도 않았던 용돈이 두둑히 생길 징조다. 돈·재물·선물 등이 들어올 것을 암시하는 길몽이다.

● 앵두꽃 한 다발을 가슴에 안았던 꿈

분위기 있는 곳에서 사랑하는 애인과 함께 포옹할 일이 생길 징조다. 사랑·만남·선물·상·훈장·경사·행운 등을 암시하는 길몽이다.

● 앵두를 따먹은 꿈

사랑하는 애인을 만나서 열애나 성교 등의 일이 이루어질 징조다.

● 앵두밭에 들어갔던 꿈

사업에 투자하여 분주 다사하게 될 징조다. 모임·파티·경사 등을 암시하는 길몽이다.

● 앵두나무 가지를 꺾은 꿈

재물이나 돈이 생기고, 먹을 것이 들어오게 될 징조다. 취득·구입·수집·횡재 등을 암시하는 길몽이다.

● 환하게 피어 있는 앵두꽃을 본 꿈

아름다운 문예 작품 등을 창작하여 작품 전시회에 출품하게 될 징조다. 만남을 암시하기도 한다.

● 포 도 ●

포도

● 포도나무 덩굴이 성벽을 타고 올라가는 것을 본 꿈

힘있고 든든한 실력자의 도움을 받아 대업을 성취하게 될 징조의 길몽이다.

● 포도나무에 포도꽃이 활짝 피어 있는 것을 본 꿈

대중들이 좋아하는 문예 작품을 창작하여 출판, 또는 작품 전시회 등에 출품할 일이 생길 징조다. 시험 합격·입학·취직·승진·당선·상장·훈장·승리·성공·행운 등을 암시하는 길몽이다.

● 포도를 먹는 꿈

기쁜 일이 생길 암시다.

● 포도주를 담근 꿈

금융 기관에다 장단기 저축 예금을 들거나, 가정에서 겨울을 나기 위해 김장 등을 하게 될 징조다. 또한 자금·기술·인력 축적 등을 암시하기도 한다.

● 포도밭을 한가롭게 거니는 꿈
성적이나 능력이 떨어져 고민하게 될 징조다.

● 포도나무에서 탐스럽게 잘 익은 포도송이를 딴 꿈
사업이나 주식에 투자하여 좋은 성과를 거두게 될 징조다. 돈·재물·수입·낙찰·임신·횡재 등을 암시하는 길몽이다.

● 포도 한 송이를 훔쳐서 몸 안에 감추었던 꿈
태몽으로, 부인이 임신을 하여 훌륭한 자식을 낳을 징조다. 돈·재물·식복·합격·당선 등을 암시하는 길몽이다.

● 기타 ●

● 호두를 한입에 깨물어 먹은 꿈
하는 일마다 순조롭게 이루어져서 성과를 얻게되거나, 그 동안 계획했던 창작물이 완성될 징조다.

기타

● 숨겨 둔 호두를 발견한 꿈
뜻밖의 재물을 얻게 될 암시다.

● 선악과라고 생각되는 나무의 열매를 따먹은 꿈
옳고 그름을 판단하고 학문을 탐구하여 진리를 깨닫게 될 징조다.

● 금이 간 과일을 얻은 꿈

신체의 어딘가에 상처를 입게 될 징조다.

● 임산부가 과일을 낳는 꿈

임산부는 귀한 딸을 낳게 되고, 만약 아들일 경우 똘똘하다.

● 나무 밑에서 열매를 따는 꿈

태몽으로, 평범한 서민으로 살아가거나 물질적으로 풍요롭지 못한 자녀를 출산하게 될 징조다.

● 푸른빛을 띤 열매를 본 꿈

태몽으로, 명예를 얻고 스타가 될 아들을 출산하게 될 징조다.

● 전신주에 달린 과일을 모르는 사람이 따다 버린 꿈

그 동안 공들여 왔던 계약이 깨지고, 사람이 행방 불명될 징조다.

● 나무에 올라가서 과일을 따먹은 꿈

입학·승진·합격·당선·승리·취득·경사 등의 일과 관계가 있다.

● 노란 과일과 푸른 과일을 몰래 훔쳐먹은 꿈

제삼자를 통해서 혼담이 이루어질 징조다.

● 산 중턱에서 과일을 따 온 꿈

태몽이라면 운세가 서서히 호전되어 일을 성취시키는 자손을 얻게 될 징조다.

● **혼담이 오가는 가운데 깨진 과일을 얻은 꿈**
혼사가 파기되거나 불행이 다가오게 될 징조다.

● **쪼개진 과일을 얻은 꿈**
비정상적인 과정을 겪게 되며, 확실하지 않은 사업에 손을 대게 될 징조다.

● **과일을 수확하여 창고에 쌓아 놓거나 담은 꿈**
태어날 아이가 장차 사업체를 운영하여 사람들로부터 존경을 받게 될 징조다.

● **꽃은 졌는데 열매가 맺히지 않는 꿈**
진행 중인 일에 발전이 없고, 궁지에 몰릴 일이 생길 징조다.

● **혼담이나 사업상의 일로 썩은 과일을 얻어 온 꿈**
결혼·사업 등에 있어서 불행이 찾아오게 될 징조다. 모든 일에 있어서 결과가 좋지 않을 징조다.

● **딱 한 개 열려 있던 붉은 과일을 따먹은 꿈**
사랑하는 여자의 정조를 점령할 징조다.

● **남이 따 준 과일을 받은 꿈**
계약·혼약·청탁·일거리 등의 일과 관계가 있다.

● 집 안에 심은 과일나무에 과일이 주렁주렁 열린 꿈
결혼·사업·작품 등에 있어서 열매가 열릴 때가 됐음을 나타낸다.

● 과일을 통째로 삼킨 꿈
신분이 높아지고 입신 출세하게 되며, 권력·명예·부귀 등을 얻게 될 징조다.

● 방 안에 심은 과일나무에서 잘 익은 과일을 따먹은 꿈
약혼이 성립되거나, 사랑의 고백을 받거나, 성교할 일이 생길 징조의 꿈이다.

● 과일밭에서 과일을 따는 꿈
태몽으로, 생산이나 낙농업에 종사할 아이가 태어나게 될 징조다.

곡 식

● 벼, 쌀, 보리, 기타 ●

벼, 쌀, 보리, 기타

● 미곡 등을 되와 말로 계량한 꿈
사업상의 거래에서 이익을 얻거나 계약이 순조롭게 타결되고,

쌀을 사들여 오며, 집안 식구나 자기의 병이 물러갈 징조다.

● **곡식을 창고 밖으로 나르는 꿈**
큰 재물이 나가게 될 징조다.

● **벼나 보리가 잘 결실되어 있는 꿈**
영세업을 하다가 큰 결실을 맺게 될 징조다. 맡았던 일이 성숙기에 접어들었음을 나타내는 꿈이다.

● **다른 사람이 콩이나 팥을 휘젓고 있는 꿈**
일에 대한 해결책을 찾게 되거나, 상대방을 판단하는 방법을 찾게 될 징조다.

● **넓은 곳에 쌀과 보리를 뿌리는 꿈**
노력한 만큼 많은 소득과 이윤이 발생할 징조다.

● **쌀이나 곡식을 짊어지고 집 안으로 들어오는 꿈**
하는 일마다 이익이 늘지만, 반대로 밖으로 내가거나 누가 실어내가면 자산이 줄어들거나 손해를 당할 징조다.

● **곡식의 무게를 재는 꿈**
평소 기대하던 일이나 바라던 것이 이루어지지 않을 징조다.

● **보리나 벼이삭이 나와 있는 것을 본 꿈**
신규 사업을 하여 생각지도 않은 복이 굴러 들어올 징조다.

● 오곡이 무르익은 꿈

술과 음식이 생기거나 서서히 부귀해질 징조다.

● 곡식 더미가 쌓여 있는 것을 보거나,
　　　　남이 주는 쌀을 받거나, 쌀을 사들이는 꿈

재물이 생기고 자산이 느는데, 곡식 더미의 크기와 분량에 따라 많고 적은 것을 가늠하면 된다.

● 콩이나 팥을 후비적대던 꿈

자신이 창작한 작품이나 자신과 관계되는 소문이 다른 사람에게 널리 알려질 징조다.

● 잡곡밥을 먹는 꿈

힘든 일을 하거나, 하고 있는 일이 썩 마음에 내키지 않을 징조다.

● 콩깍지가 쌓여 있는 꿈

누군가에게 부탁했던 일이 물거품이 될 징조다.

● 마당에 벼를 펴서 말린 꿈

사업 자본을 공개하거나 작품을 발표하게 될 징조다.

● 잘 삶은 완두콩을 먹은 꿈

행운이 찾아올 암시다.

● 곡식의 이삭을 얻는 꿈

여러 방면으로 도움을 받아 사업이 번창할 징조다.

● 녹두 싹이 길게 자라는 꿈

자손이 번창하고 크게 길할 꿈이다.

● 들판에 쌀이 수북이 쌓여 있는 꿈

집안이나 회사 등에 재물이 많이 들어와 쌓이게 될 것을 암시하는 길몽이다.

● 볏가마를 집 밖으로 내가는 꿈

가정에서는 재물의 손실을 의미하며, 직장에서는 직원의 감원을 의미한다.

● 콩이나 보리 등의 싹을 본 꿈

자식에게 좋지 못한 일이 일어날 흉몽이다.

● 벼의 쭉정이와 알곡을 고른 꿈

정직한 사람과 거짓된 사람을 가리는 작업을 하게 되거나, 실속을 따져보는 일이 생기게 될 징조다.

● 쌀가마니나 볏섬을 다른 사람이 가져간 꿈

벌과금을 내고 재물의 일부를 남에게 줄 것을 예시한다.

● 지붕 위에 벼포기가 나 있는 꿈

관직에 오르고, 식사 대접을 받게 될 징조다.

● 창고에 있던 벼가 갑자기 해바리가씨로 변한 꿈

좋은 책을 두루 섭렵하고 많은 지식을 얻게 될 징조다.

● 쌀을 입 안 가득히 넣고 우물거린 꿈

집안에 우환이 발생할 징조다.

● 곡식이 창고에 가득 차 보이는 꿈

장차 부자가 될 징조다. 사업이 번창하고, 혼담이 성립되며, 소송에 이길 징조다.

● 하얀 쌀더미 위에 자신이 앉아 있는 꿈

관직에 등용되거나 고위직으로 승진될 기회를 얻게 될 징조다. 여기서 쌀은 관운과 봉록을 상징한다.

● 쌀이 하늘에서 비 오듯 쏟아진 꿈

다른 사람의 도움을 받아 대길하며 만사가 형통한다. 많은 재물이 생기거나 좋은 일이 있을 징조다.

● 다른 사람들에게 쌀을 조금씩 나누어주는 꿈

불안하던 마음이 점차 안정을 되찾게 될 징조다.

● 곡식을 마당에 널어놓은 꿈

응모했던 작품이 당선되거나, 사업이 성공하여 그 성과를 공개할 일이 생길 징조다.

● 콩깍지가 계속해서 쌓이는 꿈

사람을 고용하거나 빚을 얻게 될 징조다. 콩깍지가 썩으면 사업 자금이 탕진된다.

● 콩 종류를 먹은 꿈
집안에 질병이 생기고, 자손에게 해롭고, 집안에 분쟁이 일어날 징조다.

● 팥이나 콩을 그릇에 담아 휘저은 꿈
다른 사람과 다툴 일이 일어나거나 집안의 평화를 깨뜨리는 일이 발생할 징조다.

● 잡곡이나 보리밥을 먹은 꿈
입시나 응모에서 떨어지고, 사업 등에서 실패하게 될 징조다.

● 여러 종류의 곡식이 자라는 밭에서 수수가 익어 가는 꿈
세인의 이목을 한몸에 받고 싶은 마음에서 자기 자신을 내세우게 될 일이 생길 징조다.

● 곡식의 이삭을 줍는 꿈
정신적인 동지나 물질적인 자본을 얻어 일을 성사시키게 될 징조다.

● 팥이 쌓여 있는 것을 본 꿈
실물·도둑 등의 사고로 인해 집안이 차츰 기울고, 가족이 뿔뿔이 흩어지게 될 징조다.

● 삶은 콩·콩깍지·여물 등을 소에게 먹인 꿈
집안 식구 중의 누군가에게 좋지 않은 사고가 생길 징조다.

고구마, 감자

● 고구마를 품에 안고 있는 꿈
태몽으로, 예능이나 체육 방면에서 성공하여 스타가 될 아이가 태어날 징조다.

● 고구마를 쌓아 놓고 먹은 꿈
건강한 아이를 얻게 될 징조이며, 장차 그 아이가 훌륭한 인물이 될 징조다.

● 고구마 밭을 걸어다닌 꿈
작품이나 공예에 뛰어난 재능을 지닌 인물이 나올 징조다.

● 고구마가 산같이 쌓여 있는 꿈
군중을 다스리거나 대가족을 거느리게 될 징조다.

● 감자를 다른 사람에게 주는 꿈
금전상으로 고생하게 될 징조다.

● 정원이나 마당에 감자꽃이 활짝 핀 꿈
사업상 또는 기타의 일로 집안에 경사가 있을 징조다.

●고추●

● 고추·마늘·파 등과 같은 자극성이 있는 채소를 본 꿈
일의 자료 및 성과 등을 얻거나, 귀인을 만나 도움을 받게 될 징조다.

고추

● 붉은 고추를 바구니에 가득 따 온 꿈
태몽으로, 장차 태어날 아이가 사업이나 작품에 관련된 일을 하여 재물을 얻게 될 징조다.

● 고추를 얻거나 본 꿈
모든 면에서 남의 이목을 한몸에 받게 될 징조다.

● 고추를 원료로 해서 만든 음식을 먹은 꿈
활동적이고 추진력이 요망되는 직업을 얻게 될 징조다.

● 음식에 고춧가루를 넣어 먹은 꿈

주체적이고 열정적인 일에 종사하게 될 징조다.

● 고추가 마당에 널려 있는 것을 본 꿈

사업을 시작하게 되고, 소년이나 소녀는 싸움·창피·초경 등을 경험하게 될 징조다.

● 배추 ●

배추

● 소금에 배추를 절이는 꿈

병에 걸리거나 사망하고, 또 사업이 적자를 면치 못하고, 재물이 달아날 징조의 흉몽이다.

● 배추를 시장에서 사 온 꿈

태아가 미래에 재물·권리·일 등을 얻게 될 것을 암시한다.

● 물에 떠 있는 시든 배추를 건지는 꿈

병에 걸리거나, 집안에 부고장이 날아들고, 송사·싸움 등과 같은 불길한 일이 생길 징조다.

● 배추밭에 배추꽃이 활짝 핀 것을 본 꿈

지금 추진하고 있는 사업이 새로운 작품과 연관되어 경사스러운 일이 생길것을 암시하는 꿈이다.

● 밭에서 신선한 배추를 본 꿈

남의 도움으로 식품·유통·출판 등의 사업이 발전하여 재미를 보게 될 징조다.

● 배추를 바다에서 건져 온 꿈

재물로 인한 시비가 있을 징조다.

● 좋은 배추를 고른 꿈

식품업·생산·유통 등에 투자하여 돈을 벌고, 재물·연구 등에서 이익이 얻어질 징조다.

● 무성하게 자란 채소밭을 본 꿈

계약·혼담·사업 등이 순조롭게 이루어질 징조다.

● 파밭 근처에 배추밭이 있었던 꿈

친구나 애인을 만나게 되거나, 남녀간에 혼담이 이루어질 징조의 좋은 꿈이다.

● 마른 배추밭을 본 꿈

일의 성과를 올리는 데 있어서 지금이 가장 적절한 시기임을 암시하는 꿈이다.

● 인삼, 산삼 ●

인삼, 산삼

● 인삼을 캐 오거나 사 오는 꿈

많은 재물이 생기고, 좋은 제품이 생산될 징조다.

● 인삼을 얻거나 본 꿈

여러 방면으로 남의 이목을 한몸에 받게 될 징조다.

● 굴 속에 인삼꽃이 아름답게 피어 있었던 꿈

오래 된 문헌 가운데서 새로운 자료를 발견하게 될 징조다.

● 텃밭에 인삼꽃이 활짝 피어 있었던 꿈

부동산에 관한 매매 계약이 있거나 문서상 좋은 일이 있을 징조다.

● 장롱 속에 건삼이 가득했던 꿈

돈과 재물이 들어와 물질적으로 풍요롭게 될 징조다.

● 자기 집 지붕 위에 인삼꽃이 피어 있는 꿈

집안에 경사가 생기고, 집안 식구 가운데 한 사람이 입신 출세하게 될 징조다.

● 인삼 뿌리가 책상 위에 나란히 놓여 있었던 꿈

훌륭하고 아름다운 예술 작품을 창작하여 작품 전시회에 출품하거나 서적으로 출판하게 될 징조다.

● 윗사람한테서 인삼을 받은 꿈

태몽으로, 귀한 옥동자를 낳을 징조다. 상장·훈장·임명장·선물·합격·승진·당선·돈·재물·행운 등을 암시하는 길몽이다.

● 산삼이 모자를 쓰고 산봉우리 쪽으로 솟아 있는데 많은 사람들이 그 곳을 우러러본 꿈

장차 자라서 자선 사업을 하게 될 아이가 태어날 징조다.

● 깊은 계곡에 하얀 산삼꽃이 피어 있었던 꿈

깊은 학문과 진리를 탐구하거나 아름다운 문예 작품을 창작하고, 신상품을 개발하게 될 징조다. 합격·입학·취직·승진·당선·승리·명예·성공 등을 암시하는 길몽이다.

● 커다란 바위틈에 산삼꽃이 활짝 피어 있었던 꿈

신상품을 개발하여 시장이나 백화점에 출하함으로써 대중에게 좋은 반응을 얻게 될 징조다. 창작·발명·명예·행운 등을 암시하는 길몽이다.

● 산신령한테서 산삼을 받았던 꿈

태몽으로, 부인과 새댁은 임신하여 옥동자를 낳게 될 징조다. 수험생은 두뇌가 맑아져서 각종 시험에 우수한 성적으로 합격하게 될 징조다.

● 산삼을 캐서 뿌리째 먹었던 꿈

대업을 성취하여 부귀 영화를 누리게 될 징조다. 행운을 암시하는 길몽이다.

● 호박, 오이, 수박 ●

● 호박이나 수박이 여기저기 열려 있는 꿈
재물의 획득, 작품이나 일의 성과 등을 그 수효만큼 얻게 될 징조다.

● 호박이나 오이밭에 인분이나 퇴비를 뿌리는 꿈
자금 투자나 연구를 위한 정신적 투자를 하게 될 징조다.

● 호박을 4등분하여 잘랐더니
그 안에 까만 씨가 많이 들어 있었던 꿈
중학교 입학에 관련된 담화문을 보게 될 징조다.

● 지붕에 호박이 덩굴째 열린 초가집을 본 꿈
집안이 흥하고 자손이 번창하며, 또한 재물을 얻게 될 대길몽이다.

● 싱싱한 오이를 먹은 꿈
호젓한 곳에서 선남 선녀가 음양의 조화를 이루게 될 징조다. 그리고 태몽이라면, 미인 대회에 나갈 만한 아기를 출산하게 될 징조다.

● 오이가 줄기 위에 툭 솟아 있는 것이 보인 꿈
아내에게 좋지 못한 일이 생길 징조다.

● 오이가 덩굴에 열리는 꿈
아내에게 좋지 못할 일이 생길 징조다.

● 뱀이 큰 오이를 감고 있는 꿈
배우자 외에 다른 사람과 불륜 관계를 맺게 될 징조다.

● 오이나 무 등 길쭉한 채소를 본 꿈
부동산 매매 또는 물건 거래 등이 이루어지고, 기쁜 소식을 듣게 될 길몽이다.

● 꿈속에서 늙은 오이를 본 꿈
미혹과 번뇌를 떨쳐 버리고 마음의 정리를 하게 될 징조다.

● 오이나 참외가 주렁주렁 열렸는데,
　　　　　　　그 중에 한두 개를 따먹은 꿈
추진 중인 일이 잘 이루어질 징조다. 젊은 남녀에게는 태몽일 수도 있다.

● 기타 ●

● 밭에서 신선한 채소를 본 꿈
남의 도움으로 사업이 발전하여 재미를 보게 될 징조다.

기타

● **채소밭의 채소가 풍성한 꿈**
전쟁 또는 천재지변으로 인해 수많은 사람들이 상하게 될 징조다.

● **채소밭에 꽃이 활짝 피어 있는 꿈**
사업이 새로운 작품과 연관되어 경사스러운 일이 생길 징조다.

● **좋은 채소만 뽑는 꿈**
성적을 올리거나 학설 또는 재물을 얻게 될 징조다.

● **시장에서 청과물을 사 온 꿈**
태어날 아이가 미래에 재물·권리 등을 얻게 될 징조다.

꽃·꽃나무

●개나리●

개나리

● **맑고 깨끗한 물 위에 개나리꽃이 산뜻하게 피어 있었던 꿈**
정신 문화의 발달을 가져다주고, 진리를 탐구하며, 신상품을 개발하여 백화점 등에 내놓아 좋은 반응을 얻게 될 징조다. 창작·발명·발견 등을 암시하는 길몽이다.

● 커다란 바위틈에 개나리꽃이 아름답게 피어 있었던 꿈

집안에 돈과 재물이 생기고 먹을 것이 풍족하게 들어올 징조다. 귀인·횡재·행운 등이 찾아올 것을 암시하는 길몽이다.

● 냇가에 개나리꽃이 아름답게 피어 있었던 꿈

문예 작품을 창작하여 세상에 발표할 일이 있다. 경사·기쁨 등을 암시하는 길몽이다.

● 담장 밑에 개나리꽃이 만개되어 있었던 꿈

집안에 경사가 생기게 되고, 자손의 앞길에 좋은 전조가 보일 징조의 꿈이다.

● 응접실에 개나리꽃이 아름답게 피어 있었던 꿈

방을 새롭고 아름답게 단장하여 신혼의 꿈을 되살리게 될 징조다.

●국화●

● 흰 국화꽃이 바람을 타고 하늘로 올라간 꿈

부귀 공명하고 입신 출세하여 세상에 이름을 떨치게 될 징조다. 합격·입학·취직·승진·당선·승리·명예·학위·성공·재물 등을 암시하는 길몽이다.

국화

● 노란 국화 한 송이를 손으로 잡은 꿈

분위기 있는 문화 예술의 공간에서 아름답고 마음씨 고운 님

을 만나 데이트를 하게 될 징조다.

● 국화꽃이 집 뜰에 만발한 꿈
깨끗한 절개를 가질 자식을 얻게 될 태몽이다.

● 산 밑에 국화꽃이 활짝 피어 있는 꿈
윗사람의 지도와 도움을 받아서 대업을 성취하고 입신 양명하게 될 징조다. 합격·입학·취직·승진·당선·명예·창작·계약·승리·성공 등을 암시하는 길몽이다.

● 아는 사람한테서 국화를 받은 꿈
상장·훈장이나 자격증을 받고 새로운 인생을 살아나가게 될 징조다. 돈·재물·선물 등이 들어올 것을 암시하는 길몽이다.

● 집 대문 앞에 국화꽃 화환이 보인 꿈
집안에 경조사가 발생하거나, 새로운 일거리가 생겨서 분주하게 될 징조다.

● 국화가 탐스럽고 흐드러지게 피어 있는 것을 본 꿈
순조로운 연애, 부부 사이의 원만한 애정을 나타내는 꿈이다.

● 국화가 응접실에 산뜻하게 피어 있는 꿈
각종 회의나 모임 등이 있고, 즐거운 파티에 참석할 일이 있을 징조의 꿈이다.

● 옹달샘 안에 흰 국화꽃이 피어 있는 꿈

새로운 아이디어로 문예 작품을 창작하게 될 징조다. 진리 탐구·발명·명예 등을 암시하는 길몽이다.

● 화단에 국화꽃이 곱게 피어 있었던 꿈

집안에 경사로운 일이 생기게 되고, 자손에게 기쁜 일이 있을 암시의 길몽이다.

●난초●

● 우물가에 난초꽃이 곱게 피어 있는 꿈

신상품을 개발하거나 훌륭한 문예 작품을 창작하여 좋은 반응을 얻게 될 징조다. 학문과 진리 탐구, 합격·입학·승진·당선·명예·행운 등을 암시하는 길몽이다.

난초

● 난초나 죽순을 본 꿈

자손이 귀한 집에서 어렵게 자손을 얻게 될 징조다.

● 책갈피에 난초의 꽃잎이 붙어 있었던 꿈

심오한 학문과 진리를 탐구하고, 새로운 문예 작품을 발표하게 될 징조의 꿈이다. 또한 합격·승진·당선·상장·훈장·성공 등을 암시하는 길몽이기도 하다.

● 책상 위에 난초꽃이 산뜻하게 피어 있는 꿈

정신 발달과 두뇌 계발을 가져다주고, 새로운 문예 작품을 왕성하게 창작하게 할 암시다. 또한 잊었던 기억력이 되살아나고, 학업 성적이 오르게 될 징조이기도 하다.

● 나무 위에 난초꽃이 핀 꿈

자손이 번창할 징조다.

● 응접실에서 난초꽃이 피고, 그 향이 그윽했던 꿈

친구나 사랑하는 사람을 만나 문화의 공간에서 이야기꽃을 피우게 될 징조다. 상봉·계약·협조·합의·모임·행운 등을 암시하는 길몽이다.

● 방 안의 화분마다 난초꽃이 산뜻하게 피어 있는 꿈

집안에 경사가 생기고, 슬하에 혼사가 들어올 징조다. 결혼·기쁨·행운 등을 암시하는 길몽이다.

● 동백꽃 ●

동백꽃

● 밝은 달빛 아래에 동백꽃이 산뜻하게 피어 있었던 꿈

깊은 학문과 진리를 탐구하거나, 문학 작품을 발표하게 될 것을 암시하는 꿈이다.

● 개울가에 동백꽃이 청아하게 피어 있었던 꿈

정신 문화의 발달과 두뇌 계발을 가져다주고, 새로운 문예 작품을 창작하게 될 징조다.

● **오솔길에 동백꽃이 활짝 피어 있었던 꿈**
외출이나 출장·여행길 등에서 우연히 사람을 만나게 되어 사랑으로 인연을 맺게 될 징조다.

● **동백꽃 열매가 열려 있었던 꿈**
생산·농업·식품업 등에 투자하여 성과를 올리게 될 징조다. 돈·재물 등을 암시하는 길몽이다.

● **돌담 밑에 동백꽃이 아름답게 피어 있는 꿈**
집안에 경사가 있고, 자손에게 기쁜 일이 찾아올 징조다. 행운이 찾아올 것을 암시하는 길몽이다.

● **더러운 시궁창에 붉은 동백꽃이 활짝 피어 있는 꿈**
산전 수전 다 겪으며 어려움 끝에 자신의 소망과 뜻을 화려하게 펼치게 될 징조의 아름다운 꿈이다. 고생 끝에 낙이 찾아온다는 말이 있듯이 그 동안 참고 견디며 노력해 왔던 일들이 좋은 결실을 맺게 될 길몽이다.

●매화●

● **붉은 매화를 꺾은 꿈**
귀인을 만나 좋은 일이 생길 징조다.

매화

● 낯선 사람한테서 매화꽃 한 다발을 받은 꿈
사랑의 증표로 선남 선녀가 서로 마음의 선물을 주고받으며 사랑의 단꿈을 꾸게 될 징조다.

● 매화꽃을 본 꿈
가문을 명예스럽게 만들거나 가업을 일으키게 될 징조다.

● 흰 매화가 만발한 숲 속으로 들어간 꿈
이성의 깊은 유혹에 빠져 헤어지지 못하게 될 징조다.

● 흰 매화꽃을 꺾는 꿈
이성의 도움을 받게 될 징조다.

● 매화가 말라 있는 꿈
어머니가 병에 걸리게 될 징조다.

● 뜰 앞에 매화꽃이 피어 있는 꿈
고결한 성품을 지닌 자손을 낳게 될 징조다.

● 매화꽃이 활짝 피어 있는 거리를 걸었던 꿈
친구나 애인 등과 같이 자연의 공간에서 멋과 낭만을 즐기며 데이트하게 될 징조다. 만남이나, 파티·여행 등을 암시하는 길몽이다.

● 높은 곳에 피어 있는 아름다운 매화꽃을 보았던 꿈
시험 합격·입학·취직·승진·당선·자격 취득·성공·승리 등과 같은 행운의 여신이 찾아오게 될 징조다.

● **매화나무에 올라가서 열매를 땄던 꿈**
사업에 투자한 것이 호황기를 맞아 많은 돈을 벌어들이게 될 징조의 길몽이다.

● 모란 ●

● **모란꽃이 부엌에 아름답게 피어 있었던 꿈**
정갈한 부엌에서 맛있는 음식을 장만하게 될 징조다.

모란

● **모란꽃이 환한 달덩이로 변한 꿈**
산전 수전 끝에 대업을 성취하고, 남들이 우러러보는 사회의 지도자급 인사가 될 징조다.

● **모란꽃이 활짝 핀 나무 밭을 걷는 꿈**
덕을 베풀게 되거나 복을 얻게 될 징조다.

● **모란꽃이 황금 덩어리로 변한 꿈**
농업·식품·생산·유통·무역업 등에 투자하여 성공하게 될 징조다.

● **대형 서점에 모란꽃이 아름답게 피어 있었던 꿈**
대중 문학 작품을 책으로 출판하여 독자들로부터 좋은 반응을 얻게 될 징조다.

● 맑은 물에 떠 있는 모란꽃을 건져낸 꿈
태몽으로, 부인이나 새댁은 임신을 하여 예쁜 딸을 낳게 될 징조다.

● 목화 ●

● 목화밭으로 들어간 꿈
식품·농업·생산·무역업 등에 투자하여 성공을 거두게 될 징조이므로 길몽이다.

● 목화 열매가 터져서 하얀 솜털을 토해 낸 꿈
신상품을 개발하여 시장이나 백화점에 출하, 소비자로부터 좋은 반응을 얻게 될 징조다.

● 널따란 밭에 탐스런 목화꽃이 환하게 피어 있었던 꿈
물질적으로 풍요로움을 누리게 될 징조다. 돈·재물·수출·명예·횡재·문화 예술·창작 등을 암시하는 길몽이다.

● 목화꽃이 탐스럽게 핀 밭둑을 걸은 꿈
사업이 번성하고, 미혼자는 혼담이 오갈 징조다.

● 목화꽃 사이를 걷는 꿈
평범한 보통 여자 아이를 얻게 될 징조다.

● 목화꽃이 바람에 떨어졌던 꿈
생각지도 않았던 일이 불거져 나와서 어려움을 겪게 될 징조다.

●무궁화●

● 무궁화꽃이 치마 속으로 들어온 꿈
태몽으로, 부인과 새댁은 임신을 하여 예술 창작에 뛰어나거나, 진리 탐구를 할 귀여운 딸을 낳는다.

무궁화

● 무궁화꽃이 우물가에서 활짝 피어 있는 꿈
학문과 진리를 탐구하고 문예 작품을 창작하게 될 징조다. 합격·승진·당선·경사 등을 암시하는 길몽이다.

● 학교 화단에 무궁화꽃이 활짝 피어 있었던 꿈
정신 문화 발달과 두뇌 계발을 가져다주고, 새로운 교육의 장이 열릴 징조다. 학생은 학업 성적이 오르고 장학생이 되어 장학금을 받게 될 꿈이기도 하다.

●물망초●

● 물망초꽃이 장미꽃으로 변한 꿈
어려움을 딛고 일어나 좋은 결과를 얻게 될 징조다. 혁신이나

물망초

변화를 암시한다.

● **물망초 꽃다발을 가슴에 안고 있었던 꿈**
사랑하는 사람과 함께 분위기 있는 공간에서 즐거운 한때를 갖게 될 징조다.

● **친구나 애인으로부터 물망초 꽃다발을 받았던 꿈**
친구 또는 애인으로부터 정성어린 선물이나 사랑의 정표를 받게 될 징조다.

● **곱게 피어 있는 물망초꽃이 꽃병에 꽂혀 있었던 꿈**
친구나 애인을 만나 분위기 있는 곳에서 이야기꽃을 피우게 될 징조다. 상봉이나 행운 등을 암시하는 길몽이다.

● **연못가에 물망초꽃이 아름답게 피어 있었던 꿈**
문학·예술 작품 등을 창작하여 작품 전시회에 출품하거나 출판하게 될 징조다. 발명·발굴·진리 탐구·상품 개발·명예·경사·혼사 등을 암시하는 길몽이다.

● **물망초가 공원의 화단에 군락을 이루어 피어 있는 꿈**
연회석·동창회·파티 등과 같은 즐거운 모임을 갖게 될 징조다. 집단 생활을 암시하는 꿈이다.

●민들레●

● 초원에 민들레꽃이 융단처럼 쫙 깔려 있었던 꿈

사업가는 영세업에서 시작하여 큰 기업으로 발전하게 될 암시이므로 대길몽이다.

민들레

● 민들레꽃에 고추잠자리가 앉아 있었던 꿈

선남 선녀가 만나서 이야기꽃을 피우며 단꿈을 꾸게 될 징조다.

● 민들레꽃을 품 안에 꼭 안았던 꿈

태몽으로, 부인이나 새댁은 곧 임신을 하여 지적인 딸을 낳게 될 징조다.

● 공원에 민들레꽃이 산뜻하게 피어 있었던 꿈

만남의 광장이나 문화의 쉼터 등에서 우연히 친구 또는 애인을 만나게 될 징조다.

● 깊은 산 속에 민들레꽃 한 송이가 쓸쓸하게 피어 있었던 꿈

각박한 현대 생활에서 어려움에 굴하지 않고 꿋꿋하게 살아남을 것을 암시하는 꿈이다.

● 언덕 위에 민들레꽃이 곱게 피어 있었던 꿈

가족이나 친구·애인처럼 보고 싶은 사람을 눈이 빠지도록 기다리게 될 징조다.

● 길 옆에 민들레꽃이 군락을 이루고 있었던 꿈
친구들과 함께 문화 공간에서 민속 예술이나 판소리 등과 같은 문화 행사를 구경하게 될 징조다.

●박꽃●

● 지붕 위에 커다란 박덩이가 여기저기 열려 있었던 꿈
농업·식품·생산·유통업 등에 투자하여 성공을 거두게 될 징조이므로 길몽이다.

● 박 속에서 두꺼비가 나온 꿈
건강하고 똘똘한 아들을 낳을 징조다. 돈·재물·횡재·식복· 행운 등을 암시하는 길몽이다.

● 약수터에 조롱박이 매달려 있었던 꿈
하루 종일 기분 좋은 일만 일어나고 재물과 돈이 들어올 징조다. 창조·행운 등을 암시하는 길몽이다.

● 추녀 끝에 조롱박이 주렁주렁 매달려 있었던 꿈
자식들에게 경사스런 일이 생기고 입신 양명하게 될 징조다.

● 박 속에서 금은 보화가 쏟아져 나온 꿈
많은 돈과 재물이 생길 징조로서, 최고의 물질적 행운을 가져다 줄 것을 암시하는 꿈이다. 또한 재물·돈·발명·발굴·횡재 등을 암시하기도 한다.

● **지붕에 하얀 박꽃이 탐스럽게 피어 있었던 꿈**
돈과 재물이 들어서 경제적으로 풍부하게 되고, 새로운 문예 작품을 창작하게 될 징조다.

● **박넝쿨손이 담장을 타고 길게 뻗어 있는 꿈**
무역업에다 투자하여 사업 성과를 올리고, 국제 시장을 점유하게 될 징조다.

● **제비가 박씨를 물어다가 마당에 떨어뜨린 꿈**
한 해 동안 짓는 농사가 풍년을 이루게 될 징조다.

● 백합 ●

● **백합꽃을 꺾어서 품 안에 넣었던 꿈**
태몽으로, 부인이나 새댁은 임신을 하여 선녀 같은 딸을 낳게 된다. 총각이 이런 꿈을 꾸면 장가를 들거나 경사스런 일이 생기게 된다.

백합

● **백합꽃 속에 영롱한 옥이 보였던 꿈**
합격·승진·당선·선물·경사·혼담·재물·돈·성공·명예 등을 암시하는 길몽이다.

● 하얀 백합꽃이 눈 위에 산뜻하게 피어 있었던 꿈

정신 문화의 발달을 가져다주고 새로운 문예 작품을 창작하게 될 징조다. 합격·승진·당선·명예·성공 등을 암시하는 길몽이다.

● 백합꽃이 해바라기꽃으로 변한 꿈

믿었던 친구나 애인이 변심하여 등을 돌리게 될 징조다.

● 방 안에 백합꽃이 산뜻하게 피어 있었던 꿈

집안에 경사가 생기거나 돈과 재물이 들어오게 될 징조다.

● 백합꽃 다발을 한아름 안고 있었던 꿈

선남 선녀가 만나 달콤한 사랑의 단꿈을 꾸게 될 징조다. 선물·재물·만남·결혼·당선·합격·승진·경사 등을 암시하는 길몽이다.

● 맑은 물 위에서 백합꽃을 건져낸 꿈

재물과 돈이 생기고 먹을 것이 들어올 징조다. 사랑·행운·횡재·경사 등을 암시하는 길몽이다.

● 백합꽃에 진딧물이 붙어 있었던 꿈

좋은 일마다 항시 마가 끼는 등 하루 종일 계속해서 기분 잡칠 일만 일어나게 될 징조다.

● 분홍색 백합꽃이 보인 꿈

꿈속에 그리던 옛 친구나 애인을 만나 달콤한 이야기꽃을 피우게 될 징조다.

● **백합꽃 속에서 말소리가 들린 꿈**

뜻밖의 귀인을 만나 기쁜 소식을 듣게 되거나 경사스런 일이 생길 징조다.

●선인장꽃●

● **선인장꽃 속에서 하얀 진주가 반짝거린 꿈**

학문·종교·진리 등을 탐구하게 되고, 무에서 유를 창조할 기회가 오고 있음을 암시하는 꿈이다.

선인장꽃

● **선인장꽃 속에서 붉은 피가 솟구친 꿈**

생산·농업·유통업 등에 투자한 것이 좋은 결실을 가져올 징조이므로 길몽이다.

● **높은 산봉우리에 선인장꽃이 활짝 피어 있는 꿈**

어려운 역경을 딛고 정상에 우뚝 서게 될 징조다. 합격·승진·당선·승리·성공·명예 등을 암시하는 길몽이다.

● **선인장꽃이 활짝 피어 있는 꿈**

온갖 어려움을 딛고 일어나 성공하게 될 것을 암시한다.

● **깊은 동굴 속에서 선인장꽃이 아름답게 피어 있었던 꿈**

좋은 신상품을 개발하여 매스컴을 타게 될 징조다. 연구·발명·창조·경사·재물 등을 암시하는 길몽이다.

● 숲 속에 선인장꽃이 피어 있는 꿈
대중 앞에서 자신에 대해 과시할 일이 있거나 연설을 하게 될 징조다. 발굴·창작 등을 암시하는 길몽이다.

● 수선화 ●

수선화

● 약수터에 수선화가 곱게 피어 있었던 꿈
학문과 진리를 탐구하거나 문예 작품을 창작하게 될 일이 있을 징조. 경사나 행운이 찾아올 것을 암시하는 길몽이다.

● 먼 곳에서부터 수선화가 점점 다가오는 꿈
새로운 정보나 기쁜 소식을 듣게 될 징조다.

● 책상 위에 수선화가 피어 있었던 꿈
기억력이 되살아나고 깊은 학문과 진리를 깨닫게 될 징조다.

● 윗사람으로부터 수선화 꽃다발을 받은 꿈
의로운 일과 공적 사항 등으로 인해 상장·훈장을 받고 명성을 떨치게 될 징조다. 돈·재물·결혼·경사·선물·자격증·행운 등을 암시하는 길몽이다.

●안개꽃●

● 음식물이 담겨 있는 그릇 속에
　　　　　　안개꽃이 활짝 피어 있는 꿈

안개꽃

기쁜 일을 맞이하여 잔치 준비를 하게 되거나, 먹을 것이 들어올 징조이므로 길몽이다.

● 응달 진 곳에 안개꽃이 곱게 피어 있었던 꿈
양로원이나 고아원·육아원 등을 찾아가서 봉사 활동을 해야 할 일이 있을 징조다.

● 예식장에 안개꽃이 피어 있었던 꿈
연회석이나 파티 모임 등에 참석하여 즐거운 한때를 보내게 될 징조의 즐거운 꿈이다.

● 모르는 사람에게
　　　　　　안개꽃 한 다발을 선물로 안겨 준 꿈
남에게 도움을 주기 위해 돈과 재물이 나가게 될 징조다. 그러나 남을 위한 마음의 선물이므로 길몽이라고 할 수 있다.

● 네온사인의 찬란한 불빛 아래에 안개꽃이 활짝 핀 꿈
문예 작품을 창작하여 작품 전시회에 출품하거나 단행본으로 출판하게 될 징조다.

● 책꽂이 위에 우아한 안개꽃이 꽂혀 있었던 꿈
머리가 맑아지고 지적 발달을 가져다 줄 징조다. 창조·발명·

창작 등을 암시하는 길몽이다.

● 안개꽃이 사무실에 환하게 피어 있었던 꿈
우아한 분위기 속에서 친구들과 함께 얘기꽃을 피우게 될 징조다.

● 양쪽 길로 안개꽃이 우아하게 활짝 피어 있는 꿈
경사스런 일로 인해 친구들이나 주위 사람들로부터 환영을 받게 될 징조다.

●양귀비●

양귀비

● 집 안의 화분에 양귀비꽃이 곱게 피어 있었던 꿈
집안에 기쁜 일이 생겨 화기 애애한 분위기가 감돌게 될 징조다.

● 대중 앞에서 윗사람으로부터 양귀비꽃을 받은 꿈
어떤 공적인 일로 인해 상장·훈장을 받거나, 푸짐한 선물을 받게 될 징조다.

● 오솔길에 양귀비꽃이 곱게 피어 있는 꿈
친구나 애인을 만나게 되어 사랑과 진실을 나누게 될 징조다.

● 양귀비꽃을 꺾어서 치마 속에 감추었던 꿈
부인이나 새댁은 임신을 하여, 장차 커서 용감 무쌍한 여걸이 될 딸아이를 낳을 징조의 꿈이다. 또한 돈·재물·경사·횡재 등을 암시하는 길몽이기도 하다.

● 달덩이가 떨어져 양귀비꽃이 되는 꿈
태몽으로, 부인이나 새댁은 임신하여 장차 입신 출세할 여아를 출산하게 될 징조다.

● 양귀비꽃을 가슴에 한 아름 안고 하늘로 훨훨 날아올랐던 꿈
훌륭한 문예 작품을 창작하여 매스컴을 타게 될 징조다. 시험 합격·입학·취직·승진·당선·자격 취득·명예 등의 행운이 찾아올 것을 암시하는 길몽이다.

● 양귀비꽃을 한 아름 안고 있었던 꿈
젊은 남녀가 분위기 있고 아름다운 곳에서 사랑을 속삭이게 될 징조다.

●연꽃●

● 연꽃 속에 부처가 나타난 꿈
사찰 또는 암자 등을 찾아 법회에 참석하거나, 확실한 실력자를 만나서 도움을 받고 대업을 성취하게 될 징조다.

연꽃

● 연못 속의 연꽃을 본 꿈
귀한 옥동자를 낳게 될 암시다.

● 새하얀 연꽃이 달빛처럼 탐스럽고 환하게 보인 꿈

스스로 크게 깨달아 성불하게 될 징조다. 창작·명예·경사·행운 등을 암시하는 길몽이다.

● 연못 한가운데에 연꽃이 활짝 핀 꿈

예술 작품이 크게 찬사를 받거나, 자신과 비슷한 입장에 있는 사람과 사업상 경쟁을 하게 될 암시다.

● 연꽃이 공중에 떠 있었던 꿈

지극한 불심으로 중생을 제도하여 불국 정토를 이룩하게 될 징조다. 시험 합격·입학·취업·승진·당선·경사·명예·승리·성공 등의 행운이 찾아올 것을 암시하는 길몽이다.

● 부처 앞에 연꽃을 올리며 합장한 꿈

불타의 자비 광명을 받아 소원 성취하게 될 징조다.

● 연꽃을 심는 꿈

다른 사람의 질투 또는 시기가 있거나, 누군가에게 청탁할 일이 생길 징조다.

● 연꽃이 꽃망울을 터뜨리면서 곱고 산뜻하게 피어난 꿈

정신 문화의 발달을 가져다주고 훌륭한 문예 작품을 창작하게 될 징조다. 또한 그 동안 갈고 닦아왔던 창작품이나 예술품이 주목받게 될 암시의 꿈이기도 하다.

● 유채꽃 ●

유채꽃

● **유채꽃에 나비 한 마리가 앉아 있었던 꿈**
사랑하는 친구나 애인을 만나 분위기 있는 공간에서 화기 애애한 이야기꽃을 피우게 될 징조다.

● **유채꽃밭 한가운데에 앉아 있었던 꿈**
아름다운 자연의 공간에서 꿈 같은 쾌락을 맛보게 될 징조다. 파티·만남·모임·경사 등을 암시하는 길몽이다.

● **유채꽃이 산과 들을 아름답게 수놓았던 꿈**
훌륭한 문예 작품을 창작하여 작품 전시회를 갖거나 출판하게 될 징조다. 출판·경사·기쁨·감상·행운·돈·재물·만남·결혼 등을 암시하는 길몽이다.

● **유채꽃 속에 영롱한 옥이 보였던 꿈**
경사·기쁨·임신·발명·재물·결혼·만남·행운 등을 암시하는 운수 대통의 길몽이다.

● **눈앞으로 화려한 유채꽃이 다가온 꿈**
밝은 희망과 행운이 자기에게로 다가올 징조다. 운수 대통을 알리는 길몽이다.

● **윗사람한테서 유채꽃 다발을 받은 꿈**
태몽으로, 부인이나 새댁은 임신을 하여 예쁜 딸을 낳을 징조다. 시험 합격·입학·취직·승진·당선·돈·재물·선물·경사·임명장·성공 등을 암시하는 길몽이다.

●장미●

● 흑장미꽃이 매혹적으로 느껴진 꿈

연회장이나 파티장에서 낯모르는 사람한테 유혹을 받고 마음이 흔들리게 될 징조다.

● 바다 위에 떠다니는 예쁜 장미꽃 다발을 건져낸 꿈

예술성이 있는 훌륭한 인재를 발굴해 내거나, 한 문화 공간에서 멋진 애인을 만나게 될 징조다.

● 친구한테서 장미꽃 한 송이를 받은 꿈

실제 친구나 애인한테서 정표가 담긴 예쁜 선물을 받거나 사랑의 고백을 받게 될 징조다.

● 장미꽃이 만발한 꽃밭에 들어간 꿈

연회장이나 모임에 참석하여 많은 사람들로부터 축하받을 일이 생길 징조다.

● 빨간 장미꽃의 향기를 맡은 꿈

사업상 유리한 교섭이 들어오거나 연애 편지를 받게 될 징조다.

● 아름다운 장미꽃 다발을 가슴으로 꼭 안고 있었던 꿈
선남 선녀가 아름다운 사랑을 만끽하게 될 징조다.

● 장미꽃에 입을 대는 꿈
애인과 함께 분위기 있는 곳에서 달콤한 사랑을 나누게 될 징조다.

● 핑크빛 장미꽃이 아름답게 보인 꿈
일신상에 경사스런 일이 생기고, 친구나 애인을 만나 달콤한 꿈을 꾸게 될 징조다.

● 제비꽃 ●

● 학교의 화단에 작고 귀여운 제비꽃이 활짝 피어 있었던 꿈
학생은 학업 성적이 오르고, 친구들과 함께 즐거운 놀이를 하게 될 징조다.

제비꽃

● 제비꽃에 예쁜 노랑나비 한 마리가 앉아 있었던 꿈
사랑하는 친구나 애인을 만나서 꿈 같은 날을 보내게 될 징조다.

● 화장실 옆에 제비꽃이 군락을 이루어 피어 있었던 꿈
돈과 재물이 생기고 선물과 먹을 것이 줄을 잇게 될 징조다.

● 강가에 예쁜 제비꽃이 피어 있었던 꿈
하루 종일 기분 좋을 일이 일어나고, 레저 생활로 놀이 문화를 즐기게 될 징조다.

● 옹달샘 주위에 제비꽃이 아름답게 피어 있었던 꿈
두뇌 계발을 가져다주고, 문예 작품을 창작하여 작품 전시회에 출품하거나 책으로 출판하게 될 징조다.

● 제비꽃 위에 편지가 놓여 있었던 꿈
설레는 사랑의 편지가 봄바람을 타고 날아들 징조다.

● 진달래꽃 ●

진달래꽃

● 거실에 진달래꽃이 아름답게 피어 있었던 꿈
집안에 경사가 생겨 화기 애애한 분위기가 감돌게 될 징조다.

● 흐르는 물 속에서
　　　　아름다운 진달래꽃 한 다발을 건져낸 꿈
사업에 투자한 것이 호경기를 맞아 많은 돈을 벌게 될 징조다.

● 봄동산이 온통 진달래꽃으로
　　　　울긋불긋 물들어 있었던 꿈
훌륭한 문예 작품을 창작하여 영예로운 상을 받게 될 징조다. 시험 합격·입학·명예·승진·당선 등의 행운이 찾아올 것을 암시하는 꿈이다.

● **뒷산에 진달래꽃이 아름답게 피어 있었던 꿈**
윗사람의 도움으로 대업을 성취하거나, 직장 또는 단체에서 걸출한 스타가 될 징조다. 명예·창작 등을 암시하는 길몽이다.

● **진달래꽃이 장미꽃으로, 또 장미꽃이 흰 연꽃으로 변한 꿈**
아름다움에서 지혜를 얻고, 또 그 지혜로움 속에서 도와 덕을 닦아 훌륭한 지도자가 될 징조다. 인동초와도 같이 모진 고생을 딛고 일어나 성공하게 될 징조다.

● **연못 가운데에 진달래꽃이 화려하게 피어 있었던 꿈**
훌륭한 문예 작품을 창작하여 인류 문화사에 화려한 업적을 남기게 될 징조다.

●철쭉●

● **철쭉꽃잎이 시들어서 한 잎 두 잎씩 떨어지는 꿈**
지금 추진하고 있는 사업이나 일이 잘 안 되어 점점 힘을 잃어가게 될 징조다.

철쭉

● **들판에 철쭉꽃이 아름답게 피어 있었던 꿈**
오고가다 한 인연을 맺어 좋은 연분을 맺게 될 징조다. 구경·감상 등을 암시하는 길몽이다.

● **아름다운 철쭉꽃이 눈에 유난히 환하게 보인 꿈**
친구 또는 사랑하는 애인을 만나게 되거나, 일신상에 기쁨이 찾아올 징조다.

● **공원이나 산길에 철쭉꽃이 화려하게 피어 있었던 꿈**
분위기 있는 자연 공간 등에서 단합 대회나 파티를 갖게 될 징조다.

● **철쭉꽃을 꺾어서 품 안에 감추었던 꿈**
태몽으로, 부인이나 새댁은 임신을 하여 예쁜 딸을 낳게 될 징조다.

● **활짝 핀 철쭉꽃 가지가 옆집 담장을 타고 넘어가는 꿈**
아름다운 유혹에 서로 끌려들어가 연인들 끼리끼리 접촉할 일이 생길 징조다.

● **철쭉꽃의 아름다운 색상이 퇴색되었던 꿈**
친구나 애인의 마음이 변하여 등을 돌리게 될 징조다.

● **철쭉꽃잎에 진딧물이 잔뜩 붙어 있었던 꿈**
채권자 등으로부터 무척 시달림을 받거나 행패를 당하여 고생하게 될 징조다.

● 카네이션 ●

● 궁궐 안에 카네이션이 활짝 피어 있었던 꿈

집안에 경사로운 일이 생기고, 부귀 영화를 누리게 될 징조다. 합격·입학·취직·승진·당선·혼담·명예·결혼·취득·성공 등을 암시하는 길몽이다.

카네이션

● 서재에 하얀 카네이션이 산뜻하게 피어 있는 꿈

학문과 진리를 탐구하거나 문예 작품을 창작하게 될 징조다. 발굴·창조·연구 등을 암시한다.

● 뒤뜰에 카네이션이 곱게 피어 있었던 꿈

후원자나 귀인의 도움을 받아, 진행하고 있는 일이 순조롭게 성사될 징조다.

● 예쁜 카네이션을 치마 속에다 감추었던 꿈

태몽으로, 부인과 새댁은 임신을 하여 예쁜 딸을 낳게 된다.

● 친구로부터 붉은 카네이션을 받은 꿈

실제 친구나 사랑하는 애인한테서 마음의 증표인 사랑의 선물을 받게 될 징조다. 횡재·재물·행운 등을 암시하는 길몽이다.

● 돌무덤 위에 카네이션이 활짝 피어 있었던 꿈

그 동안 땀 흘려 노력한 대가로 목돈을 장만하게 될 징조다.

● 카네이션꽃이 지고 붉은 열매가 열려 있는 꿈
재물과 돈이 들어오고, 하는 일이 날로 부흥 발전할 징조다.

● 정원에 카네이션이 곱게 피어 있었던 꿈
집안에 경사스런 일이 있고 기쁜 소식을 듣게 될 징조다. 잔치·혼사·행운 등을 암시하는 길몽이다.

●코스모스●

● 가로등 아래에 코스모스가 활짝 피어 있었던 꿈
상당한 실력자의 지도와 도움을 받아, 하고 있는 일이 발전과 성공을 하게 될 징조다.

● 높은 산 위에 코스모스가 활짝 피어 있었던 꿈
시험 합격·입학·취직·승진·당선·승리·자격 취득·성공·명예 등을 암시하는 길몽이다.

● 길가에 코스모스가 활짝 피어 있는 꿈
외출이나 여행길에 우연히 사람을 만나게 되어 정다운 대화를 나누게 될 징조다. 경사와 기쁨을 암시하는 길몽이다.

● 백화점 안에 코스모스가 환하게 피어 있었던 꿈
실제 시장이나 백화점 등에서 즐거운 쇼핑을 하게 될 징조다. 창작·전시·만남 등을 암시한다.

●튤립●

튤립

● **윗사람한테서 튤립꽃을 받은 꿈**

업적이나 공적 사항으로 인해 상장·훈장을 받거나 임명장을 받을 일이 있을 징조다. 합격·입학·취직·승진·당선·경사·명예·자격 취득·선물 등을 암시하는 길몽이다.

● **튤립 꽃다발 속에 편지가 끼여 있었던 꿈**

애인으로부터 사랑의 편지를 받거나 기쁜 소식을 듣게 될 징조다.

● **튤립 꽃다발을 한 아름 가슴에 안고 있었던 꿈**

꿈에 그리던 반가운 친구나 애인을 만나 포옹하게 될 징조다.

● **튤립꽃이 서재에 곱게 피어 있었던 꿈**

독창적인 아이디어로 새로운 자료와 물질을 개발하여 세상에 발표하게 될 징조다.

● **꽃병에다 튤립꽃을 꽂아 놓았던 꿈**

문예 작품을 창작하여 작품 전시회에 출품하거나 출판하게 될 징조다. 사랑·행복 등을 암시하는 길몽이다.

● **아는 사람한테서 튤립꽃 한 다발을 받은 꿈**

친구나 애인으로부터 마음의 증표가 담긴 예쁜 선물을 받거나 사랑의 고백을 듣게 될 징조다. 상장·훈장·임명장·재물·횡재 등을 암시하는 길몽이다.

● 맑은 호숫가에 튤립꽃이 곱게 피어 있었던 꿈

학문과 진리를 탐구하고 새로운 자료를 발견하게 될 징조다. 경사·행운 등을 암시하는 길몽이다.

●할미꽃●

할미꽃

● 길목에 피어 있는 할미꽃을 본 꿈

협력자 또는 귀인을 만나 지도와 도움을 받고 올바른 길로 나아가게 될 징조다.

● 할미꽃을 꺾어 가지고 집 안으로 들어온 꿈

발굴된 사학이나 고고학 자료 등을 연구하여 문헌상으로 새로운 평가를 받게 될 징조다.

● 할미꽃을 향해 절을 한 꿈

부모님 또는 웃어른을 찾아뵙고 인사를 올리거나, 선산을 찾아가 성묘하게 될 징조다.

● 할미꽃 속에서 말소리가 들린 꿈

뜻밖에 귀인을 만나 삶의 지혜와 덕담을 듣게 될 징조다.

● 무덤 위에 할미꽃이 곱게 피어 있었던 꿈

고향에 있는 선산을 찾아가 조상에게 성묘할 일이 있다. 집 안에 경사가 있고 재물과 돈이 들어올 징조다. 명예·창작·희소식 등을 암시하는 길몽이다.

● **해당화** ●

● 해당화에 호랑나비 한 마리가 앉아 있었던 꿈
분위기 있는 문화 공간에서 친구나 애인을 만나 즐거운 시간을 갖게 될 징조다.

해당화

● 창문 너머로 해당화가 화려하게 보인 꿈
집안에 귀한 손님이 찾아오게 될 징조다.

● 친구로부터 해당화를 받은 꿈
실제 친구나 사랑하는 사람으로부터 사랑의 증표를 받게 될 징조다. 선물·상장·훈장·임명장·돈·재물·수금·계약 등을 암시하는 길몽이다.

● 해당화가 교실 안에서 활짝 피어 있었던 꿈
입학·졸업식 등의 행사가 있어서 축하 파티를 열게 될 징조다.

● 붉은 해당화가 눈에 환하게 들어온 꿈
분위기 있는 공간에서 사랑하는 애인과 함께 단꿈을 꾸게 될 징조다.

● **해바라기** ●

● 노란 해바라기꽃이 점점 커 가는 것을 본 꿈
단기성 투자로 사업의 성과를 올려 짭짤한 재미를 보게 될

해바라기

징조다.

● **해바라기 씨앗을 많이 받아 놓은 꿈**
사업에 투자한 것이 호경기를 맞게 되어 많은 돈을 벌게 될 징조다.

● **해바라기꽃이 무리 지어 활짝 피어 있었던 꿈**
단체로 명산 대찰과 금수 강산을 구경하게 될 징조다.

● **여러 사람들에게 해바라기의 씨를 나눠 준 꿈**
돈과 재물이 나가고, 눈코 뜰 새 없이 바쁘게 될 징조다. 봉사·일거리·지출 등을 암시한다.

● **울타리 안에 있는 해바라기가 밖을 향해 서 있는 꿈**
집안에는 마음이 없고 바깥에만 마음이 가 있는 자식으로 인해 속이 썩게 될 징조다.

● 기타 ●

기타

● **아카시아꽃이 만발한 꿈**
학설 등으로 토론석상에서 잘잘못을 다투게 될 징조다.

● **메밀꽃이 들판에 활짝 피어 있는 것을 본 꿈**
경영하고 있는 사업이 순조롭게 이루어지고, 재물이나 돈이 들어올 징조다.

● **만발한 벚꽃을 구경한 꿈**
장차 부모에게 효도할 똑똑하면서도 아름다운 여아를 출산하게 될 징조의 꿈이다.

● **아카시아꽃이 활짝 핀 오솔길을 걸어간 꿈**
아이가 점진적으로 집에 희망을 가져다 줄 징조다.

● **벼랑에 핀 에델바이스를 본 꿈**
사랑하는 사람이 멀리 떠나 몹시 슬퍼하게 될 징조다.

● **메밀꽃이 만발한 꿈**
용감 무쌍하면서도 세밀한 성격의 아이를 얻게 될 암시다.

● **정원에 하얗게 빛나는 배꽃을 본 꿈**
복을 얻고, 덕을 베풀 일이 생길 암시다.

● **생화나 조화를 본 꿈**
명예·표창·업적 등을 상징한다.

● **산이나 들에 꽃이 흐드러지게 핀 꿈**
취직·전근·출판 등으로 인해 명예로워질 징조다.

● **높은 산에 꽃이 만발한 꿈**
국가나 사회적인 일로 명예를 얻게 될 징조다.

● 꽃을 보거나 꺾은 장소가 유난히 돋보였던 꿈

이것이 태몽이라면, 사회적으로 기반을 튼튼히 잡을 자손이 태어날 징조다.

● 화초를 남에게 나누어주는 꿈

집안에 재산이 쌓이지 못하고 뿔뿔이 흩어지게 될 징조다.

● 꽃을 꺾어 든 꿈

이것이 태몽이라면 사회적으로 자수 성가할 자손을 얻게 될 징조다.

● 만발한 꽃나무 아래를 걸은 꿈

업적·성과·대화·독서 등과 관련이 있으며, 신변에 기쁜 일이 생길 징조다.

● 꽃의 향기를 맡은 꿈

자신을 남에게 과시할 일이 생기고, 일거리에 대한 세인의 평가가 좋게 나올 징조다.

● 겨울인데도 꽃이 만발한 꿈

개척적인 일이나 계층 사업의 성공으로 명성을 떨치게 될 징조다.

● 꽃이 시든 꿈

생명의 단절, 질병, 사업의 실패, 단체의 세력이나 개인의 세력이 몰락함을 암시한다.

● **영적인 존재가 꽃다발을 안겨준 꿈**
어떤 기관에서 자신을 인정해 주거나, 미혼자의 경우에는 결혼이 성립될 징조다.

● **꽃나무에서 꽃이 떨어진 꿈**
병을 앓거나 목숨을 잃게 되고, 또는 사업에 실패할 징조다.

● **자신이 꽃 속으로 들어간 꿈**
세상 사람들에게 존경받을 일이 생길 징조다. 만일 처녀가 이러한 꿈을 꾸었다면 훌륭한 배우자와 결혼하여 부귀 영화를 누리게 될 징조다.

● **꽃을 씹어먹은 꿈**
사람들과의 만남이 자연스럽게 맺어질 징조다.

● **집 마당에 꽃이 만발한 꿈**
여러 가지 좋은 일이 겹쳐서 경사스럽게 될 징조다.

● **꽃나무를 뿌리째 캐는 꿈**
계약이 성사되거나 증권에 투자할 일이 있을 징조다.

● **자기가 꽃 속에 파묻혀 있는 꿈**
좋은 사람을 만나게 되거나 행복한 결혼 생활을 하게 될 징조다.

● 꽃송이에서 아름다운 소녀가 나와
　　　　　　　　　　하늘로 사라져 버린 꿈
감명 깊은 서적을 읽게 되거나 일이 순조롭게 성사될 징조다.

● 벼랑에 핀 꽃을 본 꿈
어려운 상황에서 입학·취직 등이 이루어지게 될 징조다.

● 잎이 무성한 나무에 꽃이 만발한 꿈
대길하며, 재물이 생기고, 운수가 크게 트일 징조다.

● 험한 산에 꽃이 만발한 꿈
국가나 사회적인 일로 자신을 내세울 일이 있을 징조다.

● 꽃이 활짝 피어 있는데 다른 사람이 그 꽃을 꺾는 꿈
아이가 유산되거나 위험에 처하게 될 징조다.

● 노란 꽃 화분을 집 안에 들여왔는데 열매를 맺은 꿈
예술 작품으로 세인의 주목을 받을 자손이 태어날 징조다.

15 천체·자연에 관한 꿈

● 하늘 ●

● **날개가 나서 하늘을 날아다니는 꿈**

자신의 일신상에 경사스런 일이 있고, 관직을 얻어 출세하게 될 징조이므로 길몽이다.

● **밧줄을 타고 하늘로 올라가는 꿈**

신분이 높아지고, 입신 양명하여 출세하게 된다. 무엇보다도 이 꿈은 희망을 잃지 않고 노력한 만큼 성공 쪽으로 다가가는 길몽이다. 또한 입학·승진·취득·사업 성공 등의 경사가 있을 징조이기도 하다.

● **하늘에 올라가 물건을 얻는 꿈**

높은 신분이나 지위에 오를 징조다.

● **하늘과 땅이 합쳐지는 꿈**

마음먹었던 것이 뜻대로 이루어지고, 만사가 형통하며 소원 성취하게 될 징조다.

● 하늘이 붉게 타오르고 있는 꿈

저녁놀과 같이 빨갛고 아름답게 빛나고 있는 하늘이라면 대단히 좋은 꿈이다. 이 꿈은 연애 중인 상대로부터 청혼을 받는다는 암시가 있다.

● 자신이 하늘에 오르는 꿈

하는 일마다 순조로워서 성공을 하게 되며, 명예도 얻어서 많은 사람들이 우러러보게 될 징조다.

● 하늘에 용을 타고 올라가는 꿈

뜻밖의 귀인의 도움으로 많은 사람들의 추앙을 받거나 크게 귀할 징조다.

● 어떤 물체가 하늘에서 완전히 분해되어 버린 꿈

형제처럼 지내던 사람이 사망 또는 행방 불명되거나, 하던 사업이 큰 타격을 입게 될 징조다.

● 맑은 하늘이 갈라진 꿈

자신의 주변에서 일을 도와주는 사람과 헤어질 징조다.

● 하늘이 크게 열리는 꿈

재물과 돈이 나가고 스트레스가 쌓이며, 구설이 많고 일이 뜻대로 안 될 징조다.

● 하늘이 개이며 구름이 흩어지는 꿈
근심 걱정거리가 없어지고 기쁜 일이 생길 징조다.

● 하늘로 날아 올라가는 꿈
마치 신선처럼 구름을 타듯 자유롭고 즐거운 여행을 가게 되거나, 장차 부귀를 얻게 될 징조다.

● 하늘이나 지붕 위에 올라간 꿈
하는 일이나 사업이 잘되어 부귀를 얻고 재물을 모으게 될 징조다.

● 어둡게 흐려 있는 하늘을 본 꿈
슬픔이나 병, 또는 실패를 암시하는 흉몽이다.

● 새벽 하늘이 점점 밝아오는 꿈
장수하게 될 징조이며, 탄생·창조·발명·출판·창업 등과 관계가 있는 꿈이다.

● 하늘에 올라가서 제사를 지낸 꿈
만사가 형통하고 소원 성취할 징조다.

● 하늘에 올라갔다 내려온 꿈
과거와 현재의 화려함이 없어지고 고생문으로 접어들 징조다.

● 하늘에서 광채가 비치는 꿈
광채가 온몸에 비치면 집안에 재앙이 없어지고, 환자의 경우

병이 나을 징조다.

● 하늘에 올라가서 아내를 구하는 꿈
아내와 딸의 신분이 귀하게 될 징조다.

● 하늘에서 우렛소리가 들리는 꿈
장사를 하면 큰 이득이 있고, 국가적으로는 좋지 않은 일이 일어날 징조다.

● 하늘의 빛이 붉은 꿈
병이 나을 징조다.

● 아침 해가 솟아오르는 꿈
아름다운 예술 작품을 창작하게 되고, 자손이 번창하며, 만사가 대길할 징조다.

● 우물 속에 있는 하늘을 본 꿈
살림살이가 윤택하지 못하고 사업이 침체될 징조다.

● 하늘에서 찬란한 광채가 나고 구름 한 점 없이 맑게 개어 있는 꿈
만사가 자신의 뜻대로 되고, 모든 사람들로부터 존경을 받게 될 징조이니 길몽이다.

● 하늘이 검게 보인 꿈
환자의 병이 위태롭게 될 암시다.

● 하늘이 무너지거나 두 갈래로 갈라진 꿈

부모가 병으로 고생하게 되거나 부모상을 당하게 되기 쉽다. 또 인연을 맺고 있었던 사람과 헤어지거나 주위에서 좋지 않은 변화가 일어날 징조다.

● 하늘의 문이 열렸다가 닫힌 것을 본 꿈

연구하던 일의 결과를 얻거나 승진을 하게 될 징조다.

● 하늘이 어두웠다가 밝아진 꿈

시작은 어려움을 겪었지만 서서히 잘 풀려 나갈 징조다. 그러나 밝은 하늘이 어두워진 꿈은 자신에게 재난이 곧 닥칠 흉몽이다.

● 흐린 하늘에 해와 달이 나오는 꿈

귀한 벼슬을 얻게 될 길몽이다.

● 하늘에서 갑자기 떨어지는 꿈

하던 일이 일시에 중단되어 어려움을 겪게 되며, 불시에 재난을 당하게 될 징조다.

● 맑은 하늘에 달 또는 별이 나타나는 꿈

남자는 하는 일마다 뜻대로 이루어지는 대길몽이며, 여자는 어버이나 남편 외에도 늘 조심하고 공손해야 할 것을 경고하는 꿈이다.

● 티없이 맑은 하늘을 오랫동안 바라본 꿈

뜻밖에 귀인을 만나게 되어 자기가 기원하던 일이 순조롭게 이루어질 징조다.

● 밝은 대낮에 달빛이 비치는 꿈

권력 투쟁이나 의견의 대립이 있을 징조다.

● 하늘에서 들리는 우렛소리에 놀란 꿈

직장에서 승진하거나 높은 자리로 옮기게 될 징조다. 이런 때 이사를 하면 길하다.

●태양●

● 방 안으로 햇빛이 넓게 비쳐드는 꿈

위대한 사람의 도움을 받거나, 업적·관리·법규 등으로 인해 명예를 획득하게 될 징조다.

● 태양을 보고 절을 한 꿈

어떤 종교적 믿음을 찾거나 신앙심이 두터워지게 될 징조다. 또한 국가 기관에 부탁할 일이 생기고, 그 부탁이 받아들여져 어떤 이득을 취하게 될 징조이기도 하다.

● 태양이 중천에 떠 있는 꿈

최고의 명예 또는 지위에 오를 대길몽이다.

● 태양이 찬란하게 빛을 발하는 꿈

이것은 대단히 좋은 암시이다. 매사에 있어서 하늘이 당신의 편을 들어주고 있음을 알리는 꿈이다. 사소한 어려움들은 그

때그때마다 협력자가 나타나 해소시켜 주게 된다. 하겠다는 마음과 열정만 갖는다면 모든 일은 순조롭게 풀릴 것이다.

● 태양이 품 안으로 들어온 꿈
반드시 귀하게 될 아이를 낳게 될 태몽이다.

● 햇빛이 따사로운 느낌을 주었던 꿈
은혜·사랑·자비와 관련된 일을 경험하게 될 징조다.

● 태양이 땅에 떨어져 구르는 꿈
자신의 업적이나 연구 결과가 세상에 발표되어 큰 영향을 미치게 될 징조다.

● 태양을 맞히어 떨어뜨린 꿈
시험이나 고시를 앞둔 사람들은 합격할 암시이고, 보통 사람들은 소원이 이루어질 길몽이다.

● 태양을 베고 잠을 자는 꿈
부귀를 얻고 훌륭한 지도자가 될 징조다.

● 구름을 뚫고 태양이 나오는 꿈
흉했던 일이 변하여 길한 일이 될 암시다.

● 맑은 물항아리 속에서 태양이 떠오르는 꿈
새 아이디어 상품을 개발하여 판매 거래처를 확보하게 되고, 예체능인은 혜성같이 나타나 유명하게 될 징조다.

● 하늘에 별이 반짝거리는데 태양이 떠오른 꿈
자신의 경쟁자가 힘이 강해질 암시다.

● 강에서 태양이 떠오르는 것을 계속 지켜본 꿈
태몽으로, 아들을 출산하게 되지만 직업 문제로 헤어질 우려가 있다.

● 태양을 양손으로 감쌌다가 떼는 꿈
오랫동안 누렸던 권세를 물려 주게 될 암시다.

● 태양과 달이 뱃속으로 들어와 임신하는 꿈
태몽으로, 임산부는 훌륭한 지도자나 예체능의 스타가 될 명인을 낳게 될 징조다.

● 자기 자신이 해를 삼킨 꿈
태몽으로, 귀한 자식을 태어날 징조다.

● 치마폭에 태양을 받은 꿈
태몽으로, 국가나 사회에 이름을 크게 떨칠 훌륭한 아들을 낳게 될 징조다.

● 태양이 바다에 떨어진 꿈
집안이나 친척 등에 우환이 생길 징조다.

● 금빛 태양이 자신을 향하여 이글거리는 꿈
문제아 자식을 낳게 되지만, 나중에는 그 자식으로 인해 기쁜 소식을 듣게 될 징조다.

● 태양을 손으로 만지거나 따는 꿈
태몽으로, 권세와 재물을 얻게 될 아들을 출산하게 될 징조다.

● 큰 태양을 짊어진 꿈
자신의 능력 밖의 일을 맡게 될 암시다.

● 태양이 둥글지 않고 찌그러져 있는 것을 본 꿈
현재 추진하고 있는 일에 발전이 없음을 암시한다.

● 태양이 지는 것을 바라보며 안타까워한 꿈
여자 아이를 출산하게 되고, 처음에는 길하지만 나중에는 불길하게 될 징조다.

● 태양이 서쪽 하늘에서 뜬 꿈
생각지도 않은 일로 계획에 차질이 생겨 어려움에 처해질 징조다.

● 머리 위에 태양을 얹고 있는 꿈
시험 합격·입학·승진·자격 취득·사업 성사 등의 경사스런 일이 있을 징조다.

● 손으로 태양을 움켜잡은 꿈
태몽으로, 단체의 우두머리가 될 아이가 태어나게 될 징조다.

● 태양이 하늘에 없는 꿈
일의 책임자가 멀리 떠나가게 될 암시다.

● 물 속에서 태양이 솟아나는 꿈
입학·승진·합격·당선·취득 등의 기쁜 경사가 있을 징조다. 바라고 있던 소망이 이루어진다.

● 태양이 하늘에 두 개 떠 있는 꿈
권위에 도전하게 될 사건이나 일이 생길 암시다.

● 태양이 지붕에 떨어져서 데굴데굴 구른 꿈
태몽으로, 예술가나 과학자로 세계에 이름을 떨칠 아이가 태어나게 될 징조다.

● 두 개의 태양이 하나로 합쳐진 꿈
자신이 경영하는 사업체가 다른 곳과 합쳐지게 되며, 미혼자는 결혼하게 될 암시의 꿈이다.

● 하늘에 떠 있는 태양을 향해 줄을 타고 올라간 꿈
입학·승진·당선·합격·취득 등의 길운이 트이고, 타인의 도움을 받아 출세하게 될 징조다.

● 떨어진 태양을 받아서 방 안으로 들어간 꿈
초년과 중년은 지극히 평범한 삶을 살게 되지만, 늘그막에 부귀 영화를 누리게 될 징조다.

● 강에서 태양이 떠오르기가 무섭게 순식간에 중천에 솟아오른 꿈
모자가 이별하지만, 자식이 성공한 다음에 다시 만나게 될 징조다.

● **두 개의 태양이 붙어 있는 꿈**
만사가 대통하게 되고 하는 일마다 순순히 풀리게 될 길몽이다.

● **밝은 태양이 입으로 들어오는 꿈**
마음먹은 일들이 모두 순조롭게 풀리고 소원 성취하게 될 징조다. 태몽이라면, 부인은 임신을 하고 아들을 낳게 될 징조다.

● **태양을 가슴에 안고 있는 꿈**
사업가는 사업에 성공하고, 선남 선녀는 사랑의 열매를 맺게 될 징조다. 임신·상장·훈장·자격증·권세·승진·당선·합격·횡재·재물 등과 관계가 있다.

● **문틈 사이로 찬란한 햇살이 들어오는 꿈**
어려웠던 사업에 점점 희망이 보이기 시작한다. 기쁜 소식을 듣거나 우편물이 올 징조다.

● **캄캄한 굴 속에 햇살이 비치는 꿈**
어둡던 과거가 새롭게 태어나 광명을 보게 되며, 풀리지 않던 일들이 순조롭게 풀릴 징조다.

●달●

● **활을 쏘아 달을 맞힌 꿈**
적군이나 경쟁자를 제압하여 승리하게 될 징조다.

달

● 달무리가 무지개처럼 오색 찬란한 꿈

부부 사이가 매우 호전되어 행복해지며, 남에게 자랑할 만한 일이 생길 징조다.

● 낮에 달을 본 꿈

사업 또는 일이 실패하거나 재난이 생길 흉몽이다.

● 달에게 절을 한 꿈

귀인을 만나 도움을 받거나 유명 인사에게 청원하여 소원을 이루게 될 징조다.

● 달이 품안에 들어온 꿈

귀한 딸을 낳게 될 태몽이다.

● 달을 품에 꼬옥 안은 꿈

결혼할 상대자가 나타나게 될 징조다.

● 달이 사라진 꿈

국가적인 큰 인물이 세상을 떠날 징조다.

● 초생달이나 반달을 본 꿈

조금씩 미래가 밝아지기 시작하고, 부분적인 일을 세상에 공개할 일이 생길 징조다. 사랑에 관계된 꿈이라면, 누군가를 짝사랑하고 있다는 증거이다.

● 달 속을 탐험한 꿈

추진하고 있는 사업이나 일이 기대 이상으로 좋은 결실을 이루게 될 징조다.

● 하늘에서 떨어진 달이 흔적도 없이 사라진 꿈

단체의 지도자·정치인·유명인 등이 거세될 징조다.

● 창문으로 달빛이 들어와 방 안이 대낮처럼 밝은 꿈

집안에 경사스러운 일이 발생하고, 태평 무사하게 될 징조다. 행운의 여신이 찾아온다.

● 큰 호수에 빠진 달을 본 꿈

남녀가 서로 이성을 만나게 될 암시다.

● 물 속에 비친 달을 본 꿈

사회적으로 유명한 사람과 접촉을 가지게 될 징조다.

● 시냇물 속에 비친 달을 잡으려다 물에 빠진 꿈

허황된 생각을 하다가 실패하거나 망신당할 암시다.

● 보름달을 바라보는 꿈

당신이 바라는 환경을 손에 넣을 수 있고, 만사가 호전될 징조다.

● 밝은 달이 어두워 보이는 꿈

정신적인 고통을 겪거나 집안에 우환이 생길 징조다.

● 달 그림자가 몸에 드리운 꿈
만사가 마음대로 되지 않고, 혼담이 깨질 징조다.

● 달 앞에 크고 빛나는 별이 지나가는 꿈
귀인이나 협력자의 도움으로 소원이 이루어질 징조다.

● 달을 보며 술을 마신 꿈
자신에게 막중한 책임이 주어지거나, 어떤 일을 했을 때 큰 성과를 거두게 될 징조다.

● 어두컴컴한 달밤에 상가를 간 꿈
사이가 좋지 않았던 사람과 진지하게 상의할 일이 생길 징조다.

●별(星)●

별(星)

● 큰 별을 타고 우주를 왕복하거나 하늘을 나는 꿈
마음먹은 대로 소원 성취하게 되고, 입학·승진·당선·합격·자격증 취득·승리 등의 경사가 있을 징조다.

● 하늘로 올라가 별을 따먹은 꿈
권력을 잡게 되고, 입신 출세를 하게 되거나, 외상값 또는 선물을 받을 징조다. 또한 임신·재물·돈·횡재 등과 관계가 있는 길몽이기도 하다.

● 떨어지는 별을 치마에 받거나 삼키거나
　　　　　　　　　별이 지붕 마루에 구른 꿈

태몽으로, 작품·업적·사업 등으로 성공할 아이가 태어날 징조다.

● 별이 달리는 꿈

상인은 업종을 바꾸게 되고, 관직에 있는 사람은 자리를 옮길 징조의 꿈이다.

● 동쪽 하늘에서 밝은 별이
　　　세 차례 반짝거리다가 사라지고, 그 곳으로
　　　　　　　비행 물체가 지나가는 것을 본 꿈

거의 비슷한 일을 세 차례 겪고 나서 좋은 일을 얻게 될 징조다.

● 별을 잡아서 가지는 꿈

매사가 잘 풀리거나 장차 크게 부귀해질 징조다.

● 수많은 별들이 맑은 물 위로 떠오른 꿈

많은 공적과 업적으로 귀한 신분이 되거나, 새로운 물질을 발명하여 세상에 이름이 드러날 징조다.

● 하늘의 별을 딴 꿈

명예와 권위를 얻게 될 길몽이다.

● 무수한 별이 하늘에서 쏟아져 땅에 쌓인 꿈

연구 자료를 수집할 일이 생기거나, 창작품을 세상에 발표하게 될 징조의 꿈이다.

● 별이 나비로 변한 꿈

재물이 생기게 될 암시다. 그런데 별이 떨어져 화려한 나비로 변하면 인기 있는 직업으로 인해 구속받게 될 꿈이다.

● 별이 해만큼 커지는 꿈

작은 사업이 크게 번창할 징조다.

● 별이 꼬리를 남기면서 흐르는 꿈

그 동안 고통받던 일이 극복되거나 진리를 깨닫게 될 징조다.

● 쏟아지던 별이 나비로 변해 주위를 돈 꿈

기존 학설을 번역하거나 많은 작품을 발표하게 될 징조다.

● 별이 낙엽처럼 떨어진 것을 본 꿈

사업상 뜻하지 않은 커다란 손해를 입게 되거나, 개혁을 단행할 일이 생길 징조다.

● 별이 점점 커져가는 꿈

자신의 일에 많은 발전이 있을 징조다.

● 별 한두 개가 떨어져서 사라진 꿈

학자·권력자·유명인 등이 권좌에서 물러나게 되는 등 사회적인 변혁이 이루어질 징조다.

● 은하수를 건넌 꿈

모든 일이 성사될 징조다.

● 은하수의 빛을 쳐다보는 꿈
경사가 생길 것을 암시하는 길몽이다.

● 수많은 별들 속에서 유난히 밝게 빛나는 별을 본 꿈
어떤 단체의 가장 높은 자리에 앉거나, 자기 작품에 대해 호평을 받게 될 징조다.

● 북두칠성 아래에 서 있는 꿈
출세하게 될 행운의 꿈이다.

● 북두칠성이 뿌옇게 보이는 꿈
간사하고도 음흉한 계교에 넘어가게 될 꿈이다.

● 고정되어 있던 몇 개의 별이 갑자기 날아다닌 꿈
배우자가 바람 피우게 되니 조심해야 한다.

● 맑은 냇가에서 별을 주운 꿈
진리를 탐구하고, 문학 작품을 창작하며, 문화 사업에 투자하여 사업 성과를 올리게 될 징조다.

● 큰 별을 타고 우주를 왕복하거나 하늘을 날았던 꿈
입학·승진·당선·합격·취득·승리 등의 경사가 있고, 소원 성취하게 될 징조다.

● 혜성이 나타나 반짝거린 꿈
뜻밖의 복과 행운을 맞이하여 귀한 신분이 되고 명예를 얻게

되며, 자기가 소원하는 것이 이루어질 징조다.

● 북두칠성이 흐려 보인 꿈
근심거리가 발생할 징조다.

● 별이 양쪽 어깨에서 반짝거린 꿈
군인과 경찰은 승진과 특진을 하게 되고, 상훈과 임명장을 받으며, 부귀 공명하고 입신 출세하게 될 징조다.

● 자신이 별 네 개를 단 대장이 된 꿈
사회적으로 적어도 네 가지 이상의 공로를 인정받아서 각종 단체의 장으로 추대될 징조다.

기상

● 구름 ●

구름

● 먹구름 속에서 연신 번개가 쳐 대는 꿈
어떤 회사에서 여러 번 광고를 내게 되거나, 신문 지상 등에 자기에 대한 좋은 기사가 실리게 될 징조다.

● 바람이 구름을 날려 보내는 꿈
귀인의 도움을 받아 어려운 일이 풀려 나갈 것을 암시하는 길몽이다.

● 얕게 떠 있는 조개구름을 손으로 잡은 꿈
새로운 일거리를 맡고, 행운을 낚을 징조다.

● 먹구름이 땅에 떨어지는 꿈
계절에 따른 유행병이 생길 암시이니 집 안이나 몸을 깨끗하게 하고 적당한 운동으로 몸을 보호하라는 경고성 꿈이다.

● 구름이 별을 가리고 있는 꿈
자신에게 피해를 입힐 사람이 나타날 징조다.

● 자신의 몸에 구름이나 안개가 싸이는 꿈
적은 노력으로도 큰 이익을 얻게 될 것을 암시하는 대길몽이다.

● 넓은 하늘에 온통 먹구름뿐인 꿈
무슨 일을 하든 불쾌감과 불안감이 동반하게 될 징조다.

● 푸른 구름이 하늘로부터 지붕까지 이어져 있는 꿈
가족 중에 누군가가 높은 지위나 고귀한 관직에 오를 대길몽이다.

● 흰 뭉게구름이 흩어지는 꿈
한 조직이 해체되거나 거래처가 뿔뿔이 흩어지고, 재물과 돈이 나가며, 가까운 사람과 헤어지게 될 징조다.

● 분홍빛 뭉게구름이 솟는 꿈
은퇴한 사람이나 출가한 사람에게는 길몽이다.

● 맑은 하늘에 뽀얀 뭉게구름이 산뜻하게 떠 있는 꿈
기쁜 소식을 몰아온다. 문예 작품의 발표회를 열어 대중 앞에 찬사를 받게 될 징조다.

● 자신이 구름 위에 서 있었던 꿈
자신이 소망하고 있던 일들이 모두 이루어질 대길몽이다.

● 신선처럼 구름을 타고 다닌 꿈
어떤 기관이나 단체의 책임자가 되며, 현재 진행하고 있는 일이 순조롭게 풀릴 징조다.

● 구름이 태양을 갑자기 가리는 꿈
질병이 생기거나 근심거리가 있을 징조다.

● 맑은 하늘이 갑자기 흐려지며 캄캄하게 변한 꿈
나라에 큰 혼란이 일어나 암울하게 되거나, 가정이 불화로 인해 시끄러워질 징조다.

● 휘황찬란한 오색 구름을 본 꿈
모든 사람들이 부러워할 멋진 사업을 벌이게 될 징조다.

● 구름이 붉거나 희게 보인 꿈
오랫동안 바랐던 일이 이루어질 암시다.

● 구름이 노란색으로 변한 꿈
명예와 재물을 한꺼번에 얻게 될 징조다.

● 석양 무렵에 흰 구름을 본 꿈
소박하고 온순한 사람들이 모여 있는 단체와 관련되게 될 꿈이다.

● 구름이 걷히며 하늘이 밝아 온 꿈
근심 걱정 등으로 어둡던 집안에 광명이 찾아오며 장수할 징조다.

● 구름이 내려와 자신을 태우는 꿈
동업자나 협력자의 도움으로 신분이 상승할 징조다.

● 검은 구름이 자기 집을 덮은 꿈
집에 병마가 찾아든다거나 안 좋은 일이 생기게 될 징조다.

● 산마루에 누런 구름이 흐르는 꿈
자신에게 협력했던 사람들이나 자신의 명예·권세 등이 사라지게 될 징조다.

● 안개구름이 시야를 가로막아 형체를 분간할 수 없는 꿈
하는 일마다 막히고 앞뒤가 안 보이는 꿈으로, 흉몽이다. 또한 눈뜬 장님으로 어려움을 겪게 될 암시이며, 유행성 질병·근심·재난 등이 생길 징조이기도 하다.

● 새털구름 사이로 햇살이 쏟아지는 꿈
사업운이 새로 트이고 발전하며, 집안에 경사가 있고, 소원

성취하게 될 대길몽이다. 신의 축복을 받아 만사가 형통하고, 교통 체증이 뚫리듯 시원한 일이 생긴다.

● 눈, 얼음 ●

눈, 얼음

● 눈이 점점 녹아가는 꿈

모든 일의 진행이 더디고 계획한 일이 실패로 돌아갈 징조다. 혹은 송사가 일어날 수도 있다.

● 눈 덮인 산을 오른 꿈

신앙·수도·학문 연구 등을 하게 되거나, 일의 난관을 극복하게 될 징조다.

● 눈을 흠뻑 맞는 꿈

축하받을 일이 생길 징조다.

● 눈을 맞으며 걷는 사람을 본 꿈

집안 사람 중에서 누군가가 죽게 되거나 고소당할 일이 생기게 될 징조이므로 흉몽이다.

● 눈이 온 뒤에 산과 들이 백옥처럼 밝은 꿈

모든 학문이나 일에 밝고 뚜렷하게 통달할 징조다.

● 눈이 소담스럽게 내리고 있는 것을 본 꿈

생활에 즐거운 변화가 찾아올 징조이며, 특히 사회적인 성공을 도모할 수 있는 행운이 찾아올 징조다.

● **눈이 자신의 몸에 내리는 꿈**
만사가 형통하고 재물운이 따르게 될 길몽이다.

● **눈 위에 찍힌 발자국을 그대로 따라간 꿈**
사회적으로 지도자격인 사람의 동상을 세우는 등 그 업적을 기리게 되고 추종할 일이 생길 징조다.

● **폭설로 인해 수많은 건물이 무너진 것을 본 꿈**
개인적인 일에 국가가 협조해서 크게 번창하게 될 징조다.

● **진눈개비가 내린 꿈**
하는 일마다 두 마리의 토끼를 좇는 꼴이 되어 일이 성사되지 않을 징조다.

● **눈이 내려 길이 빙판처럼 얼어 있는 꿈**
사랑하는 사람의 애정에 의심을 품고 있는 징조다. 자신이 요즘 연인에게 다소 거리를 두고 있음을 의미한다.

● **눈을 뭉쳐서 상대방에게 던진 꿈**
정신적·물질적인 자본을 들여 경쟁자와 다툴 일이 생길 징조다.

● **함박눈을 맞으며 한없이 걸었던 꿈**
자신의 일에 국가의 지원을 받게 되거나, 법을 지켜야 할 일과 직면하게 될 징조다.

● **길 위에 쌓였던 눈이 서서히 녹는 것을 본 꿈**
자신이 요즘 인격적인 면에서 매우 성숙해져 있다는 심적몽. 매사를 주의 깊게 생각하고 대처하는 신중한 사람임을 이 꿈이 상징적으로 알려주고 있다.

● **눈사태로 인해 건물 한쪽이 부서져 있는 것을 본 꿈**
시험에 떨어지거나, 일이 실패하여 의욕을 상실하게 될 징조다.

● **눈이 쌓이는 대로 쓸어내거나 눈이 쌓이지 않게 물건으로 막는 꿈**
좋은 기회를 아깝게 놓치게 될 징조다.

● **눈이 정원에 쌓인 꿈**
집안에 우환이 생기게 될 징조다.

● **눈이 방 안에 가득 쌓인 꿈**
재물이 생기고, 청탁·축하금 등이 쇄도하게 될 징조다.

● **눈이 뜰에 쌓이는 꿈**
근심 걱정거리가 생기게 될 악몽이다.

● **눈 위에서 썰매나 스키를 탄 꿈**
사업이 급속도로 번창하게 되고, 취직·시험 등에서 좋은 소식을 듣게 될 징조다.

● 눈을 깨끗하게 쓸어낸 꿈
사업 기반을 토대로 세력을 확장시키고, 가정이나 직장 등에서 미뤄졌던 일이 해결될 징조다.

● 우박이나 싸락눈이 오면
고생만 하고 일에 진척이 없을 징조다.

● 붉은 눈이 내리는 꿈
장수하게 될 징조다.

● 적게 내린 눈으로 길이 질퍽해 있는 꿈
남과 시빗거리가 생기며, 원하던 일이 흐지부지하게 될 징조다.

● 싸락눈이 내리는 것을 하염없이 바라보았던 꿈
시끄러운 일이 생기거나, 진행 중인 일이 아무런 성과 없이 끝나 버리게 될 징조다.

● 산과 들이 눈으로 뒤덮여 있는 꿈
사업·정치·법령·학설 등을 주도하여 세상에 이름을 떨치게 될 징조이므로 길몽이다.

● 눈을 뭉쳐서 큰 덩어리를 만든 꿈
기술이 축적되거나 사업상의 자금 조달이 원활해질 징조다.

가정적으로는 경제적 풍요가 잇따를 것을 암시한다.

● 우박이 왔다가 싸라기눈으로 변했다가
　　　다시 우박이 내리는 등, 어쨌든
　　　　　　눈이 오는 형태가 복잡한 꿈

뜻한 대로 일이 잘 풀리지 않을 암시이다. 걱정스러운 일이 자주 생겨 심신이 피곤해진다.

● 산꼭대기나 산등성이 부분만
　　　　　흰 눈으로 덮여 있는 것을 본 꿈

신분이 높은 사람에게 주목을 받아 자신의 사회적 위치가 크게 치솟는다. 또는 자신의 업무로 인해 사람들에게 명예를 떨치고 인격적인 고상함을 칭송받게 된다.

● 거대한 빙산이 앞을 가로막고 있었던 꿈
냉엄한 현실로 인해 앞으로 어떤 곤란이 닥치게 될 징조다.

● 커다란 얼음 덩어리를 망치 같은 것으로 깼던 꿈
쓸데없이 과민해진 자신의 불안한 심리를 드러낸 심적몽이다.

● 무지개 ●

무지개

● 자기 집에서 무지개가 피어오른 꿈
진행 중이던 혼담이 성사되거나, 멀리 객지에 나갔던 가족이 무사히 귀환하게 될 징조다.

● 찬란하던 무지개가 갑자기 희미해지거나 중앙이 끊어진 꿈

기대했던 일이 깨지거나, 약속이 취소되는 등 좋지 않은 일이 일어날 징조다.

● 무지개가 아름답다고 느낀 꿈

은근히 걱정하고 있던 국가적인 일이 현실로 나타나게 될 징조다.

● 하늘에서 뇌성과 함께 나타난 무지개를 본 꿈

은근히 걱정하고 있던 국가적인 일이 현실로 나타나게 될 징조다.

● 무지개가 붉게 나타난 꿈

매사가 뜻대로 되고 기쁜 일이 생기게 될 길몽이다.

● 무지개가 번쩍이는 꿈

장래 대단히 좋은 일이 일어날 것을 암시하는 꿈이다. 그 밖에 불가사의한 체험을 하거나 영감이 풍부해지는 암시도 있다.

● 무지개가 검게 보인 꿈

매사가 원하는 대로 되지 않고, 좋지 못하는 일이 생기게 될 흉몽이다.

● 무지개를 향하여 달려간 꿈

장차 태어날 아이가 부귀 공명하고, 인기인이나 유명인이 되

어 일취월장하게 될 징조다.

● 나무나 꽃 등의 식물에서 찬란한 무지갯빛이 피어오른 꿈
어려운 일을 쉽게 처리하게 되거나, 부귀 영화를 누리게 될 징조다.

● 집 안에 칠색 무지개가 비치는 꿈
집안에 경사스런 일이 생기고, 사랑하는 애인을 맞이하게 될 징조. 행운·기쁨·상봉 등을 암시하는 길몽이다.

● 바람 ●

바람

● 홀연히 바람이 일어 자신에게 불어온 꿈
관청에 의해 문책을 받거나, 경고장·휴업 통지서 등이 날아들어올 징조다.

● 바람으로 집이 쓰러지는 꿈
파산될 위험이 있으며, 부도를 맞거나 부도를 낼 흉몽이다.

● 바람에 의해 집이나 자신이 공중을 떠다닌 꿈
세상에 과시할 일이 생기거나 병세의 호전 등을 나타내며, 운세가 트일 징조다.

● 바람이 거세게 부는 꿈
유행병을 앓게 될 징조다.

● 바람이 불어 재가 여기저기로 흩날리는 꿈

근심이나 질병이 사라질 징조다. 만일 송사가 있다면 재판이 자기에게 유리하게 종결될 것을 암시한다. 그러나 자신이 거름으로 사용하려고 모아 놓았던 잿더미가 바람에 날려 흩어져서 아깝다고 느껴졌다면, 재물이 흩어지고 자금의 유통이 원활하지 못할 것이다.

● 돌이나 자갈 등이 바람에 날린 꿈

종교적인 기적이 일어나는 것을 보게 될 징조다.

● 바람이 불어 먼지가 날리고 수목이 몹시 흔들린 꿈

현재 근무 중인 직장이나 지위, 또는 경영 중인 사업장 등이 몹시 불안한 상태이겠고, 또한 장차 예기치 못한 풍파가 일어날 징조다.

● 사랑하는 화초를 바람이 불어 다치게 한 꿈

사랑하는 자녀가 다칠 일이 있거나 우환이 생기게 될 암시이니 조심하라는 경고성 꿈이다.

● 태풍으로 인한 파도로 집·나무·사람 등이 쓰러지는 꿈

자신의 능력 및 재산 따위를 과시하다가 봉변을 당하거나 몰락하게 될 징조다. 환난, 고통스러운 일과 관계가 있는 꿈이다.

● 폭풍이 부는 꿈

모든 일이 어려움에 부딪칠 징조다.

● 폭풍이 몰아치는 상황에서 작업을 한 꿈

사회적인 권력을 지닌 기관의 압력으로 인해 진행 중인 일이

중단되어 난관에 부딪치게 될 징조다.

● 태풍이 불어 바닷물이 뒤집히거나
　　　　　　　육지의 온갖 식물이 꺾인 꿈
자신의 능력 또는 재산 따위를 자랑하다가 큰 봉변을 당하거나 몰락하게 될 징조다.

● 센 바람이 불어 불길이 더욱 치솟은 꿈
사업을 진행하는 데 있어서 사회적인 도움을 얻어 더욱 번성하게 될 징조다.

● 부드러운 바람이 정원에 불어오는 꿈
집안이 화목하고, 가족 중에 경사가 생길 징조다.

● 강한 회오리바람이 자기 집 지붕을 뚫고 솟구치는 꿈
자신이나 가족들에게 좋지 않은 일이 일어날 조짐이다. 특히 건강이나 재정적인 면에서 큰 재난을 겪게 될 징조다.

● 태풍이 불어서 나무가 무수히 꺾여진 꿈
친분이 두터운 훌륭한 인사나 재산을 잃게 될 징조다.

● 옷이나 모자 등이 바람에 날려간 꿈
타인이나 외세의 침범으로 정신적·물질적 손실을 입거나 부탁할 일이 생길 징조다.

● **바람에 날려 자신의 몸이 공중으로 떠오른 꿈**
지위나 명예·재물 등을 잃게 될 흉몽이다.

● **자신의 집이 바람에 날려가 공중에 떠 있는 꿈**
사업 기반이나 직장·지위 등을 잃게 될 징조다.

● **바람에 나무가 쓰러지는 꿈**
약속 또는 계약이 깨지거나 어기게 될 징조다.

● **티끌이 바람에 날리는 꿈**
괜한 일에 휘말려 시비를 초래하거나 가정에 우환이 생길 징조다.

● **강풍에 흙먼지가 날렸지만 낯선 사람의 옷자락에 숨어 흙먼지와 바람을 피해 나간 꿈**
바람을 피하였다는 것은 앞으로의 일이 순조롭게 풀릴 암시다. 더구나 낯선 상대의 도움으로 흙먼지를 피했으므로 귀인이나 협조자가 나타나서 현재의 곤란을 해소해 줄 길몽이다.

● **비가 올 때 우산을 얻은 꿈**
소원하던 일이 쉽게 풀릴 징조다.

● **강풍이 밀려와 근심 걱정이 바람에 날아가는 듯 상쾌하던 꿈**
신상에 있었던 크고 작은 근심이 깨끗이 해소될 징조다.

● 회오리바람이 요란스럽게 불고 있는 것을 본 꿈

뜻하지 않은 재난이 당신을 기다리고 있다. 머잖아 뜻밖의 장소에서 생각지 못한 형태로 싸움에 휩쓸리게 될 징조다. 이를 피할 만한 뾰족한 수도 없고, 그렇다고 해서 정면으로 막아내게 되면 치명상을 입게 된다. 그뿐만 아니고 정신적인 타격에 의해 다시는 재기할 수 없게 될 위험성도 도사리고 있다. 그러므로 항상 마음의 준비를 하고, 너무 자신이 화려한 존재가 되지 않아야 한다. 조심스런 생활이 요망되는 시기이다.

● 비, 우박 ●

비, 우박

● 빗방울이 한두 방울씩 뚝뚝 떨어지는 꿈

눈물과 슬픔, 불만이나 불쾌감 등을 체험하게 될 징조다.

● 우박이 자기 집 마당에 수북하게 쌓인 꿈

큰 재물이 생기거나, 계획하고 진행 중인 일이 성취될 징조이므로 길몽이다.

● 비가 내리는 꿈

하늘의 도움으로 입신 출세하거나 뜻밖의 복을 받게 될 징조다.

● 소나기가 주룩주룩 시원스럽게 내리는 꿈

이 꿈은 소원의 충족이나, 국가 또는 사회적 혜택, 평가받을 일 등을 상징한다.

● 비를 촉촉히 맞은 꿈
자비로운 사랑과 혜택을 얻게 될 징조다.

● 우박이 마구 쏟아진 꿈
근심거리가 생기거나 남한테 비난받을 일이 생길 징조다.

● 빗줄기를 타고 하늘로 오른 꿈
신분이 높아지고 입신 양명하여 출세하게 된다. 입학·승진·자격증 취득·사업의 성공 등의 경사가 있을 징조다.

● 계속되던 비가 멎고 기분이 상쾌해진 꿈
나쁜 모든 일들이 사라질 징조다.

● 멀리서 쏟아지는 빗줄기를 보는 꿈
상당한 기간이 경과한 후에야 좋은 혜택이 돌아올 징조다.

● 비를 피하기 위해 처마 밑으로 들어간 꿈
시비를 걸어오는 사람이 있거나, 사회적인 제재를 받을 일이 있어도 이를 순조롭게 피해 나갈 징조다.

● 폭우가 쏟아져서 홍수가 나는 것을 본 꿈
만사가 뜻대로 되지 않고, 부부 중 한 사람에게 구설수가 생길 징조이므로 흉몽이다.

● 비가 조용조용 내리는 꿈
농부는 길하고 상인은 손실이 있게 될 꿈이다.

● 우산을 쓰고 가는데 다른 사람이
　　　　　　　자기 우산 속으로 뛰어들어온 꿈
자신의 권리를 남에게 일부 빼앗기거나, 어떤 이익을 남과 나눠 갖게 될 징조다.

● 비 오는 밤에 우산을 쓰고 걸어가는 사람을 본 꿈
꿈에서 본 사람이나, 혹은 평소에 알고 지내는 사람에게 어떤 안 좋은 일이 생길 징조다.

● 비가 와도 우산이 없었던 꿈
이사를 가게 될 징조다.

● 비가 와서 논에 물이 가득 찬 꿈
명성을 크게 떨치게 되거나 재물이 생길 길몽이다.

● 비가 와서 초목과 농작물이 자라는 꿈
집안이 행운의 여신으로 부유하게 되고, 지금 하고 있는 모든 일이 창성하게 될 길몽이다.

● 말리려고 헤쳐 놓은 나무·곡식단 등의 물건에
　　　　　　　　　　　　　　빗방울이 떨어진 꿈
남에게 빌려준 물건이나 빚을 못 받게 될 징조다.

● 비가 지루하게 내리고, 또 흐려 있는 꿈
집안에 반드시 좋지 못한 일이 있을 암시다.

● 비를 맞으며 농사를 짓는 꿈

사회적인 협조를 받아, 계획하고 진행 중인 일이 순조롭게 성취될 징조다.

● 빗물이 집 안에 새는 꿈

염려할 일이 생기거나 질병을 앓게 될 악몽이다.

● 수많은 조약돌에 비가 촉촉히 내린 꿈

작품이나 사업 성과에서 좋은 평가를 받게 되고, 출전한 작품이면 입상하게 될 징조다.

● 우레가 울리고 번개가 친 꿈

관리는 승진하게 되고, 상인은 장사가 잘되며, 학자는 이름을 떨치게 될 징조다.

● 갑자기 길에서 비를 만나는 꿈

술과 음식을 대접받게 될 암시다.

● 갑자기 우박이 내려 지붕을 뒤덮은 꿈

집안에 경사스러운 일이 생길 징조다. 태몽이라면 아들을 낳을 징조이므로 길몽이다.

● 바람이 심하게 불면서 비가 오는 꿈

사람이 죽게 될 흉몽이다.

● 빗방울이 창문으로 거세게 몰아친 꿈

자신의 신분이나 실력에 대해 세인들로부터 인정받게 될 징조다.

● 빗물이 고여 저수지가 되는 것을 본 꿈

작은 장사로부터 시작하여 큰 사업을 일으키게 될 징조다. 재물과 돈이 생길 길조이다.

● 궂은 비를 흠뻑 맞으며 걸어간 꿈

신변에 어려움을 겪고 고난을 당하게 될 징조다. 감기에 걸려 고생을 하게 될 수도 있다.

● 가뭄 때에 비가 오는 꿈

비가 약하게 오면 매사가 순조롭게 발전하고, 강하게 오면 모든 일이 성공할 징조다.

● 마른논에 비가 와서 물이 흡족하게 찬 꿈

정신적·물질적인 소원이 충족되며, 돈이나 재물·권세 등을 얻게 될 징조다.

● 그릇에다 빗물을 받아 놓는 꿈

신에게 정성을 다해 기도를 하거나, 경험 축적·자금 축적·기술 축적·정보 축적 등이 있을 징조다.

● 큰 비가 내려 물이 범람하는 꿈

크나큰 재물이나 돈이 따를 암시다. 또한 명예도 따를 수 있는 길몽이다.

● 궂은 장마가 계속되는 꿈

이 꿈은 질병·근심·불안, 사회적 혼란이나 박해 등을 상징한다. 또한 매사에 지지부진하고 어려워지며, 하는 사업도 잘 안 될 징조이기도 하다.

● 천둥, 번개 ●

● 벼락이 자신에게 떨어진 꿈

더할 나위 없이 좋은 길몽이다. 생각지 않은 횡재를 하거나, 출세·성공을 하게 될 좋은 징조다.

천둥, 번개

● 천둥과 번갯불을 본 꿈

자손이 귀한 집에 자식이 생기거나 경사가 겹칠 징조다.

● 번갯불이 자기 몸을 환하게 비추는 꿈

크게 부귀할 대길몽이다. 신분의 고하를 막론하고 평소 원하던 최대의 소망이 이루어질 징조다.

● 벼락이 땅에 떨어져 불이 난 꿈

투자한 자금을 거두어들이게 된다. 생산업에다 투자하여 사업 성과를 올린다. 경사·기쁨·행운 등이 있을 징조다.

● 천둥이 치며 번갯불이 번쩍하는 순간에
　　　　　　　　　　　새로운 물체가 보인 꿈
새로운 생명체가 탄생하고, 새로운 변화와 희소식이 찾아올 징조다.

● 천둥과 번갯불이 번쩍하는 순간 벼락에 맞아 죽는 꿈
권력이 생기고, 부귀 영화를 누리게 되고, 새로운 삶이 시작될 징조이니 길몽이다.

● 벼락이 자기 집에 떨어진 꿈
장차 집안에 큰 액이 있을 흉조이므로 매사에 조심하는 것이 좋다.

● 벼락이 떨어져서 공처럼 땅 위에서 굴러다닌 꿈
응시한 시험에 합격하거나 감히 상상도 할 수 없었던 일을 성사시킴으로써 많은 사람들로부터 칭송을 듣게 될 징조다.

● 번갯불이 방 안을 환하게 비추는 꿈
기쁜 소식이 오거나 귀인이 찾아오며, 장차 집안이나 사업에 눈부신 발전이 있게 될 징조다.

● 맑고 푸른 하늘에서 천둥 소리가 요란하게 들린 꿈
집안에 경사스러운 일이 생기고, 기쁜 소식을 듣고, 소망을 이루게 될 징조다.

● 벼락을 맞은 나무가 다시 살아나는 꿈
어려움을 딛고 일어서게 되며, 새로운 사업을 일으키게 될 징조다.

● 번갯불이 번쩍하는 순간 벼락에 맞아 죽는 꿈
권력이 생기고 부귀 영화를 누리게 되며, 새로운 삶이 시작될 징조이므로 길몽이다.

● 높은 산이 벼락을 맞아 황금빛으로 변한 꿈
그 동안 자신에게 닥친 시련과 어려움을 극복하고 새롭게 태어나 부귀 영화를 누리게 될 징조다.

● 번갯불이 산 위를 환하게 비추는 꿈
만사 대길할 길몽이다. 특히 장차 집안에 큰 인물이 될 아들을 잉태할 태몽이다.

● 번개가 온누리를 밝게 비춘 꿈
막혔던 일이 풀리고, 기쁜 소식까지 듣게 될 징조다.

● 번갯불이 하늘을 가르고 구름바다가 곱다랗게 보이는 꿈
훌륭한 문학이나 예술 작품을 창작하게 되고, 영상 미디어를 완성하게 될 징조다.

● 길을 가다가 등에 벼락을 맞은 꿈
자신의 동업자나 협조자에게 좋은 일이 일어날 징조다.

● 나무가 벼락을 맞아 꺾여진 것을 본 꿈
사업에 큰 타격을 입거나, 추진 중인 계획이나 일이 예정대로

잘 풀리지 않을 징조다.

● **여행하다가 머리에 벼락을 맞은 꿈**
간질병이 발생할 수 있고, 꿈속에 폭풍우를 만나게 되면 노이로제 증상이 생길 징조다.

불·물에 관한 꿈

●불●

불

● **난로에 불이 잘 붙는 꿈**
사업이 잘 운영되거나 소원이 이루어지게 될 징조다.

● **맹렬한 불꽃이 온몸을 태운 꿈**
일신이 부귀로워질 징조다.

● **화롯가 주위에 여러 명이 빙 둘러앉아 있는 꿈**
여러 사람이 화합하게 되거나, 사소한 시빗거리로 말다툼을 하게 될 징조다. 길과 흉이 함께 하는 꿈이라고 할 수 있다.

● **전신에 화상을 입은 꿈**
어떤 사람과 인연이나 계약을 맺게 되고, 기념할 일이 생길 징조다.

● 불이 악취가 나는 물건을 태우는 꿈
질병 또는 근심 걱정거리가 사라질 것을 암시하는 길몽이다.

● 불이 활활 타오르는 꿈
부귀 공명하고 입신 출세하며, 사업이 크게 번창하여 많은 재물을 얻게 될 징조다.

● 불이 활활 타오르는 가운데에 자신이 들어가 있는 꿈
귀인의 도움을 얻어 만사가 형통할 대길몽이다.

● 부싯돌이나 촛불로 불을 놓는 꿈
재수가 있고, 만약 장사를 한다면 돈을 많이 벌게 될 징조다.

● 전기가 합선되어 폭음과 함께 큰불이 난 꿈
진행 중인 사업이나 일이 크게 성취되어 세상 사람들의 관심사가 될 징조다.

● 큰 화재로 인해 하늘이 붉게 타는 꿈
나라가 천하 태평하게 될 것을 암시하는 대길몽이다.

● 집이나 귀중한 물건이 불에 다 타서 재만 남은 꿈
사업이 잘 추진되어 나가다가 돌발적인 사고로 인해 재물을 잃어버리게 될 징조다.

● 그릇에 담긴 물이나 오줌, 강물 등에 불이 붙는 꿈
어느 기업이나 회사 등에서 정신적·물질적 사업이 크게 이루

어질 징조다.

● **여러 군데 불을 옮겨 붙이는 꿈**
일 또는 작품이 여러 회사나 신문·잡지 등에 선전 광고될 징조다.

● **잔디에 불이 붙어 번져 나간 꿈**
사업이 확장되고 자기의 소원이 이루어질 징조다.

● **방 안에 불이 나서 계속 활활 타고 있는 꿈**
신문·잡지 등에 작품을 연재하게 되거나 사업이 융성해질 징조다.

● **화롯불이 꺼져 가는 것을 본 꿈**
자신의 소망이 좌절되어 가고 있음을 암시하는 꿈이다.

● **아궁이에 불 때는 것을 본 꿈**
사업을 계획성 있게 추진시켜 나가고, 영세업이 대기업으로 바뀌게 될 징조다.

● **부엌에 불이 난 꿈**
복권이나 경품권 등에 당첨될 가능성이 있고, 많은 재물이 들어오게 될 암시의 꿈이다.

● **산이나 들에 불이 난 꿈**
하는 일마다 만사 형통하게 될 아주 좋은 징조다.

● 불길이 강물을 태우면서 흘러가는 꿈
정신적인 동지나 물질적인 자본을 얻어 사업 또는 일을 성사시킬 암시다. 또 장수하게 될 꿈이기도 하다.

● 불길을 잡지 못해 발을 동동 구르거나 불안에 떤 꿈
집안이나 사업상에 화근이 생길 징조다.

● 불이 사람을 태워 냄새가 나는 꿈
병약한 사람이 건강해지게 될 길몽이다.

● 숲이나 얕은 언덕이 불에 타고 있는 꿈
사업의 번창이나 큰일이 이루어질 징조다.

● 남의 밭 불꽃이 자기 집으로 옮겨 붙어서 활활 타오른 꿈
남의 권리나 재산을 자기 앞으로 이전하여 큰 부자가 될 징조다.

● 집이 활활 타오르고 있는 꿈
사업이 융성해져서 탄탄한 기반을 잡게 될 징조다.

● 자기의 몸에 불이 붙어 타는 꿈
추진 중에 있는 일이 순조롭게 잘 이루어지고, 신분의 갱신이 일어날 징조다.

● 불이 소와 말을 태우는 꿈
질병이 생길 암시다.

● 하늘에서 불덩이가 떨어지는 꿈
사회에 혁신적인 일이 일어나게 될 징조다.

● 활활 타오르던 불길을 끈 꿈
번창하던 사업이 중도에 어떤 방해를 받아서 중지하게 될 암시의 꿈이다.

● 불 가운데 있으면서도 타죽지 않았던 꿈
다방면으로 부족한 것이 없음에도 불구하고 일을 성사시키지 못하게 될 징조다.

● 불 속에 있으면서도 뜨겁지 않았던 꿈
평소에 계획했던 일이 이루어지지 않을 징조다.

● 폭탄을 맞아 건물에 화재가 난 꿈
여러 방면으로 사업이 크게 번창하여 많은 직원을 거느리게 되고, 직장인은 승진하게 될 징조다.

● 높은 산 일대가 불타 오르는 꿈
국가 또는 사회에 경사나 환난이 발생하고, 큰 건물이나 기관 등에 실제로 불이 나는 등 사회에 큰 혼란이 생길 징조다.

● 이층과 아래층에서 각각 불이 난 꿈
상부층과 하부층에 관계된 일이 각각 번창하게 될 징조다.

● 성화를 들고 계속 달린 꿈

태몽으로, 진리 탐구를 하거나 종교적 지도자가 될 아이가 태어나게 될 징조다.

● 촛불을 들고 거리를 다니는 꿈

크게 빛이 날 일이 생기게 될 징조다.

● 강물에 불이 붙은 꿈

정신적·물질적인 면에서 어떤 기관과 협력하여 성공을 이루게 될 징조의 꿈이다.

● 큰 도시가 불타 오르는 것을 본 꿈

헌법 개정·학설·교리 등이 전국 또는 지방에 전파되어 감화를 주게 될 징조다.

● 촛불로 인해 큰불이 나는 꿈

사소한 일로써 큰 화를 불러오게 될 암시다.

● 성화대에 불이 잘 붙는 꿈

진리를 탐구하거나 교리를 세상에 널리 전파하고, 교회를 설립하게 될 징조다.

● 촛불이 방 안을 환하게 비추는 꿈

가문이 번성하게 될 길몽이다.

● 물을 끼얹으며 불을 끄는 꿈

물을 끼얹은 횟수만큼 소비를 하게 되거나, 잘 나가던 사업 또는 금전 문제가 풀리지 않게 될 징조다.

● 마당의 흙 속에서 불길이 치솟아 오른 꿈

남에게 자신을 과시할 일이 생기게 되거나, 신문에 광고할 일이 생길 징조다.

● 등불의 빛이 집의 뜰 안팎에 환한 꿈

반가운 소식이나 가족 중 누군가로부터 합격했다는 기쁜 소식을 듣게 될 꿈이다.

● 남이 횃불을 들고 가는 것을 본 꿈

어떤 사람의 지도 또는 조언을 받게 되거나, 중매쟁이로부터 좋은 소식이 올 징조다.

●연기●

연기

● 물건이 타는데도 불길은 없고 연기만 나는 꿈

주위에 공연한 헛소문이 떠돌게 될 징조다.

● 벽이 갈라진 틈으로 연기가 나는 꿈

음란한 사업을 하거나 불쾌한 일을 겪게 될 징조다.

● **방 안에 연기가 새어든 꿈**

전염병에 감염되거나 남에게 누명을 쓰게 될 징조다.

● **빛(光)** ●

● **아파트 층층마다 불이 환히 켜져 있는 꿈**

문어발식 경영 방법으로 각 계열 회사마다 사업 성과가 날로 번창하게 될 징조다. 또 어떤 단체나 중역 회의에서 각고의 회의 끝에 좋은 결실을 보게 될 것을 암시하는 길몽이다.

빛(光)

● **침실에 빛이 스며드는 꿈**

귀여운 아들을 출산하게 되고, 집안에 경사가 생길 징조다.

● **빛을 보니 마음이 밝아진 꿈**

자신에게 벅찬 일을 하게 되거나 새로운 주장을 펼치게 될 징조다.

● **가로등 밑에서 일을 하거나 서 있는 꿈**

어떤 협조자에 의해서 근심 걱정이 해소될 징조다.

● **금은 보화의 물체가 빛을 발하거나 그 빛이 하늘에 닿은 꿈**

작품이나 업적 등을 크게 이룸으로써 세상 사람들의 인정을 받게 될 징조다.

● 전깃불이 깜빡거리는 꿈
하는 일이 발전됨이 없이 계속 지지부진하게 될 징조다.

● 전등이 꺼졌다 켜졌다 하는 꿈
사업상 경쟁하는 업체와 충돌이 예상되는 암시다.

● 스위치를 켜도 전기가 들어오지 않는 꿈
건강에 문제가 생길 징조다. 만일 젊은이가 이와 같은 꿈을 꾸었다면 건강에 유의해야 한다.

● 맑은 하늘에서 별빛이나 달빛이 환하게 비치는 꿈
자신을 존경하거나 사랑하는 사람이 나타나지만, 만일 결혼한 부인이 이러한 꿈을 꾸었다면 남편이나 친척과 불화가 있을 징조다.

● 투명한 물건이 빛을 받아 광선이 반사되는 꿈
어떤 사람의 업적이나 일거리가 자기에게 도움을 주게 될 징조다.

● 광선이 강하게 방 안으로 들어오는 꿈
어떤 강대한 외부 세력이나 종교적인 힘이 자기에게 어떠한 영향을 미칠 징조다.

● 불빛이 환하게 밝혀진 곳으로 간 꿈
하는 일마다 순조롭게 풀릴 징조다.

● 전깃줄을 방 안에 새로 가설한 꿈
새로운 직장에 취직되거나, 새로운 일이나 사업을 추진하게 될 징조다.

● **전깃불이 환하고 밝은 꿈**
사업 또는 문예 작품 등이 크게 성공하여 부귀해질 대길몽이다.

● **하늘에서 땅으로 광선이 뻗은 꿈**
자기가 하고 있는 일이 많은 사람들을 감동시키게 될 징조다.

● **자기 몸에서 빛이 나는 꿈**
태몽으로, 군인·경찰관·공무원·사원 등의 높은 관직에 오를 아이를 출산하게 될 징조다.

● **폭음과 함께 섬광이 번뜩이는 꿈**
깜짝 놀랄 만한 기삿거리를 읽게 될 징조다.

● **밖에서 본 창문이 불빛에 의해 환하게 밝혀져 있는 꿈**
어떤 기관에서 자신의 성실함을 인정해 주게 될 징조다.

● **폭죽을 터뜨려서 불꽃이 밤하늘을 수놓은 꿈**
계몽 사업으로 선풍적인 인기를 얻어 세상 사람들의 이목을 집중시키게 될 징조다.

● **자색 광선이 창문을 통해 방 안이나 자기의 몸에 비쳐든 꿈**
학술이나 작품 등이 진리임을 학계로부터 인정을 받게 될 징조다.

● 초롱불을 들고 밤길을 걸어간 꿈

은인이나 동업자 등을 만나게 되어 일이 잘 추진될 징조다.

● 큰 홀이나 교회 안에 있는 여러 개의 촛대에
　　　　　　　　　　　　불이 환하게 켜져 있는 꿈

단체·종교·학문 등에서 명성을 떨칠 일이 생길 징조다.

● 방 안에 촛불이 환히 밝혀져 있는 꿈

사업이나 소원이 흡족하게 이루어지고, 근심 걱정이 말끔히 해소될 징조다.

● 촛불이 꺼지는 꿈

이런 꿈을 꾸면 기다리던 소식을 포기하는 것이 좋다.

● 물 ●

물

● 분수가 높이 솟구치는 꿈

사업이나 업적을 과시하게 될 일이 생기며, 선전 광고를 계속 할 일이 생길 징조다.

● 산 밑에서 샘물이 솟아나는 꿈

정부 기관이나 큰 기업체에서 정신적·물질적 도움을 받게 될 징조다.

● 물이 맑게 보인 꿈
다른 사람의 우두머리가 될 징조다.

● 물이 이곳저곳에서 솟아나와 고인 꿈
다방면으로 재물을 모아 부자가 될 징조다.

● 물이 방 안에 가득 고인 꿈
좋은 아이디어를 개발하여 사업이 크게 번창할 징조다.

● 공중에 떠 있는 호스에서 물이 나와
　　　　　　　　　　　온 동네에 뿌려진 꿈
잡지나 신문 등에 작품이 실려 세상 사람들에게 감명을 줄 일이 생길 징조다.

● 물 위를 걸어가는 꿈
모든 일이 골고루 잘 갖추어져 있어 크게 길할 징조다.

● 물 위를 달린 꿈
운수가 대통하다. 그러나 물 위에 앉아 있거나 서 있으면 불길하고, 자신이 의지하는 사람이 죽을 수도 있다.

● 물 위를 서 있는 꿈
모든 일이 갖추어져 있지 않아 흉하며, 의지해 오던 가까운 사람이 죽게 될 흉몽이다.

● 웅덩이에서 물이 펑펑 솟아나거나
　　　　　　　　수도에서 물이 콸콸 쏟아진 꿈
사회 사업과 기관 또는 회사로 인하여 치부하게 될 징조다.

● 골짜기의 물을 시원하게 마신 꿈
부귀를 얻게 될 암시다.

● 물을 시원하게 마시지 못한 꿈
어떤 일이 성사되기는 하지만 만족스럽지 않을 징조다.

● 물을 긷는 꿈
재물이 모이게 될 길몽이다.

● 동물이 물 속으로 자취를 감춘 꿈
어떤 사업 또는 일을 끝마치거나, 갑자기 알고 지내던 사람이 어디론가 사라진 것을 뜻하는 꿈이다.

● 물 위에 자신의 몸이 비친 꿈
남자는 흉하고 여자는 임신할 징조다.

● 물에 빠져 가라앉거나 떠오르는 꿈
가라앉는 꿈은 송사 문제나 일이 잘 풀리지 않는 흉몽이고, 떠오르는 꿈은 길몽이다.

● 밑 빠진 독에 자꾸 물을 붓는 꿈
아무리 벌어도 재물이 모이지 않고 소비되어 버릴 징조이니 평소에 지출을 줄이는 습관을 길러야 한다.

● 솥에서 물이 끓어 넘치는 꿈

생각지도 않은 재물이 들어오게 될 것을 암시하는 길몽이다.

● 맑은 물이 개간지 중앙을 흐르는 것을 본 꿈

어떤 계몽 사업이나 교화 사업이 뜻대로 추진되어 나가게 될 징조의 꿈이다.

● 얼음이 얼거나 녹는 꿈

얼음이 어는 꿈은 만사가 이루어지지 않고, 또 기다리는 사람이 오지 않을 징조다. 그러나 얼음이 녹는 꿈은 먼 곳으로부터 소식이 있고 길할 꿈이다.

● 진달래꽃이 만발한 산 밑에 물살이 세게 흐르는 꿈

어떤 잡지사에 자기의 작품을 출품할 일이 생길 징조다.

● 사람이 살고 있는 집에 큰물이 들어온 꿈

자녀를 잃게 될 일이 생기게 될 흉몽이지만, 반대로 큰 재물이 들어 올 길몽이기도 하다.

● 물이 시원하게 흘러가는 꿈

운수가 대통하고, 지금 하고 있는 일마다 막힘없이 잘 풀려 나가며, 혼담이 성공하게 될 징조다.

● **몸이 물 속에 잠겨 있는 꿈**
대길하고 운수 대통할 징조다.

● **집 안의 물통이나 물탱크에 물이 가득 고인 꿈**
많은 재물이 들어와서 부자가 될 징조다.

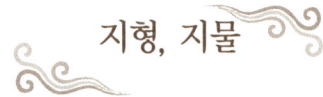

●산●

● **산을 본 꿈**
산을 본 꿈은 대체로 모두 길하며, 특히 명산을 본 꿈은 길몽이다.

● **깊은 산 속에서 귀한 물건을 주웠던 꿈**
횡재수와 돈이 생기며, 물품과 먹을 것이 생길 징조다.

● **산을 통째로 삼키는 꿈**
큰 뜻이 이루어지거나, 큰 인물이 될 아들을 잉태할 태몽이다.

● **산을 짊어지거나 들어올리는 꿈**
기구·단체 등을 이끌 실력자가 될 징조다. 큰 권세를 잡을 수 있는 길몽이다.

● **산에 올라가서 농사를 짓거나 집을 짓고 사는 꿈**
재물이 늘어나고 기쁜 일이 일어날 징조다.

● **산 위에서 굴러떨어진 꿈**
직장을 잃거나 사업에 실패할 수 있는 흉몽이다.

● **조그마한 산이 점점 높아지는 꿈**
영세업에서 시작하여 큰 기업으로 발전하게 될 징조다. 재수생은 명문 대학에 입학하게 될 징조다.

● **산 속에서 길을 잃어버린 꿈**
목표가 뚜렷하지 못하여 하고자 하는 일이 좌절될 징조다.

● **눈이 쌓인 산을 정상까지 올라간 꿈**
피나는 노력으로 자격 취득·성공·취직 등을 하게 될 징조다.

● **날아서 산 정상에 오른 꿈**
가장 빠르고 정확한 방법으로 목적을 달성하게 될 징조다.

● **정상에 올라가서 아래를 내려다본 꿈**
산의 모습은 당신이 가지고 있는 이상의 높이를 나타낸다. 따라서 이 꿈은 당신이 이상을 실현한다는 암시로서 아주 좋은 꿈이다.

● 먼산에 올라가야겠다고 생각한 꿈
먼산은 외국을 상징하므로 외국에 가고 싶은 소망을 나타낸다.

● 지팡이를 짚고 산에 오르는 꿈
협조자의 도움을 받게 되거나, 유리한 방도에 의해 일이 진행될 징조의 꿈이다.

● 적의 산정을 점령하는 꿈
현상 모집 또는 단체 경기에서 입선하거나 우승하게 될 징조다.

● 산을 보고 침을 뱉은 꿈
부모 또는 상사에게 불경한 짓을 하거나, 말을 잘못하여 구설수에 오르게 될 징조다.

● 산이 호랑이나 용·사람 등으로 변하는 꿈
권력가·정치가·사업가로서 큰 세력을 잡게 될 징조다.

● 돌산이 보인 꿈
새로운 사업 계획을 세워 미래에 도전하게 될 징조다. 미래의 밝은 희망이 보인다.

● 산울림이 들리는 꿈
기쁜 소식을 듣게 될 징조다. 바라고 있던 소망이 달성될 가능성이 큰 꿈이다.

● **높은 산이 주택의 후면을 감싸고 있는 꿈**
귀인의 보호를 입게 될 암시다.

● **멀리서 산봉우리를 바라본 꿈**
희망 찬 일들이 점점 다가오고 있음을 뜻한다.

● **화산의 분화구에서 시뻘건 불이 뿜어져 나오는 것을 본 꿈**
새로운 문명을 창출하거나 위대한 인물이 태어나며, 신상품을 개발하여 생산에 들어가게 될 징조다. 돈과 재물이 생길 것을 암시하는 길몽이다.

● **깊은 산의 계곡에서 맑은 물이 흐르는 꿈**
학문과 진리를 탐구하게 되거나 문예 작품을 창작하게 될 징조다.

● **산봉우리를 따가지고 집으로 돌아온 꿈**
부인은 임신하여 훌륭한 옥동자를 낳게 된다. 대길할 징조다.

● **조그마한 산이 점점 높아지는 꿈**
영세업이 점점 큰 기업으로 발전하게 되고, 재수생은 명문 대학에 입학하게 될 징조다.

● **커다란 산이 와르르 무너지는 꿈**
상대방의 사업이 쇠퇴하여 소득이 생기거나, 조직의 개편이 이루어질 징조다.

● 벌거벗은 산, 또는 황무지의 꿈

먼 곳에서 사람이 찾아올 징조다.

● 산이 무너지는 꿈

손윗사람의 상을 당할 염려가 있다. 산사태는 국가나 사회적 환란, 사업 기반의 붕괴를 의미한다.

● 산에서 사람을 만나는 꿈

오랫동안 소식이 끊겼던 사람에게 연락이 오거나 만나게 될 징조의 반가운 꿈이다.

● 산에서 지도를 그리는 꿈

윗사람에게 청원할 일이 생기거나, 사회 단체 또는 교회에 봉사할 일이 생길 징조다.

● 산 위에서 큰 소리를 지르는 꿈

크게 명성을 떨치게 되거나, 자신의 일로 좋은 소문이 퍼져 나갈 징조이므로 길몽이다.

● 산울림이 들리는 꿈

기쁜 소식을 듣게 되거나, 바라고 있던 소망이 달성될 것을 암시하는 길몽이다.

● 산이 누런 황금빛을 발한 꿈

한 문명이 새롭게 태어나서 화려한 꽃을 피우게 되거나, 신비한 문예 작품을 창작하게 되고, 새로운 민주주의 국가가 탄생하여 민족 정기를 바로잡게 될 징조다.

● **산을 오르다가 되돌아 내려오는 꿈**
어떤 일을 하다가 중도 하차하게 되거나, 각종 시험에 떨어져서 재수하게 될 징조다.

● **짐을 지고 산에 오르는 꿈**
힘겨운 업무를 맡아 고생하게 될 징조다.

● **암벽을 기어오르기가 무척 고통스러웠던 꿈**
어떤 일을 성사시키는 데 많은 어려움이 뒤따를 징조다.

● **산에서 즐겁게 노래하며 노는 꿈**
계획했던 일이 목적을 달성하고 좋은 평가도 받게 될 징조다.

● **높은 산에 올라가 노니는 꿈**
봄이나 여름철에 이런 꿈을 꾸었다면 만사 형통하고, 가을이나 겨울에 꾸었다면 현재 당신은 어떤 행동이나 일에 대해 주위 사람들로부터 공감을 사지 못하고 있다는 증거이다.

● **산 속에 폭포수가 흐르는 꿈**
계획한 일이 다른 사람의 도움으로 이루어지거나, 하고 있는 일들이 좋은 결과를 낳게 될 징조다.

● 산을 넘으려면 아직도 멀었다고 생각한 꿈
일이 성취되려면 아직도 멀었다는 것을 의미한다.

● 산 고갯길을 넘은 꿈
사업상의 난관을 극복하거나, 전환점에 이르러서 직장을 옮기게 될 징조다.

● 여러 개의 산을 넘거나 고개를 넘은 꿈
현재 어려운 일에 봉착하였으나 여러 번의 어려움을 거친 후에야 성공할 수 있다는 예시이다.

● 깊은 산 속에서 미인의 안내를 받는 꿈
직장에서 승진하게 될 암시다.

● 높은 산을 오르다가 떨어지는 꿈
신분·지위·소원·일 등이 물거품이 될 징조다.

● 백설이 쌓인 산을 정복한 꿈
명문 학교 입학·시험 합격·취직·승진·승리·성공·당선 등 소원 성취하게 될 것을 암시한다.

● 높고 험악한 산을 정복한 꿈
자신의 일이 사회적으로 인정을 받게 될 징조다.

● 나무·풀 등을 휘어잡고 산에 오른 꿈
협조자의 도움을 얻어서 자신의 일이 성취될 징조다.

● 눈 덮인 산을 올라가는 꿈
지위·직책 등이 높아지고 생활 형편이 좋아질 징조다.

● 산이나 언덕을 오르기가 무척 힘들게 느껴졌던 꿈
목적이나 소원을 달성하는 데 고통과 위험이 따르게 되고, 생활고에 직면하게 될 징조다.

● 등산 장비를 갖추고 산을 정복한 꿈
사회적 지위를 얻게 되고, 자신이 바라던 일이 성취될 징조다.

● 산과 들이 하얀 눈으로 덮여 있는 꿈
사업이 번창하거나 평소 원하던 일이 이루어지게 될 징조다.

● 어깨에 짐을 지고 산에 오르는 꿈
계획한 사업이나 소원 성취가 어렵게 될 징조다.

●숲●

● 숲이 우거져 보인 꿈
방어 태세가 안전함을 나타낸다.

숲

● 망령이 자기를 숲 속으로 이끄는 꿈
다방면으로 박식한 사람을 소개받거나 교양 서적을 읽게 될 징조다.

● 대나무 숲을 조심스럽게 걸은 꿈
자신에 대한 나쁜 소문이 나돌게 될 징조다.

● 나무가 듬성듬성 서 있는 것을 본 꿈
방어 태세가 엉성함을 나타낸다.

● 숲을 거닐다가 절이나 별장을 본 꿈
학문 분야에서 일하거나 업적을 남기게 될 징조다.

● 숲 속에서 아름다운 음악이나,
　　　　　　　　새소리·매미 소리가 들린 꿈
문화의 공간에서 야회 음악회가 열리게 될 징조다. 노래방·음악 감상·잔치·모임·의식·파티 등을 암시하는 길몽이다.

● 나무를 베어내고 숲을 개간한 꿈
묵은 것을 버리고 새로운 것을 개척할 일이 생길 징조다.

● 숲이 불타는 꿈
사업이 융성해지고 크게 번창할 징조다.

● 숲 속에 있는 수많은 나무의 밑둥이 잘라져 나간 꿈
어떤 특정 조직과 단체 안에서 통폐합의 일환으로 조직의 인원을 감원하게 될 징조다.

● 숲 속에서 귀금속을 발견한 꿈
오랫동안 땅에 묻혔던 국보급 유물을 발굴해 내게 될 징조

다. 돈·재물·횡재 등을 암시하는 길몽이다.

● **수풀에 불이 붙어서 훨훨 타오른 꿈**
재수가 대통하고 마음먹은 대로 소원 성취하게 된다. 돈·재물·횡재 등을 암시하는 길몽이다.

● **숲 속에서 냇물이 흐르는 것을 본 꿈**
사업이나 학문 등이 순조롭게 이루어질 징조다.

● **숲 속에서 아름다운 꽃이 활짝 피어 있었던 꿈**
아름다운 문예 작품을 창작하거나, 새로운 아이디어로 신상품을 개발하여 소비자의 취향에 맞도록 품질 고급화 및 판매 전략을 세우게 될 징조다.

● **숲 속에 길이 환히 트여 보인 꿈**
지금까지 어렵고 힘들던 일들이 말끔히 가시고 희망 찬 광명이 환히 보일 징조다.

● **숲 속을 걸어들어가는 꿈**
견학이나 직무 수행·독서 등을 하게 될 징조다.

● **숲 속에서 과일이나 버섯을 딴 꿈**
성적이 상승하거나 논문의 통과하고, 사업이 발전하게 될 징조다.

● **숲 속을 헤맨 꿈**
사업이나 연구가 난관에 부딪치거나 질병에 걸릴 징조다.

● 숲 속의 계곡물에서 물고기를 잡은 꿈
계획하고 있는 일이 잘되며, 좋은 성과를 얻게 될 징조다.

● 숲 속에서 꽃을 꺾어든 꿈
어떤 기관으로부터 상을 받는 등의 명예로운 일이 생길 징조다.

● 숲 속에서 호랑이 새끼를 얻은 꿈
태몽으로, 부인은 임신을 하여 귀한 옥동자를 낳을 징조다. 수입·명예·낚시·먹거리·선물·자격 취득 등을 암시하는 길몽이다.

● 숲 속을 거닐다가 도사나 선사를 만난 꿈
출장길이나 외지에서 뜻밖에 귀인을 만나 도움을 받게 될 징조다.

● 바다

바다

● 바닷속이 훤히 들여다보인 꿈
선사 시대의 유물과 보물을 발굴해 내거나 깊은 학문과 진리를 탐구하고, 누군가의 마음 속을 헤아리게 될 일이 있을 징조다.

● 해일이 일어나서 산과 들을 뒤덮은 꿈
거대한 사업으로 크게 부귀로워질 징조다.

● 바닷물 위에 떠 있는 돼지를 건져낸 꿈
횡재수가 있어 많은 재물이 생긴다. 원양업으로 많은 돈을 벌게 될 징조다.

● **양수기로 바닷물을 퍼올린 꿈**
귀인으로부터 많은 도움을 받게 되거나, 사업상의 거래처에서 목돈이 들어오게 될 징조다.

● **넓은 바다에서 헤엄을 친 꿈**
사회적인 혜택을 받거나 사업이 잘되고, 혹은 해외로 진출하게 될 징조다.

● **배를 타고 가다가 풍랑을 만난 꿈**
어떤 위험이 다가올 것을 예고해 주는 꿈이다.

● **넓은 바다에서 수영을 한 꿈**
매사에 하는 일이 잘 추진되어 갈 징조다.

● **끝없이 펼쳐진 바다 위를 걸어다닌 꿈**
위대한 힘으로 권력과 대권을 휘어잡게 될 좋은 징조다.

● **바닷물이 육지에 들어왔다가 빠진 흔적을 본 꿈**
어떤 일을 추진해 나가다가 중간에 포기하게 될 징조다.

● **홍수가 나서 바닷물이 집 안으로 밀려들어온 꿈**
많은 재물을 얻게 되어 큰 부자가 될 징조다.

● 해일이 자기 앞으로 밀어닥친 꿈

도저히 저항 불가능한 일에 봉착하게 될 징조다.

● 바닷물이 말라붙어 있는 것을 본 꿈

불경기로 인해 사업이 잘 안 돌아가거나, 집안의 재산이 줄어들고 어려움을 겪게 될 징조다.

● 바닷물을 모세의 기적처럼 갈라 길을 만든 꿈

낡은 사상이나 풍습, 종교·사회제도 등을 혁신할 일이 생길 암시다.

● 바닷물이 점점 줄어드는 꿈

강한 세력이나 외래 사상 등이 물러남을 뜻한다.

● 바닷물이 시커멓게 보인 꿈

운세가 불길하여 한동안 시련을 겪게 될 징조다.

● 바닷물이 빠진 갯바닥에서 물고기·게·조개 등이 드러난 꿈

정신적·물질적 사업에서 많은 이득이 생길 징조다.

● 바닷물이 총천연색으로 화려하게 보인 꿈

훌륭한 문예 작품을 창작하거나, 소비자의 취향에 맞는 고품질의 좋은 상품을 저렴한 가격으로 개발하여 시중에 내놓게 될 징조다.

● 바다 위를 거닐거나 건너가는 꿈

예상 외로 일이 순조롭고 모든 것이 당신에게 유리하도록 진

행될 징조다.

● 별이 바다로 떨어져 바다 전체가 푸른 불꽃이 되어 버린 꿈

신비한 문예 작품을 창작하여 전시회에 출품하게 되거나 대중성이 있는 상품을 개발, 이를 생산하여 시중에 내놓게 될 징조다. 행운을 암시하는 길몽이다.

● 시퍼런 파도에 놀라 쓰러진 꿈

준비할 겨를도 없이 불행이 몰아닥치게 된다. 천재·인재 등이 생길 징조이므로 흉몽이다.

● 잔잔한 바다에 배가 떠 있거나 배를 타고 순조롭게 바다를 건너간 꿈

앞으로 모든 일이 잘되어 갈 대길몽이다.

● 바닷물이 황금 덩어리로 변한 꿈

원양업에다 투자하여 돈벼락을 맞을 징조다.

● 바다에 있는 깊은 산 속으로 들어간 꿈

죽음을 암시하거나 외국으로 나갈 일이 생길 징조다.

● 바닷물이 육지로 넘치는 꿈

사람들이 깜짝 놀랄 만한 성과를 거두거나, 재물을 얻고 횡재할 징조이니 길몽이다.

● 푸른 바닷물이 점점 불어나는 꿈

영세업으로 시작하여 일약 대기업으로 발전하게 되거나, 집안의 재산이 크게 불어날 징조다.

● 바닷물이 멀리 밀려나면서 광활한 해저가 드러난 꿈

어떤 강력한 세력이나 기존 사상으로부터 점차 벗어나게 될 징조다.

● 바다에 파도가 거세게 일어난 꿈

부부간이나 가족과의 불화가 있게 되고, 가정 풍파나 사업에 파란이 일어날 징조다.

● 바다 또는 호수 가운데에 무덤이 있는 꿈

해외 시장에 영향을 미칠 회사에 근무하거나 세일즈 맨을 많이 고용하는 회사원이 될 징조다.

● 파도가 거세게 몰아치는 꿈

태몽으로, 머리가 명석하고 용감한 아들을 출산하게 될 징조다.

● 바닷물이 거울처럼 잔잔하게 보인 꿈

윗사람의 도움을 받아 일이 순조롭게 진행되고 출세하게 될 징조이므로 길몽이다.

● 바닷가 모래사장에서 진주를 주웠던 꿈

횡재수로 인해 많은 돈을 만지게 되거나, 뜻밖의 좋은 일로 쾌락에 빠지게 될 징조다.

● 강, 개천 ●

● 강물이나 냇물이 자신의 몸을 둘러싼 꿈
뜻밖의 송사를 당할 수가 있으니 매사에 주의해야 한다.

강, 개천

● 강이나 냇가에서 세수를 하려는데,
　　　물이 적거나 깨끗하지 않아서
　　　　　　이곳저곳을 헤매다녔던 꿈
좋은 일이 일어날 날이 아직 많이 남았거나, 당분간 어려운 환경에서 벗어나기 힘들 징조다.

● 강물이 갈라지면서 보물이 나타났던 꿈
한 시대적 이념을 창출하고 훌륭한 지도자가 될 징조다. 재물·학문·창작·발굴 등의 경사가 있을 것을 암시한다.

● 강물이 맑은 꿈
자신의 일에 대해 만족을 느끼게 될 징조다.

● 강물이 메마른 꿈
생활이 궁핍해질 징조다.

● 강물이나 냇물이 충분하고 맑아 세수가 용이했던 꿈
물질과 돈이 풍부하게 되어 근심 걱정거리가 말끔히 해소될 징조다.

● 강물이 거꾸로 흐르는 꿈
자기의 주장에 대해 공격을 받게 될 징조다.

● 강물의 흐름이 맑고 조용한 꿈

행운이 찾아올 길몽이다. 특히 변호사·판사·여행가 들이 이 꿈을 꾸면 대길몽이다.

● 강이나 개천의 물길이 두 갈래로 갈라진 꿈

신앙이나 사업의 방향을 잃게 되거나, 두 방향으로 나뉘게 될 것을 암시하는 꿈이다.

● 강물이나 호수가 꽁꽁 얼어붙어 있는 꿈

여러 방면으로 사업 자금이 동결되거나 정체될 징조다.

● 강물이 하나로 흐르다가 두 갈래로 갈라진 꿈

추진하고 있는 어떤 일이 양분되게 될 징조다. 단체라면 둘로 나뉘게 될 징조다.

● 맑은 강물 위를 유유히 걸어다닌 꿈

지도자가 되어 올바른 길을 걸어가게 될 징조다. 큰 대업을 성취하고 입신 출세한다.

● 강물에서 몸을 씻었는데 오히려 몸이 더러워진 꿈

성실하게 일을 해도 성과를 얻지 못하고, 구속당한 곳에서 헤어나지 못하게 될 징조다.

● 흐르는 강가에서 탐스러운 꽃 한 송이를 꺾은 꿈

지혜가 담긴 서적을 읽거나, 큰 학술 서적을 저술하게 될 징조다.

● 강물이 굽이쳐 흐른 꿈

새로운 문명과 함께 훌륭한 지도자가 탄생될 징조다. 어려운 역경을 딛고 일어서서 빈 항아리 안에다 재물을 가득 차게 할 인물로 거듭날 암시의 꿈이다.

● 오색 빛깔로 물든 강물을 본 꿈

훌륭한 예술 작품을 창작하거나, 극장 등에서 명화를 감상하게 될 징조다.

● 강물 위에서 해와 달이 만나는 것을 본 꿈

집안에 경사가 생기거나 뜻밖에 행운을 맞이하게 되며, 선남선녀가 분위기 있는 공간에서 아름다운 사랑의 꽃을 피우게 될 징조다.

● 강이나 호수에서 헤엄쳐 다닌 꿈

어려운 난관에서 벗어나게 될 징조다.

● 시커먼 강물이 물결친 꿈

조용한 집안에 평지 풍파를 겪게 될 징조다. 한 시대의 어둠을 겪게 될 것을 암시하는 흉몽이다.

● 강물 속에서 황금 덩어리를 건져낸 꿈

돈과 재물이 생기고, 마음먹은 대로 일이 풀리게 될 징조다. 뜻밖에 횡재를 하게 된다.

● 마른 개천에 물고기가 바글거린 꿈

자기에게 유리한 조건으로 돈을 취득하거나 운영난에 빠질 징조다.

● 맑은 물이 개간지 중앙을 흐르는 것을 본 꿈
어떤 계몽 사업이나 교화 사업이 마음먹은 대로 잘 추진될 징조이므로 길몽이다.

● 냇물이 숲 속에 흐르는 꿈
협력자의 도움으로 자신이 하고자 하는 일이 이루어질 징조다.

● 냇물에서 손발을 씻은 꿈
어떤 단체에서 자기가 소원한 일이 성취될 징조다.

● 호수 ●

호수

● 호수에 잠긴 해를 건져 가지고 집으로 돌아온 꿈
태몽으로, 부인은 임신을 하여 귀한 옥동자를 낳을 징조다. 물품을 구입하거나 횡재수가 있다.

● 호수에서 용이나 뱀 등 동물이 나오는 꿈
그 동물과 연관되고 상징성이 있는 아이가 태어날 태몽이다.

● 호숫가에 들어가 몸을 깨끗이 씻은 꿈
과거 자신의 잘못을 깨닫고 참회하여 참사람으로 다시 태어나게 될 징조다. 하는 일마다 순순히 잘 풀리게 된다.

● 숲 속 한가운데에 호수가 있는 꿈

좋은 작품을 발표하게 되어 세상 사람들로부터 뜨거운 박수와 격려의 말을 듣게 될 징조다.

● 동물이 호수로 들어간 꿈

어떤 기관에 입사하게 되거나, 그 동안 만들어 놓았던 작품을 발표하게 될 징조이니 길몽이다.

● 호수가 핏빛으로 물드는 꿈

한 기관이나 회사 등에 정신적 감화를 주게 될 징조다.

● 사랑하는 사람과 함께 호숫가를 거닐었던 꿈

친구와 애인을 만나 분위기 있는 장소에서 아름다운 이야기 꽃을 피우게 될 징조다.

● 호수 가운데 큰 바위나 나무가 있는 꿈

사업체 또는 기관의 직위·부서·관리인·경영자 등과 관계될 암시의 꿈이다.

● 호수의 수면에 자신의 모습을 비추는 꿈

자신의 내면을 직시하고 있다는 의미이다. 또는 내면을 바라보라는 촉구의 꿈이기도 하다.

● 맑은 호수가 한눈에 들어온 꿈

인기 있는 작품을 창작하게 되거나 하는 일마다 잘되고, 하루 종일 기분이 상쾌해질 징조다.

● **호수에서 머리를 감았던 꿈**
골치 아픈 일 또는 문제가 사라지거나, 학생은 머리가 총명해져 학업 성적이 오르게 될 징조다.

● **호수가 보라색으로 변하는 꿈**
어떤 기관·회사 등에서 자신에게 자비·사랑·애정 등의 영향을 주게 될 징조다.

● **자신이 호수에 들어간 꿈**
미지의 세상 속으로 들어가고자 하는 자신의 심리 상태가 반영된 꿈이다. 또한 임신의 징조로도 해석된다.

●샘, 우물●

샘, 우물

● **심산 유곡에서 샘물을 발견한 꿈**
오래 된 자료들이 새롭게 빛을 발하고, 사업 구상에 옛것이 재창조될 징조다.

● **산자락에서 샘물이 솟는 꿈**
집안이 번성하고 부를 얻게 될 대길몽이다.

● **솟아나는 물이 깨끗하고 아름다웠던 꿈**
당신의 운세는 대단히 길하다. 물처럼 돈이 넘쳐날 징조다.

● 솟아오르는 샘물을 마시는 꿈

자신이 원하는 단체 등에서 마음껏 실력과 능력을 펼치게 될 징조의 꿈이다.

● 산 속에서 샘물을 마신 꿈

학식과 지식이 높은 작가나 예술가로서 크게 성공할 자녀를 출산하게 될 징조다.

● 산 속에서 약수를 마신 꿈

병이 완쾌되거나, 두뇌가 명철해질 징조다.

● 산 밑에서 샘물이 솟아나는 꿈

정부 기관이나 큰 기업체에서 정신적·물질적인 재물을 얻게 될 징조의 길몽이다.

● 우물 속에서 짐승이 나오는 것을 본 꿈

어떤 출판사에서 자신이 구하려던 책을 출간하게 될 징조다.

● 처녀의 꿈에,
　　　우물에서 어떤 남자와 함께 두레박질을 한 꿈

미혼자는 여러 번 혼담이 오간 후에 결혼이 성사될 징조다.

● 우물 속에 산이 보인 꿈

뜻밖에 큰 사업체가 생기거나 배우자가 나타날 징조다.

● 우물을 찾아 헤매는 꿈
입학·취직·청탁 기관 등의 결정에 고통을 겪게 될 징조다.

● 약수를 시원스럽게 벌컥벌컥 들이마신 꿈
근심 걱정이 해소되고, 새로운 일거리를 얻게 될 징조다.

● 우물물을 떠서 손발을 씻은 꿈
근심 걱정이 해소되고, 입학·결혼·청탁 문제가 해결될 징조이므로 길몽이다.

● 우물물을 시원하게 마시지 못한 꿈
어떤 일이 성사는 되지만, 그리 만족스럽지 않을 징조다.

● 우물 안에 숨는 꿈
감옥에 가는 등의 좋지 않은 일이 생길 흉몽이다.

● 우물물이나 샘물이 탁해 보이는 꿈
신경질환이 생길 수 있고, 여색을 조심해야 한다.

● 처음엔 우물물이 탁해서 못 마시다가 나중에 맑아져서 떠 마신 꿈
소원·취직·결혼 등이 난관에 부딪쳤다가 서서히 성사될 징조다.

● 수도에서 물이 나오지 않는 꿈
사업체나 가정이 경제적인 어려움을 겪게 될 징조다.

● 살고 있는 집의 우물물이 철철 넘쳐흐르는 꿈

집안에 경사가 생기고, 돈과 재물복이 많은 아들을 출산하게 될 암시의 길몽이다.

● 집에 갑자기 우물이 생긴 꿈

어떤 회사에 취직이 되거나, 미혼자의 경우엔 혼담이 오갈 징조다.

● 수풀이 무성한 곳에서 샘물이 솟아나는 꿈

학생의 경우 정신이 맑아지고, 사업자의 경우 부진하던 일들이 풀리게 될 징조다. 정신 문화의 발달이 있다. 새로운 사업을 하게 되거나, 투자·재물·돈·횡재 등과 관련이 있다.

● 수도에서 물이 쏟아지는데 그것을 받을 그릇이 없어서 쩔쩔매는 꿈

사업이 어려워지고, 빚을 많이 지고, 소비할 일만 생길 징조다.

● 수염이 긴 백발 노인이 샘물을 떠 준 꿈

걱정 근심과 만병이 사라지고, 생각지도 않았던 재물이 생기게 될 징조의 길몽이다.

● 땅을 파니 맑은 샘물이 하늘로 솟구치는 꿈

생산업에다 투자하여 사업 성과를 올리고 번창하게 될 징조다.

● 선녀·신령·사람 등이 우물에서 나온 꿈

학원·교회·관청 등의 기관에서 인재가 나오거나, 진리의 서적을 출간하게 될 징조다.

● 이끼 낀 우물이나 연못을 본 꿈

일의 진행 과정에서 방해 요소가 생겨 그것을 제거하는 데 힘이 들게 될 징조다.

● 우물에 빠지는 꿈

뜻밖의 어려운 일이 생기고, 수하인에게 걱정거리가 생길 징조다. 옥살이를 하게 되거나 원한이 길어지고, 모함에 빠지게 될 것을 암시한다.

● 자신의 몸이 우물 속에 비친 꿈

관직을 얻게 될 징조다.

● 우물 속에서 무슨 소리가 들려서 들여다본 꿈

구설에 오르게 될 징조다.

● 우물에서 다른 사람이 자기보다 먼저 물을 떠 마신 꿈

다른 사람이 자기보다 먼저 진급을 하게 될 징조다.

● 우물에 사람을 넣고 묻어 버린 꿈

자기의 사생활을 지키며, 은행에 장기 저축을 하게 될 징조다.

● 우물에서 물을 퍼올려 그릇에 담는 꿈

사업에 투자하여 돈을 많이 벌게 되고, 직장·사회 등에서 승진을 하게 될 징조다.

●폭포●

● 폭포수 물기둥을 손으로 잡고 있는 꿈

귀인을 만나 도움을 받게 되거나, 행운의 여신이 다가와 일확천금을 쥐게 될 징조다.

폭포

● 폭포수를 실컷 받아 마신 꿈

깊은 진리를 깨닫고 평화를 얻게 되며, 마음먹은 대로 소원 성취하게 될 징조다.

● 폭포수로 머리를 깨끗이 감은 꿈

자신을 괴롭히던 온갖 불안한 요소들을 몰아내고, 깨끗한 마음으로 새로운 것을 맞이하게 될 징조다. 학생은 머리가 맑아지고 학업 성적이 오르게 될 것을 암시한다.

● 폭포수가 떨어져 큰 바다가 되는 꿈

어려움을 딛고 일어나 대업을 성취하고, 영세업으로부터 큰 기업으로 고속 발전하게 될 것을 암시하는 길몽이다.

● 폭포수 안에서 선녀가 목욕하는 것을 본 꿈

아름다운 애인을 만나거나 중매를 받게 될 징조다.

● 폭포수가 쏟아져 콸콸 흐르는 꿈

하는 일들이 순조롭게 풀리게 될 징조다. 새로운 발전과 희망이 보이는 길몽이다.

● 용이 폭포수를 타고 하늘로 올라가는 것을 본 꿈
세상에 이름을 떨치고 입신 출세하게 될 징조다. 또한 시험 합격·입학·취직·승진·당선·승리 등의 경사가 있을 것을 암시하는 길몽이기도 하다.

● 폭포수 밑에서 목욕을 하는 꿈
하고자 하는 일들이 순탄하게 풀릴 징조다. 마음을 비우고 깨끗하게 살아가게 된다.

● 산에서 폭포수가 쏟아지는 꿈
협조자의 도움을 받아서 하는 일이 성사될 징조다.

● 흙 ●

흙

● 흙담을 높이 쌓아올린 꿈
어떤 일에 공헌과 업적을 쌓고, 학생은 노력 끝에 학업 성적이 오를 징조다.

● 흙으로 마당을 돋운 꿈
사업 기반이 확장되거나 견고해질 징조다.

● 흙으로 정원을 돋운 꿈
사업이 점차 기반을 잡아 날로 번창하게 될 징조다.

● 흙구덩이를 파는 꿈

재물을 저장하게 되거나, 또는 비밀을 간직하게 되거나, 저축 등을 암시하는 꿈이다.

● 누런 흙탕물이 흐르는 것을 본 꿈

진리가 담긴 서적을 읽게 되거나, 특수 사업체와 관련된 일을 하게 될 징조다.

● 논밭에 있는 흙이 검게 보인 꿈

사업상 자기에게 유리한 조건을 확보하게 될 징조다.

● 황토를 그릇에 담아 집 안으로 가져온 꿈

돈과 재물이 들어오고 음식거리를 장만하게 될 징조다. 집안에 뜻밖의 복이 들어올 것을 암시하는 길몽이다.

● 흙을 파내어 그 속에서 물건을 얻은 꿈

단체에서 그 물건이 상징하는 어떤 이득이 생길 징조다.

● 흙을 파내어 집으로 가져오는 꿈

사업 밑천이 생기게 될 징조다.

● 길에 파 놓은 함정을 뛰어넘은 꿈

어렵고 힘든 여건을 굴하지 않고 잘 극복해 나갈 징조다.

● 흙을 파서 금은 보화나 고고학적 유물을 얻어 가진 꿈

어떤 기관에서 연구나 사업 성과를 얻고, 권리나 횡재가 생

기게 될 징조다.

● **흙을 빚어 여러 가지 형태를 만든 꿈**
어려운 고비를 극복하고, 창작물이나 사업 성과를 얻게 될 징조다.

● **흙구덩이에 물을 퍼부어도 고이지 않는 꿈**
영업 사원이 되어 수금한 돈을 회사에 입금시킬 징조다.

● **흙을 파서 배뇨 구덩이를 만든 꿈**
사업가는 사업상 거래처를 확보하고, 학자는 논문의 기초를 마련하게 될 징조다.

● **흙을 파서 구덩이를 만들어 위장하는 꿈**
어떤 회사나 사업장 등에서 계획·작전 등으로 사람을 구하거나 신분을 몰락시킬 암시다.

● **몸이나 옷에 흙이 묻은 꿈**
질병에 걸리거나 다른 사람으로 인하여 누명을 쓰게 될 일이 생길 징조다.

● **남이 파 놓은 함정에 빠진 꿈**
하는 일마다 제대로 풀리는 일이 없고, 몸에 병이 생길 징조다.

● **진흙이나 수렁에 빠진 꿈**
하는 일마다 제대로 풀리지 않아 곤경에 빠지게 될 징조다.

● 지신밟기놀이를 한 꿈
이웃과 집안이 평안해지고 만복이 들어오며, 부동산에다 투자하게 될 일이 생길 징조다.

● 맑은 물 속에 하얀 흙이 매끄럽게 깔려 있었던 꿈
정신 문화의 발달을 이루고, 학문과 진리를 탐구하게 될 징조다.

● 흙벽돌을 많이 만들거나 쌓아 놓은 꿈
많은 지식을 얻게 되거나 사업 자금이 생길 징조다.

● 주위에서 흙먼지가 뿌옇게 일어난 꿈
사회적으로 불안하고 유행병이 번질 징조다.

● 갑자기 붉은 흙산이 생긴 것을 본 꿈
사회적으로나 국가 방위상 불안한 일이 생길 징조다.

●돌(石)●

● 돌로 울타리를 쌓은 꿈
다른 사람의 협조를 얻어 신분이나 사업이 새로워질 징조다.

돌(石)

● 돌을 집 안에 들여오는 꿈
기쁜 일이 생기게 될 길몽이다.

● 땅에서 돌을 주워 보니 황금으로 변해 빛나는 꿈
복권에 당첨될 확률이 많고, 눈먼 돈이 들어올 징조다.

● 거리에 자갈을 깔아 놓은 꿈
어떤 교리를 설파하거나 여러 사람들에게 일에 대한 방법과 도리를 알려주게 될 징조다.

● 여러 곳에 흩어진 돌을 주워서 그릇에다 담는 꿈
여러 곳에 깔아 놓은 외상값을 받게 되고, 농산물·곗돈·물품 등을 거두어들이게 될 징조다.

● 벽돌을 많이 생산하거나 집으로 들여온 꿈
어떤 학문적인 자료를 얻거나 훌륭한 인재를 모으게 될 징조다.

● 바위가 터져 폭포가 흐르는 꿈
진리적인 교화를 크게 베풀거나 많은 재물을 얻게 될 징조다.

● 산 고갯마루에 돌을 쌓아 놓은 꿈
마음에 신앙심을 갖고 기도를 드릴 일이 생기거나, 푼돈 모아 목돈을 만들게 될 징조다.

● 깊은 물 속에서 돌덩이를 건져낸 꿈
사업에 투자하여 많은 돈을 벌게 된다. 횡재·선물·물품과 먹거리 등이 생길 징조다.

● 커다란 돌을 뜰에 장식하는 꿈
모든 일이 뜻대로 이루어질 길몽이다.

● 커다란 돌을 안거나 짊어지고 집 안으로 들어온 꿈
재물이나 이익을 얻게 될 길몽이다.

● 하늘에서 돌이 우박처럼 쏟아지는 꿈
귀인의 도움을 받아 많은 재물을 얻게 될 길몽이다.

● 하늘에서 떨어지는 돌을 손으로 받은 꿈
뜻밖에 윗사람의 도움을 얻어 사업에 성공하게 될 징조다.

● 길가에 돌에 걸려 넘어진 꿈
사업가는 부도 위기를 맞거나, 모든 사업적인 거래가 중단될 징조이니 흉몽이다.

● 꿈에 돌탑을 보면
학문 연구에 깊이 몰두하거나 남에게 소청할 일이 생길 징조다.

● 돌덩이가 변해 큰 바위로 변한 꿈
작은 사업이 점차 확대되어 큰 사업으로 번창하게 될 징조다.

● 큰 돌을 보고 그것을 운반하겠다고 생각한 꿈
부귀를 얻게 될 길몽이다.

● 높은 돌산을 우러러보는 꿈
앞으로 큰 계획을 세워 뜻대로 성취하게 되고, 귀인을 만나 도움을 받게 될 징조다.

● 강가나 개울가에서 빛나는 수석을 주운 꿈
태몽으로, 앞으로 태어날 아이가 높은 관직에 올라 크게 성공하게 될 징조다.

● 맑은 냇가에 차돌이 쫙 깔려 있는 꿈
새로운 아이디어가 떠오르거나 재물과 돈이 들어올 징조다.

● 쌓아 놓았던 돌무더기가 힘없이 허물어진 꿈
현재 계획하거나 추진 중에 있는 일이 중도에 실패하게 되거나 와해될 징조다.

● 조약돌을 손에 쥐고 만지작거린 꿈
임신한 부인은 쌍둥이 옥동자를 낳아 출세시킬 징조다.

● 지팡이나 주먹으로 바위를 쳐서 물을 얻어 마실 수 있는 꿈
기발한 아이디어로 세상 사람들을 감동시키고 많은 재물을 얻게 될 징조다.

● 주먹으로 바위를 쳐서 산산조각을 낸 꿈
어떤 단체에서 자기의 주장을 피력하여 서로 화합을 이루게

할 징조의 꿈이다.

● **개울가에서 예쁜 차돌을 주워서 집으로 가져온 꿈**
태몽으로, 똘똘한 아들을 낳을 징조다.

● **큰 바위를 부수어 자갈로 만든 꿈**
어떤 일을 서로 분담하여 작업을 시작하게 될 징조다.

● **바위에 이끼가 끼고 꽃이 핀 꿈**
집안에 경사가 있거나, 오랜 연구의 결실로 세상에 이름을 드날리고 유명해지게 될 징조다.

● **방 안에 푸른 차돌이 가득한 꿈**
호박이 넝쿨째로 굴러들어오게 될 징조다. 영세업을 하다가 많은 돈을 벌게 된다.

● **반석 위에 앉거나 서 있는 꿈**
어떤 단체를 이끌어 나갈 지도자가 되거나, 하는 일마다 순리대로 잘 풀려나갈 징조다.

● **넓은 반석 위에 편안히 누운 꿈**
매사에 대길할 길몽이다.

● 모래, 사막 ●

모래, 사막

● **모래 무더기나 모래 언덕을 쌓아 올린 꿈**

학문 연구에 깊이 몰두하거나, 자기 발전을 위해서 많은 서적을 읽게 될 징조다.

● **모래산이 황금빛으로 찬란했던 꿈**

훌륭한 문예 작품을 창작하게 될 징조다. 시험 합격·취직·승진·당선·성공·재물 등을 상징하는 길몽이다.

● **모래사장에 자기의 발자국을 남긴 꿈**

어떤 기관에 자기의 경력이나 행적을 남기게 될 징조다.

● **모래를 짊어지고 어디론가 하염없이 걸어간 꿈**

몹시 고달픈 일에 종사하게 될 징조다. 짊어진 모래가 다 새어 버리면 어려운 일, 즉 병의 고통이나 어떤 부담감에 시달리게 될 징조다.

● **모래를 물에 일어서 금을 얻는 꿈**

모든 일이 소원대로 이루어질 길몽이다.

● **모래를 손에 쥐고 길을 걷는 꿈**

자신도 모르는 사이에 재산이 점점 줄어들 우려가 있으므로 주의해야 한다.

● **사막에서 오아시스를 발견한 꿈**

사업·금전·직장 및 여러 가지 일이 난관에 부딪쳤다가 귀인을 만나거나, 기발한 아이디어가 창출되어 어려움에서 순조롭게 풀려날 징조다.

● **사막 지대를 여행하는 꿈**

하고 있는 모든 일이 곤경에 처할 징조다.

● **모래밭에서 금덩어리를 주운 꿈**

제조업·생산업 등에 투자하여 사업의 성과를 올리게 될 징조다. 돈·재물·횡재 등을 암시하는 부자가 될 길몽이다.

● **꿈에 모래시계를 보면**

사람과 약속을 하거나 일을 계획성 있게 처리하게 될 징조다. 자신의 행위에 대하여 깊이 성찰한다.

● **백사장을 바라보는 꿈**

재물이 생기게 될 길몽이다.

● **모래밭에 씨앗을 뿌린 꿈**

자기 분수에 맞지 않는 사업을 시작함으로써 항상 마음이 불안하게 될 징조다.

● **모래 속에서 한 가닥의 불길이 치솟아오르는 꿈**

장애물을 뛰어넘어 대업을 완수하게 될 징조다.

● 모래밭에서 금반지를 주웠던 꿈

돈과 재물이 생기고 횡재수가 있을 것을 암시한다. 자연 공간에서 사랑의 연을 맺게 될 징조다.

● 모래 한 줌을 꽉 쥐자 손 밑으로 모래가 주르르 빠져나간 꿈

그 동안 힘들게 모아 두었던 재산이 일시에 빠져나가게 될 징조다. 여러 곳으로 지출할 일이 많아진다. 또한 한 나라의 민족으로 볼 때는 통일성과 응집력이 부족하다는 암시다.

● 사막 중간에서 길을 찾아 헤매는 꿈

단체에서 실력 발휘를 하지 못하고 운세가 절망 상태에 놓이게 될 징조의 악몽이다.

● 사막을 고통스럽게 걸은 꿈

온갖 정성을 기울여 일으켜 세우려고 노력했던 사업이 망하게 되거나, 신분이 불리하게 될 징조다.

● 사막에서 오아시스를 만나는 꿈

어려운 난관에 처해 있는 일들이 서서히 풀리게 될 징조다.

● 동굴 ●

● 동굴 속에 들어가 이리저리 헤매면서 출구를 찾지 못한 꿈

동굴

현재 당신이 미로에서 헤매고 있음을 나타내는 꿈이다. 이런 때는 당신이 하고 있는 분야의 경험자나 윗사람에게 도움을 청하는 것이 좋다.

● 동굴 속에서 불길이 뿜어져 나오는 꿈

생산업이나 유통업에다 투자하여 많은 돈을 벌게 될 징조다. 재물·횡재·경사 등의 행운을 암시한다.

● 동굴 속에서 맑은 물이 졸졸 흐르는 꿈

마음먹은 일들이 순조롭게 풀리게 되거나, 훌륭한 선생을 만나 지도와 도움을 받을 일이 생길 징조다.

● 동굴 속에서 커다란 거북이 나온 꿈

새로운 사업을 하여 대기업으로 비약 발전하게 될 징조다. 재물·물품·횡재 등의 행운과 관련이 있는 꿈이다.

● 담장 밑에 굴이 뚫려 있는 꿈

재물과 돈이 새어 나가고, 가운이 기울거나 불청객이 침범할 징조다.

● 동굴 속에서 백발 노인을 만난 꿈

우연히 귀인을 만나 도움과 지도를 받게 되고, 새로운 아이디어를 얻게 될 징조다.

● **터널 속으로 자동차가 들락거리는 꿈**

갑자기 일거리가 늘게 되어 분주하게 될 것을 암시한다. 기분이 상쾌해지고 일이 잘 풀릴 징조다.

● **동굴 안에 금은 보화가 가득한 꿈**

새롭고 감각적인 상품을 개발하여 돈을 벌게 된다. 식품·물품·횡재·재물·귀금속 등을 얻게 될 징조다.

● **동굴 속에 있던 용이 하늘로 올라가는 꿈**

무명을 벗어던지고 일약 스타가 될 징조다. 윗사람의 도움으로 새로운 발전을 하게 될 것을 예시하는 꿈이다.

● **동굴 안에서 돌아가신 부모님을 만난 꿈**

지나온 과거를 돌이켜 자성하게 될 일이 생기고, 제사나 고사를 지낼 일이 생길 징조다.

● **동굴 속에서 무엇인가 찾아내는 꿈**

연구한 일에 대한 발견을 하게 되거나, 그간 노력한 일에 대한 성과를 얻을 수 있는 길몽이다.

● 권말 부록 ●

· 로또 1등 당첨 비법
· 흉몽 퇴치법

로또 1등 당첨 비법

　동남아권 문화에서는 꿈을 꾸고 미래를 예측하는 것을 아주 자연스럽게 받아들인다. 유럽에서도 16세기부터 꿈을 통해 미래를 예측하는 '패러 심리학'이라는 학문적 연구가 이뤄지고 있다. 이미 미국에서는 꿈을 로또복권의 숫자를 선택하는 안내 매체로 활용하고 있고, 실제로 한국에서도 어떤 특별한 꿈을 꾸고 난 다음에 로또복권에 당첨되는 경우가 많이 발견되고 있다.

대박을 바라기 전에 잠깐만…

(1) 꿈을 자주 꾸도록 스스로 유도한다.
(2) 최소한 두 군데 이상의 로또 판매점을 이용한다.
(3) 5게임 하는 것보다 4게임 이하로 한다. 5등이 되었을 때 담배 한 갑 정도는 살 수 있는 여유를 가지기 위해서이다.
(4) 이월된 경우 가능하면 하지 않도록 한다. 당첨자 수가 많

아껴서 배당금이 줄어들기 때문이다.
(5) 성급하지 않게 여유를 가지고 여러 회차를 생각하며 게임에 임한다.
(6) 최소한 5등이 될 수 있도록 번호를 몰아서 조합하도록 한다. 당첨 확률이 거의 없다고 생각하며 조합한다.
(7) 신문 기사 등 대중 매체에 현혹되지 않도록 한다. 소 잃고 외양간 고치는 꼴이 될 수 있다.
(8) 소신을 갖고 게임에 임한다.
(9) 한 번의 게임으로 일주일 동안 즐거운 마음을 가지고 보낸다.
(10) 조합한 번호가 815만분의 1 중 하나라는 것을 알아야 한다.

꿈과 숫자와의 연관성

● 꿈속에 나타난 대상과 그에 해당되는 번호 ●

01 : 아기, 노인, 할머니
02 : 어머니, 새장, 비행기
03 : 장기판, 사냥꾼, 인형, 외국인
04 : 여자 아기, 수족관, 북, 색깔, 선물, 개미
05 : 쥐

06 : 화원, 피리, 철도
07 : 의사, 고가 다리, 흰 양복, 카드, 황금
08 : 소, 기사님, 저녁, 모자
09 : 신부님
10 : 군인, 군복무, 살해
11 : 아이들, 편지
12 : 다리미, 고양이
13 : 달걀, 사망, 무덤, 앞치마
15 : 도끼
16 : 솜
17 : 물고기, 담요, 교회
18 : 책, 예술가, 아버지
19 : 술집, 일기, 고양이
20 : 담배
21 : 손가락, 젖소, 남자 아기, 지도
22 : 미궁, 공항, 귀신
23 : 눈
24 : 술
26 : 신부, 풀밭, 바늘
27 : 돈
28 : 귀고리
30 : 컵
31 : 부모님

32 : 단추
33 : 검정 양복, 개, 난로
34 : 배우, 문
36 : 칼, 벼룩시장
37 : 이발사
38 : 성, 변호사, 침대
39 : 집, 빵
41 : 기름
43 : 망치, 여관
44 : 도끼, 점심
45 : 어부

로또 대박을 꿈꾸는 사람들의 유형과 실례들

1. 자료 분석형

65회차 1등에 당첨된 A씨는 1회차 때부터 매주 평균 10~15게임을 해 왔다.

그는 65회차 추첨 전날인 지난 2월 27일 자료를 분석했다. 역대 로또 1등 당첨 번호와 출현 빈도를 정리, 분석하여 빈도

순으로 번호(40, 25, 33, 36, 43, 4)를 선택했다.

철저한 분석의 결과, 그는 1등에 당첨되었다.

그가 남긴 한 마디는 이렇다.

"로또는 확률 게임이기 때문에 노력 여하에 따라 얼마든지 당첨 시기를 앞당길 수 있다고 생각합니다."

2. 족집게형

무작위로도 해 보고 생년월일·전화번호·집주소 등으로도 해 보고, 또한 각종 기념일로도 조합해 봤지만 번번이 실패한 B씨. 15회차 번호를 선택할 때는 더 이상 조합할 번호가 없었다. 고민 끝에 45개의 종이 조각을 만들어 일곱 살 난 딸에게 고르게 했다. 딸아이와 함께 놀이를 한다는 가벼운 생각으로 행한 일이었지만 170억 원에 당첨되는 대박을 터뜨렸다.

3. 신불, 또는 사자(死者) 의존형

- 1등이 되는 것은 신의 계시나 조상의 음덕이 있어야 한다고 믿는 타입

·사별한 남편 꿈

30여 년 전 남편과 사별하고 홀몸으로 자식들을 키워 온 C씨. 10여 년 전부터 매주 5,000원 정도의 주택복권을 구입해 왔다. 어느 날 그녀는 사별한 남편이 자신에게는 돈뭉치를, 자식

들에게는 집문서를 주고 가는 꿈을 꿨다. 그리고 그녀는 다음 날 게임인 10회차에 1등으로 당첨되는 행운을 거머쥐게 되었다.
"힘들어도 성실히 살았더니 조상님이 도와주신 것 같아요."라며 눈시울을 붉혔다는 후문.

· 조상님 꿈

지난 6년간 주택복권과 또또복권의 1억 원 이상 고액 당첨자 364명 가운데 꿈을 꿔 당첨된 122명 중 19.7%(24명)가 조상 꿈을 꾸고 1등에 당첨된 것으로 나타났다.

조상 꿈은 추첨식 복권뿐 아니라 로또에서도 효력을 발휘했다. 지난 3회차 로또에서 1등에 당첨된 대구의 D씨는 "돌아가신 부모님이 홍수 속에서 자고 있는 나를 깨우는 꿈을 꿨다."고 밝혀 화제가 되기도 했다. 2회차 2등 당첨자 역시 돌아가신 부모님 꿈을 꾸고 당첨됐다.

4. 지조형

한번 번호를 정해 놓았다 하면 그 번호를 끝까지 고수해 거기다가 배팅하는 타입이다. 자신과 인연 있는 숫자, 이를테면 생년월일, 주민등록번호, 또는 가족들의 생일이나 비밀 번호 등의 조합을 정해 놓고 자신의 능력이 미치는 한 끝까지 끌고 가는 사람이다.

5. 일주일 행복형

당첨이 되든 안 되든 그냥 로또 영수증만 가지고 있어도 마음이 더없이 즐겁고 넉넉해지며, 행복해하는 타입으로서, 게임에서는 가장 이상적인 형이라 볼 수 있다. 게임에서 오는 불안이나 초조 따위의 스트레스를 받지 않기 때문에 일주일 동안 기다리는 즐거움을 즐기고 있다.

역술인이 풀이한 로또

● 띠별 행운의 숫자와 배팅 시간 선택이 중요!! ●

"복권 구입할 때도 공익에 동참하고 선행을 생각하는 마음을 담으라."

유명 역술인 이 수(애스크퓨처닷컴 대표) 씨와 임선정(불교 아카데미 대자원 원장) 씨는 12간지에 맞춰 행운의 숫자와 배팅 타이밍, 그리고 길한 방향을 분석했다.

1. 띠별 행운의 숫자(배팅 시간, 방향)

쥐띠 - 1, 5, 8 (오후 03시 30분~05시 30분, 동북·동남방)
소띠 - 2, 5, 9 (오전 09시 30분~11시 30분, 서쪽·서북방)

호랑이띠 - 0, 1, 6 (오후 05시 30분~07시 30분, 북쪽·중앙)
토끼띠 - 0, 1, 7 (오후 01시 30분~03시 30분, 북쪽·북동방)
용띠 - 2, 8, 9 (오전 07시 30분~09시 30분, 남쪽·남서방)
뱀띠 - 1, 4, 9 (오전 11시 30분~오후 01시 30분, 동쪽·동북방)
말띠 - 3, 5, 7 (오후 01시 30분~03시 30분, 서쪽·서남방)
양띠 - 2, 3, 6 (오후 09시 30분~11시 30분, 북쪽·북서방)
원숭이띠 - 4, 5, 8 (오후 07시 30분~09시 30분, 남쪽·남동방)
닭띠 - 1, 6, 9 (오전 05시 30분~07시 30분, 서쪽·서북방)
개띠 - 2, 3, 6 (오후 05시 30분~07시 30분, 동쪽·동남방)
돼지띠 - 4, 8, 9 (오후 03시 30분~05시 30분, 북쪽·북서방)

2. 태어난 달에 해당하는 행운의 수

1월생 - 4
2월생 - 7
3월생 - 9
4월생 - 6
5월생 - 5
6월생 - 2
7월생 - 1
8월생 - 5
9월생 - 6
10월생 - 0
11월생 - 3

12월생 - 8

3. 대자연의 꿈

자연은 행운과 복을 주는 기운을 갖고 있다.

흔히 물이 이르는 꿈을 꾸면 돈이 생기고, 산을 오르거나 보면 명예와 관운이 있는 꿈이라고 한다. (65억 원 대박의 주인공도 계곡에서 흘러나오는 물을 봤다고 한다.)

또한, 꿈에 똥을 밟는 꿈 역시 길몽이다. 불이 나오는 꿈과 용꿈, 소나 곰 등 큰 동물이 나오는 꿈도 재물운과 관련된 꿈이다. 하지만 돈이나 보석 등을 줍는 꿈은 그 반대라고 한다.

조상 꿈 다음으로 위력(?)을 발휘한 꿈은 돼지 꿈(21명, 17.2%), 인분 꿈(17명, 14.2%), 기타 동물 꿈(16명, 13.1%), 불 꿈(10명, 8.1%) 순이다.

수리학자가 풀이한 로또

● 815만분의 1이란 확률에 대한 숫자 선택의 명제 해결이 포인트 ●

한학자이자 수리학자인 여설하 동양고문서연구회 회장은

그의 저서 《로또 공략법》에서 게임에 이기려면 다음의 주어진 문제부터 해결해야 한다고 했다. 곧, '어떤 숫자를 선택해야 할 것인가?' '그 숫자를 왜 선택해야 하는가?' '나는 당첨이 되지 않았는데 그 사람은 어떻게 당첨되었는가?' '어떻게 해야 당첨될 수 있는가?' 등이다.

이런 문제들을 가지고 그는 전세계의 석학들이 연구 및 분석을 통해 풀어놓은 고도의 등식을 위시해, 대만의 로또 전문가들이 들려주는 비법을 소개하고 있다.

1. 배팅의 12가지 법칙

우리 나라가 2002년 12월 2일에 도입한 로또복권은 총 45개 숫자 중에서 7개(당첨 숫자 6개에 보너스 숫자 1개)를 추첨하는 6/45 + 1/45게임이다. 그냥 봐서는 그저 단순한 게임 같지만, 실상 알고 보면 815만분의 1이라는 어마어마한 확률에 입을 다물지 못할 것이다.

이는 사람이 길을 가다가 벼락을 맞는 일보다도 더 엄청난 확률에 도전해야만 행운을 거머쥘 수 있는데, 이러한 확률 게임에서 승리하려면 어떤 방법으로 배팅을 해야 할 것인가부터 먼저 알아두어야 한다. 따라서 무턱대고 운에 맡긴다는 생각으로 배팅할 것이 아니라, 좀더 논리적이면서도 과학적인 당첨 확률을 꿰뚫고 있는 게일 하워드(Gail Howard)의 법칙이 현 시점에서 가장 그 타당성을 인정받고 있으므로, 그를 중심으로 세계 여러 석학들의 풀이와 함께 우리 실정에 맞게 12가지 법칙을 정리해 보았다.

· **첫째 법칙** 배수의 조합을 피할 것

배수라는 것은 특정한 숫자의 배수로 조합하는 것을 말한다. 이를테면 2, 4, 8, 10, 12 또는 3, 6, 9, 12, 15, 18 또는 4, 8, 12, 16, 20, 24 또는 6, 12, 18, 24, 30, 36 등을 가리킨다. 이와 같은 조합은 전세계에서도 당첨된 적이 없기 때문에 피해야 한다.

· **둘째 법칙** 끝자리가 같은 숫자의 조합은 피할 것

1, 11, 21, 31, 41 또는 3, 13, 23, 33, 43 또는 5, 15, 25, 35, 45 등으로 배열하고 나머지 하나는 생각이 떠오르는 대로 조합하면 당첨 확률은 거의 없다고 봐야 한다.

4개의 같은 끝자리 숫자가 당첨될 확률은 0.2%, 3개가 같은 끝자리 숫자는 3%, 2개가 같은 끝자리 숫자는 2%이었으며, 모두 다른 끝자리 숫자는 75%나 되었던 점을 미루어 볼 때, 결코 피해야 할 조합이다.

· **셋째 법칙** 여섯 개가 연속되는 숫자는 피할 것

3, 4, 5, 6, 7, 8 또는 1, 9, 17, 25, 33, 41 또는 7, 13, 19, 25,

31, 37 또는 37, 38, 39, 40, 41, 42 등과 같은 조합이 당첨된 예는 전세계적으로 단 한 번도 없었으므로 당연히 피해야 한다.

· **넷째 법칙** 한 그룹으로 뭉쳐진 숫자의 조합은 피할 것

이를테면 11, 12, 13, 15, 16, 17 또는 24, 26, 28, 29, 30, 31 또는 34, 35, 36, 38, 40, 42 등과 같은 조합도 전세계적으로 당첨된 적이 없었다.

· **다섯째 법칙** 23보다 낮은 숫자의 조합은 피할 것

즉, 1, 2, 4, 5, 7, 8 또는 14, 15, 16, 18, 19, 20 또는 10, 12, 14, 15, 18, 21 등과 같은 조합도 피해야 하는데, 그것은 이러한 조합 비율이 높기 때문에 설령 1등에 당첨된다고 해도 별 볼 일 없는 금액의 당첨금만 손에 쥐게 될 뿐이다. 다시 말해 이 조합은 상당히 많은 사람들이 선택하고 있는 방법이다.

· **여섯째 법칙** 아주 높은 숫자의 조합도 피할 것

쉽고 간편하다는 생각으로, 31, 32, 33, 35, 36, 39 또는 24, 28, 32, 36, 40, 44 또는 38, 39, 40, 42, 43, 44 등과 같이 조합하기 쉽다. 그러나 이 역시 많은 사람들이 택하고 있는 방법이므로 만약 당첨된다고 해도 당첨금은 형편 없을 것이다.

· **일곱째 법칙** 이미 당첨되었던 숫자의 조합은 피할 것

로또에서 특정한 숫자는 어마어마한 확률을 가지고 있다. 예컨대 6/45게임에서는 이미 한 번 나왔던 숫자는 확률적으로 156,635분의 1에 해당되므로 그 숫자가 다시 한 번 더 나오려면 156,635번의 횟수를 기다려야 한다.

· **여덟째 법칙** '위닝(Winning) 숫자'를 찾을 것

'위닝 숫자'란 '게임에 이기는 숫자'를 가리킨다. 전세계에서 벌이고 있는 로또 게임에서 특이하게도 각기 그 나라만이 잘 나오는 숫자가 있는데, 이것이 바로 '위닝 숫자'다. 예컨대 미국은 42와 51, 오스트레일리아는 27이며, 우리 나라는 25와 40, 또 42와 37이다.

· **아홉째 법칙** 짝수와 홀수의 비율을 4:2, 3:3, 2:4의 조합을 취할 것

이런 짝홀의 비율이 지금까지 당첨 비율의 87%를 나타내고 있음이 증명되었다. 17회차까지 분석해 보면 4:2가 36.84%, 3:3이 10.53%, 2:4가 40.11%로 나타났다.

· **열째 법칙** 숫자 1개는 최근 10회의 추첨에서 나온 번호를 포함시킬 것

45개의 숫자 중 1개만은 최근 10회까지 거슬러 올라가 한 번호를 선택하고, 나머지는 나오지 않은 번호가 당첨될 확률이 높다는 사실이 증명되었다.

· **열한째 법칙** 6개의 숫자 합은 100에서 170 사이로 할 것

　숫자 합은, 로또 슬립에 1, 2, 3, 4, 5, 6을 만약 표시하였으면 21이고, 40, 41, 42, 43, 44, 45를 택했으면 255이다. 따라서 가장 당첨률이 높은 합으로는 세계적으로 107~170까지이다.

　우리 나라도 17회차까지 통계를 작성해 본 결과 120~180에서 58.82%의 당첨 비율이 나왔다.

· **열두째 법칙** 이전의 추첨에서 나온 번호를 1개 정도 포함시키거나 한 그룹의 수는 제외시킬 것

　이전의 추첨에서 하나가 나올 확률은 50%나 되며, 2개가 나올 확률은 20%이고, 3개가 나올 확률은 4%이다.

　한 그룹의 수를 제외시킨다는 것은, 이를테면 10단위나 20단위 등의 숫자를 제외시키는 것을 말한다. 다시 말해 11, 13, 14, 17, 18, 19 또는 23, 24, 25, 27, 28, 29 또는 32, 33, 35, 36, 37, 39와 같이 한 단위 안에서만 조합된 숫자를 가리킨다. 이 역시 전세계적으로 당첨된 적이 없었으므로 마땅히 피하는 것이 좋다.

2. 띠별 고유 숫자와 행운의 달과 날짜

　수리학자의 분석에 따르면, 12간지에 맞춰 행운의 숫자와 베팅 타이밍, 또한 길한 방향은 다음과 같다.

① **고유 숫자**는 띠의 속성상 십이지의 첫째인 쥐띠를 1로 여기고, 마지막인 돼지띠를 12로 여기는 것을 말한다. (《표1》의 ①)

② 당첨 확률이 높은 **달**은 자신의 띠의 고유 숫자에서 바로 앞의 수가 행운을 가져다 주는 달이다. 예컨대 자신이 양띠라면 고유 숫자가 8이므로 7월이 행운의 달이고, 쥐띠이면 고유 숫자가 1이므로 12월이 된다. (《표1》의 ②)

③ 당첨 확률이 높은 **날**은 자신의 고유 숫자에 자신의 생일에서 구한 숫자를 더해 가면 된다. 즉, 소띠생이고 3일에 태어났다면 소띠의 고유 숫자 2에다 3을 더해 가면 2, 5, 8, 11, 14, 17, 20, 23, 26, 29가 행운의 날이다. 그런데 닭띠생이고 23일에 태어났다면 고유 숫자 10에다 5를 더해 가야 한다. 그 이유는 두 자리의 수를 인정하지 않기 때문이다 그래서 23일을 2+3=5로 계산 하면 10, 15, 20, 25, 30이 행운의 날이 된다. (《표1》의 ③)

④ 당첨 확률이 높은 **시간**은 자신의 띠를 가리키는 시간이다. 이를테면 쥐띠는 자시(子時)이며, 돼지띠는 해시(亥時)이다. 자시는 23시부터 01시 사이이고, 해시는 21시부터 23시 사이이다. 따라서 자신의 띠에 맞는 바로 이 시간이 띠별 행운의 시간이 된다. (《표1》의 ④, 〈표2〉)

⑤ 당첨 확률이 높은 **방향**은 띠가 가지고 있는 방향이다. 12간지에서 쥐는 북쪽을 가리키고, 토끼는 동쪽, 말은 남

쪽, 닭은 서쪽을 가리킨다. 그러므로 띠에 맞춰 북(자) → 동북(축) → 동북(인) → 동(묘) → 동남(진) → 동남(사) → 남(오) → 서남(미) → 서남(신) → 서(유) → 서북(술) → 서북(해) 순서가 된다. 다시 말해 시계 방향으로 돌아가고 있다. 이것은 태양이 동쪽에서 떠서 남쪽을 지나 서쪽으로 진 뒤 북쪽을 거쳐 다시 떠오르는 위치와 같다. 《표1》의 ⑤, 〈표2〉)

위의 설명을 알기 쉽게 표로 만들면 아래와 같다.

<표1> 띠와 고유 숫자, 월·일·시 및 방향

숫자 월·일·시 방위	띠 동물	子 쥐	畜 소	寅 범	卯 토끼	辰 용	蛇 뱀	午 말	未 양	申 원숭이	酉 닭	戌 개	亥 돼지
①		1	2	3	4	5	6	7	8	9	10	11	12
②		12월	1월	2월	3월	4월	5월	6월	7월	8월	9월	10월	11월
③ 생일 23일 (2+3=5) 기준		1, 6, 11, 16, 21, 26, 31	2, 7, 12, 17, 22, 27	3, 8, 13, 18, 23, 28	4, 9, 14, 19, 24, 29	5, 10, 15, 20, 25, 30	6, 11, 16, 21, 26, 31	7, 12, 17, 22, 27	8, 13, 18, 23, 28	9, 14, 19, 24, 29	10, 15, 20, 25, 30	11, 16, 21, 26, 31	12, 17, 22, 27
④		23시 ~ 01시	01시 ~ 03시	03시 ~ 05시	05시 ~ 07시	07시 ~ 09시	09시 ~ 11시	11시 ~ 13시	13시 ~ 15시	15시 ~ 17시	17시 ~ 19시	19시 ~ 21시	21시 ~ 23시
⑤		북	동북	동북	동	동남	동남	남	서남	서남	서	서북	서북

*예(例) : 말띠생이며 생일이 23이면 고유 번호가 7이므로 당첨 확률이 높은 달이 6월, 당첨 확률이 높은 날은 7, 12, 17, 22, 27일이고, 시간은 오전 11시에 오후 1시(13시) 사이이다. 당첨 확률이 높은 방향은 남쪽이 된다. 여기서 자신이 태어난 달(月)은 언급하지 않는다.

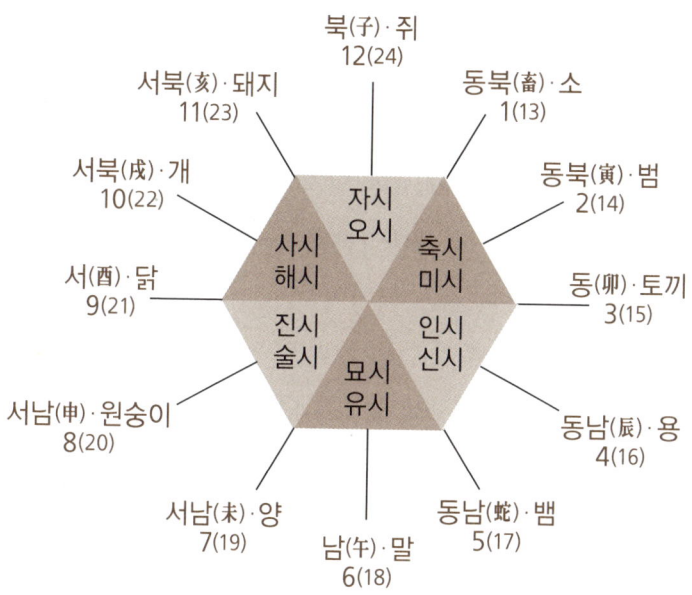

<표2> 띠와 시간별 방향

로또 당첨, 과연 '명당 자리' 있나?

인천시 청천동에 있는 '운수대통 복권판매점'은 출·퇴근 시간이 되면 '명당 복권'을 사기 위한 사람들의 행렬로 진풍경이 벌어진다. 서울 등 일부러 이 곳을 찾아오는 사람들도 많다. 지난 6회차에서 65억여 원의 대박을 터뜨렸던 경기도 남양주의 킴스클럽 ICBY 아이스크림가게 복권 판매대는 10회차에서도 2등 당첨자를 내놓는 놀라운 일이 있었다.

　이렇듯, 1등 당첨 로또복권을 판매한 곳은 일약 명당으로 떠오른다.

　과연 로또복권의 명당 자리가 있는 것일까?

　역술인들에 따르면 로또 1등 당첨자를 배출하는 '명당 자리'를, 당첨되기 전에 찾아내기란 쉬운 일이 아니라고 한다. 지세가 횡재를 할 수 있는 지역이라 하더라도 연·월·일·시의 4가지 기운 모두 횡재수를 지니고 있어야 1등 당첨이 가능하기 때문이란다. 또 분과 초, 그 날의 날씨까지 명당을 좌우하는 기준이 되고, 복권 당첨자의 운도 강하게 작용한다고 한다. 즉, 좋은 기운이 들어온 장소에서 횡재수를 가진 사람이 복권을 사야 당첨된다는 것이다.

　그러나 복권이 당첨됐던 지역을 명당 자리로 자리 잡는 것은 풍수지리학상 가능하다. 좋은 기운이 흘러들어 왔다는 전례가 있기 때문에 후에도 행운이 발생할 가능성이 크다는 설명이다.

　역술인 김태헌 씨는 "풍수지리와 역학상으로 로또 1등 당첨이 나오는 명당을 찾는 것보다, 많이 팔리는 곳에서 당첨 복권이 나올 가능성이 높다"며 "명당이기 때문에 대박이 터지는 것이 아니라, 대박이 터짐으로써 명당이 되는 것"이라고 말한다.

흉몽 퇴치법

흉몽은 대체로 몸이 허약하거나 기가 쇠할 때, 또는 집안에 상서롭지 못한 기운이 있을 때 꾸게 된다. 하지만 해몽을 잘못하여 길몽을 오히려 흉몽으로 오해하고 근심과 걱정을 넘어 불안과 공포에 휩싸이는 수도 종종 있다.

그렇다면 어떤 경우가 길몽이고 어떤 경우가 흉몽인가? 과연 길흉을 판단할 수 있는 기준과 원칙은 있는 것일까?

옛 문헌 중에 '남의 꿈을 장난삼아 나쁘게 말하지 말고 좋게 돌려서 말해야 한다. 이는 말이 바로 그 꿈을 도와주기 때문이다.' 라는 구절을 볼 수 있고, 또 '꿈을 꾸었다면 사흘 동안은 다른 사람에게 말하지 않는다. 꿈이란 본래 공(空)이므로 잘 풀면 좋아지고 나쁘게 풀면 나빠진다. 사흘이 지나면 좋은 꿈을 나쁘게 말해도 별 해가 되지 않는다.' 라는 구절도 찾아볼 수 있다.

따라서 해몽의 가장 중요한 요소는 해몽하는 사람의 정신과 마음가짐, 그리고 그 크기에 있다고 볼 수 있다. 흉몽 대길(凶夢大吉)이란 말도 있듯이, 불길한 꿈을 꾸었을 때, 꿈은 사실과 반대 현상으로 나타나는 것이니만큼 오히려 길한 징조라고 풀이함이 본인 스스로에게 이롭다.

하지만 자신을 비롯한 자신의 주변에서 벌어지고 있는 현 상황과 처지를 둘러볼 때 간밤에 꾼 꿈이 분명 흉몽이라고 판단이 될 경우에는 다음과 같은 퇴치법을 써서 예방하도록 하자.

첫째 방법

아침 일찍 일어나서 마당이나 화장실로 간다. 그리고 서쪽 방향을 향해 침을 세 번 뱉고, 동쪽 방향으로 돌아서서 심호흡을 세 번한다. 그런 뒤, "해동동천 귀인귀명례 천수영신 삼십삼천궁(海東東天 貴人歸命禮 千手靈神 三十三天宮)"이라는 주문을 세 번 외운다. 그래도 마음에 흡족치 않으면 한지(韓紙)에 '삼십삼천세계 백마장군도원수(三十三天世界 白馬將軍徒元隨)'를 적어 베개 속에 넣어 두면 흉몽을 물리칠 수가 있다.

둘째 방법

새벽에 일어나서 아무 말도 하지 말고 바깥으로 나가 해가 떠오를 때 정한수를 입 안 가득히 머금고 해를 향하여 세 번을 내뿜는다. 이어서 "흉몽과 악몽은 일체 즉시 소멸하라. 급급여율령(急急如律令)"이라는 주문을 세 번 외우면 소멸이 된다.

셋째 방법

흉몽을 꾸고 깨어나면 곧바로 일어나서 베고 잤던 베개를 앞으로 세 번, 뒤로 세 번을 돌리면서, "흉몽 박멸!" 하면서 세 번을 외운다. 그래도 흉몽이 계속되면 '악몽 소멸부'를 구해 지니고 다니면 물리칠 수가 있다.

넷째 방법

아침에 일어나 맨 먼저 물을 입 안에 물고 동쪽을 향해 내뿜은 후에 "악몽착초목 호몽멸주옥 무구의(惡夢着草木 好夢滅珠玉 無咎矣)"라는 주문을 일곱 번 외우면 소멸된다.

다섯째 방법

꿈을 꾼 내용을 종이에 글과 그림으로 적어서 바늘 또는 탱자나무의 가시 네 개를 종이와 함께 말아 부엌에서 불을 붙여 태우면서, "동방에 광명이 비치었으니 간밤의 흉몽은 모두 사라져라!" 하고 세 번을 외운 후 타고 남은 재를 집 밖에 뿌린다.

그 밖의 방법

맥(貘)이라는 상상의 동물이 있는데, 인간의 악몽을 먹고 산다고 전해진다. 형태는 곰이며, 코는 코끼리, 눈은 코뿔소, 꼬리는 소, 발은 범과 비슷하고, 털은 흑백의 얼룩이며, 머리는 몸에 비하여 아주 작다고 한다. 이 맥을 병풍에 그려 침실 머리맡에 두르고 자면 악몽을 물리칠 수 있다.

꿈해몽 대사전

1판 1쇄 인쇄 / 2008년 01월 10일
1판 1쇄 발행 / 2008년 01월 20일
2판 1쇄 발행 / 2011년 03월 20일
3판 4쇄 발행 / 2020년 09월 10일
3판 5쇄 발행 / 2023년 01월 20일

지은이 / 김승호
편집 주간 / 장상태
편집 기획 / 김범석
디자인 / 정은영
일러스트 / 박청현 · 정은영

펴낸이 / 김영길
펴낸곳 / 도서출판 선영사
주 소 / 서울시 마포구 서교동 485-14 영진빌딩 1층
TEL / (02)338-8231~2 FAX / (02)338-8233
E-mail / sunyoungsa@hanmail.net

등 록 / 1983년 6월 29일 (제02-01-51호)

ISBN 978-89-7558-954-6 13140

ⓒ Korea Sun-Young Publishing. co., 2008

· 잘못된 책은 바꾸어 드립니다.
· 이 책은 헤움디자인(주)에서 제공하는 서체로 제작되었습니다.